Karola Bloch/Adelbert Reif (Hrsg.)
»Denken heißt Überschreiten«

Studien zur Gesellschaftstheorie

Karola Bloch
Adelbert Reif (Hrsg.)

»Denken heißt Überschreiten«

In memoriam Ernst Bloch 1885–1977

Europäische Verlagsanstalt

CIP-Kurztitelaufnahme der Deutschen Bibliothek

Denken heißt Überschreiten: in memoriam
Ernst Bloch 1885-1977/Karola Bloch;
Adelbert Reif (Hrsg.). – Köln, Frankfurt am Main:
Europäische Verlagsanstalt, 1978. –
(Studien zur Gesellschaftstheorie)
ISBN 3 434 20114 9
NE: Bloch, Karola [Hrsg.]

Lektorat: Gunther Heyder
Herstellung: Heinz Biermann
Druck: May & Co Nachf., Darmstadt
ISBN 3-434-20114-9
Printed in Germany 1978

Inhalt

Vorbemerkung von Adelbert Reif

Am 4. August 1977 starb in Tübingen im hohen Alter von 92 Jahren Ernst Bloch. Kaum ein anderer philosophischer Denker dieses Jahrhunderts wurde nach seinem Ableben in der Öffentlichkeit in einem solchen Maße mit Würdigungen seiner Persönlichkeit und seines Lebenswerkes bedacht, wie Ernst Bloch. Daß sich darunter eine einzige Stimme aus der DDR befindet, die noch dazu nur im Westen publik werden konnte, darf als ein Indiz mehr gewertet werden, wie es um die intellektuelle Würde – um von der geistigen Freiheit gar nicht zu reden – dieses Staates DDR bestellt ist, für den Ernst Bloch nach der Rückkehr aus der amerikanischen Emigration im Jahre 1949 mit angetreten war.
Die Tatsache, daß Ernst Blochs Philosophie schon seit vielen Jahren in ständiger Fortbewegung begriffen ist und immer neue geographische Horizonte erreicht, dokumentieren die zahlreichen Nachrufe aus dem Ausland: nicht nur solche aus dem deutschsprachigen Raum – der Schweiz und Österreich –, sondern auch aus Italien, Jugoslawien, Frankreich, den USA, Belgien, sogar aus Polen. Dabei geht Blochs philosophischer Einfluß längst darüber hinaus, reicht bis Japan, Australien, Südamerika.
In ihrer Gesamtheit geben die aus Anlaß von Ernst Blochs Tod entstandenen und in diesem Band vereinigten Arbeiten Zeugnisse wieder, die seine persönliche und philosophische Wirkung spiegeln. Dem Herausgeber steht es nicht zu, hier Wertungen irgendwelcher Art, seien sie nun politischer oder philosophischer Natur – beides läßt sich im Falle Bloch nicht voneinander trennen – vorzunehmen. Einzig von Belang ist, daß durch diese, zum Teil durchaus kritisch gemeinten Bekundungen, Ernst Blochs aus dem *Geist der Utopie* geborenes *Prinzip Hoffnung*, dessen wir alle zur Orientierung auf eine zukünftige, wirklich freie Gesellschaft hin bedürfen, weiter und immer wieder neu zur Diskussion gestellt wird. In diesem Sinne ist das vorliegende Buch – über seinen notwendigerweise gegebenen Charakter einer Dokumen-

tation von Nachrufen hinaus – eine, wie die Herausgeber hoffen, nützliche Materialiensammlung zur Blochschen Philosophie.

Mein besonderer Dank gebührt Burghart Schmidt, dem langjährigen wissenschaftlichen Mitarbeiter von Ernst Bloch, für seine unermüdliche Hilfe beim Zustandekommen dieses Buches.

Geleitwort von Karola Bloch

»Nirgends brennen wir genauer« – so begann vor 50 Jahren eine Rezension von Ernst Bloch über die »Fidelio«-Aufführung in Otto Klemperers Kroll-Oper in Berlin. In dieser Oper, in dem Trompetensignal, das die Ankunft des rettenden Ministers ankündigt, war für Bloch symbolisiert die tiefe, genaue Sehnsucht des Menschen nach Befreiung von Leid, das unser Leben durchzieht.

Wann immer wir die Oper oder die 3. Leonore-Ouvertüre, das Trompetensignal hörten, war er immer aufs neue ergriffen. Im erfüllten Augenblick sah er die erlangte Identität des Menschen, sein ganzes Denken strebte danach, mit seiner Philosophie den Menschen zu helfen, ihre Identität zu finden.

Auch in Zeiten völliger literarischer Isolierung, in der Emigration, blieb er unbeirrt und ruhig, überzeugt, daß der Stern seiner Philosophie einmal aufgehen wird. Zwischen seiner Theorie und seinem praktischen Leben gab es keine Differenzen. Seine philosophischen, politischen und sozialen Überzeugungen waren mit dem täglichen Dasein verwoben, da gab es keinen falschen Ton. Sein heiteres Wesen entsprang der Harmonie seines Inneren. Diese Harmonie konnte durch Enttäuschungen, vor allem politischer Natur, gestört werden. Aber nie hat Enttäuschung zur Verzweiflung geführt. Er glaubte fest daran, daß es einmal *die* sozialistische Gesellschaft geben wird, in der Freundlichkeit den Sieg davonträgt. Und er glaubte, daß es die Philosophie ist, die diese Realisierung ermöglicht, weil sie aufdeckend, schöpferisch, informierend und eine identifizierende Kraft ist. Dieses Aufdeckende und Schöpferische ist ohne Transzendieren nicht möglich – der Mensch braucht den utopischen Stern. Als Marxist beschwor er den Wärmestrom im Marxismus, die Moral, die Phantasie. Der Kältestrom ist als ökonomische Analyse selbstredend unumgänglich, aber er allein reicht nicht aus.

In den Nachrufen nach seinem Tode gibt es manche Stimmen, die sicherlich nicht die Ernst-Bloch-Melodie singen. Und trotzdem ist es

bemerkenswert, wie viele verschiedenartige Menschen sich vor dem Geist und der Integrität des Toten beugen.
Als ob das Gute, das, trotz allem, uns innewohnt, auf das Moralische, Unverfälschte in Ernst Bloch mit Dankbarkeit reagiere. Die Liebe, die ihm entgegengebracht wird, gilt nicht nur dem vielfältigen, schöpferischen Geist, sondern dem Menschen, der den Funken der Hoffnung in uns immer wieder entfacht, Hoffnung auf die *mögliche* Schönheit der Welt, in der es keinen Herrn und Knecht mehr geben wird.
Mit Fidelio habe ich angefangen und mit Fidelio will ich enden: Am Vorabend seines Todes hörten wir die 3. Leonore-Ouvertüre; wie immer war er von dem Trompetensignal erschüttert. Ist es nicht eine Gnade, daß die letzte Musik, die er in seinem Leben hörte, eben diese für ihn bedeutendste war?

Ernst Bloch

»Das Zeitalter des Systems ist abgelaufen« Ein Gespräch mit Adelbert Reif

Reif: Herr Professor Bloch, ich möchte mich bei meinen Fragen im wesentlichen auf die Problematik des heutigen philosophischen Denkens beschränken. Seit einigen Jahren wird – besonders unter den Philosophen selbst – sehr intensiv über das »Ende der Philosophie« diskutiert. Wenn ich hier einige Titel nennen darf, so lauten sie: »Ist die Philosophie am Ende?« (Jaspers, 1961); »Das Ende der Philosophie und die Aufgabe des Denkens« (Heidegger, 1969); »Wozu noch Philosophie?« (Habermas, 1971). Und der Wissenschaftspublizist Willy Hochkeppel hat erst vor kurzem in seinem vielbeachteten Buch »Mythos Philosophie« den Auflösungsprozeß der modernen Philosophie mit der Ablösung des Mythos durch das rationale Denken in der Antike verglichen. Ihr neues Werk »Zwischenwelten in der Philosophiegeschichte« weist nun einen Weg zu jenem Denken, das »entweder ganz in den Hintergrund der Lehrbücher für Philosophiegeschichte gedrängt wurde oder aber, als Vorstufe und Ausklang der Vergangenheit überantwortet, gerade um seine zukunftshaltige Bedeutung gebracht wurde«, wie es im Klappentext heißt.
Von daher ausgehend, möchte ich Sie fragen: Wie steht es heute um die Existenz ähnlicher, vergleichbarer philosophischer »Zwischenwelten«, wie Sie sie für die Antike, das Mittelalter oder die Renaissance als zukunftshaltig ausmachten? Oder ist die Philosophie wirklich so am Ende, wie es uns ein Großteil ihrer Repräsentanten glauben machen will?
Bloch: Wie Sie wissen, glaube ich nicht daran, daß die Philosophie »am Ende« ist. Es hat auch mit Glauben überhaupt nichts zu tun, obwohl es einer der stärksten Glaubensinhalte ist, den wir zur Zeit haben, oder hatten, daß die Philosophie am Ende sei. Es hängt wohl mit der Begabung dieser Totsager zusammen. Ihnen fällt nichts mehr ein, sie sind Epigonen, sie rascheln dasselbe Thema ab. Die Buchtitel sind dieselben, die Waschzettel sind sich zum Verwechseln ähnlich geworden, also ist für sie die Philosophie am Ende. Die Philosophie, denke ich aber, kann es ertragen, denn sie war schon hundertmal am Ende gewe-

sen. Das heißt, die anderen waren am Ende gewesen mit der Philosophie. Ihre Fragen sind ungelöst, so ungelöst, daß sie nicht aufhören zu stacheln. Umgekehrt ist die Philosophie ein Schlagwort geworden. Staatsmänner und ähnliche Leute gebrauchen das Wort »Philosophie« sehr gerne, nicht weil die Philosophie am Ende ist, sondern weil sie sich damit aufputzen und wichtig machen wollen. Also ich finde, die Philosophie, die schon sehr oft am Ende war seit der zweiten Hälfte des 19. Jahrhunderts, lebt, auch wenn es sichtbar ist, daß es ein Leerlauf war, ein Todeslauf, mit dem mechanischen Materialismus.

Hier nun möchte ich Sie an ein Buch erinnern, verfaßt von einem Zoologen ohne philosophische Bildung, nämlich Haeckel. Das Buch erregte trotz oder wegen seiner Banalität großes Aufsehen und trägt den gar nicht nach Ende riechenden Titel »Die Welträtsel«. Es gibt nämlich noch ein paar. Wir selbst sind unsere Rätsel, und die politischen Ereignisse sind ein Rätsel. Die Welt ist voll davon, daß man nicht versteht, wieso es nicht weitergeht, oder wieso es so rasend ins Falsche weitergeht, und ob sich nicht die ganze Welt in dem Zustand der Philosophie befindet, so daß es eine fertige Lösung nicht gibt – das ist auch nicht die Aufgabe der Philosophie – sondern die Philosophie selbst eine Darstellung des Welträtsels, des Weltproblems ist, daß die Welt sozusagen selber noch nicht weiß, wo ihr der Kopf steht. Nach wie vor gibt es das große Staunen und Stutzen, das thaumazein als der Anfang der Philosophie, wie Aristoteles sagt, das immer weitergeht und es ist daher fast gleichgültig, daß die Unbegabten einer billigen Modetorheit zum Opfer fallen.

Die Philosophie dauert so lange, wie ihre Probleme selbst dauern, die nicht nur Probleme der Philosophie sind, sondern in diesen die Probleme des Weltseins reflektieren und behandeln. Auch wenn die Menschen nun sagen, es gäbe keine Philosophie mehr, ist eine ganze Welt, wie sie hier existiert, mitsamt diesem Zimmer, philosophisch rätselhaft. Der Augenblick, in dem wir sprechen, ist selber philosophisch rätselhaft. Da steckt die Philosophie drin und nicht in der Meinung von irgendwelchen Epigonen. Für sie ist die Philosophie am Ende, weil ihnen nichts mehr einfällt. Und wie gesagt, die Zeiten, in denen die Philosophie zu oder am Ende schien, die sind selber so oft schon am Ende gewesen, daß solche Prophezeiungen keinen Glauben mehr verdienen. Und das, was an die Stelle der Philosophie gesetzt wird, ist das nicht selbst ein Taumeln und ein Irresein, ein Problem-Stellen und ein Fraglich-Sein? Wie steht es denn mit der modernen Physik? Wie steht es denn mit der Biochemie? Wo bringt man denn diese unter, wenn die Philosophie »am Ende« ist? Wenn man wissen will, was philosophische Probleme sind, braucht man nur in die neue Physik zu gehen. Da sind philosophische Probleme noch und noch, die man auf diesem Boden allein nicht beantworten, nicht einmal formulieren, geschweige denn lösen kann.

Reif: Hans Saner hat 1971 in einem Vortrag mit dem Titel »Von der Zukunft der Philosophie« erklärt: »Wir sind, seit wenigen Jahren, Zeugen davon, wie der Typus des in der einzelnen Gestalt verkörperten philosophischen Denkens allmählich seine Kraft verliert ... Die Philosophie in ihrer letzten Ausprägung des personalisierten Denkens scheint zu verschwinden.« Das führt mich nun zu der Frage: Wenn die Philosophie in der Zukunft nicht mehr »personalisiert«, d. h. an sozusagen charismatische Gestalten philosophischen Denkens gebunden ist, wie wird, kann oder soll sich dann Philosophie noch Geltung verschaffen?

Bloch: Durch die Sache selber. Darüber haben wir ja eben gesprochen. Es ist doch keine Biographie, die hier erstellt wird. Es ist doch völlig gleichgültig, wann Kant sich eine neue Waschschüssel gekauft oder ein Schopenhauer statt eines Fisches ein Fleischgericht zum Mittagessen in seinem Restaurant in Frankfurt bestellt hat. Wenn das Philosophie wird, dann ist die Philosophie tatsächlich am Ende. Die Philosophie beginnt erst dann interessant zu werden, wenn sie, ohne Plattheit vorzuspielen, eine Philosophie ohne Eigennamen wird. Das heißt, es ist alles schon dagewesen als Staunen, und überall findet man es wieder. Ob der eine nun Platon oder Aristoteles oder Sokrates oder Schopenhauer oder Hegel heißt, ist fast gleichgültig. Schüttelt etwas in uns den Kopf und sucht eine Antwort auf eine Frage, die ringsherum an jeden gefragt und gestellt wird – was soll dann geschehen? Nehmen Sie nur den Fall Hegel, der ist doch abgelaufen bis zum Exzess gewesen, kein Mensch mehr kannte seinen Namen, man konnte ihn nicht einmal mehr richtig schreiben in den vierziger und fünfziger Jahren des vorigen Jahrhunderts. Und dann? Wo man nur hinspuckt, ist Hegel. Dagegen wurden andere Philosophen auf ebenso rätselhafte Weise eine Zeitlang wieder unterbewertet, wie Schopenhauer – merkwürdigerweise nicht Nietzsche. Auch kleinere philosophische Figuren wie Spengler sind völlig verschwunden. Darin steckt doch ein philosophisches Rätsel selber. Wie ist das möglich? Warum wird niemand mehr angestoßen von Schopenhauer, der doch Tausende von Menschen um ihren Verstand gebracht hat vor lauter Pessimismus? Das ist selbst eine philosophische Frage. Und die Frage, ob die Philosophie abgestorben ist, ist, wenn sie nicht platt behandelt wird, ebenfalls eine philosophische oder zumindest soziologische Frage erster Ordnung, über die man nachzudenken hat und nicht nachzuschwätzen, was gesagt wird. Schlechte und unbedeutende Philosophie hat es immer gegeben. Das ganze Gerede darüber, daß die Philosophie abgelaufen sei, ist das Vergnügen eines unbegabten Knaben, der sich bei Hitzeferien von der Lösung und Stellung schwerer Aufgaben im Schulunterricht dispensiert sieht. Wir haben Hitzeferien.

Reif: Nun hat bereits Friedrich Engels davon gesprochen, daß der ganze »philosophische Kram« überflüssig und in der positiven Wissenschaft verschwinden werde, wenn Natur- und Geisteswissenschaften erst einmal »dialektisch« – d. h. philosophisch – zu denken begännen. Prophezeit Engels damit nicht das Ende aller traditionellen Philosophie, allen traditionellen Philosophierens?

Bloch: Wieso denn? Die Dialektik ist doch so alt wie Heraklit und noch viel älter. Heraklit kommt aus Ephesus und lebte im 6. Jahrhundert v. Chr. und noch bis ins 5. hinein, sein Einfluß reichte weiter und kulminiert zum Teil in Hegel: daß Widerspruch zur Sache selbst gehört, und es ohne Widerspruch in der Sache selbst keine Wahrheit gibt. Im Gegenteil, die Dialektik macht doch erst den Marxismus möglich und unterscheidet ihn von dem starren Festnageln von sogenannten Facts, weil im Marxismus die sogenannten Tatsachen verdinglichte Prozeßmomente sind, um einen guten Ausdruck von Lukács zu verwenden. Tatsachen sind verdinglichte Entwicklungsmomente, weil unser ganzer Lebensstatus, unser Wirtschaftsstatus verdinglicht ist. Und Philosophie – vor allem marxistische Philosophie – besteht darin, diese Täuschung und dieses Festgerammtsein zu durchschauen und aufzulösen. Nun ist dialektische Philosophie aber noch nicht dasselbe wie marxistische, auch hier gibt es einen Widerspruch, der aufzulösen ist, dem nachzugehen das Amt des Philosophen ist. Er muß dafür Sorge tragen, sich selbst dem Widerspruch zu stellen, und den Widerspruch der Sache selbst ausreifen zu lassen, bis auch der subjektive Faktor es merkt und Krach schlägt, das heißt Revolution macht.

Reif: Wie erklären Sie die Tatsache, daß seit Kant und Hegel keine wirklich eigenständigen, in sich geschlossenen Denksysteme mehr entstanden sind?

Bloch: Das ist vor Kant und Hegel auch schon so gewesen. Im übrigen möchte ich sagen, daß ich den Begriff »Denksysteme« nicht mehr gebrauche. Ich halte das Zeitalter des Systems für abgelaufen, weil das System etwas Fertiges, Abgemachtes, Ausgemachtes voraussetzt. Und ich sagte ja bereits, daß die Welt selber nicht weiß, wo ihr der Kopf steht. Also: es gibt nur das Paradox eines offenen Systems, das keinen Widerspruch im schlechten Sinne, sondern im echt dialektischen enthält. Soviel also zu dem Wort »System«.

Woher nehmen Sie das, daß es heute keine Denksysteme gibt? Ich halte zum Beispiel Heidegger für einen Philosophen ...
Reif: ... mit System?
Bloch: Heidegger ist manchmal sogar soweit, kein System zu brauchen. Ein philosophisches Besinnen geht auch hier durch. Es streicht sich etwas das Gesicht, es schüttelt etwas den Kopf; es ist nicht zufrieden, es macht überflüssige Trennungen in Sein und Seiendes, auf die man schon vor 2500 Jahren gekommen ist. Aber nun wird es wieder aufgefrischt und taucht auf. Es gibt bei Heidegger Gebogenes, entsprechend einer Welt, die sich ihm zum Thema stellt.
Und Schopenhauer: er hat im Grunde zum ersten Mal Pessimismus in dieser radikalen und entsetzlichen Weise dargestellt. Kein Wort von Schopenhauer ist so, wie er es sagt, wahr. Aber alles bewegt sich in der Möglichkeit und aus dem Drang, wahr zu sein. Wiederaufhebung der Unerkennbarkeit des Dings an sich, das ist es doch, was wir jeden Tag und jeden Augenblick begehren. Bei Hegel hingegen ist scheinbar alles in wunderschöner Ordnung, da läufts und marschierts mit vorgetragener Gemütsruhe – so läßt es sich freilich auch sagen. Dann gab es Nietzsche; und ich weiß nicht, wen ich sonst noch aufzählen soll. Auch bei kleineren Leuten ist ein philosophisches Gefühl noch vorhanden, das vielleicht aus der Kindheit gerettet ist, oder unter Umständen durch einen Druckfehler, der falsch verstanden wird, sich plötzlich entzündet.
Im fünften, sechsten, siebten und achten Jahrhundert gab es in Europa keine Philosophie. Das sind ca. 300 Jahre. Was ist damit widerlegt? Nicht einmal die 300 Jahre sind widerlegt. Und dann erhebt sich die Philosophie wieder von neuem im neunten Jahrhundert als wäre nichts gewesen mit einer Schrift, die den scharfsinnigen Titel »Über die Einteilung der Natur« trägt. Der Autor ist Scotus Eriugena. Plötzlich fängt da ein Mensch den Kopf zu schütteln und sich etwas zu fragen an – und die antiken Quellen sprudeln wieder.
Die ganze Philosophie lebt doch von diesem Fortbestehen des Verwandtseins, des Staunens, auch davon, daß die Antworten nicht genügen, nicht reif sind. Immer wieder pocht etwas in den Geschlechtern, das nicht in Ordnung ist und ruft immer wieder von neuem, in Ordnung gebracht zu werden; das nennt man dann sozialen Umsturz. Die sozial umstürzende Theorie aber ist Marxismus.
Reif: »Jedes Denken, jedes Erkennen dient einem Wozu; ... das Denken tendiert, ob es will oder nicht, in eine Praxis, wo es mit rechten Dingen zugeht, in eine gute.« Dieses Zitat aus der Einleitung zu Ihrem Buch scheint mir gerade für den gegenwärtigen Augenblick von besonderer

Bedeutung zu sein: denn welchem Wozu dient »jedes Denken, jedes Erkennen« heute? Verhält es sich nicht so, daß fast »jedes Denken, jedes Erkennen« im Bereich der Wissenschaften in eine negative, das heißt menschenfeindliche Praxis umschlägt?

Bloch: Ich habe dem letzten Satz vor allem zuzustimmen, der leider für sich selber spricht. Das Wozu aber, das ist eine Frage, die in uns brennt; daß man sich nicht mehr auskennt und sich doch auskennen will, daß man unter einem teleologischen Gesichtspunkt denkt und fragt: Wozu? Es ist aber wichtig, daß es etwas gänzlich Unbeantwortetes oder in seiner Antwort Schiefliegendes in der Welt gibt, das Irrtum heißt, und der ist auf die Dauer nicht zu ertragen, um so weniger zu ertragen, als man die besten Geschäfte mit dem Irrtum macht, also mit dem Betrug, wenn der Irrtum sozusagen seiner bewußt wird ohne sich aufzuheben. Deshalb ist die Frage des Wozu eine Frage, die auch nur bei Menschen vorkommt und kaum bei Tieren, obwohl wir uns nicht auskennen in der Hundesprache. Dagegen halten es die Menschen gar nicht aus ohne Wozu; ihnen liegt immer die sogenannte Sinnfrage auf den Lippen: Wozu habe ich das gemacht, oder was kam dabei heraus? Das heißt: teleologisch geht die Geschichte vor sich und nicht mechanisch. Die Wozu-Frage ist die Frage, die die Welt selber an uns stellt; Wozu bin ich denn da? Und auf was geht das hinaus? Und vor allen Dingen: Was habe ich da zu erwarten, was habe ich hier zu erhoffen? Diese Grundfrage kommt in meinem Versuch zu philosophieren ja nicht undeutlich heraus; die Grundfrage bleibt die Hoffnung, die gänzlich etwas anderes ist als Zuversicht und gänzlich etwas anderes als Verzweiflung, aber nicht auf einer Mitte liegt, sondern unaufhörlich in Bewegung ist und anstößt und eine neue Ecke sucht, um den Ausgang zu finden.

Reif: Marx zitierend sagen Sie: »Die herrschenden Gedanken einer Epoche sind die Gedanken der herrschenden Klasse in dieser Epoche. Wenn die Gesellschaft niedergeht, machen sich unwesentliche und immer unwesentlicher werdende Gedanken breit . . .«

Sind Sie der Auffassung, daß sich der Verfall, der Niedergang der Gesellschaft im Osten wie der im Westen gleichermaßen im Verfall, im Niedergang ihrer Denksysteme manifestiert?

Bloch: Gegen die Feststellung, daß es einen Verfall der Philosophie gibt, habe ich nichts einzuwenden. Das ist aber nicht dasselbe, wie »die Philosophie geht zu Ende«, oder »ist am Ende«. Wait a little bit – mit einem Mal ist sie sehr angenehm oder auch meinetwegen unangenehm für viele wieder da. Sie ist jetzt nicht da, was zusammenfällt mit einer teilweise durch das herrschende Denken enttäuschten Jugend. Wie ist das nun? Daß die Philosophie »am Ende« ist, ist nämlich, so kurios das klingt, selber ein philosophischer Satz, wie ja auch die Skepsis zur Geschichte der Philosophie gehört. Wer aber die Philosophie abserviert, hat damit einen philosophischen Satz gesagt, der keine Geltung hat. Zehn Jahre, oder zwanzig Jahre kann er jeweils gelten, aber sonst nicht.

Reif: Drückt sich der Verfall, der Niedergang des gegenwärtigen europäischen und westlichen Denkens nicht sehr deutlich in der Hinwendung zu östlichen Philosophien und Religionssystemen aus?

Bloch: Das würde ich nicht sagen. Diese östlichen Philosophien sind wenigstens mit Phantasie geladen, wenn wir sie schon Philosophie nennen, was sie selbst zumindest nicht gern oder nicht hauptsächlich tun. Bis dorthin sind die spätkapitalistischen Zerfallserscheinungen noch nicht so gedrungen. Aber im übrigen verstehe ich nichts davon. Wenn ich sage, daß diese Philosophien wenigstens mit Phantasie geladen sind, dann meine ich damit natürlich nicht diese indischen Narren, die hier herumlaufen und betrügen, sondern ich meine damit eine alte mythische Tradition. Mythos ist kein Schimpfwort, denn schon Marx nannte eine mythische Figur, Prometheus, den vornehmsten Heiligen im philosophischen Kalender. Also der Mythos ist nicht immer das Schlimmste, er kann doch die Phantasie bewahren; oder er trocknet aus, weil die Phantasie austrocknet. Man sollte in Gegenden schauen, die noch »ungleichzeitig« sind, in denen noch ein Stachel ist, wie in der Kindheit. Alle kleinen Kinder sind Philosophen, indem sie fragen und sich verwundern über die Welt. Nun gibt es noch Völker und Kulturen, die Philosophien haben; ihre Antworten und ihre Lösungen sind nicht unbedingt die unseren, aber ihr Gewissen – ohne zureichendes Wissen und trotzdem ein Gewissen – ihr Gewissen ist noch philosophisch, sie wollen etwas verstehen. Ihre Antworten und angeblichen Lösungen sind nicht unsere Sache, aber es ist ein verwandter Zug darin, der bei Sokrates, bei Platon, bei Aristoteles, bei Hegel, bei Kant usw. unverwechselbar wiederkehrt.

Reif: Können Sie dem Diktum der modernen Wissenschaftstheorie zustimmen, daß endgültige Gewißheiten oder auch Letztbegründungen außerhalb des Bereichs menschlichen Denkens liegen?

Bloch: Sie liegen immer zum Teil außerhalb des Bereichs menschlichen Denkens, aber nicht außerhalb eines Bereiches, den es auch gibt, nämlich dem des *Eingedenkens*, wie ein mittelalterlicher mystischer Ausdruck besagt. Das ist eine Kategorie, die echt philosophisch ist: Eingedenken, etwas nicht vergessen, Auftrag, Postulat, das besteht. Das Pochen der Frage: ist *das* wahr, oder *das* wahr, oder *das* wahr?

Zweifel, kurz und gut das Faustmotiv, ist dem Menschen angeboren, mehr oder minder, schlecht oder gut. Das bleibt bestehen – es ist selbst der Anfang der Philosophie und auch, zum Beispiel bei Kant, ein Hauptteil der Philosophie – und läßt sich nicht abspeisen. Neue Fragen treten hinzu, die vorher nie waren: Die Frage des Realproblems beispielsweise, die wir vorhin streiften, ist eine solche neue Fragestellung, ein Realproblem nämlich der Sache selber und in der Sache selber, nicht nur, weil *wir* es nicht verstehen, sondern weil *sie* das selbst nicht versteht. Ich sagte, die Welt weiß noch nicht, wo ihr der Kopf steht. Das ist ein Real-Problem und ist zugleich in der Geschichte der Philosophie zum größten Teil ein völlig Neues: daß nämlich die Problematik vor der Logik geht, Problematik als Wissenschaft; daß es eine Wiedergeburt von Skepsis gibt; aber diesmal nicht, um den Kopf hängen zu lassen, sondern um loszupreschen, einzudringen in das, was mit uns doch so nah verwandt ist. Und der Faustmonolog könnte schließlich auch von der Natur selber gesprochen worden sein, um mich etwas scharf und merkwürdig auszudrücken. Er ist nicht auf uns Menschen beschränkt, sondern die Sachen selber sehen zum Teil doch so aus, als ob . . . Betrachten wir doch die Bilder von Max Ernst. Sind das keine Real-Probleme, die da gemalt werden? Malen die Bilder sich nicht selber, indem sie so gemalt werden? Dies alles bleibt bestehen und ist ein neues Feld. Zu erzählen, daß dies nicht mehr zur Philosophie gehört, ist vollkommen gleichgültig, die Sache selbst bleibt.
Reif: Hat es je zuvor in der Geschichte der Menschheit ein so großes Maß an objektiver Erkenntnis der Realitäten auf der einen Seite bei gleichzeitiger Mißachtung und Zweckmanipulation dieser Realitäten auf der anderen Seite gegeben?
Bloch: Ich weiß nicht, ob das Maß so außerordentlich groß ist. Zunächst würde das doch vor allem auf die Naturwissenschaft zutreffen; ich sage nicht »sich auf sie beschränken«, denn Naturwissenschaft ist ein weites, fruchtbares Feld. Und sonst dient doch ein großer Teil unserer Wissenschaft, wenn man das Adjektiv »sogenannter« vorhersetzen kann in diesem Fall, der Ideologie wie kaum je zuvor, das heißt der Rechtfertigung des gegenwärtigen Zustandes und der Erfindung von neuen Finessen, wie zum Beispiel Ideologiebildung seit eh und je dem Interesse des Profits diente, indem sie die Sache in ihrem Sinne auslegte, die Frage in ihrem Sinne stellte und eine andere Fragestellung überhaupt nicht zur Tür hereinließ. Diese Finessen werden – das ist das Merkwürdige – nicht früh genug durchschaut, sondern geglaubt. Man weiß zum Beispiel noch nicht einmal bei einer so guten Sache wie bei der Ökologie, wie viel hier Ideologie ist. Was könnte zum Beispiel

das Großkapital von der Ökologie haben? Etwas doch. Warum taucht denn diese Problematik gerade in den letzten zehn Jahren erst auf, nachdem es ökologische Tatbestände schlimmer Art schon seit hundert Jahren gibt, in verschiedener Form. Da steckt Ideologie drin. Ein gesundes Mißtrauen kann aber sehr oft hinter die Schliche führen. Mit einem Mal ist etwas gar nicht wahr, sondern das Gegenteil ist wahr. Man muß ein gutes Gedächtnis haben, dann fällt einem auf, daß vor soundso vielen Jahren etwas anders lautete, oft von den gleichen Personen gesagt, auch bei großer Ehrenhaftigkeit dieser Personen, also ungewußt. Es gibt noch mehr Beispiele, etwa in der Pharmakologie. Das heißt, daß das Profitinteresse stärker ist als das Heilungs- oder das Erkenntnisinteresse. Das Erkenntnisinteresse gibt nach.
Reif: Die Auffassung, daß der Mensch von Natur aktuelle philosophische Bedürfnisse entfalte, Philosophie also gewissermaßen »in uns« ist, wird heute von einigen Vertretern der modernen Soziologie bestritten; sie erklären, daß das, was wir hierzulande Philosophie nennen, ein spezifisch abendländisches Erzeugnis sei, für das es jenseits unseres Kulturkreises nur ganz partielle Ähnlichkeiten und Berührungen gibt und das selbst in unserem Kulturkreis kein Allgemeingut war, sondern nur von wenigen Nationen in Wechsel und Ablösung getragen wurde . . .
Bloch: Gilt nicht die Seltenheit genau als ein Zeichen von Kostbarkeit? Oder von Glück, daß man gerade in eine Zeit der Blüte der Philosophie hineingeboren wurde? Im übrigen ist der »Kreis« in Europa doch wirklich groß genug, um die Existenz von Philosophie behaupten zu können. Daß es in Indien oder in einem anderen Land der sogenannten Dritten Welt Philosophie in der gewohnten Weise nicht gibt, ist doch kein Gegenbeweis. Wenn man länger hinhört und das Ohr am Puls hat, dann wird man deren Philosophie schon wahrnehmen, sie spricht nur nicht unsere Sprache. Es ist eine andere Art zu philosophieren. Es hat ja auch in Griechenland Jahrhunderte gedauert, bis man angefangen hat zu philosophieren, während die griechischen Kolonien schon lange Philosophen hatten. Diese »Dritte Welt« hatte schon lange ihre Ehre. Plötzlich ist der Groschen in Athen gefallen. Aber die Philosophie ist kein Groschen. Sie ist bedeutend mehr wert als das. Und wenn sie fällt, dann ist das kein Unglück, wie bei einer fallenden Uhr, sondern es ist ein Zeichen, daß das Denken, das Nachdenken, nicht ausstirbt, und daß das Fragenkönnen, das Fragenmüssen, das Sich-Verwundern nicht so leicht abzuspeisen ist, wie es den Soziologen vorkommt, deren Name selber noch nicht einmal hundert Jahre alt ist.
Ich würde also mit einem alten lateinischen Wort »sursum corda!«,

»Aufwärts die Herzen!« sagen – aber nicht theologisch, sondern durchaus transzendierend, in die Immanenz transzendierend, das ist ein großer Unterschied –: das Allernächste, was uns umgibt, ist voll von philosophischen Problemen eines *Überhaupt*. Das Überhaupt ist das Problem des »Dings für uns«, das »Gesicht unseres Willens«. In dieser Sache sind wir drin, und je länger sie verschlampt wird und in eitlen Bildern und Banalitäten zugrunde geht, desto mehr gilt für alle Leute, die eine Veränderung der Welt in einem wissenschaftlichen Sinn wirklich machen, das heißt wirkliche Meinung ausbreiten wollen, der Satz von Isaak Babel: die Banalität ist die Gegenrevolution.

NACHWIRKUNGEN I
Stimmen aus Deutschland

Burghart Schmidt

Zum Tod des Philosophen Ernst Bloch

Ernst Bloch, geboren 1885 in Ludwigshafen, ist gestorben 1977 in Tübingen; in hohem und tätigem Alter. Man kann von ihm sagen wie man das von Platon tat: *scribens mortuus est.*

Walter Jens hob am Sarg dieses Mannes hervor, wie entscheidend es für den Charakter und die Bedeutung seines Werkes sei, daß er nicht in Hegels, sondern in Abrahams Alter starb. Und in der Tat, Ernst Bloch wollte aufs stärkste sein Werk zu Ende führen, er mißtraute als Denker, dem die Form so wichtig war wie der Inhalt, dem genauen Bienenfleiß der Philologie und hatte Bedenken vor der tötenden Lähmung, die von wissenschaftlichen Apparaturen ausgehen mag. Oft erwähnte er den Ausspruch Kellers »Der Staub der Werkstatt mag zugrunde gehen« und berichtete von Kellers Wunsch, die Hand möge dem verdorren, der die erste Fassung des »Grünen Heinrich« wieder herauszugeben wage. Der, der es schließlich tat, solle lange Zeit seine Hand beobachtet haben. Ernst Bloch hat den wichtigsten Grundbestand seiner Arbeit in einer Ausgabe letzter Hand zur endgültigen Form ausgeführt. Noch wenige Tage vor seinem Tod sandte er als Manuskript an seinen Verlag den 17. Band dieser Ausgabe, »Tendenz-Latenz-Utopie«, der Texte von 1902 bis in die jüngste Zeit vereinigt. Der übriggebliebene Nachlaß enthält Wichtiges, aber das, was, verwandt der Schwierigkeit des Komponisten, sein Einfallsmaterial in der Komposition unterzubringen, in der Gesamtausgabe keinen Platz fand. Ernst Bloch starb, ein seltener Fall, zur Zeit der Vollendung seines Werks, so wie er es konzipiert hatte. Fast möchte man meinen, dieses zeuge von dem »Gesicht des Willens«, dem Titelstichwort des Abschnitts, mit dem der »Geist der Utopie« 1918 schließt: »Denn Gott ist kein Faktum.«

Bloch gehört zu den wenigen Denkern, die die moderne Verdrängung des Todesproblems nicht mitgemacht haben, ebensowenig aber Heideggersche Todesverherrlichung. Mit verständnisvoller Ironie freilich sprach er stets von jenen Hoffnungen über den Tod hinaus, die trösten wollen mit einem Weiterleben in den Kindern und Enkeln oder im Werk oder, was dem sehr verwandt, in den Wirkungen, die wir hier und in der Weltgeschichte hinterlassen. Die Auferstehung im Fleische war ihm ein Mythos ebenso wie die individuelle Unsterblichkeit. Nur daß Bloch die aufklärende Entmythologisierung differenziert sah, er ging davon aus, nicht alle Mythen müßten um der Aufklärung willen entmythologisiert werden. Es ginge ja nicht darum, alle mythischen Bilder zu entlarven, vielmehr diene die Entlarvung nur der Absicht, die nach rückwärts bindende und darum ganz auf die Vergangenheit festlegende Kraft des Mythos aufzulösen, weil sie uns sonst unsere Zukunft versperrt. So verstand er den Kampf der Aufklärung gegen das Jenseits solange als einen für die Zukunft des Diesseits, als das Jenseits die große schwere Waffe der Kirchen war, mit »Heulen und Zähneklappern« den unbedingten Gehorsam im Diesseits zu erzwingen und alle Machtherrlichkeit aus dem obersten Herrn des höchsten Gerichts zu rechtfertigen. Wo diese ideologische Gewalt aber gebrochen wurde, konnte für Bloch aufs neue der Mythos von Auferstehung und Unsterblichkeit auftreten, durchaus ohne Reduktion auf den moralischen Kern eines verpflichteten Lebens, aber nicht als dogmatisch gewisses Mythosbild oder als Allegorie, als Symbol eines festen Dogmengehalts, sondern als *Grenzproblem* unseres Hoffens. Nennt Bloch den Tod die »stärkste Gegenutopie«, die Durchkreuzung aller unserer Absichten am Ende, so wird dadurch dem utopischen Philosophieren aus dem Affekt der Hoffnung der Tod zum zentralen Thema, gegen alle Verdrängungen des »Beilschlags«, »Brettschlags«. »Die Hoffnungsbilder wider den Tod« stellen ein Problemerbe dar für die Zukunftsperspektiven aus dem »Geist der Utopie.« Bloch sah dieses Erbe in zwei Linien. Einmal schloß er die mögliche Überwindung des Tods im Diesseits nicht aus, ihr widmete er seine Untersuchungen über die medizinischen Utopien. Man hat gerade in Hinblick darauf von seinem emphatischen Überstieg über alles unüberwindlich Faktische gesprochen. Aber Bloch sah in der »Abschaffung des Tods« einen Prozeß, der mindestens zu solchen Vorstufen führt, wie einem Leben, das abschließt nach Weise Abrahams, der alt und *lebenssatt* starb, statt an versäumtem Leben, oder vielmehr wie zu einem Leben, das ohne Krankheit und Leid, ein Glück enthält, das zufrieden macht, anstatt aus der Sättigung nach Begierde und aus Begierde nach Sättigung zu drängen, deren beider harmonischen Wechsel Schopenhauer die einzig mögliche relative Glückseligkeit in der Welt nennt. Die andere Linie, die Blochs Problemblick verfolgte, *zählt* auf den Tod, schon der vielen Gräber, Grabstätten, Leidensfelder wegen, die die Weltge-

schichte hinter sich gelassen hat. Das wäre nun tatsächlich ein Leben nach dem Tod. Der Materialist Bloch konnte es aber nur begreifen als ein Leben, ein Sein besonderer Art außerhalb des Tods. Unter dem Kennwort einer möglichen, ja notwendigen »Exterritorialität zum Tod« bestand er darauf, daß, was noch nicht geworden sei, nicht so vergehen könne wie Gewordenes. Was heißt das? Tod betrifft nur das Faktisch-Eingetretene, der Mensch besteht aber aus einem Mehr als dem, was er ist, er besteht aus Intention auf das, was er noch nicht ist. Was daran zukünftig sich ausbreiten könnte, bleibt dem Tod vorenthalten. Hegels Diktum: Nur was im Tod sich erhält, gewinnt das ewige Leben, spricht von etwas, was nicht nach dem Tod im Durchgang durch ihn als Jenseits erscheint, sondern vom Tod unerreicht bleibt. Gemäß *solcher* Diesseitigkeit schreibt Bloch über den immanenten Antitod im »Prinzip Hoffnung«: »Wo immer Existieren seinem Kern nahekommt, beginnt Dauer, keine erstarrte, sondern eine, die Novum ohne Vergänglichkeit, ohne Korrumpierbarkeit enthält. Erst wenn der Prozeß des sich herausobjektivierten, zu seinem Eigentlichen sich materiell entwickelnden Agens, zu einem absoluten Umsonst gekommen wäre, würde der Tod den Kern der Natur treffen, der Menschen im Herzen ist.« (»Prinzip Hoffnung« S. 1391.) Das sind Sätze, die nicht zurückgenommen wurden. Bloch vertrat stets *eine* Vorsicht, die Vorsicht, Bedenken dessen, worüber wir nichts wissen können, keineswegs und ohne weiteres preiszugeben. Weil der Tod eben der »Bezirk« ist, »von dem kein Wanderer je zurückkehrte«, gab es für Bloch hierüber noch nicht einmal die Lösung des Ausklammerns. Allerdings vertrat auch er nur Ansätze der Problembildung in allegorisch umschreibender Weise. Von den »Tormotiven« und der Öffnung einer Wand zum Paradies hin samt Reisemotiv eines Abgeholtwerdens von der Bahn in den »Spuren« bis zu den »forschenden Reisen in den Tod«, die das »Prinzip Hoffnung« unternimmt. Seit dem »Geist der Utopie«, 1918, hielt er es mit der Gewißheit, daß etwas in uns leben möchte, das unzerstörbar sei.
Adorno sprach einmal davon: Auch wo alle vernünftige Überlegung uns fast immer bloß versichern könnte, wir hätten nur dies eine Leben, es gäbe kein anderes mehr, existiere doch jeder Mensch, wenn er es genau nehme, aus der unüberwindlichen Überzeugung, der Tod könne ihn irgendwie in seinem Wesen nicht antreffen.
Damit umriß er jenen Grund, der Bloch seit seinen frühen Werken bewegte, jeder Verdrängung des Todesproblems zu widersprechen. Definitive Aussagen hierüber aber gab es für Bloch außer in den allegorisch-symbolischen Umschreibungen dieses Grundes nur auf Weise

der negativen Theologie eines ganz Anderen. Gerade in den Jahren der Vollendung seines Werks wurde die Neugierde in ihm immer stärker, die schon stets gebrannt hatte. Sie zeigte sich als jugendliche Neugierde einer Erwartung, die noch nicht weiß, was sie erwartet, darum auch alle bisherigen Antworten zurückweist, allenfalls ironisch-vertrauend mit ihnen umgeht, als sei etwas mit ihnen los, man wisse nur nicht was. Während Bloch daran arbeitete, die Schlußgrundfrage des »Geists der Utopie« nach den »Weltwegen, vermittelst derer das Inwendige auswendig und das Auswendige *wie* das Inwendige werden« könne, zu einem fragmentarisch-systematischen Lösungsversuch, dem »Experimentum Mundi« voranzutreiben, sprach er oft davon, Philosophie sei die Kunst, das Sterben zu lernen. Wobei er zwischen Sterben und Tod den Wesensunterschied machte, Sterben gehöre noch über die Hälfte zum Leben, weshalb man hierüber lernen könne, erst der Tod sei vielleicht das ganz andere Jenseits, eben das »Große Vielleicht« Rabelais'. Lächelnd hielt er die antik trotzende Gelassenheit des Epikur bereit: Wo du bist, ist der Tod nicht, wo der Tod ist, bist du nicht.

Das Leben eines Mannes zog aus, der sich seit dem Beginn der deutschen Weltbrände aus Großmachtträumen ständig auf dem Auszug befand. Im Ersten Weltkrieg das Schweizer Exil, zurückgekehrt in die deutsche Revolution, die so schnell ausgetreten wurde. Schon »Thomas Münzer als Theologe der Revolution«, 1921, wurde zum vorläufigen Nachruf auf die untergegangenen Hoffnungen, mit der Gewißheit eines Neuaufbruchs darin. Über die folgenden Jahre, die Bloch wechselnd in Berlin, Italien und Paris verbrachte, nach der Heidelberger Jugendfreundschaft mit Georg Lukács vor und während des Ersten Weltkriegs, nun befreundet vor allem mit Benjamin, Kracauer, Brecht, Weill, Klemperer, schrieb er das Buch »Erbschaft dieser Zeit«, durchaus auch im abräumend-melancholischen Sinn des Titels. 1933 begann aufs neue Emigration und Exil, er verließ Deutschland zusammen mit seiner Frau Karola, die Architektin war, und die er 1934 in Wien heiratete. Mit höchstem Nachdruck widmete er ihr mehrere Bücher als der moralisch-politischen Kameradin und Gefährtin. Denn das war sie ihm, ohne sie hätte er die Emigration schließlich nicht überlebt. Und ohne sie wäre nicht gerade die schließlich amerikanische Emigrationszeit, die Zeit starker Isolation fast ohne Publikationsmöglichkeiten für ihn, zu einer Zeit geworden, in der seine großen umfangreichen Hauptwerke entstanden. Wir danken auch ihr das Werk von Ernst Bloch. Die Stationen der Emigration waren die Schweiz, wo nun 1935 nach der letzten Buchpublikation in Deutschland, den »Spuren« von 1930, »Erbschaft dieser Zeit« erschien; dann Österreich und schließlich Prag, wo der Philosoph als Publikationsforum die »Neue Weltbühne« fand. Von hier flohen Blochs mit ihrem Sohn Jan über Polen in die USA; gerade die Vereinigten Staaten, die Lande der unbegrenzten Möglichkeiten und der konkreten Sozialutopien, wenn man an das 19. Jahrhundert denkt, wurden nun, mittlerweile »Grab der Utopien«, zum Ort des »Schreibens in der Stille« gegen ein solches Grab. Zwar setzten schließlich Verlagsverhandlungen ein über die Veröffentlichung des »Prinzips Hoffnung«, das Bloch für Amerika hat erscheinen lassen wollen unter dem Titel »The Dreams of a Better Life«, aber trotz oder vielmehr wegen der nirgends so hoch entwickelten Techniken von Traum und Illusion scheiterten schließlich die Verhandlungen. Amerika erwies sich als das Land, in dem, nach einer Blochschen Pointe, die Millionäre mit Tellerwaschen anfangen und die Philosophen damit aufhören dürften. Erst die Verlagsgründung deutscher Emigranten, der Aurora Verlag in New York, publizierte den *soziologisch* wichtigsten Teil aus dem großen Werk, die Behandlung der Geschichte der Sozialutopien, die deutsch nun den zentrierenden Titel »Freiheit und Ordnung« erhielt. Denn das systematisch-philosophische Hauptstück dieser sokratischen Grundfrage kämpft um die Vermittlung beider, der historische Abriß versammelt nur das erfahrbare Material zum konkreten Ausarbeiten der Fragestellung. Endgültig schloß für Bloch die amerikanische Isolation ab, als ein mexikanischer Verlag sein Hegelbuch übersetzte. Neuer Auszug folgte, nun zurück nach Deutschland; in Leipzig übernahm Bloch die Leitung des philosophischen Instituts. Er wählte die DDR, weil er hoffte, er könne in deren Aufbau wegweisend und warnend mitwirken an einem Sozialismus, der Demokratie möglich macht. Seine theoretische Wirkung war auch in der Tat durchschlagend. Abgesehen einmal von den offiziellen Ehrungen, Vaterländischer Verdienstorden, Aufnahme in die Deutsche Akademie der Wissenschaften, Nationalpreis – solche Ehrungen vermögen ja auch dem Verschweigen der Differenzen oder dem Abschieben ins Kulturerbe zu dienen – wird die Wirkung besonders deutlich sichtbar in der sich rechtfertigenden Eröffnung des Gerichts über den »Jugendverführer« 1957, nach der Unterdrückung des Ungarnaufstands durch die Sowjetunion. Die Rechtfertigung beruft sich auf die unabsehbar weiten und starken Folgen der Blochschen Philosophie in der politischen Praxis der Intellektuellen, was dringend die Verurteilung und Verfolgung des philosophischen Ansatzes wie dessen Verzweigungen zu den einzelnen Wissenschaften hin fordere. 1961 kehrte Bloch von einer Reise nach Bayreuth wegen

des Mauerbaus nicht mehr in die DDR zurück. Mit 76 Jahren entschloß er sich zu einem letzten Exodus, fand in Tübingen sein Exil. Offiziell nicht weniger geehrt mit dem Kulturpreis des Deutschen Gewerkschaftsbundes, dem Friedenspreis des Deutschen Buchhandels, dem Sigmund-Freud-Preis der Darmstädter Akademie, den Ehrendoktorwürden der Sorbonne und der Universität Tübingen. Nur ein einziges sozialistisches Land blieb ihm treu, Jugoslawien, dessen Zagreber Universität Ernst Bloch ebenfalls die Ehrendoktorwürde verlieh. In Tübingen vollendete der Prozeß- und Fragmentdenker sein Werk. Der Tod wurde in dem Land, auf das er seine größten Hoffnungen gesetzt hatte für das im »Geist der Utopie« Gemeinte, durch wenige Zeilen mitgeteilt, und den einzigen Kommentar spricht der Intellektuellenfürsorger Wolfgang Harich scheinbar nach Westen, die nach Westen hörenden Wissenschaftler und Künstler seines eigenen Landes meinend. Er verbindet den Vorwurf, Ernst Bloch habe zu früh resigniert und aus Bequemlichkeit seinen Teil der Arbeit an der Verwirklichung des Sozialismus verweigert, mit der Drohung gegen die, die etwa Bloch nachfolgen und die DDR verlassen möchten: Geist muß nützen.
Exodus also bestimmte das Leben von Ernst Bloch, er wurde zum Hauptmotiv seines Philosophierens. Und doch haben die unrecht, die meinen, das Hauptmotiv auf die biographischen Bedingungen zurückführen zu können. Der Exodus ist von Bloch geschichtsphilosophisch gezielt und geht darum weit über die besonderen und einzelnen Bedingungen seiner eigenen Emigrationen und Exile hinaus. Und vor allem, die Emigrationen, die er durchmachte, enthielten wenigstens noch eine Chance der Rückkehr, der Exodus, den er geschichtsphilosophisch formulierte und beschwor, stellt sich aber als ein Auszug dar in eine Heimat, die »allen in die Kindheit scheint und worin noch niemand war«, so schließt das »Prinzip Hoffnung«. Ohnehin sah Bloch im Biographismus eine herabgekommene Form des Soziologismus, die voreilig relativierend die Objektivität des Wahrheitsanspruchs preisgeben will. Er mochte furchtbar gern Geschichten erzählen, die »Spuren« tragen den Ton der Unterhaltungen mit ihm weiter, er mochte Geschichtszusammenhänge darstellen und durchleuchten, der Reichtum des in den Begriff gebrachten historischen Materials in seinen Werken belegt das. Seine eigene Lebensgeschichte aber zerfiel ihm in konzentrierte, konzentrierende Episoden »zentraler Erfahrung«, mit dem Anspruch, daß jeder sie machen könne, wenn er nur aufmerke. Dieses ist die Funktion des »Merke«, womit die »Spuren« eröffnet werden. Von einem gedenkenden Tagebuch für seine erste, früh ge-

storbene Frau Else Bloch von Stritzky in den Jahren 1921/22 abgesehen, das im 17. Band der Gesamtausgabe erscheinen wird, entstand fast nur ein einziger Versuch von Autobiographie, eher aber stenographisch und fragmentarisch in größter Kürze. Der Versuch trägt den stockenden Titel »Über Eigenes selber« und erschien in jenem »Morgenblatt«, mit dem der Suhrkamp Verlag 1959 das Erscheinen des »Prinzips Hoffnung« in der Bundesrepublik ankündigte; erweitert um die folgenden Jahre wurde dann ein weiteres Lebensstenogramm 1972 veröffentlicht. Im übrigen aber hat Bloch die Beschreibung seiner Kindheitsbilder und Kindheitsfragen in der Spurengeschichte vom »Geist, der sich erst bildet« abgebrochen mit dem Merke: »Und wird nicht fortgesetzt.«

Die Bedeutung des Werks von Ernst Bloch? Im Westen hat sie wirkungsgeschichtlich zunächst eingesetzt mit seiner Religionsphilosophie. Und die Theologen haben bemerkt, daß deren Programmwort lautet: »Atheismus im Christentum«, nicht »Glauben ist Zweifeln« oder »Kampf um den Glauben«. Bloch basiert in seiner Rettung der Religion auf deren anthropologischer Kritik nicht erst seit Feuerbach und Marx, sondern christlich aus der Menschwerdung Gottes heraus: Nennt mich nicht Herr, nennt mich euren Freund und Bruder. Der Vatergott wird ersetzt durch den Menschensohn: Wer mich sieht, sieht den Vater. Der frühe Hegel ist für Bloch ein neuerlicher Ursprung der anthropologischen Kritik, der Gott aus dem Faktum heraussetzt und zu unserer Aufgabe macht. Bloch schreibt jeder rationalen Weltdeutung um der Rationalität willen die Forderung ein, das Irrationale als Problem nicht zu vergessen, gar mit Bewußtsein auszuklammern. In der Linie einer »Rationalisierung des Irrationalen« verlangt er in seinem späten Werk »Experimentum Mundi« nach einer »Meta-Religion ohne Aberglauben«, das ist die Übersetzung der mythischen Religionsbilder aus einer symbolischen Ansicht der gegebenen Welt samt Überhöhung zu gegebener Überwelt in die symbolisch gezielten Wunschbilder des menschlichen Hoffens auf eine bessere Welt im zukünftigen Diesseits, die aufzuschließen sind, bevor sie sich in eine rationalisierende Praxis einführen lassen. Religion hat ja über den Hoffnungsaffekt eindringlich mit der menschlichen Praxis zu tun seit dem »Murren der Kinder Israel«, das Blochs Lehre für die Religion und für die Praxis mit Hinblick auf die Ketzergeschichte, die er ins Zentrum rückte gegen Religion als Institution.

Für die Kunst erweckte Bloch in seiner »Ästhetik ohne Illusion« das Bewußtsein, ihr schöner Schein habe sich nicht deuten zu lassen als Repräsentationsornament der Gesellschaft, wie sie sich eingerichtet

hat, als Kulturbestand, der wegen seines schöpferischen Leistungswerts alle Not seines Entstehens rechtfertige, weil diese eine Produktionsbedingung, wie etwa Nietzsche zynisch meinte und was Brecht mit der schlichten Frage angriff: »Wer hat die Pyramiden gebaut?« Wenn die Not und der Mangel als ein Ursprung der Kunst, Rechtfertigung durch sie erlangen, dann für Bloch nur auf eine Weise, in der die Kunst, ihren Ursprung aus Not und Mangel nehmend, beide mit Verheißung transzendiert, verheißend fürs Diesseits. Darum reichte ihm auch um des Realismus willen ein auf Entlarvung des Bestehenden sich beschränkender Realismus nicht aus. Wir wissen, daß eine Kritik, die unsere Welt als Jammertal darstellte, noch stets vertragen wurde, ja als Bruch zwischen Welt und Kunst gutgeheißen war. Bloch aber lehrt, daß die reale Geschichtswelt reale Horizonte hat, und wer diese realen Horizonte außer Sicht schaffe, versäume die realistische Darstellung der Welt, darum seine Grundkategorie des »Vor-Scheins in der Kunst« als eine des Realismus.
Für die Philosophie und für die Wissenschaft entwickelte Bloch die »Ontologie des Noch-Nicht-Seins« als Grundlegung des seienden Prozeßcharakters der Welt oder des Seins als Prozeß. Hierin stellt sich der letzte Grund dar, in dem das »Noch-Nicht-Bewußte«, voraus gebildet in Moral, Kunst, Religion, Wissenschaft, vermittelbar wird mit den materiellen Bedingungen eines »Noch-Nicht-Gewordenen«, darum vermittelbar, weil der letzte ontologische Grund der Weltentwicklung noch nicht ergründet ist, sondern sich als Aufgabe der menschlichen Praxis stellt. Sein ist wesentlich noch nicht, es wird vom arbeitenden Menschen in dessen Gesellschafts- und Naturbezug erst herausgestaltet, wie es sein könnte, und darin darauf erprobt. Die Ratio der Praxis aber, das meint die rational erfaßbare Praxis eines Realisierens der menschlichen Hoffnungsbilder, fand Bloch in Angriff genommen durch Marxens Veränderungslehre der menschlichen Welt. Hier fand er die real-materiellen Bedingungen und Hebel einer konkreten Utopie in den Blick gebracht, wie diese Utopie bis dahin am zentralsten von der Philosophie verfolgt wurde. Solche konkrete Utopie entwickelt in aller möglichen Breite und Individualisierung die Form-Inhalte des Realisierens, weshalb Bloch gerade so oft auf des jungen Marx' Verhältnis zur Religion aufmerksam machte: Es gelte in der wirksamen Religionskritik nicht, das Illusionäre jener Blumen aufzudecken, die die menschlichen Ketten schmücken, sondern die Ketten abzuwerfen und die lebendigen Blumen zu brechen, das meint menschlich anzueignen. Rettung des Qualitativen, dieses ein weiterer und höchst wichtiger Beitrag Blochs zur neuzeitlichen Ratio aus dem

»Geist der Utopie« einer »Ontologie des Noch-Nicht-Seins«, aber im Rahmen einer Theorie-Praxis des *ursprünglichen* Marxismus, der voll das Subjekt der Weltgestaltung einbezieht. Bloch kämpfte im Namen der Hoffnung für das produzierende Subjekt, den arbeitenden Menschen, er wollte den subjektiven Faktor nicht veröden lassen in einer Partei, die den Einzelnen einbügelt durch eine Technik der Meinungserzeugung, er wollte den subjektiven Faktor nicht verkommen lassen in einer objektiven Gesetzlichkeit der Geschichte, die die Freiheit des menschlichen Subjekts aufhebt zur Einstimmung in die Funktion innerhalb des Geschichtsgesetzes. Er sprach statt von Geschichts*gesetzen* von Geschichts*tendenzen* und beschrieb die objektiv-materiellen Bedingungen für die Realisierungsvorhaben der Menschen als »Bedingungszustand in der Schwebe«. Der experimentierende Brecht hatte einmal das Verhältnis von Einzelnem und Partei auf die Probe gestellt im Lehrstück der »Maßnahme« und als ein mögliches Resultat der Diskussion übergeben: Der Einzelne könne die Wahrheit besitzen, sie bliebe aber unwirksam, darum habe die Partei, weil sie wirksam sei, auch wo ihr die Wahrheit fehle, das Recht auf ihrer Seite. Dagegen einte sich Bloch mit Brecht auf die Pflicht des Menschen, im Fall zweier falscher Alternativen nach einem ganz anderen oder einem dritten vermittelnden Weg zu suchen. Und selbst wenn es Gesetze gäbe, so gäbe es das Trotzdem des Widerstandes gegen sie und die Pflicht: Freiheit durchzusetzen, selbst wo sie ohne Aussicht schiene. Darum gebrauchte Bloch auch die nur scheinbar verzweifelnde Formulierung: »Hoffen wider die Hoffnung.« Sein Kampf für den recht verstandenen subjektiven Faktor brachte ihn immer wieder in ein schwieriges Verhältnis zu dem, was als Marxismus sich historisch wirksam organisiert hat, von Phasen revolutionärer Durchbrüche abgesehen wie der Oktoberrevolution an Ort und Stelle.

Ernst Bloch, der das zum Schimpfwort oder allenfalls zu einem literaturwissenschaftlichen Terminus gewordene Utopia seit dem »Geist der Utopie« 1918 für den Sozialismus wiederentdeckt hat, Ernst Bloch nennt sich selber einen marxistischen Philosophen. Bekenntnishaft steht allermeist am *Beschluß* seiner Hauptwerke ein Kapitel, das sich expressis verbis im Titel auf Karl Marx beruft: »Karl Marx, der Tod und die Apokalypse«, das ist eine Überschriftmontage mit großem Bogen aus dem »Geist der Utopie«; »Karl Marx und die Menschlichkeit, Stoff der Hoffnung«, darin faßt sich »Das Prinzip Hoffnung« zusammen. Daß aber Bloch wirklich Marxist sei, dieses wurde ihm öfter bestritten, mit orthodoxem Nachdruck etwa eben in der Debatte um seine angebliche Revision des Marxismus, geführt in der DDR

1957. Auf andere Weise trat früh schon das polemische Stichwort eines »utopischen Messianismus« auf, Lukács formulierte es für das Blochsche Philosophieren, dem er sich in früher Zeit sehr verbunden gefühlt habe. Blochs eigene Berufung auf Marx und den Marxismus wird ihm dann ausgelegt als ein bloß hinzugefügtes Bekenntnis, als ein ausschließlich moralisches ceterum censeo Capitalismum esse delendum aus politisch richtig ausgerichtetem Willen, dem aber sein Denken nirgendwo den klassenbewußten wissenschaftlichen Ausdruck gebe.

Gewiß ist einzuräumen, daß in den Büchern Blochs Analysen der politischen Ökonomie weithin nicht zu finden sind. Sieht man einmal von dem Kapitel über Probleme des ideologischen Überbaus in »Das Materialismusproblem« ab oder auch von der Analyse der elf Marxschen Feuerbachthesen, Theorie-Praxis betreffend, ebenso auch von der Analyse der ökonomischen Gründe in der bürgerlichen Freizeitideologie, beide Untersuchungen im »Prinzip Hoffnung«, weiterhin von seinen Nachforschungen in Angelegenheit bürgerlicher Angst vor der Automatisierung und von seinen Überlegungen über das Verhältnis von ökonomischer Krise und technischem Unfall und von vielem anderen, so besteht allerdings sein Hauptbeitrag zur ökonomisch-gesellschaftlichen Gegenwartserfassung vor allem in der Ermittlung der Gründe, die den Faschismus zum Sieg führten. In »Erbschaft dieser Zeit« von 1935 findet sich der weiterentwickelte Blick auf eine neue Klassenkampflage, wie sie durch die Monopolisierungs- und Konzentrierungstendenzen des Kapitalismus entstanden war. Hatte Marx zwar die entscheidende politisch-gesellschaftliche Wirksamkeit der fluktuierenden Mittelschichten aus den Bewegungen der französischen Revolution von 1848 herausgemittelt, so hatte er doch deren Proletarisierung als Ergebnis der weiteren Kämpfe erwartet, also schließlich die Perspektive einer klaren Konfrontierung von Proletariat und Bourgeoisie ins Auge gefaßt. Zu späterem Stand des Gesellschaftsprozesses gewann Rosa Luxemburg die Einsicht, daß sich aus den Bewegungen des Kapitals und der Produktivkräfte notwendig ein neuer Mittelstand erzeuge, in dem sich die Klassengegensätze weiterhin abstumpfen. Ihre Perspektive sah ein Ende dieser ständigen Neuerzeugung erst in der Voraussetzung, daß die Entwicklung neuer Produktivkräfte durch Technologie einen entscheidend hohen Investitionsaufwand verlange, der solche technologische Entwicklung nur noch großen, konzentrierten Kapitalien möglich macht. Bloch nun konstatiert die wirksame Vorhandenheit ganz anderer Mittelschichten als derjenigen, die sich unter dem Begriff kleinbürgerlicher Kapitalinhaber fassen lassen. Nicht unterscheiden sich von diesen allein schon die Angestellten und die steigende Zahl mittlerer Beamter, deren Anwachsen gegenüber den produzierenden Proletariern schon bei Lenin eine Rolle spielt, sondern wieder anders auch jene, deren Produktionsweise noch auf alter Stufe steht, einer gegenüber der herrschenden Produktionsweise vergleichsweise alten. Die Bauern und Handwerker der Dörfer und Kleinstädte sind von Bloch gemeint, die im Gegensatz zu den Angestellten der Metropolen kein zurückgebliebenes Bewußtsein haben, sondern ein ungleichzeitiges. Denn ihr Bewußtsein stimmt mit ihrer noch erhaltenen Produktionsweise relativ überein, während die hinter ihrer Zeit zurückbleibenden Bewußtseinsinhalte der Angestellten mit deren mittlerweile längst proletarisierten Existenzgrundlage nur insofern etwas zu tun haben, weil sie funktionell arbeitsteilig in hierarchischer Gliederung atomisiert sind und nicht atomisiert durchs Nivellement aufs gleiche Elend. Blochs Kategorie der »Ungleichzeitigkeit«, die er sowohl ökonomisch wie ideologisch faßt, hängt gewiß zusammen mit der von Marx festgehaltenen »Ungleichmäßigkeit« der Entwicklung innerhalb des Kapitalismus, aber sie bedeutet eine Weiterbildung. Doch politische Ökonomie allein ist ohnehin noch nicht die alles erschöpfende Antwort auf alle unsere Fragen. Erst blanker Ökonomismus konnte dahin gelangen, alle Gedankenarbeit, die nicht die Fragen dieser Welt erschöpfend durch Untersuchung der ökonomischen Basis mit wenigen Blicken auf den eigentlichen Gegenstand beantwortet sieht, unmarxistisch zu nennen. Gegen bloßen Ökonomismus ist ohnehin mit höchst praktischer Absicht zu erinnern, was Marx selber durch seine Untersuchungen über den 18. Brumaire des Louis Bonaparte bedeutete und bewegte: ökonomische Analyse kommt für unmittelbar gegenwärtige Umwälzungen revolutionärer Vorgänge allemal zu spät, weil sie einer Unmenge Daten bedarf, deren Beschaffung, Auswertung und Beurteilung den handelnden Eingriff auch zu lähmen vermag. Oder anders: ein Insistieren auf der marxistischen Grundforderung, Entscheidungen und Handlungen rational zu begründen, kann auch dazu verfälscht werden, jede Spontaneität des Handelns zu unterdrücken und dadurch die »Gegenwart als den Ort der Entscheidungen« gerade auszuklammern. Von solcher Einstellung her bestimmte Bloch selber schon früh das Verhältnis seines Philosophierens zum Marxismus im »Geist der Utopie«, 1918, programmatisch-manifest. Der Marxismus als Kritik der politischen Ökonomie rücke, so formuliert er, in die Nähe einer Kritik der reinen Vernunft, zu der die adäquate Kritik der praktischen Vernunft noch nicht geschrieben ist. Was heißt das? Handelt es sich hier um eine Metapher, gebaut aus Elementen philosophischer Terminologie? Genau das »in die Nähe rücken« verweist darauf. Man darf die Formulierung also in der Interpretation nicht pressen, sonst verliert man ihren Sinn. Aber sie verdeutlicht einiges. Kritik der reinen Vernunft, sie ist verlangt von der kantischen Frage: Was können wir wissen? Und dem entspricht die »Kritik der politischen Ökonomie«, indem sie die wirklichen Entstehungsgründe der vorgefundenen Verhältnisse ermittelt und darüber hinaus die Wirkgründe der Veränderungsperspektiven klarlegt. Aber eine Kritik, die die bestehenden Verhältnisse als von den Menschen geschaffene aufweist und sie dadurch als veränderbare behauptet, hat noch lange nicht das Ziel ermittelt, zu dem hin verändert werden soll. Es sei denn, es handelt sich bei den Veränderungsprozessen um gesetzmäßig festgelegte, durch deren Prognostizierung man auf der Höhe der Zeit steht, sich also nur nicht überraschen läßt, gegebenenfalls vorbeugt durch rasche Anpassung. Oder aber es sei denn, man beschränke sich auf hoch allgemeine Ziele des historischen Prozesses, wie Diktatur des Proletariats, klassenlose Gesellschaft, Aufhebung des Widerspruchs von Kapital und Arbeit und überlasse alles weitere einer ausgestaltenden Zukunft. Wer ist diese aktive Zukunft? Wieder eine Art von Weltgeist, in dessen Büro getreulich grau in grau sich malen läßt? Um hier nicht gänzlich in der Orientierungslosigkeit herumzutappen, muß zu der Frage nach dem, was wir wissen können, die andere Frage Kants hinzutreten nach dem, was wir tun sollen. Darum spricht Bloch von der großen Aufgabe des Marxismus, seiner Kritik der reinen Vernunft, eine Kritik der praktischen Vernunft hinzuzufügen. Die Metapher in kantischer Begrifflichkeit meint also nichts anderes, als eine fällige Erweiterung der marxistischen Gegenwartsanalyse durch Differenzierung und Schärfung sowohl des Zielbewußtseins selber wie seiner Inhalte, damit sie nicht ständig der »historischen Reaktionsbasis« unterliegen, Verwandlung des Sozialismus etwa zur Bürokratie als Variation des Zarismus, diesfalls ohne geborenen Zaren, was Autokratie allerdings nicht verhindert. Bloch will mit seiner Forderung nach praktischer Vernunft keineswegs behaupten, der Marxismus sei bis dahin eine reine Theorie gewesen, der jetzt erst die Praxis hinzugefügt werde. Als Kritik der Gegenwart und Aufweisen ihrer Veränderbarkeit durch menschliche Arbeit ist der Marxismus stets durchdringlich praktische »Erkenntnistheorie« gewesen, die nicht vor dem Sachwissen stattfindet, sondern sich in der theoretisch-praktischen Veränderung der nur scheinbar dinglichen Verhältnisse herausbildet. Wenn Bloch in seinem programmatischen Grundsatz den Begriff einer praktischen Vernunft verwendet, so ganz im kantischen Postulatscharakter. Also meint er nicht Praxis contra reine Theorie, sondern überschreitend die Vermittlung des Postulativen im Zielbewußtsein mit der Kritik der realen Verhältnisse, d. h. ihrer Tendenzen, Vermittlung der »Versuchsgestalten« des Sollens mit den realen Bedingungen des Könnens. Ideologiekritisch geprüfte Antizipation bliebe noch immer ein Gedankenspiel, ein Produkt menschlicher Phantasie, wäre sie nicht auf zwei Weisen mit der objektiven Realität verbunden, einerseits eben durch das bedingende Angelegtsein ihrer Verwirklichung im Realprozeß, zum anderen durch objektiv-reale Antizipation des Materiellen selber. Letzteres meint, daß nicht der Mensch allein Vorwegnahme und Bedeuten des zukünftig Möglichen zu entwickeln vermag, also kantisch gesagt der Natur ihre Gesetze, anders der Materie ihre Formen vorschreibt, sondern daß solches bedeutende Vorausweisen auch in der objektiven Realität geschieht. Das menschliche Subjekt ist dann der Interpret des materiellen Zeichenwesens, sein Instrument ist objektiv-reale Hermeneutik; das Subjekt läßt sich auch durchs nichtgesellschaftliche Objekt belehren. Blochs Materialismus geht auf mehr aus als die entwickelte Subjekt-Objekt-Dialektik des gesellschaftlich Materiellen, ohne deren Vermittlungen zu verlassen, er geht von des jungen Marx Forderung nach einer »Naturalisierung des Menschen« zu einer Subjekt-Objekt-Dialektik der Natur weiter. Darum auch begreift Bloch Verdinglichung anders als etwa Lukács, der gerade den dialektischen Materialismus auf die *gesellschaftliche* Materie beschränkte. Für Lukács hängt Verdinglichung zusammen mit der entqualifizierenden Herausbildung der Warenform zur herrschenden. Entwickelte Herrschaft der Produktionsbedingungen (Produktivkräfte-Produktionsverhältnisse) über die Produzenten erst führt die Gestalt der Verdinglichung aus, der Sündenfall des Kapitalismus mit seinem Zur-Ware-Werden aller Menschen und aller Dinge erst ruft die Entfremdung ins Haus, so möchte man es fast verstehen im Sinn des »Selig sind die Zeiten«, nämlich vor Aufbruch der bürgerlichen Welt. Für Bloch dagegen setzt Entfremdung ein schon im Außersichwerden der Natur, die darum »durch den Menschen zur Heimkehr gelangen möchte«, Verdinglichung wohnt also dem ganzen materiellen Prozeß als Moment inne und gewinnt im Zur-Ware-Werden aller Menschen und aller Dinge nur ihre äußerste Verschärfung. Aufhebung der Verdinglichung beschränkt sich daher nicht auf die gesellschaftlichen Verhältnisse, sondern in dialektischer Vermittlung mit diesem Prozeß geht sie weiter zu einer möglichen Aufhebung der Verdinglichung, wie sie im Überwölbenden der kosmischen Natur uns begegnet. Darum trägt Blochs letztes Werk in der Gesamtanlage seiner Werkausgabe, sein Systemwerk, den Titel »Experimentum Mundi«. Der im »Bogen Utopie-Materie« angelegte »spekulative Materialismus« macht die ganz wichtige Bedeutung der Blochschen Philosophie für eine zukünftige Weiterbildung der Theorie kennbar, samt allen praktischen Implikationen und Anstößen. Über die Person hinaus, die ja in direkter Begegnung zu erleben alte Alpbachianer hier die große Gelegenheit hatten, und über die besonderen Intentionen seines Werks hinaus wird Ernst Bloch gerade auch in diesem Grundsätzlichen weiterleben, weiterwirken, seine Warnung nicht zu vergessen vor einem allzu großen Fortschritt des Sozialismus von der Utopie zur Wissenschaft.

Rolf Denker

Hoffen aufs Reich der Freiheit

Noch vor wenigen Tagen erhielt ich eine von ihm persönlich unterzeichnete Danksagung für meine Glückwünsche zu seinem 92. Geburtstag. Heute überraschte uns im Philosophischen Seminar die – trotz des biblischen Alters des Mannes – schreckliche Nachricht: Ernst Bloch ist tot.

Zur Trauer gehört Schweigen, aber auch das Eingedenken, zumal wenn ein gelehrter Freund stirbt, dem vor allem immer daran lag, daß im Sinne einer besseren Zukunft Gegenwart bleibt, was so leicht der Vergangenheit verfällt: Die Sehnsucht nach dem Reich der Freiheit. Solange sich Trauer unter die Gedanken mischt sowie Dankbarkeit für viele philosophische Impulse und manchen menschlichen Rat trotz stets richtig gewahrter Distanz, ist ein nüchterner Essay über Werk und Bedeutung Ernst Blochs nicht möglich, wohl aber eine subjektive Stellungnahme mit dem Streben nach sachlicher Würdigung.

Angesichts des Todes von Ernst Bloch haben wir nicht nur bereits jetzt die Gewißheit, daß wir einen der Großen unserer Zeit verloren haben, sondern sind auch der sicheren Überzeugung, daß mit ihm fast der Letzte eines Gelehrtentypus gestorben ist, den es in ähnlicher Weise nie wieder geben wird, nicht geben kann. Auch in der Philosophie gibt es wohl kaum je wieder einen so klug und kühn zugleich spekulierenden Denker wie Ernst Bloch, höchstens einmal wieder außerhalb der Universitäten. Dort selbst werden sich wahrscheinlich zunehmend mehr beamtete Wissensverwalter mit einem schmalen Angebot an Philosophiegeschichte breitmachen.

Bloch war und blieb innerhalb der institutionellen Philosophie überall ein Außenseiter, auch in Tübingen unter seinen Professorenkollegen, mit wenigen stadtbekannten Ausnahmen. Bei den Studenten allerdings war das stets anders. Zum letztenmal wurde das anläßlich der Verleihung der Ehrendoktorwürde zum 90. Geburtstag 1975 durch den Fachbereich Philosophie deutlich. Damals dankte Bloch im überfüllten Festsaal der Neuen Aula nach den bestellten Lobreden in gewohnter Geistesgegenwart mit Improvisationen über einige Grundgedanken seines Werkes, vorwiegend auf Hölderlin und Hegel hinweisend, die am gleichen Ort am Funken der französischen Revolution Feuer gefangen hätten, als sie unter dem Maibaum von Freiheit, Gleichheit und Brüderlichkeit sangen. Trotz mancher Irrwege zwischendurch hätten sie, getreu der Mahnung Schillers, diese Jugendträume nicht vergessen. Der alte Hegel habe noch 1828 davon gesprochen, es gelte, die Welt nach den Maßen der Vernunft einzurichten. Diesen dreiteiligen Grundgedanken stellte Bloch zum Schluß heraus: Das Glück sei der Lohn fürs Subjekt nach der Verwirklichung gerechter Gesellschaftsverhältnisse ohne Herr und Knecht, daraus folge auch die Möglichkeit der Solidarität mit allem Leben. Der Lebensweg der Menschheit beginne mit dem aufrechten Gang und ziele ab auf aufrechte Gesinnung. Selten wohl haben Studenten in den letzten Jahren einer akademischen Feier eine vergleichbare solidarische Stimmung gegeben. Der wiederholte minutenlange Beifall war dafür der etwas hilflose akustische Ausdruck.

Der Lebensweg von Ernst Bloch führte von Ludwigshafen nach Tübingen, aber nach langen odysseehaft leidvollen Irrfahrten. Am 8. Juli 1885 wurde er in Ludwigshafen als einziges Kind eines königlich bayerischen Eisenbahnbeamten geboren. Vor dem ersten Weltkrieg studierte er in München und Würzburg Philosophie, Deutsche Philologie, Musik und Physik und promovierte 1908 mit einer kritischen Arbeit bei dem Philosophen Oswald Külpe (1862–1915) über den Philosophen Heinrich Rickert (1863–1936). Der Vater war anfangs gegen das Philosophiestudium, ließ sich jedoch unter besonderen Bedingungen von der Verdienstlichkeit der Philosophie überzeugen, wie Bloch gelegentlich erzählte: »In der Sommerfrische kamen wir durch Ragaz mit den Alten (Eltern). Die sind drei, vier Wochen im Sommer weggefahren, immer, und dort hab' ich von meinem Hotelzimmerchen ein schönes kleines Grabmal gesehen, ein Mausoleum. Ich ging am nächsten Morgen hinunter und da stand: ›Hier ruht Friedrich August Wilhelm Schelling.‹ Und darunter stand: ›Seinem verehrten Lehrer in Treue und ewiger Dankbarkeit gewidmet Maximilian, König von Bayern.‹

Und da kam der Alte dazu; da sah der also, daß man mit einer so brotlosen Kunst wie Philosophie – ich hab' ihm erzählt, daß das ein Philosoph war – vom bayerischen König, also seinem höchsten Idol, ein Grabmal gestiftet kriegt, wenn man also fleißig ist und nichts tut, was die Obrigkeit stört und so weiter, dann kann man auch in der Philosophie etwas erreichen, und wenn es nicht grad ein Grabmal vom König

ist und ›Verehrter Freund und Lehrer‹ usw., aber doch immerhin, nicht ganz brotlos. Das dürfte noch zum Studium der Philosophie beigetragen haben. Also ewiger Dank an Schelling!«
Schon früh fand er sein Thema: das Noch-Nicht-Bewußte, das aber schon ahnungsvoll in der Phantasie ausgemalt wird. Das beginnt mit dem ganz Verrückten in Tag- und Nachtträumen, findet Form in den großen Entwürfen der Kunst und konkretisiert sich in den sozialen Utopien. Das ist der rote Faden, der in Blochs Lebenswerk zu einem großen Teppich verwebt wird. Erstmals expressionistisch wortgewaltig im »Geist der Utopie« (Werke Bd. 16). Im großen Stil ausgefaltet und interpretiert werden die Phantasie- und Utopiewerke der Menschheit in »Das Prinzip Hoffnung« (Bd. 5), der Magna Charta des Hoffnungsdenkens. Dieses Hauptwerk wurde in der Emigration vollendet. 1917 flüchtete Bloch erstmals aus Deutschland in die Schweiz, 1933 wurde der zweite Aufbruch notwendig, als Bloch wegen »Verächtlichmachung der Reichsregierung« verfolgt wurde. Der Fluchtweg ging über die Schweiz, Österreich, Frankreich und die Tschechoslowakei schließlich in die USA. Dort blieb er von 1938 bis 1949. Während seine großartige Frau Karola als Innenarchitektin das Geld verdiente, betreute er Haushalt, Kind und Werk. 1959 faßte Bloch in dem kurzen Versuch einer Autobiographie die Erlebnisse dieser harten Jahre so zusammen: »Mancherlei Länder, Meere und Städte gesehen. In Emigration auch Amerika, Rückkehr, Collegium, Theoria cum praxis, die Ernte einbringen, die nicht ephemere.«
1949 kehrte Bloch nach Deutschland zurück und nahm den Ruf auf einen Philosophielehrstuhl in Leipzig an, in der Überzeugung, daß dort in einem neuen Deutschland ein marxistischer Anfang möglich sei. Aber ab 1957 begann die Ächtung des Philosophen, die schließlich mit einem Lehrverbot wegen abweichlerischer Gedankengänge endete.
In den Tagen des Mauerbaus entschlossen sich Blochs, gerade auf einer Reise in Westdeutschland, nicht nach Leipzig zurückzukehren. Freunde in Tübingen, unter ihnen Professor Walter Schulz und seine Frau und die verdienstvolle Buchhändlerin Julie Gastl, vermittelten die Einladung zu einem Vortrag in Tübingen. Dieser großangelegte Vortrag mit dem Titel »Zur Ontologie des Noch-Nicht-Seins« begründete Blochs Wirkung im Westen. Vielen ist diese erste große Massenveranstaltung im Festsaal der Universität noch in lebhafter Erinnerung. Es ist das Verdienst des Politik-Professors Theodor Eschenburg, der damals gerade Rektor war, daß aus dem Gastvortrag eine Gastprofessur wurde.

Unter großer studentischer und journalistischer Anteilnahme begann Bloch seine Vorlesungen, die später unter dem Titel »Tübinger Einleitung in die Philosophie« veröffentlicht wurden (Werke Bd. 13), mit dem Leit-Thema »Kann Hoffnung enttäuscht werden«? Wenig später begann Siegfried Unseld, der Chef des Suhrkamp-Verlages, mit der Veröffentlichung von Blochs Werken, die nun endlich auch im Westen Verbreitung finden konnten. Bald entschloß sich der Verleger zur Edition einer Gesamtausgabe.

Bemerkenswerterweise begründete Bloch seine Wirkung als Hochschullehrer erst in einem Alter, da viele schon an den Ruhestand denken. Vorher war er vorwiegend literarisch und journalistisch tätig. Der direkte Kontakt zu den Studenten war Bloch auch jetzt noch so wichtig, daß er regelmäßig jeden Dienstag von 18 bis 20 Uhr im überfüllten »Tanzsaal« des alten Philosophischen Instituts sein Ober-Seminar hielt. Dort wurde die Pfeife nicht kalt und der ›Alte‹ nicht müde, in langen Exkursen seine Grundgedanken zu entwickeln, leidenschaftlich wie ein Fünfzigjähriger und kenntnisreich wie der personifizierte »Große Brockhaus«. Und wen der dort schon verewigten bedeutenden Zeitgenossen hat er nicht gekannt und überlebt! Den Studenten verschlug es dann und wann den Atem über so viel geballtes Wissen und dessen engagierte Verlebendigung. Die Hegelsche Eule der Minerva begann auch hier ihren Flug in der Dämmerung, aber so, daß man sicher sein konnte, man habe noch nicht aller Tage Abend erlebt. Bei »fröhlicher Wissenschaft« zieht viel »Morgenröte« auf, sobald das Neue einer besseren Zukunft beschworen wird.

Man könnte meinen, Bloch habe seine Grundgedanken jeweils für einzelne Disziplinen ausgearbeitet: Die »Spuren« (Werke Bd. 1) und »Erbschaft dieser Zeit« (Bd. 4) seien für Literaturwissenschaftler und Literaten geschrieben, die »Politischen Messungen« (Bd. 11) für Politikwissenschaftler und Politologen, »Atheismus im Christentum« (Bd. 14) für Theologen und Pfarrer, »Naturrecht und menschliche Würde« (Bd. 6) für Rechtswissenschaftler und Juristen und womöglich »Das Materialismusproblem, seine Geschichte und Substanz« (Bd. 7) für Naturwissenschaftler, Techniker und Produzenten. Aber hier stocke ich denn auch endgültig, obwohl ein wenig Richtiges an dieser Überlegung ist. Manches wiederholt sich denn doch, bis hin zum Selbstzitat. Dennoch wird jedesmal auch in erfrischender Weise jeweils das dicke Fell des Selbstverständnisses gegen den Strich gebürstet.

Gerade die beiden philosophisch gewichtigsten Werke, »Das Prinzip Hoffnung« (Bd. 5) und das in seiner Bedeutung nur mit Hegels »Phaenomenologie des Geistes« vergleichbare zusammenfassende Spät-

werk »Experimentum mundi« (Bd. 15), das Bloch in den Jahren 1972–1974 verfaßte, entziehen sich solcher Kategorisierung, genau deshalb, weil in ihnen die Kategorienlehre fürs offene System des Blochschen Denkens dargelegt wird.
Auf diese beiden Werke will ich mich beziehen, um Blochs Grundgedanken jetzt knapp zu skizzieren. Bloch selbst hat verschiedentlich ausgesprochen, eine gelungene philosophische Theorie zeichne sich dadurch aus, daß man sie wie Nescafé auch in ein Konzentrat verwandeln könne. Manche Philosophen hätten sogar die Fähigkeit gehabt, schon im Titel ihrer Hauptwerke die Formel ihrer Konzeption auszudrücken, etwa Kant mit dem Titel »Kritik der reinen Vernunft« oder Schopenhauer mit »Die Welt als Wille und Vorstellung«.
Der berühmte Philosoph und Soziologe Georg Simmel (1858–1918) habe ihn auf diese Idee gebracht, berichtet Bloch gelegentlich. Als er ihn in Italien an einem gemeinsamen Ferienort wiederholt besuchte und dessen jeweils neu entworfenen Suppen probieren und mit Namen bedenken mußte, habe Simmel, der diesen Gedanken der konzentrierten Kurzfassung geradezu als Qualitätskriterium für Philosophieentwürfe betrachtete, ihm geklagt, er sei aufgefordert worden, für ein philosophisches Handbuch sein eigenes System auf einer halben Seite darzustellen, und nun wolle es ihm nicht gelingen. Er müsse daraus schließen, daß er nichts zu sagen habe. Es sei dann geradewegs ein Sport geworden, große Philosophien auf lakonische Kurzformeln zu bringen.
Die kürzeste Formel für sein eigenes Werk faßte Bloch schließlich so: »S ist noch nicht P – das Dunkel des gelebten Augenblicks wird durch keine Prädizierung je ganz aufgehellt.« Das ist zunächst einmal ein Satz, der jeden Logiker in Verlegenheit bringt. Das logische Urteil lautet nämlich: S ist P. Das heißt: Einem statisch festen Subjekt (S) wird ein bestimmtes Prädikat (P) zugesprochen, z. B.: der Mensch (S) ist gut (P). Seit Hegels Herausstellung der Entwicklung von Mensch und Welt ist diese klassische Logik fraglich geworden. Darin stimmt Bloch mit Hegel überein. Während Hegel aber meinte, alle Entwicklung bestehe darin, daß sich das jeweilige Subjekt gemäß der ihm kern- oder keimhaft eingeschlossenen, bereits fertigen Idee entwickle, denkt Bloch im Gegensatz zu Hegel, daß sich das jeweilige Wesen des Subjekts erst im Prozeß der Entwicklung überhaupt formiere. Auf unser Beispiel angewandt hieße das: Der Mensch (S) ist noch nicht gut (P). Es hieße aber auch ins Große übertragen, die Menschheit hat noch nicht das ihr gemäße Gute gefunden. Die mögliche Menschlichkeit des Menschen hat sich noch nicht herausprozessiert. Und noch darüber

hinaus entwickelt Bloch vor allem in seinem »Materialismusbuch« den Gedanken, auch die Welt im Ganzen (oder die Natur) habe noch nicht ihr wahres Wesen gefunden. Sie verändere sich nicht nur unter dem Einfluß der Menschen, sondern gehe womöglich eigene Wege. Ideal wäre es nach Bloch allerdings, wenn Absichten der Natur und Ziele der Menschen letztlich harmonisch aufeinander zu liefen. Erst dann gäbe es erfüllte Dauer immer gleicher, vollendeter Verhältnisse. Dann auch erst wäre eine Logik der Form: S ist P möglich. Dann erst ließe sich sagen: Der Mensch ist gut.

Die besondere Schwierigkeit der menschlichen Entwicklung und des geschichtlichen Selbstverständnisses liegt nun darin, daß in der jeweiligen Gegenwart am wenigsten erfahrbar ist, wohin die Entwicklung weist. Die Augenblicke des gerade gelebten Lebens liegen am meisten im Dunkel der zugänglichen Erkenntnis: »Das Dunkel des gelebten Augenblicks wird durch keine Prädizierung je ganz aufgehellt.« Der Mensch ist recht eigentlich das Lebewesen, das dem jeweiligen gelebten Augenblick immer schon vorauseilt. Mangel und Bedürftigkeit treiben den Menschen vorwärts, damit er im Austausch mit der Natur und anderen Menschen seine Bedürfnisse befriedige.

Leben heißt darum in der Zeitperspektive: Zukunft in Vergangenheit verwandeln. Der Mensch frißt sich gleichsam wie ein Maulwurf in die Zukunft und schaufelt sie als Vergangenheit hinter sich. Der Zukunft widmet sich darum auch zuerst vorahnend und hoffend die Aufmerksamkeit. In Tagträumen, Kunstwerken und Sozialutopien wird sie voraus durchdacht und ausgemalt, immer aber im Bewußtsein, daß sie nicht nur die schlechte Fortsetzung der Gegenwart sein darf. Alle Entwürfe müssen sich die Möglichkeit offenhalten, daß das Neue eintreten kann. Im Sinne einer Enzyklopädie hat Bloch die großen Hoffnungsentwürfe der Menschheit gesammelt, interpretiert und systematisiert, von den vagen Tagträumen ausgehend, aber auf die realisierbaren Glücksentwürfe abzweckend. Auch das negative Gegenthema, das mit dem Stichwort Tod angeschlagen wird, findet seine systematische Stelle. Erweiternd und vertiefend werden im Buch »Naturrecht und menschliche Würde« die Gerechtigkeitsbemühungen analysiert und dargestellt. »Soziale Utopien und Naturrecht hatten ein sich ergänzendes Anliegen im gleichen humanen Raum; getrennt marschierend, leider nicht vereint schlagend. Obgleich beide in dem Entscheidenden einig waren, das menschlichere Gesellschaft heißt, so bestanden doch zwischen Sozialutopien und Naturrechtslehren lange wichtige Unterschiede. Sie sind sehr abgekürzt, so formulierbar: Die Sozialutopie ging auf menschliches Glück, das Naturrecht auf menschliche Würde.

Die Sozialutopie malte Verhältnisse voraus, in denen die Mühseligen und Beladenen aufhören, das Naturrecht konstruierte Verhältnisse, in denen die Erniedrigten und Beleidigten aufhören. Anders auch als bei den meisten Träumen von Glück geht es bei den Vor-Bildern von Würde vorzugsweise nüchtern her . . .«

Damit die Zukunftsentwürfe aber nicht als leere Hirngespinste zerreißen, müssen sie durch die kritische Analyse der Vergangenheit abgesichert werden. Durch Zukunftsentwurf und Vergangenheitsanalyse in dialektischer Vermittlung allein läßt sich die Gegenwart bestimmen. Die Vergangenheitsanalyse wird vor allem von der Frage angetrieben, warum die Vergangenheit selten so war, wie sie den guten Möglichkeiten nach denkbar gewesen wäre. Die Vergangenheitsanalyse ist darum immer auch Trauerarbeit, denn sie ist voll von den Leiden, die Menschen sich selbst zufügten, weil immer Menschen andere Menschen unterdrückten, quälten und mißbrauchten. Doch auch die großen Zeichen wirklicher Menschwerdung scheinen aus der Vergangenheit auf, etwa Sokrates, die Reformation, die Französische und die Russische Revolution.

Näher zur Gegenwart werden die Tendenzen deutlich, die durch das gezielte Eingreifen des Menschen gemäß seinen Plänen realisierbar erscheinen. Nur wenn die Menschen absichtsvoll ihre besseren Zukunftsentwürfe mit der präzisen Kenntnis dessen, was real möglich ist, verschränken und in engagierter Praxis aufgreifen, kann die Zukunft werden, wie die Menschen sie wollen. Ohne die dialektische Verschränkung von Zukunft und Vergangenheit sind die Pläne zum Scheitern verurteilt. An dieser Stelle geht die Theorie in politische Praxis über, wobei das Fernziel der Verwirklichung wahrer menschlicher Verhältnisse die jeweiligen Nahziele der gesellschaftlichen Veränderung ausrichtet. Die gegenwärtigen Zukunftsentwürfe erfahren dabei eine zusätzliche Verpflichtung aus den Zukunftshoffnungen früherer Epochen. Besonders Zeiten intensiver Freiheitsbestrebungen treten dabei in innige Beziehung zu gegenwärtigen Freiheitsbewegungen.

Obwohl die aus dem Vergangenen gespeisten Tendenzen gegenwärtige Entwicklungen bestimmen, determinieren sie das Kommende nicht ganz. Die letzte notwendige Bedingung wird immer erst durch das Handeln der Menschen hinzugefügt. Darum entscheidet sich durch ihre Entscheidungen der Entwicklungsprozeß in letzer Instanz. Der subjektive Faktor zwingt die objektiven Bedingungen zu neuer Qualität: »Das heißt, der subjektive Faktor muß die relativ ruhenden Bedingungen in aktive Wirkursächlichkeit verwandeln, damit man nicht etwa mit der bloßen Reife einer Situation sich zufriedengebe.

Oder gar, wie der Sozialdemokratismus, sich als Arzt am Krankenlager des Kapitalismus verstehe, statt bloße Bedingungsreife zum Sozialismus durch den aktiven Ursachfaktor der Revolution zu mobilisieren.« Und anschließend heißt es noch deutlicher im Hinblick auf die Verschränkung von Analyse und Entwurf: »Es bleibt in menschlicher Geschichte wie in außermenschlicher Natur das Meer weiterer, offener Möglichkeit, gerade als erst partiale Bedingtheit für Verwirklichung, offen in Tendenz und Latenz. Die währende Kraft des subjektiven Revolutionsfaktors muß daher belehrt und geführt werden nicht nur durch vorangehende Ursachenforschung des schlechten Zustands, sondern ganz besonders durch neue Bedingungsforschung zur Verwirklichung eines konkret-utopisch geforderten Zustands, eines Seins wie Utopie.«

Bei früheren Bloch-Jubiläen gab es Fackelzüge, später anhaltende Ovationen und überschwängliche Flugblätter der Studenten. Eine Festschrift »Ernst Bloch zu ehren« brachte der Suhrkamp-Verlag zum 80. Geburtstag 1965 heraus, zum 90. Geburtstag 1975 erschienen gleich mehrere. Auch die Massenmedien waren wiederholt emsig am Werk.

Sogar einige Preise sind dem großen Philosophen zuerkannt worden, als der bedeutendste wohl der »Friedenspreis des Deutschen Buchhandels« 1967 als die Studentenrevolte, die sich zuweilen auf Bloch berief, ersten Höhepunkten zutrieb.

Doch nach anfänglicher Begeisterung für Bloch, den man meinte westlich vereinnahmen zu können und auf den man sich berief, um die westdeutsche liberale Pluralität zu demonstrieren, stellte sich Unmut ein, als Bloch sein philosophisches Ansehen nutzte, um energisch gegen problematische Entwicklungen zu Felde zu ziehen: Gegen die Springer-Presse, gegen die Notstandsgesetze, gegen Berufsverbote, gegen den Vietnam-Krieg, gegen sozialdemokratische Schlappheit usw.

Sehr zum Bedauern damaliger Rektoren erschien er auch auf manchem ›teach-in‹, seine Solidarität mit den unruhigen Studenten frei heraus bekundend.

Eher so war Bloch politisch wirksam, außer in der Ausschreitung der großen Räume einer militant aufs Humane zielenden marxistisch-materialistischen Theorie.

Seine auf raschere Praxis drängenden jüngeren Kritiker haben das immer wieder beklagt und ihn als »marxistischen Schelling« (Habermas) getadelt. Denn in den Werken findet sich die genaue Zeitkritik eher im gelungenen Aperçu, so den Kapitalismus ebenso treffend wie den Staatsbürokratismus östlicher Fehlentwicklungen. Überzeugt blieb er davon, daß Marx's kritische polit-ökonomische Analysen im »Kapital« immer noch zutreffend seien und daß die guten Menschen des Proletariats das Subjekt künftiger Verwirklichung humaner gesellschaftlicher Verhältnisse wären. Die Kritik der Waffen als der revolutionären Fortsetzung der Waffen der Kritik behielt er gleicherweise auf seinem Programm.

Ein Stück bürgerlicher Restproblematik gibt es in seinem Philosophie- und Wissenschaftsverständnis. Die analytisch-kritische Fortschreibung der politischen Ökonomie überließ er immer gern den Ökonomen (freilich nicht unseren Volkswirtschaftlern) und parteipolitische Praxis allen, denen die Feder nicht so griffig in der Hand liegt, um wortgewaltig der »allfälligen Veränderung« eingedenkend (Walter Benjamin), das Licht schonungsloser Aufklärung, als des Ausgangs des Menschen aus selbstverschuldeter Unmündigkeit (Kant), voranzutragen.

Praxis bedeutet darum vornehmlich, daß die Theorie aus einem Kopf in viele übergeht.

Die gelehrte und belehrte Hoffnung (docta spes) ist und bleibt dabei sein Thema: »Der durchaus im Beginn befindliche Sinn der menschlichen Geschichte ist die Herstellung des Reichs der Freiheit.« Dieses Reich der Freiheit ist aber nur eine konkrete Utopie, wenn die Menschen, verliebt in seine künftige Verwirklichung, es leidenschaftlich wollen und die in der Wirklichkeit angebahnten Tendenzen engagiert aufnehmen und durchs Denken vermittelt gezielt ausrichten. Das ist die Aufgabe materialistisch fundierter Philosophen vor aller Praxis, die dem humanen Sozialismus gilt, doch allein für diese. »Sich aufrichtender Mensch und noch nicht ausdeterminierte reale Möglichkeit, das sind für die Entwicklung unseres Lebens, unserer Literatur, Philosophie, Praxis sicher die unabdingbarsten Kategorien.«

Es wäre ein Zeichen von Kleinmut, würden die Menschen den Sinn für die Größe dieser Gedanken verlieren und den vergessen, der die Hoffnung zum Prinzip erhob und mit neuem lebendigen Geist erfüllte.

Karl Heinz Stahl

Philosophie als Gewissen des Morgen
In memoriam Ernst Bloch

»Die Vernunft kann nicht blühen ohne Hoffnung, die Hoffnung nicht sprechen ohne Vernunft, beides in marxistischer Einheit – andere Wissenschaft hat keine Zukunft, andere Zukunft keine Wissenschaft.« Epigrammen wie diesem galt Ernst Blochs besondere Vorliebe. Als Denk- und Stilfiguren bestimmten sie das jeweilige Motto seines umfangreichen Oeuvres – selten weniger treffend als das angeführte Beispiel, nicht immer freilich so leitmotivisch sein gesamtes Leben und Schaffen charakterisierend wie das zitierte. Glaubens-, richtiger wohl: Wissensbekenntnisse solcher Art, der vérité à faire gewidmet, einer zu verwirklichenden Wahrheit also, die »nirgendwo« – weder im Kapitalismus noch im Sozialismus – schon wirklich und insofern »utopisch« ist, ließen ihn nur allzuleicht seiner Umgebung und diese ihm unbequem werden. Martin Walser hatte recht, als er sagte, Bloch sei »ein Ketzer durch und durch, von uns aus gesehen, von Rom aus, von Washington und Moskau aus . . . von wo aus auch immer«.
Wenn Fichte meinte, was für eine Philosophie man wähle, sei in der Regel davon abhängig, was für ein Mensch man sei, so bestätigt Ernst Bloch diese Regel, allerdings als Ausnahme. Er hat das Thema seiner Philosophie nicht gewählt, er erfuhr es an sich selbst: 1885 in Ludwigshafen als Sohn jüdischer Eltern geboren, studierte er, gleichsam ein antizipierter Leverkühn, in München und Würzburg Musik, Physik und Philosophie. Der seinerzeit verbreiteten Neukantianischen Schulphilosophie und dem »kritischen Realismus« vermochte er nicht viel abzugewinnen. So setzte er nach sechssemestrigem Studium, das er mit einer Promotion über Heinrich Rickert abschloß, seine Lehre in Berlin fort: hierbei fand er Kontakt zu Georg Simmel. Dann ging er, vermutlich Max Webers wegen, nach Heidelberg; neben Georg Lukács wurde er dort führender Kopf eines Kreises junger Wissenschaftler, dem auch – vorübergehend und am Rande – Karl Jaspers angehörte. Bloch, der Hegelschen Dialektik verpflichtet, Lukács, von literarischen und kunsthistorischen Interessen getragen, waren sich einig im

Streben nach einer philosophischen Systematik, die sie dem herrschenden universitären Feuilletonismus entgegenstellen konnten, ferner stimmten sie überein in der Ablehnung des Krieges und des offiziellen Hurrapatriotismus. Den geistigen Hintergrund dieser Gemeinschaft formten die Lebensphilosophie, der Marxismus der 2. Internationale und der Zionismus, desgleichen Nietzsche und Freud sowie – damals noch weitgehend verkannt – Pascal und Kierkegaard. Es ist die durch diese Faktoren geprägte Aufbruchstimmung der Intelligenz in den hochkapitalistischen Gründerjahren, die ihn entschiedenen Pazifisten werden und als politischen Schriftsteller während des 1. Weltkrieges in die Schweiz gehen ließ. Bereits in jenen Jahren legte er das Fundament zu seiner Philosophie – außerhalb philosophischer Schulen stehend, mit eigenem Stil, eigener Problemschau und eigenen Antworten.

1918, in endgültiger Fassung 1923, erschien sein »Geist der Utopie«, worin er im Stile des Expressionismus Elemente christlicher Mystik, des ostjüdischen Chassidismus und der gnostischen Kabbala miteinander verband. Schon dieses Werk ließ erkennen, was durch spätere Veröffentlichungen zur Gewißheit wurde: Wie kein zweiter deutscher Philosoph vereinigte Bloch in sich das Talent des phantasievollen Erzählers mit dem des faszinierenden Denkers. Während er, in Sprache und Denken eines der originellsten Stücke deutschen Expressionismus verkörpernd, seine Vision des Noch-Nicht-Bewußten und seine Reflexion über die Offenheit der Materie, über das diesem noch an Ungewordenem in der Wirklichkeit Entsprechende, wortgewaltig und gedankenreich veranschaulichte, näherte sich sein Freund Lukács zusehends dem marxistischen Klassizismus. Die in Lukács 1923 erschienenem Jugendwerk »Geschichte und Klassenbewußtsein« nachweisbaren Spuren gemeinsamen Denkens enden mit der unterschiedlichen geistigen Entwicklung beider: Lukács schloß sich der marxistisch-leninistischen Tradition an, übernahm die Leninsche Erkenntnistheorie und die Lehre vom sozialistischen Realismus. Bloch versuchte zwar auch nicht, die marxistische Methode erkenntniskritisch zu begründen, vielmehr setzte er deren Richtigkeit voraus; gleiches gilt übrigens für deren Weiterentwicklung durch Lenin, wie sein Bekenntnis verrät: »Ubi Lenin, ibi Jerusalem«; dies alles hinderte ihn jedoch nicht, die Marxsche Philosophie in eine Traditionskette zu stellen, die von den frühchristlichen Denkern – mittelalterliche Ketzer einschließend – über Thomas Münzer und Jakob Böhme, über Hegel und sogar Schelling bis zu Marx reicht. Damit machte er bewußt, wie sehr sich marxistischer Wille zur sozialen Veränderung christlich-abendländischer

Tradition verdankt. So schien er den einen, den Wissenschaftscharakter des Marxismus-Leninismus zu verraten, weil er die engen Schranken der sogenannten linientreuen marxistisch-leninistischen Philosophie auf dem Gebiete der Anthropologie, Kosmologie und Geschichtsphilosophie sprengte zugunsten einer »neuen Philosophie, wie sie durch Marx eröffnet wurde«. Dennoch ist sein Denken mit dem Prädikat »marxistisch« nicht zu fassen. Das heißt nun nicht, die Argumente jener, die ihm »Revision des Marxismus« vorwarfen, seien stichhaltig, im Gegenteil: Er ist Nicht-Marxist in einem Sinne, wie er in dem berühmten Dictum von Karl Marx zum Ausdruck kommt: »Moi, je ne suis pas Marxiste«. Die anderen, die verfaßten Kirchen, hielten ihn für einen Häretiker des Christentums, weil er, der wie Bertolt Brecht hintersinnig auf die Frage nach seiner Lieblingslektüre hätte antworten können: »Sie werden lachen, die Bibel!«, weil er dieses Buch, das für ihn immer nur Biblia pauperum war, mit Moltmann gesprochen, »wider den Strich gebürstet«, »von unten, nicht mehr von oben gelesen« hat.

Im »Geist der Utopie« brandmarkte er das »Nicht-Sein-Wollen wie Gott«, das Sich-Abfinden mit irdischer Unzulänglichkeit, als die allein echte Erbsünde. Unter diesen Umständen sah er keine Möglichkeit, ein jenseitiges Reich zu er-beten; zwar blieb das Reich als Zielvorstellung, freilich als Reich ohne Gott. Sein Buch gipfelt dementsprechend in den Sätzen: »Nur die Bösen bestehen durch ihren Gott, aber die Gerechten – da besteht Gott durch sie, und in ihre Hände ist die Heilung des Namens, ist Gottes Ernennung selber gegeben, der in uns rührt und treibt, geahntes Tor, dunkelste Frage, überschwängliches Innen: in die Hände unserer gottbeschwörenden Philosophie und der Wahrheit als Gebet«. Diese theologische Philosophie – oder sollte sie besser philosophische Theologie genannt werden? – gemahnt an den Spruch Matth. 11,12: ». . . von den Tagen Johannes des Täufers bis hierher leidet das Himmelreich Gewalt, und die Gewalt hatten, die reißen es an sich.« Der solcherart »schöpferische Mensch« ist – aus der Materie hervorgegangen und im Kulturschaffen der Arbeit deren höchste Ausbildung erreichend – Drehpunkt der Geschichte als deren Produzent. Dem prometheischen Streben, jenen »Augenblick«, in dem die Welt im messianischen Glanze erstrahlt, mit »glücklicher Hand« herbeizuzwingen, das Himmelreich auf Erden Wirklichkeit werden, den Menschen seine Passion als »Homo absconditus« beenden, ihn sich selbst erlösend sein Wesen verwirklichen, seine Identität finden zu lassen, diesem Heilsverlangen des Menschen, dem »Eritis sicut Deus«, verlieh Bloch unentwegt Ausdruck. Es ist dies das Hoffen auf jene

Gottwerdung des Menschen, auf jenes utopische Reich, das Augustin mit der Sentenz versinnbildlichte: »Dies septimus nos ipsi erimus« (Der siebente Tag werden wir selbst sein). Bloch hat es biblisch »unser aufgedecktes Angesicht« genannt und philosophisch als unser »Identisch-Werden« bezeichnet. Das »Spero ergo ero« ist der archimedische Punkt dieses Menschen- und Weltbildes.

Den zu seinem Denken in gewisser Affinität stehenden reformatorischen Chiliasmus verarbeitete er folgerichtig in seinem 1921 veröffentlichten Buch über »Thomas Münzer als Theologe der Revolution«. Diese Monographie ist ungeachtet umfangreicher Studien über den Täuferchristen noch immer die bedeutendste. 1923 erschienen seine kulturkritischen Aufsätze unter dem an Nietzsche gemahnenden Titel »Durch die Wüste«. In deren Inhalt dominiert freilich Hegel, auf den Bloch sich beruft, um gegen den »hilflosen Aufkläricht« des damals herrschenden Vulgärmaterialismus anzukämpfen: »Der Geist ist so arm geworden, daß er gleich dem Wanderer in der Wüste nach wenig mehr als einem Schluck Wasser begehrt; an diesem, woran dem Geist genügt, ist die Größe seines Verlustes zu ermessen«. Dazu Blochs damals wie heute gültiger Kommentar: »Nie bestand dieses Wort Hegels sinnfälliger zu Recht als vor der nackten Wirtschaftsorientierung, vor dem eigenen Bornement auch in orthodoxer Marxbürokratie, die vergessen hat, daß Sozialismus Theologie war, bevor er Nationalökonomie wurde, und erst recht wieder Theologie bleibt, illusionslose, nachdem er Nationalökonomie geworden ist.« Der so geartete, neben materiellen auch geistige Zielsetzungen berücksichtigende philosophische Materialismus liegt durchaus auf der Linie des Marxschen Postulats einer »Vermenschlichung der menschlichen Verhältnisse«. Als Philosophie der Hoffnung entspricht dieser theoretische Ansatz nicht minder dem christlichen Gebot der Nächstenliebe, über dessen Verkünder Bloch später schrieb: »Ein Mensch wirkte hier als schlechthin gut, das kam noch nicht vor, mit einem eigenen Zug nach unten, zu den Armen und Verachteten, dabei keineswegs gönnerisch. Mit Aufruhr nach oben, unüberhörbar sind die Peitschenhiebe gegen die Wechsler und alle, ›welche die Meinen betrüben‹.« Bloch fügte dem hinzu: »Jesus ist genau gegen die Herrenmacht das Zeichen, das widerspricht, und genau diesem Zeichen wurde von der Welt mit dem Galgen widersprochen: Das Kreuz ist die Antwort der Welt auf die christliche Liebe.« Auf der von Bloch erreichten Ebene des Glaubens und Denkens wird »das unter Gott Gedachte als eine Anweisung zum unerschienenen Menscheninhalt begriffen«; charakteristischerweise sprach er vom »Menschensohn«, dessen Reich sehr wohl von dieser

Welt sein könne; als ein Summum Bonum, als ein »Reich der Freiheit«, in dem der »kategorische Imperativ«, wie Marx ihn formulierte, das Humanum verbürgt: »Die Kritik der Religion endet mit der Lehre, daß dieser Mensch das höchste Wesen für den Menschen sei, also mit dem kategorischen Imperativ, alle Verhältnisse umzuwerfen, in denen der Mensch ein erniedrigtes, ein geknechtetes, ein verächtliches, ein verlassenes Wesen ist.«

Nach der profanen Eschatologie Blochs gibt es nur eine Verwirklichung des Menschen, nämlich die durch Arbeit. Sie wird zum Schlüssel für jenes irdische Paradies, in dem jeder Mensch gleicherweise seinen Fähigkeiten und seinen Bedürfnissen leben kann; denn, so konstatierte Marx im 3. Teil des »Kapitals«: »Das Reich der Freiheit beginnt in der Tat erst da, wo das Arbeiten, das durch Not und äußere Zweckmäßigkeit bestimmt ist, aufhört.«

»Spuren«, eine Sammlung aphoristischer Aufzeichnungen von bedeutungsvollen Ereignissen und Begebenheiten, publizierte Bloch 1930. Seine hier praktizierte Art, im Trivialen jene Transzendenz zu entdekken, welche die Immanenz der Kultur verbirgt, erinnert an Walter Benjamins »Berliner Kindheit«, an dessen »Einbahnstraße« sowie an Adornos »Minima Moralia«. Hier findet sich jener Schlüsselsatz, den er in seinem letzen Buch, dem »Experimentum Mundi«, wiederholt: »Ich bin. Aber ich habe mich nicht. Darum werden wir erst.« 1933 analysierte Bloch, als Emigrant in der Schweiz lebend, die kulturelle Welt des Kleinbürgertums. In der diesem Thema gewidmeten Schrift »Erbschaft dieser Zeit« entwickelte er Ansätze einer Faschismus-Theorie, die über die zeitgenössischen Faschismus-Studien linker Autoren weit hinausreicht. Das Dritte Reich zwang ihn schließlich zur Flucht über Zürich, Paris und Wien nach Prag. 1938 emigrierte er in die USA. Dort veröffentlichte er 1946 einen Abriß der Sozialutopien, betitelt: »Freiheit und Ordnung.« Unfähig und/oder nicht willens, sich der amerikanischen Umwelt anzupassen, folgte er 1949 bereitwillig dem Ruf auf einen Lehrstuhl in Leipzig. Er war dort schon drei Jahre Ordinarius für Geschichte der Philosophie und Leiter des philosophischen Instituts der Universität, ehe sein noch in den Vereinigten Staaten entstandenes Werk »Subjekt – Objekt«, eine umfassende Kritik der Hegelschen Philosophie, gedruckt werden konnte.

Sein Hauptwerk, »Das Prinzip Hoffnung«, lag 1954 und 1955 in den ersten beiden Bänden vor. Für kurze Zeit schien es, als würde ihn diese seine Summa philosophiae und das damit verbundene internationale Ansehen im Ulbricht-Staat politischer Angriffe entheben, erhielt er doch noch 1955 den »Nationalpreis der DDR«. Seine Bereitschaft, für ein sozialistisches Deutschland zu arbeiten, wurde ihm jedoch nicht gedankt. Nur zwei Jahre später erfolgte als Antwort auf seine verstärkten Bemühungen, den Sozialismus zu humanisieren und damit den Staat zu demokratisieren, die Dispensierung von allen akademischen Ämtern: Der gescheiterte ungarische Aufstand hatte auch in der DDR das intellektuelle Klima wesentlich verschlechtert. Der dritte und letzte Band des Blochschen Hauptwerkes konnte daher in größerer Auflage erst 1959 in Westdeutschland veröffentlicht werden. 1961, nach der Errichtung der Sperrmauer in Berlin, blieb Bloch, auf Urlaub in Bayern weilend, in der Bundesrepublik. Die Rückkehr nach Leipzig wäre einer Billigung dieses seinen lebenslang verkündeten Grundsätzen Hohn sprechenden Aktes politischer Gewalt gleichgekommen. In der BRD erhielt er sogleich ein Ordinariat für Philosophie an der Universität Tübingen übertragen. Hierzulande erlebte er dann noch den Höhepunkt seines wissenschaftlichen Ansehens und literarischen Wirkens. Der ihm 1967 verliehene »Friedenspreis des deutschen Buchhandels« war dafür nur ein Zeichen unter vielen.

»Das Prinzip Hoffnung« rekapitulierte mit entschiedenerem marxistischen Impetus die im »Geist der Utopie« vorgestellte Gedankenwelt, verarbeitete alte Motive, gestaltete sie um und aus, nahm Neues, mehr Welt auf – nicht im Sinne einer breiteren Ausführung, sondern einer vertiefenden Weiterführung früherer Gedanken. Für die danach entstandenen Werke gilt dies ebenfalls; erwähnt sei nur die Schrift »Atheismus im Christentum« mit dem sprechenden Untertitel »Nur ein Atheist kann ein guter Christ sein, nur ein Christ kann ein guter Atheist sein.«

Seinem ureigensten Ansatz treu bleibend, bot Bloch mit der Philosophie der Hoffnung eine Alternative zu den negativen Existenzanalysen von Denkern wie Heidegger, Jaspers und Sartre. »Es kommt darauf an«, verkündet er, »das Hoffen zu lernen ... Hoffen, über dem Fürchten gelegen, ist weder passiv wie dieses, noch gar in ein Nichts gesperrt.« Diese Hoffnung als eine »Weltstelle, die bewohnt ist wie das beste Kulturland und unerforscht wie die Antarktis«, verband er mit seiner Philosophie als einer Hermeneutik der Hoffnung, als einer »Docta Spes«, einer begriffenen Hoffnung. Erst von dieser zukunftsorientierten Denkposition her erschließt sich der revolutionäre Gehalt seiner proklamatorischen Erklärung: »Philosophie wird Gewissen des Morgen, Parteilichkeit für die Zukunft, Wissen der Hoffnung haben, oder sie wird kein Wissen mehr haben.« Der Praxisbezug dieser Philosophie ist evident. Auf »Heimat« in nichtentfremdeter Existenz hoffend und deshalb an der »Front« seiner geschichtlichen Situation han-

delnd, transzendiert der Mensch sich und seiner Gegenwart Gewordenheit in das »Neue« der Zukunft hinein.
Im Gegensatz zur Philosophie Hegels beginnt nach dieser Philosophie die Eule der Minerva ihren Flug nicht bei Einbruch der Dämmerung, sondern in der ersten Morgenröte, die einen Tag verheißt, der noch weit hinter dem Horizont liegt. Der Ahnung von diesem Noch-Nicht-Gewordenen vermochte Bloch nur unzulänglich in Chiffren Gestalt zu verleihen: »Glück, Freiheit, Nichtentfremdung, Goldenes Zeitalter, Land, wo Milch und Honig fließt, das Ewig-Weibliche, Trompetensignal in Fidelio und das Christförmige des Auferstehungstages danach, es sind so viele und verschiedenswertige Zeugen und Bilder, doch alle um das her aufgestellt, was für sich selber spricht, indem es noch schweigt.«
Ernst Bloch gebührt das Verdienst, nicht nur dieses Schweigen in ungeahntem Umfange zum Sprechen gebracht, sondern auch Methoden erdacht zu haben, wie hierbei, in der Vermittlung utopischer Theorien mit politischer Praxis, weitere Fortschritte erzielt werden könnten. Für den Bereich der Theorie sei auf das eingangs erwähnte Motto verwiesen, für den Bereich der Praxis mag – nicht weniger zukunftsweisend – das abschließende Epigramm stehen: »Keine Demokratie ohne Sozialismus, kein Sozialismus ohne Demokratie, das ist die Formel einer Wechselwirkung, die über die Zukunft entscheidet.« Motto und Epigramm charakterisieren Eckpfeiler Blochschen Philosophierens, dessen Grundtenor Fragen galt, die die Gegenstände selber stellen im Sinne seiner Schlüsselfragen, die das »Prinzip Hoffnung« einleiten: »Wer sind wir? Wo kommen wir her? Wohin gehen wir? Was erwarten wir? Was erwartet uns?«

Michael Landmann

Ernst Bloch als Mensch

Sollte man Bloch weniger philosophiegeschichtlich als psychologisch-typologisch einordnen, dann wäre er zu charakterisieren nicht so sehr als ein logisch fortschreitender, sondern spontan intuitiver Denker. Er hat zwar anhand eines Grundgedankens Begriffe zu analysieren gesucht und Begriffe neu geprägt, aber ebenso stark ausgeprägt ist bei ihm das Bildhafte, die historische Betrachtung, das Literarische. Oft setzt er, wie in den »Spuren«, bei alltäglichen Erfahrungen ein, geht also nicht vom Begriff aus. Im »Prinzip Hoffnung« breitet er eine ganze Enzyklopädie des gebildeten Wissens aus und stellt es in den Dienst seiner Idee, entdeckt noch im entlegensten einen utopischen Funken. Er liebt sinnträchtige Anekdoten und Geschichten. Man hat ihn deshalb, im Anschluß an Schelling, einen »erzählenden Philosophen« genannt. Auch seine Handschrift wirkt wie die eines Künstlers. Es verwundert nicht, daß sein Werk Widersprüche enthält. Das eine Mal glaubt er an die Erreichbarkeit des Ultimum, das andre Mal ist es nur ein Grenzwert.

Er war ein Phänomenologe, der seine Erlebnisse beschrieb, ein metaphysischer Dichter, der von seinen Erlebnissen aus die Welt begriff, ein Hochgebildeter, der von Philosophien und Dichtungen her seine eigenen Erlebnisse interpretierte. Ich begleitete ihn in Korčula zum Schiff nach Dubrovnik. Da wurde das Motiv der »Fahrt« in ihm lebendig. Er hatte Goethes Faust und Hegels Phänomenologie unter dem Oberbegriff der Fahrt miteinander verglichen. Das tauchte jetzt in ihm wieder auf, es verwob sich mit der Erinnerung an eigene frühere Fahrten, mit der Erinnerung an die Lektüre von Fahrten. Für diese Minuten schien »Fahrt« der Schlüssel zum Weltgeheimnis zu sein.

Die vielfältigen Quellen, aus denen sich Blochs Wesen speiste, ergossen sich nicht nur in seine Philosophie, sondern waren auch im Menschen Bloch, im Umgang mit ihm, jederzeit voll gegenwärtig. Daß es den Menschen neben dem Werk, unabhängig vom Werk, in so großartig unverkürzter Fülle gab, das ist etwas Seltenes, Einmaliges. Bei den meisten Schaffenden zehrt die Objektivation das Leben auf. Sie leben für die Objektivation: »Behielt für sich das Schlechteste des Restes« (Rückert). Von Kant ist außer dem, daß er der Verfasser der Kritiken war, nur wenig, nur Gleichgültiges zu berichten. Bloch dagegen hätte keine einzige Zeile zu schreiben brauchen. Sein Dasein, sein Menschsein war ein eigenes Strahlziel seiner Produktivität, dem das Werk nichts wegnahm. Er gab sich in der Gegenwartssituation und an sie voll aus. Er war schon allein durch sein Gespräch das wunderbarste, bezauberndste Phänomen. Wenn man mit Ernst Bloch befreundet war, dann erscheint einem jeder spätere Mensch als farblos. »Den gleichen zeugt nicht Gäa wieder.«

Ja, er war im Gespräch noch überwältigender als wenn er schrieb. Sein tiefstes Wesen manifestierte sich im Gespräch noch unverhüllter, noch unmittelbarer. Beim Schreiben gibt es viele Rücksichten grammatischer, kompositorischer, sachlich-immanenter Art. Er band sich selbst durch das expressionistische Stilmuster. Bloch ist zwar ein bewußter Sprachkünstler. Er findet Formulierungen, die man nie wieder vergessen kann. Von Verdis Requiem: »Sprengschläge und bodenlos stürzende Schreie.« Von Gustav Mahler: »Melismatische Depeschen aus fernem Hauptquartier.« Er prägt großartige Begriffe wie »das Aurorische«. Er liebt Montagen wie »das rote Geheimnis«. Trotzdem wird man ihn nie so mit heißem Kopf eine Nacht durch lesen, wie wir in unserer Jugend Hegels »Phänomenologie«, Kierkegaard, Schopenhauer, Nietzsche, Freud, Spengler lasen. Das Spontaneistische seiner Sprache macht den einzelnen Satz ebenso reizvoll wie die Lektüre der ganzen Bücher beschwerlich. Anders im fluktuierend-momenthaften Gespräch. Da kamen all seine Dimensionen an den Tag. Seine Philosophie wirkte wie neugeboren und darum um so bezwingender. Sie gewann, unliterarisiert, unmethodisiert, noch einprägsamere Konturen, noch reichere Facetten. Deshalb war Bloch auch stets ein so hinreißender Vortragender. Im Gespräch verknüpfte er seine Philosophie mit seinem Leben, mit Begegnungen und Schicksalen, über die er nie schrieb, und doch gewinnt die Philosophie dadurch noch einen hermeneutischen Hintergrund. Er war da ganz unerschöpflich sprudelnder Brunnen, ganz unnachahmlich. In den Schriften tritt nur die persona zutage, in den Gesprächen lebte auch seine anima.

Ein Kollege sagte einmal von ihm: »Er ist eine der zehn großen Intelligenzen der Erde.« Das Faszinosum, das er auf einen ausübte, war im Gespräch mit ihm noch nach Stunden nicht gebrochen. Er hatte in seinem computergleichen Gedächtnis nicht nur sein Leben und Denken, sondern Bücher und Romane, die er gelesen, Opern, die er gehört hatte, völlig präsent. Er war fähig, all dies jederzeit zu reproduzieren, durch neue Brückenschläge zu verknüpfen, und er tat dies mit Freude. Er konnte damit ganze Gesellschaften unterhalten. Es gab bei ihm keine leere Minute. Aus einem erlesenen Füllhorn wurde man pausenlos beschenkt. Man vergaß fast, selbst zu sprechen, weil ihn zu hören das ungleich Ergiebigere war. Man trug einen Einwand, eine Ergänzung vor, und löste dadurch eine neue Kette fesselndster Assoziationen oder Erzählungen aus. Oft zitierte er Isaak Babel: »Die Banalität ist die Konterrevolution.« Man hörte von ihm kein banales Wort. Er war durch und durch originär, als bestünde er aus einem Element, das es sonst nicht gibt. Das schlug noch im Gespräch über einfachste Dinge durch.

Beim Hören eines erlesenen Stücks klassischer Musik mag man sich sagen: hier sind Sein und Dasein am Ziel. So war es mit Ernst Bloch. Er war als menschliches Gegenüber ein Gipfel, ein Maximum. Mehr kann nicht erwartet werden. Er übertraf alles Erwartbare.

Alfred Schmidt

Der letzte Metaphysiker des Marxismus

Ernst Bloch, der im Alter von zweiundneunzig Jahren verstorben ist und dessen Werk sechzehn stattliche Bände umfaßt, gehört zu den bedeutendsten, geistig prägenden Figuren unseres Jahrhunderts. Bei allem politischen, bis zuletzt durchgehaltenen Engagement blieb Bloch Schriftsteller und Gelehrter im emphatischen Sinn – ein Mann, der es verstand, beides gleichermaßen zu sein: Marxist *und* Philosoph.
Das war angesichts des teils gebrochenen, teils negativen Verhältnisses schon der Begründer des Marxismus zur Philosophie alles andere als selbstverständlich. Lenin etwa, der für die schulmäßige Kodifikation der sozialistischen Theorie maßgebende Interpret, wußte sich auf orthodoxem Boden, wenn er – noch vor der Jahrhundertwende – erklärte, nach Marx und Engels habe die Philosophie »keinerlei Recht auf eine gesonderte, selbständige Existenz«, ihr »Material« verteile sich »auf die verschiedenen Zweige der positiven Wissenschaft«.
Es spricht für Bloch, daß sein Werk sich dieser in bloßen Scientismus einmündenden Tradition nicht gebeugt hat. Ohne die grundlegende Bedeutung von wissenschaftlicher, zumal politisch-ökonomischer Analyse zu bestreiten, gelang es ihm, einen diese nicht nur vage »weltanschaulich« überwölbenden, sondern streng ontologisch begründenden Begriff »marxistischer Philosophie« zu entwickeln. Weder vergötzte Bloch den wissenschaftlich-technischen Fortschritt, wie er bis heute verlaufen ist, noch glaubte er, Philosophie könne sich, selbstgenügsam, gegen ihn abschirmen.
Freilich herrschte in Bloch von Anbeginn ein ungebärdig-spekulativer Impuls vor. Er hat es nach Kants prinzipieller Kritik an metaphysischen Entwürfen, inmitten der geschichtlichen Erfahrungen unseres Zeitalters, noch einmal gewagt, den Weltprozeß als ein zielgerechtes, wenn auch unfertiges Ganzes zu thematisieren.
Blochs philosophische Anfänge fallen in die Zeit sich allenthalben anbahnender lebens-, später existenzphilosophischer Rebellion gegen die neukantianische, in purem Methodologismus sich erschöpfende,

Denkweise. Große Philosophen, das zeigt sich gerade bei Bloch, denken zeitlebens nur einen Gedanken, diesen jedoch mit äußerster Intensität. Schon 1907, so berichtet er in seinem »Curriculum vitae«, habe er begonnen, sich mit dem für ihn lebensgeschichtlich entscheidenden Gedanken der konkreten, mit dem Gang der Dinge vermittelten, nicht bloß ausgedachten Utopie zu beschäftigen. Das von dem Zweiundzwanzigjährigen verfaßte Manuskript »Über die Kategorie des Noch-Nicht« bezog sich auf das »subjektiv Noch-Nicht-Bewußte«, aber auch schon, wenngleich erst in Umrissen, auf das »Korrelat des objektiv Noch-Nicht-Gewordenen«.

Im ersten, expressionistisch beeinflußten Hauptwerk Blochs, dem »Geist der Utopie«, entstanden während der Kriegsjahre, geht es bereits mit klarer Parteinahme um den »sozialistischen Gedanken« als dem »utopisch prinzipiellen Begriff«. Marxens ökonomisch entlarvender Blick, die politisch-soziale Situationsanalyse erscheint ihm schon damals ebenso notwendig wie unzureichend; es bedarf darüber hinaus eigenständig-metaphysischer Erforschung der »Weltwege, vermittels derer das Inwendige auswendig und das Auswendige wie das Inwendige werden kann«.

Im Sinn heutiger Redeweise liegt bei Bloch ein existenzialistischer Frageansatz vor, der auf Identitätsphilosophie abzielt. Alles Tatsachenwissen ist diesem Ausgangspunkt und Telos untergeordnet. »Die bestehende Welt«, heißt es in der Version von 1923 des frühen Utopiebuches, »ist die vergangene Welt und das geistentleerte Objekt der Einzelwissenschaft; aber die menschliche Sehnsucht in beiderlei Gestalt: als Unruhe und als Wachtraum, ist das Segel in die andere Welt. Dieses Intendieren auf ... eine Wahrheit gegen die Empirie ... ist der einzige Weg, noch Wahrheit zu finden; die Frage nach uns ist das einzige Problem, die Resultante aller Weltprobleme, und die Fassung dieses Selbst- und Wirproblems ... ist das letzthinige Grundprinzip der utopischen Philosophie.«

Was hier noch »universale Selbstbegegnung« heißt, wird Bloch Jahrzehnte später, in der Sprache der »Ökonomisch-philosophischen Manuskripte« des jungen Marx, als »Humanisierung der Natur, Naturalisierung des Menschen« bezeichnen.

Schon im »Geist der Utopie« wird deutlich, wie wenig die häufig erörterte religiöse Seite des Blochschen Werks positiv-dogmatisch zu verstehen ist. Bloch ist ein Erzketzer von Anbeginn. Das dem Weltlauf immanente Absolute ist dem Menschen nicht nur vorgeordnet, sondern verwirklicht sich allererst durch dessen Erkenntnis und Tat. »Theologisches« bleibt bei Bloch durchweg auf »Anthropologisches«

verwiesen, das heißt auf Wirkliches, das immer auch möglichem Scheitern ausgesetzt bleibt.
Von der Schmalspurigkeit des kanonisierten Marxismus ist Bloch nicht zuletzt durch seine intime Kenntnis der Philosophiegeschichte bewahrt worden. So sieht er schon im »Geist der Utopie«, daß die Marx/Engelssche Polemik gegen Hegel ihr volles Gewicht erst dann erhält, wenn gezeigt wird, daß sie sich nicht in der abstrakten Entgegensetzung von »Spekulation« und »positiver Wissenschaft« erschöpft.
Der Übergang zum Materialismus enthält stets auch, was Kierkegaard »existentielle Einsprache« genannt hat. Wird das Haben von Welt nur im Modus des Wissens erfahren, so bleiben die realen Nöte der sich »in Existenz verstehenden« Individuen ausgespart. Es geht weniger darum, dem Idealismus Hegels Denkfehler anzukreiden; sein System begreift, wie Bloch mit Kierkegaard sagt, die Dinge nur »von oben her«; er bekommt die »Aufgabe des subjektiven Denkers, sich selbst als existierend festzuhalten«, erst gar nicht in den Blick. Hegels Weltlogik enthält einerseits »zu wenig Gang, Widerstoß und individuelle Differenz«, andererseits »zu viel . . . als real Ausgegebenes, zu viel bereits eingestellte Wahrheit der Sache«.
So durchlogisierbar, »lehrbuchhaft beweisbar« ist für Bloch der Weltlauf nicht. »Darum wird, sofern sich der Begriff überschätzt, wirklich zu sein, das Leid zur Würze und das Schmutzige, Sperrende des Lebens zur ungefährlichen Zeremonie«. Bloch geht es um ein Denken, das auch der »Gefahr der Vereitelung« innebleibt. Hegel dagegen fehlen »die Tat, der Kampf, die den handelnden Menschen aufrufende Sorge oder Verzweiflung . . . im Ganzen der Geschichte«. Diese wird von der spekulativen Dialektik dadurch um ihren Ernst gebracht, daß sie das Aufeinanderfolgen der Völker nur als zeitliches Begreifen der »zeitlosen . . . Selbstbewegung der Idee darstellt«. Bloch brandmarkt, wiederum im Sinne existentiellen Protests, den unsittlichen Glauben Hegels an einen »bereits fertigen Fachwerkbau der Welt«.
Bloch hält an seinem Generalthema fest. Auch für seine reifen Schriften ist die Welt ein Rätsel – nicht nur für die erkennenden Subjekte, sondern ebenso für sich selbst. Noch hat sie ihren letzten Wesenskern, das Überhaupt ihrer Hoffnungsinhalte nicht aus sich herausprozessiert. Als »Laboratorium possibilis salutis« ist sie noch unterwegs. Erkenntnis, sagt Bloch im »Curriculum vitae«, ist »informierende Mitwissenheit mit dem Gang der objektiven Realität«. Sie vereinigt passives Abbilden mit tätigem Erzeugen »in Einklang und Vermittlung mit der jeweils faßbaren *Tendenz* und *Latenz* der Weltgestalten«. Derart

gehört Erkenntnis über alles bloß Instrumentelle hinaus zur Sache selbst, die den »an der Front des Weltprozesses stehenden Menschen als Informierenden und Fortbildenden braucht«.

Daher Blochs Interesse an einer anthropologischen Grundlegung seiner Konzeption. Das zweite Hauptwerk, »Das Prinzip Hoffnung«, weicht darin von marxistischer Orthodoxie ab, daß es sich nicht damit begnügt, das menschliche Wesen nur klassenmäßig zu bestimmen. Die Individuen gehen in ihrem gesellschaftlichen Hier und Jetzt nicht auf. Unmittelbar, sagt Bloch, ist jeder Mensch dem »Dunkel des gelebten Augenblicks« verhaftet. Er verharrt jedoch nicht in dieser Unmittelbarkeit, sondern drängt über sie hinaus, hin zur gegenständlichen Welt. Die menschlichen Bedürfnisse oder Triebe sind allemal leiblich gebunden. Freilich folgt hieraus für Bloch kein statisches »Menschenbild«. Es gibt keine stabilen, vom Fluß der Geschichte unberührten Triebstrukturen, die schlechthin »natürlich« wären. Verschiedenen Formen der Bedarfsdeckung entsprechen verschiedene Triebarten. Der Mensch ist, bei aller historisch-gesellschaftlichen Bestimmtheit, ein weitertreibendes, seine jeweilige Situation überschreitendes Wesen. Er strebt nach Glück. In der Frage des Glücks nun setzt Bloch sich ab von der Freudschen Trieblehre. Ihrem Begriff des »Nicht-Mehr-Bewußten« setzt er den des »Noch-Nicht-Bewußten« entgegen. Liegt der Widerstand gegen das Bewußt-Werden in der lebensgeschichtlichen Vergangenheit des Patienten, so besteht Bloch darauf, daß es, worauf es ihm ankommt, ein Noch-Nicht-Bewußtes gibt, dem ein Heraufkommendes, noch nicht Erschienenes in Geschichte und Welt entspricht.

Der verläßlichste »Grundtrieb« ist für ihn das spinozistische sese conservare: der Selbsterhaltungstrieb. Auch er ist unablösbar vom jeweiligen ökonomischen Sein der Menschen. Ihre Identität, ihr Selbst bildet sich erst heraus mit der ihm angemesseneren Welt.

»Gefüllte«, das heißt »kurzsinnige«, auf etwas in der vorhandenen Welt gerichtete Triebe oder Affekte werden von Bloch unterschieden von solchen, die er »Erwartungs-Affekte« nennt und die am Bestehenden kein Genüge finden. Zu ihnen gehören Angst, Furcht, Glaube und Hoffnung. Letztere ist für Bloch der antizipatorische, an Zukunft orientierte Affekt schlechthin. Hoffnung, gepaart mit dem Nein zum Schlechten, Abschaffbaren, geht ein in revolutionäres Interesse.

Bloch hat sie das »Arbeitsproblem« seines Lebens genannt. Tagträumen, die als theoretisch belehrtes Hoffen schließlich auf Weltveränderung abzielen, geht ein objektiv Mögliches in der Welt selber auf. Sie werden einer totalisierenden Bewegung inne. Bloch bezeichnet das

»Noch-Nicht-Bewußte« als »neue Bewußtseinsklasse« oder »Bewußtseinsklasse des Neuen«. Dabei beruft er sich auf einen Marxschen Brief an Ruge, worin es heißt: »Unser Wahlspruch muß also sein: Reform des Bewußtseins nicht durch Dogmen, sondern durch Analysierung des mystischen, sich selbst noch unklaren Bewußtseins. Es wird sich dann zeigen, daß die Welt längst den Traum von einer Sache besitzt, von der sie nur das Bewußtsein besitzen muß, um sie wirklich zu besitzen. Es wird sich zeigen, daß es sich nicht um einen großen Gedankenstrich zwischen Vergangenheit und Zukunft handelt, sondern um die Vollziehung der Gedanken der Vergangenheit.«
Selbst langjährige Weggefährten Blochs wie Lukács haben nicht verstanden, daß dieses utopische, bessere Zukunft vorwegnehmende Bewußtsein gerade dadurch vor leerem Spintisieren bewahrt bleibt, daß es sich mit den objektiv-geschichtlichen Gesetzmäßigkeiten vermittelt. Als Subjektfaktor steht es mit dem Weltprozeß im Bunde. Es bedarf deshalb, korrelativ zur Anthropologie, einer Realontologie. Wirklich, besagt die Blochsche Moduslehre, ist einzig dasjenige, was mögliche Zukunft hat. Objektiv möglich ist das aufgrund teilweiser Erkenntnis seiner Bedingungen Erwartbare, real möglich, was in diesen Bedingungen selbst noch nicht erschienen ist.
Der dialektische Materialismus, wie der Antidogmatiker Bloch ihn versteht, hat die Welt als ein Unfertiges, Veränderbares zu untersuchen. Materie ist kein mechanischer, auf bloße Quantitäten zurückführbarer Klotz. Ihr Begriff resümiert eine verwickelte Denkgeschichte von Aristoteles bis zum deutschen Idealismus und seinen Ausläufern, deren Erbe Bloch anzutreten bemüht ist. Dialektisch ist Materie, sofern sie ebensosehr das unabgeschlossene »In-Möglichkeit-Sein« darstellt wie ein jeweils »Nach-Möglichkeit-Seiendes«. Ihr Prozeß – der eines willenhaft-intensiven Agens – ist noch keineswegs entschieden. Unser Wesen: der von Marx pointierte Reichtum der menschlichen wie außermenschlichen Natur steht noch aus.
Die wirkliche Genesis, sagt Bloch, am Schluß des »Prinzips Hoffnung«, beginnt erst, »wenn Gesellschaft und Dasein radikal werden, das heißt sich an der Wurzel fassen. Die Wurzel der Geschichte aber ist der arbeitende, schaffende, die Gegebenheiten umbildende und überholende Mensch. Hat er sich erfaßt und das Seine ohne Entäußerung und Entfremdung in realer Demokratie begründet, so entsteht in der Welt etwas, das allen in die Kindheit scheint und worin noch niemand war: Heimat.«

Walter Schulz

Der Tod, die stärkste Nicht-Utopie

Mit Hegel ist Ernst Bloch der Meinung, daß die Welt einen sinnvollen Entwicklungsgang darstellt. Aber gegen Hegel ist Bloch der Meinung, daß keineswegs schon aller Tage Abend ist. Die positiven Möglichkeiten sind noch nicht »herausgebracht«. S ist noch nicht P. Das heißt: das, was im Subjekt als dem Weltgrund »darinsteckt«, hat noch nicht innerweltlich aussagbare Gestalt angenommen und ist deshalb endgültig noch nicht prädizierbar.
Die Bestimmung des Noch-Nicht-Seins ist ein wesentlicher Begriff der Philosophie Blochs. Ernst Blochs erstem Vortrag in der Bundesrepublik, gehalten im Jahr 1960 in Tübingen, wurde der Titel zugrunde gelegt: »Zur Ontologie des Noch-Nicht-Seins«. Ich erinnere mich eines Gesprächs mit Ernst Bloch, in dem er sagte, die Philosophie des Noch-Nicht-Seins sei sein eigentlicher Beitrag zur Philosophie. Das Werk »Das Prinzip Hoffnung« sei die konkrete enzyklopädische Ausführung dieser Bestimmung.
In der Philosophie des Noch-Nicht-Seins spielt der Gedanke des Dunkels des gelebten Augenblicks eine entscheidende Rolle. Dieser Gedanke ist ambivalent. Einerseits scheint es sich um einen sehr einfachen Sachverhalt zu handeln. Der gelebte Augenblick – das ist der Augenblick, in dem ich stehe – ist dunkel, weil er unmittelbar ist. Alles Unmittelbare ist eo ipso unfaßbar. Die Aufgabe ist es, das Unmittelbare zu vermitteln durch Vergegenständlichung. Die Kategorien dieser Vergegenständlichung entwickelt Blochs letztes Werk »Experimentum Mundi«.
Alles Vergegenständlichte, wie es in der Vergangenheit geschah, hat jedoch den wahren Kern noch nicht herausgebracht. Dieser ist noch verborgen, und nur weil er noch verborgen ist, gibt es die Arbeit des Herausbringens, die immer erneut ansetzt. Grundsätzlich gesagt: nur solange es noch das Dunkel des gelebten Augenblicks gibt, haben wir Zukunft und werden von der Hoffnung bestimmt. Wäre die Welt vollendet, dann wäre die Philosophie des Noch-Nicht sinnlos.

Im zweiundfünfzigsten Kapitel des Werkes »Das Prinzip Hoffnung« philosophiert Ernst Bloch über den Tod. Er nennt den Tod die stärkste Nicht-Utopie. Ernst Bloch entwickelt eine Phänomenologie möglicher Einstellungen zum Tode. Sie ist schlechthin genial. Ich wüßte keine Darstellung der Hoffnungsbilder gegen den Tod, die sich an Eindringlichkeit, Prägnanz und Weite der Aspekte mit Blochs Gedanken messen könnte. Das Phänomen, das man den Tod nicht wahrhaben will, kommt zur Sprache, vor allem aber die mythischen und religiösen Gegenzüge zum Tod sowie deren Säkularisierung. Bloch wertet diese Möglichkeiten nicht, wohl wissend, daß sie alle nur Bilder und Chiffren sind, die nicht einlösbar sind. Gleichwohl zeigt diese Schilderung eine deutliche Steigerung an. Am Schluß spricht Ernst Bloch von einer forschenden Reise in den Tod, und hier fällt der Begriff der Exterritorialisierung des Todes.

Ernst Blochs forschende Reise in den Tod kann nur verstanden werden von der Konzeption des Dunkels des gelebten Augenblicks, die sie ihrerseits erhellt. Ernst Bloch argumentiert zunächst folgendermaßen: Was aus dem Dunkel herausgebracht und vermittelt wird, das heißt das, was vergegenständlicht wird, ist der Zeit anheimgegeben. Zeit ist aber ebenso durch Werden wie durch Vergänglichkeit bestimmt. Das Zeitliche ist dem Tod unterworfen. Und nun kommt ein kühner Gedanke: Bloch nimmt die Unterscheidung von Schale und Kern wieder auf und deklariert: alles bisher Herausgebrachte gehört nur der Schale an, der Kern aber ist als noch nicht herausgebracht noch »ungeworden«. Er ist also nicht der Zeit und damit auch nicht dem Tod unterworfen.

Werden, Vergänglichkeit und Tod betreffen die Schale als das Äußere. Gerade als solche verweisen sie auf die gegenteilige Möglichkeit: daß das Innere, der Kern, wirklich herausgebracht werde. Geschähe das, dann wäre das Ultimum erreicht, das Letzte, der Endzustand, das Glück. Der Augenblick wäre wirklich erfüllt, und der Mensch könnte und müßte zu diesem Augenblick sagen: Verweile doch, du bist so schön.

Hier schließt sich der Kreis: würde das Ultimum erreicht, dann stände die Zeit still und mit ihr das Werden und das Vergehen. Der Tod wäre »exterritorialisiert«, das heißt ausgebürgert und heimatlos geworden. Bloch wäre nicht der große dialektische Denker, wenn er nicht auch die andere Seite bedacht hätte: die Wirklichkeit des Todes als eines den einzelnen betreffenden Ereignisses. Um diese Konzeption des Todes zu thematisieren, greift Bloch wieder auf die Bestimmung des Dunkels des gelebten Augenblicks zurück. Er erklärt, daß der Tod im

Dunkel des gelebten Augenblicks »seine philosophische Wurzel« habe. Dies besagt, daß der Tod nur vom Phänomen des Dunkels des gelebten Augenblicks her philosophisch zu deuten sei. Es findet sich noch eine zweite Formulierung, die besagt, daß das Dunkel des gelebten Augenblicks und der Tod »die gleiche Wurzel« haben. Diese zweite Formulierung trifft besser: was aus der gleichen Wurzel kommt, kann in sich durchaus verschieden sein.

Ohne Bild: das Dunkel des gelebten Augenblicks und der Tod gleichen sich darin, daß beide durch die Faktizität, das reine Daß, was nicht in und durch was-haltige Aussagen aufgelöst ist, bestimmt sind. Aber die gemeinsame Wurzel hebt den Unterschied nicht auf: das Dunkel des gelebten Augenblicks im Leben ist durch das Noch-Nicht bestimmt, es kann noch erhellt werden; am Daß des Todes scheitert jede Möglichkeit der Erhellung. Darum ist der Tod das Rätsel schlechthin. Hier bleibt der Rückstoß auf die unlösbaren Fragen: Warum und Wie kam ich in die Welt hinein? Es sind dies, wie Ernst Bloch in einem Bild sagt, das für mich zu den schönsten gehört, die er geprägt hat, in sich selbst widerhallende Fragen.

Philosophie ist nur dann groß, wenn sie an die Grenzen geht. Aber Ernst Bloch hat wie kaum ein anderer gewußt, daß man von den Grenzen, dem Äußersten, zurückkehren muß zu den Aufgaben, die dem Menschen im Hier und Jetzt geschichtlich auferlegt sind. Der Erhellung dieser Aufgaben gilt die Latenzkunde, als deren Meister sich Ernst Bloch erweist, wenn er die realen Chancen einer besseren Welt erforscht.

Aber alles Tun bleibt vorläufig. Bloch spricht von der Melancholie der Erfüllung, dem bleibenden Minus, dem Nicht-Gelingen im Gelingen, dem Nicht-Ankommen in jeder Ankunft. Jedoch auch dieser Gedanke weist dialektisch in Positivität. Von dem utopischen Bewußtsein sagt Ernst Bloch: »Es entdeckt die wirkliche Tiefe – in der Höhe, nämlich *in der des hellsten Bewußtseins, wo noch helleres dämmert.*«

Jürgen Moltmann

Plötzlich, in einem Augenblick, beim Ton der letzten Posaune

Mit Ernst Bloch haben die Theologen einen Philosophen verloren, dem sie viel zu verdanken haben. Wir haben einen Freund verloren, in dessen Nachbarschaft man aufatmen, Mut fassen und das Fragen lernen konnte. Wie viele junge und alte Theologen aus zahlreichen Ländern sind in den letzten Jahren zu der bescheidenen Mietwohnung am Neckar gepilgert, haben Ernst Bloch an seinem kleinen Tisch gegenübergesessen, fragten und wurden gefragt (und wie!) und zogen dann etwas hoffnungsvoller als zuvor ihre Straße!

Er war so frei von Eitelkeit und Anspruch, daß jeder, der in seine Nähe kam, die Atmosphäre von Vertrauen und Brüderlichkeit spürte. Er war zugleich so ganz bei seiner Sache und in den Fragen seiner Zeit, daß niemand, der ihm nahekam, unverbindliche Konversation machen konnte. Er war ein guter Nachbar für jeden, der es ehrlich meinte und guten Willens war. In seiner geistigen Gemeinschaft begann auch die Theologie ihren biblischen Hoffnungshorizont wieder zu entdecken.

Ich habe Ernst Bloch erst im hohen Alter von 70 Jahren kennengelernt. Was mich bis zu unserem letzten Gespräch am Tag vor seinem Tod beeindruckt hat, war die *Ursprünglichkeit seines Denkens*, die, wenn man es so nennen darf, *Kindlichkeit seines Wesens*. Er hat in sich etwas bewahren und ausbilden können, was anderen so rasch verlorengeht: das einfache Fragen und das grundlose Staunen.

»Ich bin. Aber ich habe mich nicht. Darum werden wir erst«, heißt es auf der ersten Seite der »Spuren«, 1930; drei Sätze, die seine ganze Philosophie umspannen; drei Sätze, zwischen denen jeder Mensch sein Leben, seine Hoffnung, sein Leiden, seine Einsamkeit und seine Gemeinsamkeiten erzählen kann. »Wer sind wir? Wo kommen wir her? Wohin gehen wir?«, mit diesen alten metaphysischen Fragen beginnt »Das Prinzip Hoffnung«, 1959, um dann fortzufahren: »Was erwarten wir?« Das ist die Frage der Hoffnung. Und: »Was erwartet uns?« Das ist die Frage nach der Ankunft, die eschatologische Frage. Erwartet uns überhaupt etwas in der Welt, in der Zukunft, im Tod?

Bloch fragte weiter, wo andere meinen, besser nicht mehr fragen zu sollen. Das Einfache fällt uns oft am schwersten, weil wir selbst nicht einfach geblieben sind, nämlich zu fragen, was wir fragen möchten, und zu hoffen, was wir wünschen. Bei Ernst Bloch wurde einem dieses Schwere wieder leicht gemacht. Das war das Befreiende an ihm. »Wer das Tiefste gedacht, liebt das Lebendigste.« Darin war er Hölderlin verwandt. Und daß sein »Prinzip Hoffnung« zuletzt in der universal ausgeweiteten Kategorie »Heimat« Erfüllung sucht, weist auf jenes Licht der Kinder zurück, das Bloch sich und uns bewahrt hat. Den Schlußsatz aus dem »Prinzip Hoffnung« hat er in den letzten Monaten gern meditiert: »Hat er (der Mensch) sich erfaßt und das Sein ohne Entäußerung und Entfremdung in realer Demokratie begründet, so entsteht in der Welt etwas, das allen in die Kindheit scheint und worin noch niemand war: Heimat.«

Ernst Bloch als Theologe – das ist ein provokantes Thema für uns, für ihn selbst, für seine Freunde und Feinde. Und doch ist es ein zutreffendes Thema, das nicht verdrängt werden kann. Ich erinnere mich gut an unsere erste Begegnung. Es war im Winter 1959 nach einem Vortrag, den der Leipziger Marxist in Wuppertal gehalten hatte. Man saß danach in einem verräucherten Lokal. Ich fragte ihn naiv: »Herr Bloch, Sie sind doch Atheist.« Worauf er mich anfunkelte und heiser hervorstieß: »Ich bin Atheist um Gottes willen.« In diesem Paradox steckt eine lange Geschichte des Kampfes. Es stecken darin Prometheus und Hiob, mosaisches Bilderverbot und der Schrei des Gekreuzigten, mystische Theologie und marxistische Religionskritik.

Bloch ist auf keine »Theologie« eingegangen und blieb doch der Frömmigkeit »revolutionärer Gnosis« aus dem »Geist der Utopie« treu. »Marxismus und Religion« wollte er »geeint im Willen zum Reich« einbringen in das »Erntefest der Apokalypse«. Er meinte damit die endlich gelungene Selbstbegegnung des Menschen: – »Nun aber spiegelt sich in uns allen des Herrn Klarheit, *mit aufgedecktem Angesicht*. . . .« zitiert er, um sein erstes Buch zu beenden mit der Heiligung des Namens Gottes, die in die Hände »unserer gottbeschwörenden Philosophie und der Wahrheit als Gebet« gelegt ist. Diese messianische Leidenschaft ist als treibendes Motiv in allen seine Werken zu spüren. Zwar wurde er später im positiven Ausdruck zurückhaltender und in seiner Kritik an Herrenkirche und religiöser Resignation immer härter, wozu politische Erfahrungen denn auch Anlaß genug gaben. Doch auch in jenem Buch, das er besonders den Christen gewidmet hat, »Atheismus im Christentum«, 1968, bleibt die frühe Sehnsucht nach einer endlich politisch glaubwürdigen Gestalt der

»Religion des Exodus und des Reiches« vorherrschend. Marxismus als Analyse und Kritik bestehender Entfremdung und eschatologische Hoffnung auf die Apokalypse als Kraft der Überwindung jenes Elends kommen zu einer Gemeinschaft, in der keine Seite sich selbst preisgeben muß, vielmehr zu sich selbst kommt.
So kam Bloch in den sechziger Jahren zu den Theologen und kamen die Theologen zu ihm. So kamen seitdem die Christen zu den Sozialisten und die Sozialisten zu den Christen. Geeint im Willen zum Reich, das den Armen versprochen ist, verließen sie zum Ärger ihrer Herde ihre festen Lager und zogen sich den Zorn der jeweiligen Lagerkommandanten zu. Je mehr sie sich auf das Realproblem der Entfremdung einlassen, desto mehr spüren sie jedoch den Geist des Reiches, der allein gewiß macht. Die wechselseitige ehrliche Kritik ist dafür eine Bedingung. Bloch hat sie so ausgedrückt: »Nur ein Atheist kann ein guter Christ sein«, weil der atheistische Sozialismus von den Götzen und Göttern der Welt befreit. Ich habe ihm seinerzeit geantwortet: »Nur ein Christ kann ein guter Atheist sein«, weil der Kreuzesglaube auch von Ersatzreligionen und Personenkulten befreit.
Bloch hat damals die Offerte sofort angenommen und dann mit beiden kritischen Sätzen im Untertitel das umschrieben, was er mit dem Buch »Atheismus im Christentum« gewollt hat. Die Persönlichkeit und das Werk von Ernst Bloch haben in der Tat mehr Gemeinschaft zwischen Christen und Sozialisten – ja selbst zwischen Sozialisten und Sozialisten – gestiftet als irgendeine gegenwärtige Partei oder Ideologie. Das darf nach seinem Tod nicht verlorengehen.
Ernst Bloch – der *Sozialist mit der erhobenen Faust*, ist vielen Zeitgenossen ein Rätsel geblieben, für die das Wort »Sozialismus« mit negativen persönlichen Erfahrungen besetzt oder mit nur privaten Wunschträumen erfüllt ist. Im geteilten Deutschland sind Sozialismusdiskussionen im allgemeinen höchst unerfreulich wegen der Verdrängungen und Besessenheiten, die darin zum Ausdruck kommen. Daß Ernst Bloch durch verschiedene Formen von Sozialismus hindurchgegangen ist, begeistert, enttäuscht, weiter hoffend, macht es manchen schwer mit ihm. Dennoch liegt hier gar kein verschlungenes ideologisches Rätsel vor, sondern etwas sehr Einfaches und auch ganz Klares: »Sozialismus, dann Kommunismus ist dasjenige, was unter dem Namen Moral so lange vergebens gesucht worden ist« (»Politische Messungen«, 1970).
Um der Moral willen, mit Kants kategorischem Imperativ und dem schlichten Willen zur Selbstachtung, wurde Ernst Bloch Sozialist, verließ er den diktatorischen Sozialismus, kämpfte für den demokrati-

schen Sozialismus und hoffte auf den Kommunismus, der die Menschen zur Selbstbegegnung und die Welt zur Heimat bringen werde. *Bloch war Moralist*, bevor er sich sozialistisch engagierte. Er ist in Zorn und militanter Hoffnung dieser integre Moralist geblieben, der sich um des lieben Friedens willen nur selten ein Schweigen erlaubte. Um der Moral willen vergegenwärtigte er die Sozialutopien, nämlich für die »Mühseligen und Beladenen«. Um der Moral willen entwikkelte er das Naturrecht mit Zukunft, nämlich für die »Erniedrigten und Beleidigten«. Um der Moral willen zeichnete er die heute gültig gewordenen Symbole vom »aufrechten Gang« und vom »erhobenen Haupt«. Sozialismus, Demokratie und Kommunismus als Fragen der Moralität, das wirft allerdings auch umgekehrt die Moral als kritische Frage an Sozialismus, Demokratie und (möglichen) Kommunismus auf, nämlich als Frage nach ihrem »menschlichen Angesicht«.

Ernst Bloch ist oft nach seinem Verständnis von *Tod, Unsterblichkeit und Auferstehung* gefragt worden. Er hat darauf in seinen Schriften und Interviews merkwürdig spröde reagiert. Der Tod hat ihn nicht erschreckt. Er hat auch keine Schleier über ihn gelegt. Der Tod war für ihn ein Gegner – »radikale Gegenutopie« – und auch ein Geheimnis – »unvorstellbares Nichts, das noch keine Erhellung gefunden hat.« Und doch wußte er um eine Verbindung nach drüben. Er fand in der Musik als dem »tönenden Schweigen« die Verbindung zum Tod als dem »absoluten Schweigen«. Am Abend vor seinem Tod hat er wieder die ihm liebste Musik, die Fidelio-Ouvertüre von Beethoven, angehört, mit dem Trompetensignal für die Befreiung der Gefangenen am Ende, das ihn immer sehr ergriff. Es »kündigt bei Beethoven eine Ankunft des Messias an. So tönt es in den Kerker herunter, Freiheit, utopische Erinnerung, der große Augenblick ist da, der Stern der erfüllten Hoffnung im Hier und Jetzt . . .«

Ernst Blochs eigenes Werk ist eine solche Ouvertüre für eine Zukunft mit jenem Trompetensignal darin für die Gefangenen. Paulus nannte das »plötzlich, in einem Augenblick, beim Ton der letzten Posaune« (1. Korinther 15). Bloch hat die Gefangenen in der Entfremdung zu »Gefangenen der Hoffnung« gemacht. Wer dieser Hoffnung eingedenk bleibt, bleibt Ernst Bloch zu immerwährendem Dank verbunden.

Kurt Lothar Tank

»Da es nicht für alle reicht, springen die Armen ein«

Wann traf mich die erste Zeile? Das erste Wort? Ich weiß den Tag und das Jahr nicht mehr. Ich weiß nur: Es war ein Blitz. Erhellung eines Gefühlten, das nun als Gedachtes aus der Dämmerung auftauchte. Ein Satz aus den »Spuren«. Er kehrt mehrmals wieder im Werk. Er ist das Werk oder anders gesagt: In ihm ist das Werk enthalten. Aus ihm entfaltet es sich. Auch in dem späten Buch »Experimentum mundi«. »Wie also?« fragt Bloch zu Beginn. Und er fährt fort: »Ich bin. Aber ich habe mich noch nicht. Wir wissen mithin noch nirgends, was wir sind, zuviel ist voll vom Etwas, das fehlt.«
Dieser Satz, der große Fragesatz, der unendlich viel in Gang setzte, traf auch andere. Günter Grass zum Beispiel. Im »Butt« ist davon die Rede. Und auch in den sechs Interviews mit Ernst Bloch, die Arno Münster unter dem Titel »Tagträume vom aufrechten Gang« herausgegeben hat. Diese Interviews sind ein Kommentar zum Werk, ein höchst lebendiger. Sie gehören zum Werk. Setzen es fort, indem sie vom Abenteuer des Anfangs berichten. Dem nicht endenden Abenteuer des Anfangs. Nachhall eines Goethe-Verses: »Daß du nicht enden kannst, das macht dich groß. Und daß du nie beginnst, das ist dein Los.«
Ernst Bloch lehrt, auf die Anfänge zu achten. Die Lektüre der »Spuren« ist in dieser Hinsicht besonders aufschlußreich und ergiebig. »Man achte gerade auf kleine Dinge, gehe ihnen nach.« Eben diese unscheinbaren Spuren suchend, entdeckend, ihnen mit Entdeckerglück nachzugehen, macht weitreichend die Größe, die Besonderheit des Philosophen Bloch aus. Er hantiert nicht mit den Zentnergewichten der ebenso belastenden wie verbrauchten Begriffe. Er geht den kleinen Dingen nach, hat sich von Kindheit an darin geübt, »fabelnd zu denken«. »Denn«, fährt er fort, »so vieles eben wird nicht mit sich fertig, wenn es vorfällt, auch wo es schön berichtet wird. Sondern ganz seltsam geht mehr darin um . . .« Dies »mehr« bringt Bloch an den Tag.

Zum Abenteuer des Anfangs gehört, »kleine Vorfälle als Spuren und Beispiele« zu nehmen. Diese kleinen Vorfälle »deuten auf ein Weniger oder Mehr, das erzählend zu bedenken, denkend wieder zu erzählen wäre, das in den Geschichten nicht stimmt, weil es mit uns und allem nicht stimmt«. Das Unstimmige, das übersehene Unstimmige wird herausgebracht durch ein Spurenlesen im Abfall, im Alltag. Bloch beobachtet. Er beobachtet Armut.

Eine Frau sitzt in der dunklen Küche. Was tun Sie? fragt er. Ich spare Licht, sagt die arme Frau. Licht zu sparen, erkennt Bloch, ist immerhin leichter, als Essen zu sparen. Das (sozialkritische) »Merke« lautet: »Da es nicht für alle reicht, springen die Armen ein. Sie sind für die Herren tätig, auch wenn sie ruhen und verlassen sind.«

Das Beobachten im Alltag hatte früh eingesetzt. Mit ihm begannen das Denken, das Schreiben. »Wann haben Sie angefangen, Philosophisches zu schreiben?« fragt der Interviewer Josi Marchand. »Sehr früh«, antwortet Bloch. »Meine erste Schrift, die ich mit elf Jahren verfaßt habe, war nicht sehr philosophisch. Sie hatte den Titel ›Über die Verhütung von Dampfkessel-Explosionen‹. Ich hatte zu Weihnachten eine Dampfmaschine geschenkt bekommen, und so interessierte mich der Zusammenhang mit dem Kesselstein in den Töpfen, in der Küche. Ich studierte das Problem, wie man die Dampfkessel-Explosionen, die durch Kesselstein entstehen, verhindern könnte. Das war noch nicht sehr philosophisch, zugegeben.«

Nicht sehr philosophisch, vielleicht aber kennzeichnend. Es geht um Materie. Bald darauf, mit 13 Jahren, schreibt der Junge die Betrachtung »Das Weltall im Lichte des Atheismus« mit dem ersten Satz, den er als Fünfundachtzigjähriger noch im Kopf hat: »Die Materie ist die Mutter alles Seienden. Sie allein hat alles hervorgebracht, und kein überirdisches Wesen hatte dabei die Hand im Spiel.« Das sei, sagt der alte Bloch, »billiger, vulgärer Materialismus, den ich wohl irgendwo abgeschrieben habe, aber die Sache interessierte mich, und so habe ich mir das schlecht und recht zu eigen gemacht«.

Das schlecht und recht zu eigen Gemachte wird geprüft. Von Tag zu Tag neu geprüft. Die Schule hilft dabei wenig. Die Lehrer bemerken nicht, daß da einer Spuren nachgeht, die sie übersehen. In der Obertertia bleibt er sitzen, und im Osterzeugnis der nächsten Klasse heißt es: »Dieser Schüler trug ein anmaßendes, unbescheidenes, selbstgefälliges Wesen zur Schau, das mit dem tiefen Stand seiner Kenntnisse durchaus nicht im Einklang steht.«

Bloch hat bereits zu dieser Zeit, beim Eintritt in die Obersekunda, eine kleine Schrift verfaßt: »Die Kraft und ihr Wesen«, in der er sagt: »Die

Materie als Stoff ist durch eine neue energetische Bewegung in der Physik erledigt. Sie gleicht der Sphinx in der Ödipus-Sage in Theben, wo die Sphinx sich in den Abgrund stürzt, wenn man ihr Geheimnis gelöst hat. Aber an die Stelle tritt nun die Energetik, also die Kraft. Was ist das Ding-an-sich in dieser Kraft, die ja kein Ding ist, was ist Bewegung an sich?« Dem folgt die Feststellung: »Die Definition der Bewegung als Ursache der Kraft ist genauso impertinent nichtssagend wie die Definition des Menschen als Ursache seines Schattens.«

Der alte Bloch konstatiert: »Die Schule war entsetzlich.« Er empfand sie als ein Zuchthaus, erzählte Anfang der siebziger Jahre dem hessischen Kultusminister davon und sagte: »Heute sieht es wohl etwas anders aus?« Und diese Autorität erwidert: »Nein, es sieht nicht anders aus, es gibt nur ganz wenige Ausnahmen.«

Nicht zu verwischende Spuren. Das Abenteuer des Anfangs, auf bohrende Fragen Antworten zu finden, Philosoph zu werden auf Lebenszeit – dies Abenteuer will bestanden werden ...

... Nun wird Welt hereingeholt in das von Tag zu Tag, von Jahr zu Jahr wachsende Werk. Durchdachte und noch nicht durchdachte Welt, das Seiende als ein Werdendes, und das ereignet sich als ein Elementares, als eine Grunderfahrung. So auch beginnt nach der Promotion die Begegnung mit einem Mann, der sich zunächst abweisend benimmt, dem Philosophen Georg Simmel in Berlin.

Diesmal rettet ihn ein Blitz, die Erinnerung an einen Gedankenblitz, den zündenden, sein Leben, sein Werk und die Wirkung seines Werkes bestimmenden. Bloch sagt dem Interviewer Marchand:

»Nun, so kann eine Begegnung zwischen Simmel und mir nicht ausgehen. Ich blieb sitzen und erzählte ihm von meiner damaligen Schrift, die fast aus dem Nichts über mich gekommen war, über das noch nicht bewußte Wissen, also die Entdeckung des ›Noch-nicht-Bewußten‹ und des ›Noch-nicht-Gewordenen‹. Den ersten Blitz hatte ich mit zweiundzwanzig Jahren, den einzigen und ersten originalen Gedanken, alles andere war selbstverständlich entweder von Mach abhängig oder von Hegel, ein unglückseliges Pendel zwischen beiden, zwischen Psychologie und Metaphysik.«

Simmel war beeindruckt. Er nahm Bloch in seinen auserwählten Kreis auf. Und vierzehn Tage später, nach Semesterende, fuhren beide gemeinsam nach Italien: »Und dort habe ich einen Generalausverkauf meines Jugendphilosophierens machen müssen.« Später, bei Ausbruch des Ersten Weltkriegs, dem Simmel begeistert zustimmte, trennte sich Bloch von ihm. Er verstand nicht, daß *der* Mann vor der Kriegshysterie kapitulierte, der einmal gesagt hatte: »Eine spätere Hi-

storie wird zwei Unglückszeiten für Deutschland feststellen. Die erste: den Dreißigjährigen Krieg, die zweite: Wilhelm II.« Bloch schrieb einen Abschiedsbrief an Simmel: »Sie haben niemals eine definitive Antwort auf etwas gesucht, niemals. Das Absolute war Ihnen vollkommen suspekt und verschlossen. Heil Ihnen! Nun haben Sie es endlich gefunden. Das metaphysische Absolute ist für Sie jetzt der deutsche Schützengraben!«
Klare Trennung. Kein Verharren im Ungefähren des Einerseits-Andrerseits. Auch diese Linie läßt sich durch das Leben Blochs verfolgen. Durch den Ersten Weltkrieg, Nachkriegszeit, Emigration, Rückkehr und den Lebens- und Denkweg, der über Leipzig nach Tübingen führte. Stets aufs neue war es zu bestehen: das Abenteuer des Anfangs. Spuren, die in die Zukunft führen und zurück in die Geschichte, die sich für Bloch wie für Dostojewski als die »Lehre von der Zukunft« erweist, Spuren, die zum Absoluten führen, zum Hinstreben zu einem Absoluten, dem sich Simmel verschlossen und ein Mystiker wie Angelus Silesius weit geöffnet hatte: *Der ungewordene Gott wird mitten in der Zeit / Was er nie ist gewest in aller Ewigkeit.*

Johann Baptist Metz

»Neugierde, Jagdtrieb und Flügelschlag« Ernst Bloch im Spiegel eines theologisch-philosophischen Tagebuchs

1963

Weingarten

Im Juni, ich war 34 und gerade Professor in Münster geworden, begegnete ich erstmals Ernst Bloch bei einer Tagung in Weingarten über »Mensch und Zukunft«. Zum Abschluß sprach B. über »Topos Utopia« und ich über die »Zukunft des Glaubens in einer hominisierten Welt«. Er lud mich zum Spaziergang ein. Der Regen trieb uns in meinen VW. Wir hielten vor der prächtigen Klosterkirche, nur um auf einen Sprung hineinzuschauen, und ich ließ den Motor laufen und die Scheibenwischer ... Wir saßen auf einer harten Kirchenbank. B. sprach, assoziierte, erzählte – ein Marxist, der sich im Barock wohlfühlt! Zwischendurch kroch in mir die Mahnung hoch: »Denk an die Scheibenwischer!« Irgendwann hatte ich sie vergessen. Als wir wieder ins Freie traten, war es sommerabendhell und die Scheibenwischer hatten sich längst totgerieben.

1964–1966

Erste gemeinsame öffentliche Disputationen: in Düsseldorf (»Meinung gegen Meinung« im ASG-Bildungsforum), in Wien (zum Universitätsjubiläum), in Münster (zusammen mit J. Ritters Collegium philosophicum hatte ich B. zu einer Gastvorlesung eingeladen; Diskussionen auch im Rahmen meiner Vorlesung und im Doktorandenkreis), in Darmstadt (beim Studententag). Viele Nachtgespräche. – In Münster traf B. erst nach Mitternacht ein, hungrig, wir essen und trinken, rauchen, er führt mir dabei seinen neuesten »Pfeifenschlüssel« vor – »auch eine Art claviculum Salomonis« –, und wir diskutieren bis gegen vier Uhr morgens; um neun Uhr stellt er sich schon den Studenten im überfüllten Hörsaal zur Diskussion, einundachtzigjährig.
Gegen Ende der Düsseldorfer Diskussion spricht B. von einem »Schonpark der Differenzen« zwischen uns. (Im Lauf der Zeit wurden

die Unterschiede tatsächlich geringer – und wesentlicher zugleich. Nie hat B. die gewährte Freundschaft von unkritischer Gefolgschaft abhängig gemacht; er brauchte keine Proselyten, schon gar keine theologischen!)

Zu sparsam?

Bei einer unserer »Nokturnen« (die allemal, wie B. überhaupt, schwer referierbar sind) lehnt B. die theologische Begründung der Hoffnung ab mit dem spätscholastischen Sparsamkeitsaxiom »principia sine necessitudine non sunt multiplicanda«. Mir schien das zu sparsam. Worin schließlich wurzelt das Motiv für den geschichtlichen Kampf um den aufrechten Gang aller, um universale Gerechtigkeit und solidarisches Menschsein? Ist letztlich die der Natur bzw. der Materie zugetraute Freiheitsfinalität nicht schwächer fundiert als jede religiös symbolisierte Freiheits- und Befreiungserinnerung? Bloch: Mit solchen Legitimationsfragen stellt man sich außerhalb des Prozesses der Hoffnung, verweigert sich der Einsicht, daß Hoffnung auch scheitern, daß sie enttäuscht werden kann.

Nach einem anderen langen Nachtgespräch mache ich mir zwei kurze Notizen: 1. Unbedingt Eckhart lesen! 2. Das nächste Mal B. auf eine der Chassidischen Geschichten Bubers aufmerksam machen, in der ein Hiob-Rabbi seine Gebetserfahrungen erläutert: »Gott redet zwar, meine Freunde, aber er antwortet nicht.« (Ich bin übrigens auf diese Geschichte nicht mehr zurückgekommen, vielleicht, weil ich inzwischen wußte, daß B. Bubers Chassidische Geschichten nicht sonderlich schätzte; sie waren ihm zu »parfümiert«.)

Widmung

Meinem kleinen Beitrag für »Ernst Bloch zu ehren« (Suhrkamp-Festschrift zum 80. Geburtstag) habe ich dies vorangestellt: »Für Ernst Bloch, den Achtzigjährigen, dem ich erst spät begegnete, im Gespräch nach gemeinsamen öffentlichen Diskussionen, und von dem ich, der junge Theologe, nie fortging ohne Dankbarkeit und größere Nachdenklichkeit.«

Wechselgesang

Bei einer Tagung in München habe er sich, so erzählte mir B., vorzüglich mit Karl Rahner ergänzt: er, B., habe als Materialist das Lob des Geistes gesungen und Rahner, in idealistischer Partitur, das Lob der Materie. Was an B. fesselt: daß in ihm selbst der Kampf zwischen Materialismus und Idealismus nicht stillgestellt ist (übrigens auch, unter geänderten Vorzeichen, bei Rahner nicht).

B. interessierte sich sehr für meine Erfahrungen bei den Christentum-Marxismus-Gesprächen der Paulus-Gesellschaft. Er verschweigt freilich auch seine Reserven nicht (z. B. in seinem Brief vom 22.12.1966): »Aber selbst 12 Schwalben, fürchte ich, würden im gegenwärtigen institutionell gewordenen Marxismus noch keinen Sommer machen. Eine nicht verblüffende Parallele, qua Verdinglichung, Apparatus, Amme der Gewohnheit dazu, zur Kurie (und was damit zusammenhängt) anderswo.«

1967

B. schrieb mir kurz von seiner Arbeit an der »Religion des Exodus und des Reichs« (1968 erschienen als »Atheismus im Christentum«). Hiob und Jesus gegen die Theologie (und ihre Theodizee)? Bei mir: Mischgefühle, auch Angst vor unbegriffenen Schwierigkeiten. Ich werde gewiß nicht zu den ersten theologischen Rezensenten des Buches gehören. Im übrigen ist Theologie am Ende wohl immer ein Kommentar zu dieser sog. Theodizee-Frage, so oder so.
B.s Rede zur Verleihung des Friedenspreises des Deutschen Buchhandels erlebte ich, obwohl nach Frankfurt eingeladen, vor dem Fernsehschirm. Es ist eine Zeit zu feiern und eine, gefeiert zu werden.

1968

Alpbach
B. und ich sind eingeladen, bei den Alpbacher Hochschulwochen ein Seminar über »Säkularisierte und christliche Moral« zu halten. Auf B.s Wunsch entwerfe ich einen »fairen« Themenkatalog: Vorwort über »säkularisiert« und »christlich« – Jenseits des Gegensatzes von säkularisierter und christlicher Moral – Ordo sempiternus rerum, Naturrecht und Revolution – Märtyrer und Revolutionär – »Revolution nach rückwärts?« – »Wer ist denn mein Nächster?« – Das Theorie-Praxis-Problem oder: eine kritische Paraphrase zu Goethes Wort »Gewissen hat allein der Betrachtende, der Handelnde ist gewissenlos« – Utopisches Gewissen – Gibt es eine eschatologisch-politisch orientierte Moral des Christentums? – Christentum als Religion der Freiheit? – Atheismus und Moral – Christliche und marxistische Humanitas.
B. polemisiert, gleich zu Beginn des Seminars, gegen die Bezeichnung

»säkularisiert« bzw. »Säkularisation«: es sei zu viel 1803 darin, zu viel Stigma der Enteignung und der Illegitimität; er ziehe vor »auf die Füße stellen«. Was mit der Religion sei, frage ich ihn, wenn nun alles auf den Füßen stünde und alles seinen aufrechten Gang ginge? Antwort: sie bleibt, bleibt zuständig für den Hunger in der zweiten Etage.
Als wir in Alpbach zur Sache kamen, war es schon geschehen: die Russen usw. waren in die CSSR einmarschiert. Tschechische Kollegen waren entweder hastig abgereist oder erst gar nicht gekommen. Nachts sitze ich noch lange mit B. in der Wirtsstube, die sich unmerklich längst geleert hat. Ich erzähle von meinen tschechischen Freunden und Kollegen aus der Marienbader Tagung des letzten Jahres, von Machovec, Gardavsky, von Frau Kadlecova, von Pruha, Kalivoda und von den Prager Theologen. Und Bloch? Sein knabenhaftes, bisweilen spitzbübisches Lachen, jetzt war es verflogen, war einem anderen, bitteren gewichen, unterstrich seine – rasch wieder offensive, angriffslustige – Verzweiflung über jenen östlichen Nicht-Sozialismus, der hinter allen Experimenten Sabotage wittere und Individuen nur als Strafsachen zu behandeln wisse. Und dann eine Bemerkung, die er am nächsten Tag auch vor dem Auditorium wiederholte: Früher sagten die Tschechen, wir waren vor den Österreichern da und werden nach ihnen da sein; und heute sagen sie: wir waren vor dem neuen Zarismus und werden nach ihm sein.

Theodizee
In diesen Alpbacher Tagen berichtete ich B. auch von einer Podiumsdiskussion in Münster zwischen dem tschechischen Philosophen Machovec, Karl Rahner und mir. Gegen Ende des Gesprächs erinnerte Machovec an Adornos Wort »Nach Auschwitz gibt es keine Gedichte mehr« und er fragte mich, ob es denn nach Auschwitz noch Gebete geben könne. Ich hatte schließlich geantwortet: Man kann *nach* Auschwitz beten, weil auch *in* Auschwitz gebetet wurde. – B. widersprach nicht.

1969

Dialogfetzen
B. benützt das Wort »traumfarben«. Ich frage ihn: Hast du bunte Träume? Er weiß es nicht.
B.: Religion schützt vor Banalität. Ich ergänze: Aber sie braucht Naivität. B.: Lieber naiv als banal.
B.: Wenn ihr schon trösten wollt, dürft ihr nicht spitzfindig werden.

»Atheismus im Christentum« immer noch kaum gelesen (ohne daß ich es auf meine Lesefaulheit schieben könnte). Immerhin ein eher zufälliger Blick in die Passagen über: »Bultmanns gute religiöse Stube.« Bloch ermuntert zur »Kritik der Kritik«. Man darf die Entmythologisierer nicht nur nach dem »Sitz im Leben« ihrer Mythen fragen lassen; man muß sie auch nach ihrem eigenen »Sitz im Leben« fragen, man muß den Produktionsort der Mythenkritik und jenes »modernen Menschen«, in dessen Namen sie angeblich geschieht, im Auge behalten: also die Hausschuhe der Kritiker und den Lehnstuhl der Dauerreflexion, diesen Stammplatz der Apathie, kurzum die »gute Stube« der reinen Theorie, die gut abgedichtet ist gegen jede »Unterbrechung«, in der alles gewußt wird, nichts fremd und unerklärt bleibt, in der auch alle Sprachen gewußt und gesprochen werden – außer jener »mythischen«, in der sich Angst und Leid, Hoffnung und Sehnsucht unkompensierbar verdichtet haben.

1970

Zum 85. Geburtstag Blochs kann ich nicht nach Tübingen; ich kuriere noch die Folgen eines schweren Unfalls aus. Dann sein Brief vom 14.7.: ». . . und bin glücklich, daß wir uns bald wiedersehen werden, physisch und metaphysisch wie stets, ganz fern von der brutalen Wortbedeutung des letzteren, die Dich gestreift hat.«

1971

Eine Möglichkeit zur persönlichen Begegnung mit B. versäumt – einfach aus Angst, ich könnte mich nicht stark genug in sein Wort mischen.
Wieder Podiumsgespräch mit B. in Düsseldorf, unter Iring Fetschers souveräner Leitung. Die Diskussion beißt sich fest am Rebellentum Jesu. Ich bestehe auf dem Inkognito Jesu: er war weder ein Narr noch ein Rebell, aber offensichtlich beiden zum Verwechseln ähnlich. (Heute, beim Wiederlesen, würde ich präzisieren: die Frage, ob Christen rebellisch sein dürften oder müßten oder nicht, hängt nicht einfach von der Antwort auf die Frage ab, ob Jesus selbst ein Rebell war oder nicht; Nachfolge nämlich, die unweigerlich zum Begreifen dessen gehört, was er mit uns und überhaupt im Sinn hatte, ist ja nicht situa-

tionslose »Imitation«, sie fordert ein schöpferisches Sicheinlassen auf neue Situationen, in seiner »Tendenz«.)
Beim Nach- und Nachtgespräch fand ich ein Wort, das er »gern selbst gefunden« hätte: Ich nannte Mozarts Musik, die ich gegen »seinen« Fidelio stellte, »kinderschwer«.

Rückspiegelung
Schon längere Zeit weiß ich, daß nicht nur Bischöfe in der DDR vor meiner Theologie warnen, sondern daß ich auch zu jenen Theologen gehöre, die auf staatsbehördliche Anordnung in der DDR nicht gedruckt oder zitiert werden dürfen. Jetzt erfuhr ich von einem evangelischen Kollegen, dessen Antrag auf eine DDR-Lizenzausgabe seines Buches u. a. mit folgender Begründung abgelehnt wurde: »In dem Nachwort entwickelt der Autor die Konzeption der theologischen Diversion, wie sie auf katholischer Seite von Metz, der Paulus-Gesellschaft u. a. vertreten wird, und wie sie – auch von evangelischer Seite – in Marienbad besonders deutlich geworden ist. Dies zeigt sich auch darin, daß Bloch sehr viel herangezogen wird.«

1972

Jüdisches Korrektiv
Im Gespräch mit jüdischen Freunden, nicht zuletzt mit B., wird mir immer deutlicher, wie sehr das nachchristliche jüdische Erbe, die apokalyptisch-messianische Weisheit des Judentums im Christentum gesperrt und verdrängt ist. Das Alte Testament muß auch von Christen nicht nur im Licht der Jesusgeschichte, sondern im Schatten jener Leidensgeschichte gelesen werden, die den Juden inmitten der allzu sieghaften Christen widerfuhr.
Worauf das »jüdische Korrektiv« hinauswill: darauf z. B., daß auch das Christentum nicht primär eine Lehre ist, die es (möglichst zeitgemäß) auszulegen gilt, sondern vor allem eine Praxis, die es radikaler zu leben gilt (und ohne die auch die intelligible Macht des Christentums nicht freigesetzt werden kann); und darauf, daß auch das Christentum nicht einfach eine »affirmative Religion« ist, mit einem Überschuß an Antworten und einem entsprechenden Mangel an leidenschaftlichen Fragen; in der Christologie darf die Hiob-Frage nicht verdrängt oder herabgesetzt, sie muß vielmehr »an der Wurzel gefaßt«, radikal werden. Und schließlich darauf, daß der christlichen Eschatologie der apokalyptische Stachel nicht gezogen werden darf.

Apokalyptik

Anmerkung zu B.s Umkehrung eines Hölderlin-Satzes: Der oft allzu unbekümmerte Umgang mit der Kategorie »Sinn« in der Theologie bleibt kritisch zu befragen. »Sinn« ist ja inzwischen zum Lieblingskind der Theologen geworden – und wird nun auch prompt, wie alle Lieblingskinder, verhätschelt und – überschätzt. Wenn schon Theologie nicht auf diese Kategorie (auch nicht in ihrer allgemeinen Version) verzichten kann, darf sie doch nicht vergessen, daß es dabei nicht um einen ungefährdeten Sinn geht und daß die Sinn-Thematik nicht zu jener Kulisse werden darf, mit der wir uns Gefahren und Untergänge verstellen. Die theologische Behandlung der Sinnfrage darf sich deshalb auch nicht dazu verführen lassen, »Sinn« quasi zu verdinglichen, das Problem der Sinnrettung bzw. der geschichtlichen Bedrohung der Sinnreserven einfach zu ignorieren und – in apokalyptischer Bewußtlosigkeit – zu vergessen, daß der, auf den sich die christliche Sinnerwartung richtet, in der eschatologischen Sprache der Bibel nicht nur als der Vollender des Reiches Gottes, sondern auch als der Überwinder des Antichrist kommt, so daß gerade auch Christen im Auge zu behalten hätten, was Bloch in Umwendung eines bekannten Wortes von Hölderlin einschärfte: »Wo das Rettende naht, wächst auch die Gefahr.«

Nur wo Hoffnung ist, ist auch ein Sensorium für Gefahr und für Untergänge.

Der Satz »Wir haben eine unzerstörbare Hoffnung« und der Satz »Unsere Hoffnung kann nicht enttäuscht werden« sind nicht tautologisch! Sitzt uns Christen, trotz aller theologischen Dementis, das Trauma der Enttäuschung, der enttäuschten Naherwartung, nicht tief im Gemüt? Haben wir uns nicht, aus lauter Enttäuschungsangst, eine Hoffnung zurechtgelegt, die keine (zeitlichen) Erwartungen mehr hat? Eine Hoffnung ohne Erwartungen aber ist eine Hoffnung ohne Freude! Liegt hier vielleicht die Wurzel der Atrophie der Freude (und des Elans) im Christentum? Dem muß ich weiter nachgehen. Und dagegen angehen, daß sich die Theologie – im Namen eschatologischer Hoffnung! – weiterhin erprobt an der Stillegung enttäuschungsfähiger Erwartungen. – Gegen die überbordende Rede vom zeitlosen Kern der christlichen Hoffnung gerade den Zeitkern dieser Hoffnung herausarbeiten!

1973

Münsterland

B. spricht in Beckum bei Münster. Frau Karola macht einen Abstecher zu mir, und wir fahren dann gemeinsam zu ihm. Dort treffe ich ihn – einen Sokrates auf dem Lande! Er spricht wieder über Zukunft, in Statur und Ausführung den jüdischen Propheten näher als den schmächtigen Futurologen. Seine Augen haben nahezu ihre letzte Sehkraft eingebüßt und doch werden, wie kaum bei einem anderen, die Gespräche in Augenhöhe geführt. Und die Hände, noch schmaler geworden, vielleicht einmal (wie er selbst vermutete) zum Dirigieren bestimmt, umhalten noch mehr in kaum bewußter Zärtlichkeit die Pfeife; und dann plötzlich, als er mit der Hand nach verstreuten Krümeln auf dem Teller tastet: Warum nicht mit den Händen essen, wie die Bauleute, wie jene, die einmal das Straßburger Münster aufgebaut haben?

Alle vertrauten Züge Blochs sind noch da: der Knabe, der Jäger, der Erzähler. Und immer noch liebt er vieles von dem, woran zu glauben ihm seine Dialektik eigentlich verbieten müßte, scherte er sich um Orthodoxie.

Wir reden, insbesondere, über Teilhard de Chardin.

1974

Notiz aus meiner Vorlesung WS 74/75 für ein Gespräch mit B.: Die Krisenerfahrung, in die die eschatologische Hoffnung der Bibel einfällt, ist nicht die individuelle Sterblichkeitserfahrung, die Erfahrung des Vorlaufs in den je eigenen Tod, sondern die beunruhigende Frage nach der Rettung des andern im Tode, und zwar des ungerecht Leidenden, Unterdrückten, Erschlagenen; es ist die Frage nach der Aufrechterhaltung der Gerechtigkeit für die Opfer und Besiegten der Geschichte, zu Lasten derer wir weiterleben und an deren Schicksal kein noch so leidenschaftlicher Kampf der Lebenden verändernd rühren kann. Diese Frage setzt die Maßstäbe für das Sinnproblem in der Theologie überhaupt, die Orientierungen für die sog. Theodizeefrage.

1975

Ein Krankenhausaufenthalt hindert mich daran, zu B.s 90. Geburtstag nach Tübingen zu kommen. Ich schreibe: »Zu Deinem 90. Geburtstag werden Dich wohl viele umgeben und bestaunen. Dich sanft steinigen. Aber sie werden schon merken, daß Du immer noch nicht Dein eigenes Denkmal ersetzt. Wohl auch mit hundert noch nicht. Aber die Stein-Zeit . . .!«

Briefe

Theodizee

In der Vorlesung des Wintersemesters beschäftige ich mich länger mit B.s Hiob-Interpretation. Ich berichte dabei auch kurz von unseren Nokturnen. Dann suche ich, nach ausführlicher Darlegung seiner Passage in »Atheismus im Christentum« die These, daß mit Hiob jede Theodizee, jedes theologische »Warum« erledigt sei, zu überfragen. Auszug:

Wenn man der unlösbaren Fragen endlich übervoll ist, wenn man sich von den Rätseln der Theodizee nicht mehr länger hinhalten und von ihren angebotenen Scheinlösungen nicht länger sophistisch beschwichtigen lassen will; wenn man den Horizont einer göttlichen Verheißung über den menschlichen Leiden auswischt, die eschatologische Hoffnung auf den Gott der Lebenden und der Toten durchstreicht, um den Zwiespalt, den vermeintlich unfruchtbaren, endlich loszuwerden: sind wir dann die Rätsel alle los? Sind dann alle Warum-Fragen erfolgreich beseitigt? Oder kehren sie in anthropologischer Gestalt nicht erneut wieder? Beginnt dann nicht der Mensch sich selbst in neuer Weise zum Rätsel zu werden? Dann wenigstens, wenn er sich nicht besserwisserisch und zynisch zugleich als eine Fehlkonstruktion der Natur selber abtut? Warum denn, so bleibt doch die Frage, erheben Menschen immer wieder ihr Haupt, wo doch alles am Tode strandet und der Mensch das einzige Wesen ist, das im Vorlauf seines Wissens und Gewissens um dieses Ende auch wirklich weiß? Warum fangen sie immer wieder von vorne an, trotz all der Erinnerungen, die sie haben an das Scheitern und an die Verführbarkeit unserer Hoffnungen? Warum träumen wir immer wieder von einem künftigen Glück der Freiheit, obwohl wir wissen können, daß dieses Glück eigentlich fühllos sein müßte, frei von allen Erinnerungen, weil es doch immer zu Lasten derer geht, die an ihm nicht mehr teilhaben können? Warum kämpft der Mensch um den neuen Menschen? Warum erhebt er sich immer wieder in ohnmächtiger Rebellion gegen die Zumutung ungesühnter Leiden? Warum richtet er immer wieder neue Maßstäbe einer universalen Gerechtigkeit auf, obwohl er doch weiß, daß der Tod sie wieder desavouiert und daß es schon in der nächsten Generation erneut unendlich viele geben wird, die diese Gerechtigkeit niemals erlebt haben? Woher seine Kraft zum Widerstand gegen Apathie und Verzweiflung? Warum weigert er sich, mit der Sinnlosigkeit zu paktieren, die in der Erfahrung jedes ungesühnten Leidens steckt? Woher die Kraft zur Revolte, zur Rebellion? Genügt es hier, auf das spätscholastische Sparsamkeitsprinzip zu verweisen? Ich fühle mich angesichts dieser Fragen an ein anderes Axiom jener Umbruchzeit aus dem späten Mittelalter in die frühe Neuzeit erinnert. Es fordert dazu auf, die Welt und die Wirklichkeit des Menschen zu denken »etsi deus non daretur«. Redet Bloch nicht bei seiner Destruktion des Theodizee-Themas vom Menschen »etsi deus – daretur«?

1976

Palmsonntag
Abendgespräch in Tübingen. B. in stolz-männlicher Zerbrechlichkeit. Kein Gespräch über den Tod. (Vor Jahren, in einem Gasthaus in Amelsbüren bei Münster, wo wir fast so lange beisammen gesessen waren wie vordem in der Weingartner Basilika, erzählte B. mir eine, nein, seine Geschichte vom »Wiedersehen«, und danach fragte ich ihn über den Tod, was er damit verbinde. »Neugierde, Jagdtrieb und Flügelschlag«, meinte er kurz und dann redeten wir vor allem über die Erfahrung des »Jägers an der Grenze«.)

Bavarica
Viel Heiterkeit beim Tübinger Gespräch. Ich erzählte B., daß ich kürzlich, nach einer Theologentagung in München, mit vielen ausländischen Gästen auf der Fraueninsel im Chiemsee gewesen sei und daß man mich um eine Aufklärung über die »bayrische Seele« gebeten habe. »Der Bayer«, hatte ich ihnen erläutert, »hat ein irdisches Verhältnis zur Religion und ein mystisches zum Bier«. B. gefiel's, und er sprach davon, wie eigentlich auch für ihn, den ehemaligen königlich-bayrischen Untertan, vieles in Bayern angefangen habe, mit den ersten Texten überhaupt, die er in Garmisch geschrieben habe und dann in München. – Moltmann war hinzugekommen und wollte meine bajuwarische Kontroverstheologie: »die Protestanten haben mir zu viel Berührungsangst vor dem Paganen«, zumindest für sich nicht gelten lassen, »weil er schließlich mit mir befreundet sei.«

Der letzte Brief:

Tübingen, den 23.6.77

Lieber Johann Baptist,
»Siehe, ich mache alles neu« – dies erzchristlichste Wort lebt noch. Und Dein Buch, für das ich besonders herzlich danke, ist ein weit entscheidenderer Zeuge dafür als ... Als erstes habe ich Kapitel IV aufgeschlagen mit der Ausführung über die Orden und das schwere Leben mit einer wirklich geglaubten Augenblickserwartung der letzten Dinge. Ist doch der Unterschied ungeheuer zwischen dem Augenblick, worin himmlisches Jerusalem senkrecht einschlägt und reformistischen Abschlagszahlungen, die sich mit Gegenwart reformatorisch abfinden. *Gegenwart* als solche, wenn auch noch so verräterisch ausgebügelt, ist das Gegenteil von allemal apokalyptisch gewissenhafter *Präsenz*. Ich danke Dir nochmals für Dein wichtiges Buch hin zur ausstehenden Identität unserer selbst wie des ganzen, so dunklen Weltsubjekts.
Herzlich, Dein Ernst

Unterbrechung
Nach B.s Tod, ich war am 4. August nicht im Lande, schrieb ich an Frau Karola B.: »Irgendwie hatte ich wohl mit der Vorstellung gelebt, er würde immer bei uns bleiben ... Unerträglich war für mich die Erfahrung, daß der Sprecher, der (weit weg von hier) die Nachricht vom Tode Blochs verlas, weitersprach, weitersprach über ganz andere Dinge, und daß die Musik dann weitertönte – wie der hörbar gewordene ›Lauf der Zeit‹, der unbarmherzig alles überrollt, der durch nichts zu unterbrechen ist, durch nichts zum Stillstand kommt. Oder doch? Ernst hat (jedenfalls für mich) von dieser ›Unterbrechung‹ geredet, vom Aufstand gegen die gnadenlose Kontinuität, die unsere Seelen so apathisch macht und so hoffnungslos ...«

Notizen für ein Gespräch, das nicht mehr stattfand
2 Abschnitte aus meinem neuen Buch (»Glaube in Geschichte und Gesellschaft«) mit B. besprechen. Einmal den Abschnitt über »Politische Theologie des Subjekts als Kritik der bürgerlichen Religion« und dann die »Unzeitgemäßen Thesen zur Apokalyptik«, die B. gewidmet sind – samt ihrer These XXII: »Nicht Utopien brechen den Bann der Zeitlosigkeit, sondern jenes eschatologische Bewußtsein, das sich seinen apokalyptischen Stachel nicht durch Evolution ziehen läßt. Uto-

pien würden sich schließlich als letzte ›List der Evolution‹ erweisen, wenn nur sie wären und kein Gott, vor dem auch das Vergangene nicht sicher ist.«

Wolfram Schütte

Dr. Spes auf der Spurensuche in der unreinen Mischung

»Es gibt nur Karl May und Hegel. Alles dazwischen ist eine unreine Mischung«, das soll er in seiner Studentenzeit gesagt haben. In dem Satz steckt kein Körnchen Hochmut, nur der Umriß einer topografischen Silhouette. Wenn er auch Karl May früher gekannt (& geliebt) hat als Hegel, so hat er ihn später nicht verleugnet oder verdrängt. Vielmehr hat er darauf bestanden, daß höchste Philosophie ihre Seriosität gerade an niedersten Gegenständen zu beweisen habe, die gar nicht nieder sind, eher niedergedrückt & niedergehalten; und Philosophie habe da rettend, richtend einzugreifen: es kommt nämlich darauf an, auch – und vielleicht gerade – aus verschlammtem Grund das Gold zu waschen. Man kann sehr wohl im trüben fischen (ohne Trübes zu fischen); es hängt von der Angel ab, vom Köder, und wie der Fang zubereitet wird, besser: was man daraus zu machen versteht.

Karl May, der Kolportagen am laufenden Band laichte, und Hegel, der die »Phänomenologie des Geistes« als Kolossalgemälde entrollte, über dessen Entzifferung manche den Verstand, andere die Geduld verloren haben (Bloch, stelle ich mir vor, hatte bei der Lektüre beider rote Backen, war in Hitze und Aufbruch): das sind einander ferne Kontinente, zwischen denen die Welt dessen, was der Fall ist und dessen Fall noch nicht ist, gar nicht rein und klar, am wenigsten durchsichtig bis auf den Grund hingebreitet liegt; ein Mixtum compositum, kein (wie der Pfeifenraucher Bloch wußte) »Golden Mixture«, sondern eine unreine, verschlierte, unentschiedene, höchst explosive und zugleich träge Mischung; ein Ozean des Ungewissen, aufgepeitscht von den Stürmen der Geschichte, der Revolutionen und Konterrevolutionen, auf dem Hoffnungen und Enttäuschungen kreuzen und der voll ist von ertrunkenen Wünschen.

Bloch, der aus der Schule weglaufen wollte (und dann geblieben ist, auf die Universitäten ging, nach sechs Semestern seinen Doktor machte) – er ist dennoch weggelaufen: aus der verzopften Schulphilosophie der festen, verdinglichten Geisteskontinente, zu den zerklüfteten Küsten dieses Meeres; und von dort aus hinaus ins Offene, Ungesicherte. Er wollte nicht nur wie Kolumbus, den er gefeiert hat, Indien finden (und zwar von hinten herum, um die Krümmung des Erdballs), sondern zu Atlantis, dem versunkenen Reich, hinabsteigen. Nicht nur das Bekannte auf neuem Weg suchen (und deshalb neu & anders sehen) und dabei eher zufällig, gleichwohl notwendig eine neue Welt entdekken (was den doch immer zu engen Raum unserer Kenntnisse erweiterte), sondern auch das schon eine halbe Ewigkeit von der Bildfläche Verschwundene, längst Abgesunkene, nur noch sagenhaft und gespenstisch im Gedächtnis Rumorende aus der dunklen Tiefe wieder unter unseren Blick heben. Columbus und Schliemann.

Aber nicht um die Wahrheit eines Homerischen Epos zu beweisen, auch nicht aus stubenhockerischer, nostalgischer Liebe zur bestaubten Antiquität treibt es den jungen Mann, der 1885 als Sohn eines Eisenbahners in Ludwigshafen geboren wurde, zur geistigen Archäologie der Vergangenheit und zur Röntgenologie seiner Gegenwart, zur Freilegung der verschütteten und vergessenen Gedanken, Musiken, Bauwerke, Bilder, Literaturen und zur Durchleuchtung von deren gegenwärtigen Nachfolgern; diese Ausfahrten – früh begonnen und nie wieder aufgegeben: die davon mitgebrachten, die dabei entstandenen Meßtischblätter des Forschungsschiffs Bloch umfassen sechzehn dickleibige Folianten, sein Lebenswerk –, diese Ausfahrten in alle Weltgegenden menschlicher Tätigkeiten der Hände, des Kopfes und des Herzens stoßen vom flachen, untiefen Grunde einer Existenz- und Gesellschaftslehre ab, auf der Suche nach einer erprobten, an der Welt erarbeiteten, mit ihr in Einklang und Disharmonie befindlichen Existenz- und Gesellschaftslehre.

Der Hunger nach Sinn gärt in diesem Werk wie die Hefe im Brot, das Blochs Werk immer sein wollte für die, welche mit dem »Es ist wie es ist« nicht zufrieden sind, nicht sein können, ja nicht sein dürfen, weil sie nämlich Erniedrigte und Beleidigte, Mühselige und Beladene sind. Wegzehrung wohlgemerkt, nicht Himmelsbrot beim Zug durch die Wüste; Trostpflaster nicht, sondern Stärkemittel. Docta Spes – gelehrte Hoffnung.

Blochs Philosophie, die als »Geist der Utopie« (1918), wenn auch noch theologisch-eschatologisch verpuppt, gleichzeitig mit dem welthistorischen Ereignis und Versprechen der Oktoberrevolution anhob (und doch leider nur zu lange deren humane Versprechen, statt deren inhumane Verbrechen in den Folgeereignissen zu bemerken meinte) – Blochs Philosophie begann so somnambul wie enthusiastisch, so dunkel raunend wie pathetisch schneidend.

Die geilsten Triebe seiner sprachmächtigen und -schöpferischen Phantasie sind dann zwar in einer Neuausgabe des Erstlings (1923) beschnitten worden; auch wurde hier und da okuliert, um die Früchte an diesem Baum der frühen Erkenntnis zu verfeinern; jedoch unverwechselbar blieb Blochs Prosa, aus verschiedensten Quellen gespeist: aus biblisch-talmudischen, Kleist-Hegel-Kantschen, morgen- und abendländischen, aus Sprichwörtern und Volksweisheiten und expressionistischen Wortballen und -knäueln. Eine Originalität, eine sprachbildnerische Leistung für sich; ein buntscheckiges Wunderwerk, elektrisierend und magisch, das sie zu der vielleicht erstaunlichsten, erfülltesten deutschen Prosa des Jahrhunderts macht. Wie eine Orgel, aller Register des Ausdrucks, der Empfindung, der Höhe und Tiefe, der Nähe und Ferne gleich mächtig. Und nicht nur dort, wo Blochs eigentümliches Universum in Poesie direkt übergeht, und am augenscheinlichsten welche ist, ich meine: in den »Spuren« – diesen vom warmen Atem des Fabulierens und Spekulierens behauchten Erzählstücken, Beobachtungen, glossierenden Betrachtungen des Alltags und dessen verwinkelt noch nicht durchleuchteten Unterkellerungen. Auch die philosophischen Abstraktionsvorgänge wußte er in Gefäße zu füllen, die unsere Sinne ansprechen. So hatte, so bildlich auch noch das Flüchtigste und Geistigste farbglühend vor Augen stellend, so worterotisch und gedankensinnlich hatte keiner mehr geschrieben, schreibend gesprochen, sprechend gedacht, seit Franz Baader und Jean Paul; so keimte und sproßte kein philosophierendes Denken, trieb keines wunderlichste Knospen und Blüten (auch Stilblüten, gewiß) seit dem frühen Hegel und späten Schelling.

Was war es denn, was war es, das da zuerst und erst recht künftig, in den Büchern, Denkstücken, Aufsätzen, Essays, Polemiken, politischen Pamphleten, oft wie aus delphischen Orakelworten und orphischen Gedanken-Urzellen sich als ein dichtes himmelwärts gerichtetes Geäst und als ein weitverzweigtes, unterirdisches Wurzelwerk entwikkelte? Was war es, was den mächtig aufschäumenden Saft bis in die fernsten und feinsten Kapillargefäße dieses oeuvres eines uomo universale schießen ließ? In den »Thomas Münzer als Theologe der Revolution« (1921), in die »Spuren« (1930), in die »Erbschaft dieser Zeit« (1935), in das magnum opus »Das Prinzip Hoffnung« (1954/59); und in alle die anderen Arbeiten, großen wie kleinen?

Es war der Gedanke – systematisch entwickelt –, daß die »unreine Mischung« der Welt, ihrer Geschichte, ihrer Fakten und Möglichkeiten, noch zu klären ist; daß das »Es ist wie es ist« falsch ist, unwahr, eine Lüge, aus der die Wahrheit, die unterschwelligen Tendenzen, das Wi-

derspruchspotential erst »herausprozessiert« werden muß; daß wir erst am Anfang unserer Geschichte, in der Vorgeschichte stehen. So benennt es das Ende der Vorrede des »Geistes der Utopie«: »Wir haben Sehnsucht und kurzes Wissen, aber wenig Tat und was deren Fehlen mit erklärt, keine Weite, keine Aussicht, keine Enden, keine innere Schwelle, geahnt überschritten, keinen utopischen prinzipiellen Begriff. Diesen zu finden, das Rechte zu finden, um dessentwillen es sich ziemt, zu leben, organisiert zu sein, Zeit zu haben, dazu gehen wir, hauen wir die konstitutiven Wege, rufen was nicht ist, bauen ins Blaue hinein, bauen uns ins Blaue hinein und suchen dort das Wahre, Wirkliche, wo das bloß Tatsächliche verschwindet – incipit vita nova.«
Dieses wunderliche Trompetensignal zum Aufbruch aus der alten Welt des »bloß Tatsächlichen« – ein Aufbruch, der über eine »Philosophie der Musik« schließlich in das Schlußkapitel »Karl Marx, der Tod und die Apokalypse« führt und mit der predigerhaften, ja dithyrambischen Coda schließt, »das Problem in die Hände unserer gottbeschwörenden Philosophie und der Wahrheit als Gebet (zu geben)«, – dieser Aufbruch klingt dann im Hauptwerk, dem »Prinzip Hoffnung« voller, klarer, zielbewußter, er ist marxistisch fundiert: »Es kommt darauf an, das Hoffen zu lernen. Seine Arbeit entsagt nicht, sie ist ins Gelingen verliebt statt ins Scheitern. Hoffen, über dem Fürchten gelegen, ist weder passiv wie dieses, noch gar in ein Nichts gesperrt. Der Affekt des Hoffens geht aus sich heraus, macht die Menschen weit, statt sie zu verengen, kann gar nicht genug von dem wissen, was sie inwendig gezielt macht, was ihnen auswendig verbündet sein mag. Die Arbeit dieses Affekts verlangt Menschen, die sich ins Werdende tätig hineinwerfen, zu dem sie selbst gehören. Sie erträgt kein Hundeleben, das sich ins Seiende nur passiv geworfen fühlt, in undurchschautes, gar jämmerlich anerkanntes. Die Arbeit gegen die Lebensangst und die Umtriebe der Furcht ist die gegen ihre Urheber, ihre großenteils sehr aufzeigbaren, und sie sucht in der Welt selbst, was der Welt hilft; es ist findbar.«
Was sich da, aus ursprünglich eschatologisch-jüdisch-mystischer Ferne niederstürzend am Marxismus entzündete, und dann in sich die theologische Transzendenz aufzehrte und auslöschte (um sie ganz auf die Immanenz der Welt und ihre kündbare, ansteuerbare Zukunft zu projizieren) und den Marxismus, sofern er mechanistisch in den Scharnieren knarrte, nein: nicht ölte, sondern durch »Tendenzkunde«, durch »reale Dialektik« aus seiner Erstarrung, also aus den Fugen hob und mit humanistischem Zielwillen & -wünschen illuminierte, das war – Fritz Vilmar hat das am Anfang der westdeutschen Blochrezep-

tion 1957 ausgesprochen – auch so etwas wie der Versuch einer »sozialistischen Existenzphilosophie«. Das Hoffen, die Utopie, das Prozeßhafte und Unabgeschlossene des »experimentum mundi« (der Titel des spätesten Werkes Blochs) wird den Kategorien Angst und Sorge (Heidegger und Jaspers) entgegengesetzt; ebenso Tod, Scheitern und Geworfensein: – mit Erfüllung, docta spes und tätigem Eingreifen in den Weltlauf konfrontiert.

Hoffnung und Utopie meinen immer ein Anderes, von dem oft nur ein »Vorschein« vorhanden ist; ihn aber gilt es zu entdecken in den Tagträumen, im antizipierenden Bewußtsein, den Wunschbildern, in Märchen, im Reisen, im Film, dem Theater, der Literatur, der Sprache, in den Naturwissenschaften, den Gesellschaftsmodellen, in Technik, Architektur, Geografie, in Kunst, Moral, Religion, Philosophie – kurz in den Petrifakten der Kultur und den Aquarellierungen des Alltags.

In Vielschichtigkeiten, Widersprüchen, gesellschaftlichen, ökonomischen und geistigen Ungleichzeitigkeiten – in allen, fast allen ist ein Überschuß enthalten, ein noch nicht entbundenes, noch nicht entfaltetes, noch gar nicht zur Existenz gebrachtes Moment, oder ein unerledigtes, unabgegoltenes – um so mehr, als »die Welt selbst noch nicht weiß, wo ihr der Kopf steht«, den die Blochsche Detektei ihr zurechtrücken möchte.

Blochs Philosophie, wo sie ihre Gedanken wie Eimer »tief in den Brunnen der Vergangenheit« (Thomas Mann) fallen läßt und sie angefüllt bis zum Rand wieder hochhievt, sucht, findet und entziffert auf den schon zerfallenen Grabsteinen des »Es war einmal« die zarten Hieroglyphen des »Es wird einmal«. Bei ihm sind Futur, Konjunktiv und Optativ die lachenden Drei in einem Revisionsprozeß, der unter der Judikatur des Dr. Spes vom Imperfekt gegen das Perfekt angestrengt wird. Das Perfekt ist der Unterschlagung angeklagt und des Betrugs überführt. Die längst fälligen Schulden und Zinsen werden von der Gegenwart eingetrieben – gesetzt, sie weiß, daß es da was und was es da alles zu erben gäbe und gibt. Bloch jedenfalls hat ihr die Schätze entdeckt, offengelegt.

Weiß sie es? Das ist der »ruchlose Optimismus« des »Prinzips Hoffnung«, gegen das schon Adorno behauptete, Hoffnung könne kein Prinzip sein. (Aber die »Negative Dialektik«? Sie kann ja nicht enttäuscht werden, nur getäuscht.)

»Kann Hoffnung enttäuscht werden?« – Bloch fragte sich das öffentlich, als er seine Antrittsvorlesung in Tübingen hielt. Das war 1961, wenige Monate nach dem Bau der Mauer.

Bloch war 1933 vor dem deutschen Faschismus in die Schweiz geflohen (wohin er schon einmal, während des I. Weltkriegs emigriert war). Dort schrieb er in der »Erbschaft dieser Zeit« der Linken und ihrem geistig-politischen Bankrott vor dem Faschismus vielleicht die hellsichtigsten, genauesten und tiefgreifendsten Analysen ins Stammbuch, die auch heute noch nicht überholt, geschweige denn (bei der Linken) aufgehoben sind. Über Wien, Paris und Prag emigrierte er in die USA. Wegen seiner offenen Sympathien für die Sowjetunion konnte er beim »Institut für Sozialforschung« nicht unterkommen. Es waren amerikanische Hungerjahre, aus denen ihn – ähnlich vergessen wie Heinrich Mann – erst ein Ruf an die Karl-Marx-Universität in Leipzig (1949) errettete. Bald geriet jedoch seine Philosophie, die gar nicht immun war gegenüber dem Personenkult um Stalin, in Gegensatz zur offiziellen Parteilinie der SED. Was Bloch als Tendenzkunde an »Überschüssigem«, Nichteingelöstem der Vergangenheit, seiner sozialistischen Gegenwart als Erbe und Auftrag anbot, wurde ihm selbst zum Vorwurf gemacht; das seinem Denken eigene »Überschüssige«, dessen dynamisches über den Augenblick, die Gegenwart Hinausdenken entpuppte den Casus belli. Zwar sprach man damals noch nicht vom »realen Sozialismus«, angekreidet wurde gleichwohl Bloch, daß er statt dessen den wirklichen Sozialismus meinte, den er noch nicht in der DDR realisiert sah. Als er erkannte, daß man ihn völlig isolieren und lahmlegen wollte, emigrierte er ein zweites Mal. In Tübingen fand er einen Lehrstuhl bis zu seiner Emeritierung.

»Kann Hoffnung enttäuscht werden?« – nach diesen persönlichen Erfahrungen, die doch nur Spiegelungen weltgeschichtlicher, allgemeinpolitischer Erfahrungen und Erkenntnisse waren? Bloch antwortete mit »Gewiß, kann sie das. Und wie! . . . Enttäuschung gehört als echte durchaus zur kundigen Hoffnung, als welche ja keinesfalls Zuversicht ist, sondern das Ihre durchaus auf der Waage stehen hat, oft auf der Kippe . . . Der Welt-Prozeß ist noch nirgends gewonnen, doch freilich auch noch nirgends vereitelt, und die Menschen können auf der Erde die Weichensteller seines, des Prozesses, nicht ausgemacht heilen, aber auch nicht ausgemacht unheilen, bereits ausgemacht unheilen Ganges sein.«

Da wird versucht, um den Preis fast einer Platitüde Hoffnung und Verzweiflung auf der Tendenz-Latenz-Waage fein gleich auszutarieren. Fast wäre es gelungen, legte der Nachsatz, beschwörend wider die noch nicht »*bereits* ausgemachte« Verzweiflung gewendet, dieser doch noch ex negativo ein wenig mehr Gewicht bei.

Die Hoffnungsphilosophie Blochs war am Ende wieder, was sie am Anfang war: ein Wunsch, eine Sehnsucht, ein Fingerzeig auf das, was es noch zu tun, zu retten und gerecht zu machen gilt; ein Appell zum aufrechten Gang. Nur: von dem frohgemuten incipit vita nova des Beginnens ist, unter einem politisch, militärisch und ökologisch immer dunkler werdenden Horizont, geblieben, ein: Trotzdem!

Detlev Horster

Phänomenologe der sozialistischen Zukunft

Damit es wirklich gibt, woran man sich halten kann, muß wohl das Fernziel entwickelt werden, wie das Nahziel präpariert, aber so, daß das Nahziel immer in bezug zum Fernziel steht und das Fernziel im Nahziel anwesend ist.
Bloch, Politische Messungen, Pestzeit, Vormärz

14 Tage vor seinem Tod schrieb Ernst Bloch an einem Aufruf gegen die Neutronenbombe, einer der größten Perversionen, die die Menschen sich leisteten – wie er sagte. Er hatte Perversionen ähnlicher Art in seinem Leben einige kennengelernt. Den ersten Weltkrieg unter anderen. An seinem Anfang war Bloch gerade 29 Jahre, also in einem Alter, in dem jetzt die sind, die die Studentenbewegung selber und bewußt miterlebt haben. Damals verurteilte er den Krieg und schrieb gegen den »mörderische(n) Zwang der allgemeinen Wehrpflicht«.[1]
Alle diese enttäuschten Hoffnungen auf dem Weg zur Entwicklung einer menschlicheren Gesellschaft waren aber für ihn nie Aufforderung zur Resignation, sofern immer von neuem Signal zum Kampf gegen das Widersacherische in der Welt, denn Hoffnung kann zwar enttäuscht werden, diese Enttäuschung ist aber kein Grund zur Hoffnungslosigkeit. Überdies wußte er, daß trotz aller Widrigkeiten die Menschheit die Hoffnung auf eine bessere Zukunft nie aufgab: sie hat sie nur immer verschieden ausgedrückt, wie er im »Prinzip Hoffnung« erkannte: »Das Morgen im Heute lebt, es wird immer nach ihm gefragt. Die Gesichter, die sich in die utopische Richtung wandten, waren zwar zu jeder Zeit verschieden, genauso wie das, was sie darin im einzelnen, von Fall zu Fall, zu sehen meinten. Dagegen die Richtung ist hier überall verwandt, ja in ihrem noch verdeckten Ziel die gleiche: sie erscheint als das einzig Unveränderliche in der Geschichte. Glück, Freiheit, Nicht-Entfremdung, Goldenes Zeitalter, Land, wo Milch und Honig fließt, das Ewig-Weibliche, Trompetensignal im Fidelio und das Christförmige des Auferstehungstags danach: es sind so viele und verschiedenwertige Zeugen und Bilder, doch alle um das her aufgestellt, was für sich selber spricht, indem es noch schweigt.«[2]
Die Beschreibung der verschiedenartigsten Ausdrücke der Hoffnung auf unentfremdete Verhältnisse in der Geschichte war der Generalnenner seiner Werke und trug ihm den Titel »Philosoph der Hoffnung« ein. Bei Licht besehen, war er allerdings kein Philosoph im tra-

ditionellen Sinn, sondern Realphilosoph; eine Kategorie, die Hegel entwickelte und deren Gestalt es seitdem nur sporadisch gab. Bei Bloch entstand philosophisches Denken aus politischen Zusammenhängen, aus denen die Impulse kommen, und im nahen Bezug zu ihnen entwickelt sich auch seine Philosophie weiter.

Schon sein erstes Buch »Geist der Utopie«, während des ersten Weltkrieges geschrieben, führt den Schlag gegen zwei – wie man bürgerlich sagen würde – ganz verschiedene Richtungen. Erstens gegen die Starre und Bewegungslosigkeit in der Philosophie an deutschen Hochschulen. An die damalige Zeit erinnerte er sich mit den Worten: »An den deutschen Universitäten ging nichts mehr außer Kant, Kant, Kant.« Andere Philosophen lernte er aus Büchern kennen. Zweitens ging der Schlag gegen das »gottlose Kleinbürgertum deutscher Sozialdemokratie«[3], die den Menschen nur noch als ein nicht integriertes Anhängsel der sich selbst bewegenden ökonomischen Basis ansah.

Diese doppelte Wendung gegen die damaligen Zeitströmungen in Philosophie und Politik hat Wurzeln in Blochs frühester Jugend. Er wurde am 8. Juli 1885 in Ludwigshafen geboren. Gegenüber liegt Mannheim. Von Ludwigshafen sagte Bloch: »Häßlich, das nackte, schonungslose Gesicht des Spätkapitalismus, verhungertes, ausgebeutetes Proletariat, nichts vom sogenannten geistigen Leben . . . Mit Politik habe ich mich zu beschäftigen begonnen, als ich abends diese verhungerten Proletarier ausgemergelt durch die Straßen Ludwigshafens schleichen sah.«[4] Mit der Politik verband sich bei Bloch die Philosophie, die er in dem Pendant zu dieser Industriesiedlung in der Kulturstadt Mannheim kennenlernte, »deren Schloß eine wunderbare Bibliothek hatte, die noch aus der Zeit des Kurfürsten Karl Theodor stammte . . . Dort war der ganze große philosophische Farbenbogen von Leibniz bis Hegel vollständig vorhanden, und auch alle Schüler Hegels. Eine großartige Sammlung, die heute noch interessant wäre, war dort zusammengetragen, und ich fing dort an zu lesen, zu einer Zeit, als auf sämtlichen deutschen Universitäten über Hegel geredet wurde wie über einen toten, räudigen Hund . . . So habe ich Fichte, Schelling und Hegel früh kennengelernt, was ich nicht verstanden habe, habe ich überschlagen oder zu verstehen gesucht, meistens mißverstanden, vermutlich aber in einer interessanten Weise mißverstanden.«[5] Das Mißverstehen der Philosophen ist ein kennzeichnendes Element der Blochschen Philosophie. Er interpretierte sie nie in der offiziell gültigen Weise. Ihn interessierten an den Philosophien mehr die Gedanken, die quer zu dem Hauptstrom einer Zeit flossen und daran deren in die Zukunft weisender Überschuß. Davon Zeugnis gibt das Buch, das seine Gesamtausgabe ursprünglich vollständig machen sollte und kürzlich erst erschien: »Zwischenwelten in der Philosophiegeschichte«[6], wo all das, was von der schulphilosophischen Interpretation nicht berücksichtigt wurde, von Bloch aufgesammelt worden ist. Liest man nur dieses Buch, so steht die gesamte Philosophie der Weltgeschichte in Front zu ihrer jeweiligen Zeit, und diese Kehrseite der Philosophie hat Bloch beerbt. Nichts aus dieser Tradition war vor seinem Zugriff sicher, wie Walter Jens am Grabe Blochs noch formulierte. Derart Zukunfthaltiges entdeckte Bloch besonders bei seinem »hochverehrten Jugendlehrer Hegel«[7], über den er in »Subjekt-Objekt – Erläuterungen zu Hegel« schreibt: »Es gibt wenig Vergangenheit, die so problemhaltig wie seine uns noch aus der Zukunft entgegenkäme.«[8] Daß es nach Blochs Meinung in der Hegelschen Philosophie noch Probleme gäbe, die zu bearbeiten wären, wurde ihm schon 1951 in der »Einheit« zum Vorwurf gemacht: Hegel sei längst in den sozialistischen Klassikern aufgehoben, besonders in Stalin, den Bloch viel zu wenig erwähne, meinte der Rezensent in der »Einheit«.[9] Dem entgegnete Bloch mit einer Kritik an der Flachheit der dogmatischen marxistischen Theorie bis dato, die sich durch mangelnde Hegelkenntnisse eingestellt habe. Damit müsse Schluß gemacht werden, rief er bei der Gedenkfeier zu Hegels 125. Todestag in der Ostberliner Akademie. »Genug davon, jetzt muß statt Mühle endlich Schach gespielt werden.«[10]

Für Bloch war Schelling ebenso folgenreich wie Hegel. Aber auch hier nicht die Schriften Schellings, die im Blick der Schulphilosophie stehen, sondern die späten Berliner Vorlesungen: »Die Philosophie der Mythologie und Offenbarung.« Von diesen Schriften Schellings kann man auch heute noch mit demselben Recht sagen, was Bloch für die damalige Zeit sagte, daß »die vermutlich kein Mensch in der großen Welt näher kennt«.[11] Aus diesen Schellingschen Schriften interpretierte er, daß das Wesen, das wirklich unentfremdete Sein, erst noch durch das prozeßhafte Zusammenwirken von Mensch und Welt zu erlangen sei: »Die wirkliche Genesis steht nicht am Anfang, sondern am Ende.«[12]

Die dogmatische sozialistische Politik der Blochschen Jugend suchte das erstrebenswerte Ziel zwar auch in der Zukunft, doch gelangt die objektive Seite dort von selbst zu ihrem Endziel. Die ökonomische Basis entwickelt sich und zieht sozusagen automatisch den Überbau mit. Durch die Verarbeitung Hegels ist Bloch zu einer grundsätzlich anderen Antwort gekommen, besonders durch die Aufnahme des Gedankens einer möglichen Auflösung des Dualismus von Subjekt und Objekt.

Inspiriert wurden Bloch und durch ihn Lukács vor allem von der »Phänomenologie des Geistes«. Diese frühe Schrift Hegels fand deshalb Beachtung, weil – wie Bloch sagte – »wir beide – Lukács und ich – selber noch jung waren, und weil diese Schrift sich an der Grenze des Wahnsinns bewegt«. Letzteres ist wieder zu verstehen als Abweichung von den herrschenden Gedankengängen in Hegelscher Zeit. »Grundsatz der Phänomenologie ist von Anfang bis Ende die Vermittlung des Denkens mit dem Sein, des Ich mit dem Nicht-Ich.«[13] Bloch entdeckte auch die drei entscheidenden Motive, die in der »Phänomenologie« vereinigt sind, die wesentlich auch das Zentrum der Blochschen Philosophie bilden: Das revolutionäre Ich, das zuerst in der französischen Revolution erschien, die souveräne Erzeugung des Erkenntnisinhaltes selber, angeregt durch die Kenntnis der Naturwissenschaften, und drittens das Ernstnehmen der Geschichte, vorbereitet durch die Arbeiten der historischen Schule. Alle drei Elemente vereinigen sich gleichgewichtig in der »Phänomenologie des Geistes«. Alle drei Momente stoßen gleichermaßen auf Interesse in Zeiten, in denen es nach revolutionärer Umwälzung riecht. Als Frage läßt sich dann formulieren: Wie wirken Subjekt und Objekt bisher in der Geschichte zusammen, um geschichtliche Veränderungen herbeizuführen? Wie müssen sie zusammenwirken, um auch künftig geschichtlich verändernd sein zu können? Diese Fragen lagen auch in der Luft, als Bloch seine frühen Schriften abfaßte: »Geist der Utopie« (1918 und 1923) und »Thomas Münzer« (1921). Dieselben Fragen beschäftigten Lukács in »Geschichte und Klassenbewußtsein« (1923). Daran sind für beide erkenntnistheoretische Fragestellungen geknüpft. Durch die Hoffnung und Erfahrungen der Protestbewegung sind diese Fragen wieder aktuell geworden. Nicht von ungefähr ist gerade jetzt wieder die Diskussion um die Widerspiegelungstheorie entbrannt, und ein – wie auch immer geartetes – verstärktes Interesse an Geschichte entsteht.

Weil diese Fragen nach Subjekt und Objekt Bloch aufrührten, schwankte er am Anfang seiner Studienzeit zwischen den Fächern Psychologie und Physik. Er entschied sich für Philosophie, Physik und Musik.

Daß die erwähnten drei Elemente – Subjekt, Objekt und Geschichte – auch in der Blochschen Philosophie gleichgewichtig vorhanden sind, zeigt schon das Kapitel »Zur motorisch-phantastischen Erkenntnistheorie dieser Proklamation« in der Erstauflage von »Geist der Utopie«[14] und »Geist der Utopie« von 1923, dessen letztes Kapitel die Überschrift trägt: »Über die Weltwege, vermittelst derer das Inwendige auswendig und das Auswendige wie das Inwendige werden kann.«[15] Die Verbindung dieser philosophischen Elemente aus der »Phänomenologie des Geistes« mit dem Aufdecken und Analysieren der zukunfthaltigen Tendenzen und Latenzen machten Bloch zum Phänomenologen der sozialistischen Zukunft.

Nichtrevolutionäre Theorie zeichnet sich stets dadurch aus, daß eins der Elemente das Übergewicht hat oder überhaupt nicht bedacht wird. In zeitgemäßem Vokabular heißt das: Eine nichtrevolutionäre Theorie ist daran zu erkennen, daß es in ihr nur oder ein Übergewicht an Psychologie gibt; daß es nur oder ein Übergewicht an Ökonomie gibt. Eine Theorie mit Übergewicht an Geschichte ist mir in der gegenwärtigen Zeit noch nicht begegnet.

Bloch schätzte die Jugendfrische an der »Phänomenologie des Geistes«. Durch die Liebe zur Jugend in der Philosophie gleichen sich Bloch und der sonst von ihm so verschiedene Adorno, der seinen Studenten oft sagte: »Die Philosophie ist eigentlich Sache der Jugend.« Sie sei nämlich »Widerstand gegen die etablierte Meinung«.[16] Beide waren sich einig darin, daß man sich das staunende Fragen der Jugend als Philosoph bewahren müsse. Die Unbefangenheit der Fragen kann erst zu neuen Antworten führen. Die durch die Schullogik verbogenen Geister können solche Fragen schon nicht mehr formulieren. Erst recht kann man von ihnen keine Antwort erwarten. Die Jugend in der Philosophie ist gerichtet gegen alles Stehende, gegen die Beharrungsmomente in der Gesellschaft, gegen den gesunden Menschenverstand, von dem Marx und Engels sagten, er sei der ärgste Metaphysiker. Weder Adorno noch Bloch konnten sich deshalb dem gesellschaftlich vorgeschriebenen Sprachduktus unterwerfen, weil er zu ihrem Problemhorizont nicht paßte. Mit dieser alt gewordenen Sprache waren schon keine neuen Fragestellungen mehr möglich, und die Antworten klingen für die Zeitgenossen darum genau wie die Antworten Hegels für seine Zeitgenossen. Sie bewegen sich an der Grenze des Wahnsinns, wie der Satz an den Wänden von Paris im Jahre 1968: »Seid realistisch, tut das Unmögliche«. In dieser für die Alten als Wahnsinn erscheinenden Jugend der »Phänomenologie des Geistes« ist Bloch immer geblieben.

Blochs geschichtsphilosophischer Gedankenkern läßt sich ohne die eben skizzierte produktive Aufnahme der unabgegoltenen philosophischen Tradition nicht verstehen. Auf eine nach vorn weisende Tendenz im Objektiven muß ein Bewußtsein auftreffen, das diese Tendenz aufnimmt und Objektives gegen den Widerstand des Widersacherischen in seine Richtung bringt, deren Ziel das Wesen ist, eine unentfremdete Gesellschaft, in der sich Subjekt und Objekt nicht mehr

als Fremde gegenübertreten: Heimat, die es in der Geschichte noch nie gegeben hat.
Hier ist nun auch in der Philosophie der notwendige Übergang zum praktischen Handeln gekennzeichnet. Die so begründete Hoffnung auf eine bessere Zukunft verbindet sich notwendig mit dem Wissen, daß diese Zukunft sich nicht von selbst einstellt. Erst praktisches Handeln kann diese Zukunft herstellen. Bei diesen letzteren Gedanken wird deutlich, daß Bloch in der direkten Erbfolge von Marx steht und von diesem nicht gelöste Probleme so kennzeichnete, daß Lösungsmöglichkeiten sichtbar wurden, die alle fehlgeleiteten Marxismen der II. und III. Internationale rechts liegenließen.
Es muß hier noch hinzugefügt werden, daß Bloch schon früh mit sozialistischen Gedanken beschäftigt war, an Schule und Elternhaus vorbei, ja, als Anti-Haltung gegen beide, von denen er sagt: »Im Elternhaus eine schwierige Mutter, ein Vater, der seit seinem siebzehnten oder zwanzigsten Lebensjahr kein Buch mehr angerührt hat, königlich-bayerischer Eisenbahnbeamter . . . Und wir Pennäler, von denen alle anständigeren und die gescheiteren schlechte Noten hatten, haben geschworen, daß wir nie vergessen wollen, was die Schule uns angetan hat, die neun oder zehn Jahre Zuchthaus, zu denen wir in unseren schönsten Jahren verurteilt worden sind.«[17]
Wegen dieser Öde und Enge suchte Bloch die sozialistische Richtung. Er hatte Kontakt mit sozialdemokratischen Redakteuren. Im Alter von 13, 14 Jahren abonnierte er den »Vorwärts«, den er zu Hause sorgsam verbergen mußte. Für eine Weile hing er dem Bernsteinschen Revisionismus an, aber später auch über eine kurze Zeitspanne der orthodoxen Richtung Kautskys. 1906 besuchte er den Mannheimer Parteitag, dessen netteste Episode ihm im Gedächtnis blieb: Rosa Luxemburg sprang August Bebel auf den Schoß und küßte ihn. Bloch war begeistert von der Nonkonformität Rosa Luxemburgs. Marxist ist Bloch zeitlebens geblieben. Wie überhaupt das Blochsche Denken durch Kontinuität gekennzeichnet ist. Negt sprach darum mit Recht von der erstaunlichen Tatsache, daß die Brüche in Blochs »Denken fehlen, daß ein Abschwören von Überzeugungen und Einsichten zu keiner Zeit notwendig war«.[18] Dies stellte auch sein Jugendfreund Lukács fest, der ganz im Gegensatz dazu in dieser Hinsicht eine schillernde Gestalt gewesen ist. Neben Lukács waren für Bloch die Freundschaften mit Benjamin, Kracauer, Adorno, Klemperer, Brecht und Weill wichtig. Dennoch war die wichtigste wohl die mit Lukács in den Jahren 1913/14. Bloch erzählte häufig von dieser Zeit, in der beide völlig dasselbe dachten. Sie hätten eine wahre Symbiose gebildet.

Selbst wenn sie sich einmal einige Wochen nicht gesehen hätten, dachten sie während dieser Zeit die Gedankengänge so weiter, daß sie beim nächsten Zusammentreffen ihren Austausch ohne Umschweife beginnen konnten. Es sei darum notwendig gewesen, einen »Naturschutzpark der Differenzen« zu bilden, der ganz künstlich einfach deshalb angelegt wurde, damit sie nicht gegenüber anderen ständig nur dasselbe sprachen. Dennoch waren sie beide später Antipoden: Bloch meinte, daß Lukács seinen Begriff der Utopie nicht verstanden habe. Bloch dagegen wandte sich gegen den Realismus, den Lukács vertrat, weil hierin die Zukunft fehle. Damit wandte sich Bloch auch gegen offizielle parteikommunistische Auffassungen.
Die wesentliche Differenz kam in seiner Faschismusanalyse zum Ausdruck, die 1935 unter dem Titel »Erbschaft dieser Zeit«[19] erschien. Dies ist vor allem eine Kritik an der Propaganda der KP. Sie habe den Menschen zwar immer Wahres erzählt, doch sie habe zu ihnen stets vom Objektiven gesprochen, von nüchternen Zahlen. Emotionen und Interessen der einzelnen, konkreten Menschen übersahen sie: »Gefühle sind Besonderheiten, die der Rotstift heilt, das Alogische im Menschen hat keinen anderen Rang als den, beschimpft oder mindestens wegkonstruiert zu werden.«[20] Überdies setzte die kommunistische Propaganda voraus, daß in der Folge des gleichlaufenden Nebeneinanders aller objektiven Verhältnisse in einer Gesellschaft immer und überall auch die gleichen Ideologien und gleichen Interessen in den Köpfen der Menschen vorherrschten. Doch Bloch fand heraus, daß weder das eine noch das andere in der deutschen Gesellschaft überall gleichgeschaltet sei; er ermittelte Ungleichzeitigkeiten in den Produktionsverhältnissen: Es gibt Gebiete und Landstriche, in denen noch zurückgebliebene Produktionsverhältnisse herrschen; sie sind noch nicht auf der Höhe der Zeit, auf der Höhe der Entwicklung der kapitalistischen Produktionsverhältnisse. Eine Tatsache, die auch heute beispielsweise noch im Schwarzwald festgestellt werden kann. Dort gilt partiell trotz entwickeltem Kapitalismus für bestimmte Produkte noch, daß sie nur auf dem Wege des unmittelbaren Warenaustausches zu erlangen sind. Auch die Interessen und Ideologien sind ungleichzeitig. »Nicht alle sind im selben Jetzt da. Sie sind es nur äußerlich, dadurch, daß sie heute zu sehen sind. Damit aber leben sie noch nicht mit den anderen zugleich.«[21] Das Unterschiedliche in den Köpfen der Menschen müsse erst einmal ernstgenommen werden und müsse dann zum Ausgangspunkt der Propaganda gemacht werden. Damit jeder einzelne Mensch dem Propagandaredner zuhört, »muß er von seiner eigenen Lage her gepackt sein, und zwar zunächst von sei-

ner Lage, wie sie sich ihm spiegelt. Erst dann hat das Weitere Aussicht, gehört und verstanden zu werden, erweckt es Vertrauen. Das aber gelingt nie von außen oder oben her, als überlegen nahendes Selberwissen. Von oben kommt man Fliegen bei, nicht Menschen. Selber klug sein ist erst die Hälfte der Klugheit.«[22] Die andere Hälfte ist eine Didaktik der Propaganda. Bloch hatte erlebt, daß die Propaganda der Kommunisten ihre Adressaten gar nicht fand. Sie überhäufte die Menschen, die angesprochen werden sollten, mit ökonomischen Fakten, so daß die meisten Zuhörer nichts verstanden oder sich langweilten. Demgegenüber hatte er einen Agitator kennengelernt, der in Thüringen vierhundert Jahre alte Münzer-Texte vorgelesen hatte. »Und die Bauern in zurückgebliebenen oder, besser, entlegenen Gebieten haben ihn verstanden. In Hessen, vor allem in Oberhessen, las er aus Georg Büchner vor, aus dem »Hessischen Landboten«, zu der Zeit immerhin über 100 Jahre alt, und die Bauern haben ihn verstanden. Also eine alte Sprache, die der alten Ungleichzeitigkeit entspricht, während die andere, die übliche Parteisprache (das Parteichinesisch, wie es damals sehr bedeutungsvoll genannt worden ist) keinen Zuhörer, kein Verständnis, keinen Adressaten gefunden hat.«[23] Nur zu klassenbewußten Proletariern kann man so sprechen wie es die Kommunisten taten. »Das war bei den Kleinbürgern selbst in Großstädten, aber erst recht in Kleinstädten, also in der Provinz, nicht der Fall.«[24] Bei ihnen war zwar auch der Widerspruch gegen den Kapitalismus da, denn auch für diese, nicht nur fürs Proletariat, beginnt das, »was gegeben ist, . . . stetig unwirklicher zu werden«[25]; allerdings suchten sie ihr Heil in der Vergangenheit, in den besseren früheren Zeiten, die man herbeisehnte, die wieder herzustellen seien. »Die Ungleichzeitigkeit macht, daß das Verhältnis Sein: Bewußtsein kein direktes, adäquates, mechanisch-promptes ist, mit anderen Worten, daß dem proletarisierten Sein der Bauern und Kleinbürger das proletarische Bewußtsein keineswegs auf dem Fuße folgt. Es bildet sich vielmehr ein falsches Bewußtsein eigener Art, ein Innenraum, der an die proletarisch-großkapitalistische Wirklichkeit und ihre Dialektik nicht direkt angrenzt, der folglich den sozialistischen Wahrheiten über diese Wirklichkeit gar keine oder nur verzerrte Resonanz gibt. Widerspruch genug wird auch hier verspürt, subjektiver der dumpfen Wut wie objektiver sozusagen, eines romantischen Antikapitalismus, einer immer noch nicht ausgelebten, auch relativ besseren Vergangenheit, die gegen die »Mechanei« der Gegenwart sich sperrt. Aber dieser Widerspruch eben ist ungleichzeitig, folglich vom echten, realen, gleichzeitigen so verschieden wie die dumpfe Wut von der bewußten revolutionären Tat, wie eine

unausgelebte Vergangenheit von der zukünftigen Gesellschaft, womit die gegenwärtige schwanger geht.«[26] Diese romantische Beziehung der Kleinbürger zur Vergangenheit ist dann von den Nazis in der Propaganda ausgenützt worden, von den Kommunisten in ihrer Phantasielosigkeit aber liegengelassen worden, gar nicht wahrgenommen worden. Die Nazis dagegen hatten – indem sie konkret an das anknüpften, was in den Köpfen der Kleinbürger ist – »die nationalsozialistische Massenbasis aus ungleichzeitigem Widerspruch«[27].
Diese Kritik an der Propaganda der KP war die Basis auch für die spätere kritische Auseinandersetzung mit ihr. Vor allem ihr Vergessen des konkreten einzelnen, oder Unterdrückung des einzelnen auf Kosten des Kollektivs, »denn auch der Mensch, nicht nur seine Klasse, hat, wie Brecht sagt, nicht gern den Stiefel im Gesicht«.[28] So formulierte Bloch, als er 1961 nach dem Mauerbau nicht wieder in die DDR zurückkehrte. Für Bloch gibt es kein allgemeines Klassenbewußtsein, aus dem man die allgemeingültige Propaganda ableiten könnte. Für ihn gibt es das konkrete Bewußtsein der einzelnen, die den Ausweg aus der Misere in der Zukunft suchen. Wenn dieser Weg kollektiv gekannt wird, kann er auch beschritten werden.
»Als ›Erbschaft dieser Zeit‹ 1935 in Zürich erschien, waren alle Chancen des sozialistischen Erbes der großen bürgerlichen Kultur gerade in jenem Lande, für das Bloch, durch alle Katastrophen und Restaurationen hindurch, bis heute eine erwartungsvolle Zuneigung bewahrt hat . . ., bereits vollständig und für lange Zeit vertan.«[29] Der Widerstand gegen den ärgsten Feind, gegen den Nationalsozialismus, hatte nicht zu seiner Abwehr führen können. Eine Emigration in die Sowjetunion war allerdings nicht umstandslos möglich. Die Kritik Blochs an der damaligen KP, deren Theorie von der Orthodoxie Moskaus gespeist wurde, zeigt, daß er in ihren Reihen nicht ohne weiteres im Gleichschritt gehen könnte. »Dieser Widerspruch führt Bloch zur ersten Emigration, einer Emigration, die Resultat der Ungleichzeitigkeit seiner Philosophie im Verhältnis zu vorerst stillgestellten, abgeschlossenen gesellschaftlichen Wirklichkeiten in zweierlei Hinsicht ist: die reale Flucht aus dem Lande des Faschismus und, wenn nicht faktisch, so doch der Sache nach, das Ausweichen vor jenem Lande, in das sich der Sozialismus, wie immer auch die Preisgabe von Emanzipationsgehalten der Oktoberrevolution kritisiert werden mag, gerettet hatte. Nannten viele unsicher gewordene Linksintellektuelle die stalinistische Bürokratisierung unter dem Titel des Totalitarismus mit dem siegreichen Faschismus bereits in einem Atemzuge, so hielt Bloch dagegen an der Sowjetunion als dem einzig verläßlichen Bollwerk gegen

den Faschismus fest: aber selbst wenn er als Emigrant aufgenommen worden wäre, so ist doch sicher, daß man mit seiner Philosophie in diesem Lande kaum etwas hätte anfangen können.«[30]
Am 6. März 1933 emigrierte Bloch in die Schweiz, 1934 ging er nach Wien, wo er Karola heiratete. 1935 lebten sie in Paris und von 1936 bis 1938 in Prag. 1938 emigrierten sie endgültig in die Vereinigten Staaten. Dort wurden sie von Hanns Eisler und Joachim Schumacher empfangen, zu denen sie während der Emigrationszeit auch den meisten Kontakt hatten. Ansonsten hatte Bloch sehr wenig Kontakte. Er knüpfte auch mit anderen Emigranten keine neuen. Die meisten Freundschaften bestanden schon in Deutschland oder Europa. In Amerika begann Bloch mit dem »Prinzip Hoffnung«, das seinem Sohn Jan Robert gewidmet ist: »Ich war glücklich, ungestört auf deutsch schreiben zu können, in einer Sprache, die rundum nicht gesprochen und banalisiert wurde, einer wissenschaftlichen und einer philosophischen Sprache. Ich habe Tag und Nacht gearbeitet, elf Jahre lang, ernährt von meiner Frau, also kein Vorbild im amerikanischen Sinn. ›Wenn Ihr Mann nun nichts verdient‹, hat ein Amerikaner einmal meine Frau gefragt, ›weshalb wechselt er nicht den Job? Man hat ja nur einen Job, weil man Geld verdienen will, und wenn er mit Philosophie nichts verdient, soll er was anderes machen!‹«[31] Dazu erfand Bloch später die Antwort: »In Amerika fangen die Millionäre mit Tellerwaschen an, die Philosophen hören damit auf.«[32]
1948 nahm Bloch ganz bewußt einen Ruf nach Leipzig an. Er wollte in dem Land arbeiten, das daran ging, eine neue, eine sozialistische Gesellschaft aufzubauen. Aber schon bald geriet er mit der Parteibürokratie in Konflikt, der er vorhielt: »Die sozialistische Oktoberrevolution ist gewiß nicht dazu bestimmt gewesen, daß die fortwirkenden, in der ganzen Westwelt erinnerten demokratischen Rechte der Französischen Revolution zurückgenommen werden, statt einer Erkämpfung ihrer umfunktionierten Konsequenz.«[33] Wenn Marx von der Abschaffung des Privateigentums sprach, hatte er damit nicht gemeint, daß zugleich auch die Menschenrechte wie »Freiheit, Widerstand des Volkes gegen Unterdrückung«[34] in den Mülleimer der Geschichte geworfen werden sollten. Diese Gefahr sah er aber in der DDR gegeben, in der selbständiges Denken »gegen den Anstand verstößt«.[35] Bloch prangerte die Mißstände 1956 in seinem Schlußwort auf dem Kongreß der Deutschen Akademie der Wissenschaften in Berlin öffentlich an. Auf diesem Kongreß sei zu wenig über die gesellschaftlichen und individuellen Freiheiten gesprochen worden. Diese stünden in jedem sozialistischen Programm. Doch bezogen auf die Wirklichkeit kann man

auch dort sagen: »Vor Tische las man's anders, wie oft ist das wahr.«[36] 1957 wurde Bloch zwangsemeritiert, Karola in einer Art Sippenhaft aus der Partei ausgeschlossen. Bloch galt von da an wie Sokrates in Griechenland als »Verführer der Jugend«. Nur der Einsatz eines Einzigen im Politbüro bewahrte ihn vor dem Zuchthaus.

Als seine Freiheiten auf ein unerträgliches Maß reduziert wurden, blieb Bloch nach dem Bau der Mauer 1961 in West-Deutschland. Seine Wohnung wählte er in Tübingen, weil die Namen Schelling und Hegel mit Tübingen eng verbunden sind, weil sie »hier in der Luft hingen«. Doch auch in der Bundesrepublik und gerade hier im Kapitalismus war er unbequem. Paradox genug freilich, daß er hier mehr persönliche Freiheit genoß als in einem Land, das den Sozialismus zum Programm hat. Diese zweite Emigration war – wie gesehen – in der ersten schon angelegt. Wir erinnern uns an Bloch als Kämpfer gegen die Notstandsgesetze, gegen den § 218, gegen das Berufsverbot noch als Neunzigjähriger. Als Zweiundneunzigjähriger setzte er sich für das Zustandekommen des dritten Russell-Tribunals ein. Aber nicht nur allgemeinpolitische Ziele verfolgte er. Karola und er arbeiteten in der Organisation »Hilfe zur Selbsthilfe«, die den Menschen hilft, denen der langjährige Freiheitsentzug das Rückgrat gebrochen hat. Es würde dem Denken Blochs widersprechen, wenn er im Erreichen dieser gesteckten Nahziele nicht auch das Fernziel sehen würde: »Wir müssen vor allen Dingen wissen«, sagte er 1967 anläßlich der Verleihung des Friedenspreises an ihn, »daß die (Nah-Ziele) conditio sine qua non sind für das Endziel, für den Traum vom besseren Leben.«[37]

Anmerkungen

1 Ernst Bloch, Geist der Utopie (nach der 1. Auflage von 1918), Frankfurt 1971 (= Band 16 der Bloch-Gesamtausgabe) S. 400
2 ders., Das Prinzip Hoffnung, Frankfurt 1959 (= Band 5 der Bloch-Gesamtausgabe), S. 1627.
3 ders., Geist der Utopie, a.a.O., S. 298
4 Arno Münster (Hrsg.), Tagträume vom aufrechten Gang – Sechs Interviews mit Ernst Bloch, Frankfurt 1977, S. 21 und 26
5 Ebd., S. 27
6 Bloch-Gesamtausgabe, Band 12
7 Arno Münster, a.a.O., S. 76
8 Ernst Bloch, Subjekt-Objekt – Erläuterungen zu Hegel, Frankfurt 1962 (Bloch-Gesamtausgabe, Band 8), S. 12
9 Wolfgang Schubardt, Kritische Bemerkungen zu dem Buch »Subjekt-Objekt« von Prof. Dr. Ernst Bloch, in: Einheit Nr. 6/1952

10 Ernst Bloch, Philosophische Aufsätze zur objektiven Phantasie, Frankfurt 1959 (= Band 10 der Bloch-Gesamtausgabe), S. 483
11 Arno Münster, a.a.O., S. 27
12 Ebd., S. 77
13 Ernst Bloch, Subjekt-Objekt-Erläuterungen zu Hegel, a.a.O., S. 60.
14 ders., Geist der Utopie (nach der 1. Aufl. von 1918), a.a.O., S. 332
15 ders., Geist der Utopie (nach der 2. Aufl. von 1923), Frankfurt 1964 (= Band 3 der Bloch-Gesamtausgabe), S. 289
16 Theodor W. Adorno, Philosophische Terminologie, Band 1, Frankfurt 1973, S. 131
17 Arno Münster, a.a.O., S. 23f.
18 Oskar Negt, Erbschaft aus Ungleichzeitigkeit und das Problem der Propaganda, in: Ernst Bloch zum 90. Geburtstag. Es muß nicht immer Marmor sein, Berlin 1975, S. 9
19 Bloch-Gesamtausgabe, Band 4
20 Ernst Bloch, Vom Hasard zur Katastrophe, Frankfurt 1972, S. 105
21 ders., Erbschaft dieser Zeit. Frankfurt 1962 (= Bloch-Gesamtausgabe, Band 4), S. 104
22 ders., Vom Hasard zur Katastrophe, a.a.O., S. 103
23 Traub – Wieser (Hrsg.), Gespräche mit Ernst Bloch, Frankfurt 1975, S. 197f.
24 Ebd., S. 199
25 Ernst Bloch, Geist der Utopie (nach der 1. Aufl. von 1918) a.a.O., S. 340
26 ders., Vom Hasard zur Katastrophe, a.a.O., S. 107f.
27 Ebd., S. 108
28 ders., Naturrecht und menschliche Würde, Frankfurt 1961 (= Bloch-Gesamtausgabe, Band 6), S. 232
29 Oskar Negt, a.a.O., S. 14
30 Ebd.
31 Arno Münster, a.a.O., S. 70
32 Ebd., S. 71
33 Ernst Bloch, Politische Messungen, Pestzeit, Vormärz., Frankfurt 1970 (= Bloch-Gesamtausgabe, Band 11), S. 365
34 ders.,Naturrecht und menschliche Würde, a.a.O., S. 203
35 ders., Politische Messungen, Pestzeit, Vormärz., a.a.O., S. 364
36 Ebd., S. 342
37 Es spricht Ernst Bloch, Schallplatte des Suhrkamp-Verlags, Frankfurt 1970

Hans Heinz Holz

Unterwegs zum möglichen Menschen

In wem viel ist, den treibt's viel um. Denn das Inwendige will am Äußeren werden, sich mit seiner Hilfe verwirklichen. Erfahrung gehört zum Schöpferischen, und nur der macht sie, der für sie schon »in Möglichkeit« bereit ist. Wie überhaupt, nach Blochs folgenreicher Einsicht, das aristotelische »In-Möglichkeit-Sein« bestimmende Kategorie des Seins ist.

In der Erfahrung steckt, dem Begriff wie der Sache nach, die *Fahrt* in die Welt hinaus, und als Weltfahrt hat Ernst Bloch in seinem schönen Vergleich von Hegels »Phänomenologie des Geistes« und Goethes »Faust« das Zu-sich-selbst-Kommen des Menschen beschrieben. Mit der Erfahrungsart hat er ein Leitbild gesetzt, das autobiographischen Einschlag hat. Durch wie viele Stationen ist der Weg dieses Lebens gegangen: von Ludwigshafen, der häßlichen Industriestadt am Rhein, über München, Heidelberg, Bern, Berlin, Zürich, Paris, Prag, bis ihn die immer weiter ausgreifende Unersättlichkeit der nationalsozialistischen Eroberungen übers Meer nach Amerika vertrieb, von wo er, schon dicht vor der Grenze des pensionierungsreifen Alters, 1949 auf den Lehrstuhl für Philosophie an die Universität Leipzig berufen wurde. Dort nun begann er die Ernte einzubringen, das Erfahrene, Durchdachte, Hervorgebrachte enzyklopädisch auszubreiten. Zug um Zug erschienen die ersten großen Werke, »Subjekt – Objekt«, »Das Prinzip Hoffnung«, die Aufsatzsammlung »Wissen und Hoffen«.

Überall, wo er im Marxismus Probleme offen sah – und wo gäbe es in dieser kaum erst entworfenen, jungen Philosophie, in einem sich rapide verändernden Zeitalter nicht offene Probleme – setzte er an. Das Unbedingte des Fragens, das sich mit perfektionierten Lösungen nicht zufrieden gibt, brachte ihn jedoch in Gegensatz zu einer sich scholastisch verfestigenden Lehre. 1956 emeritiert, von seinen Schülern isoliert, in die *»splendid isolation«* verbannt, mußte er dem öffentlichen Wirken entsagen. Je weniger er in der DDR in Erscheinung treten konnte, um so stärker begannen dann seine Werke in der Bundesrepublik die Gemüter zu bewegen. Da entschloß er sich 1961, als die Trennung zwischen den beiden Deutschland immer schärfere Formen annahm, auch seinen Wohnsitz nach Westdeutschland, nach Tübingen, zu verlegen.

Blochs Übersiedlung nach dem Westen heißt aber nicht etwa, daß er dem Marxismus abgeschworen hätte. Vielmehr hält er an ihm fest, will ihn nur nicht eng verstanden wissen. Seine eigene Philosophie deutet er als einen Aufbruch innerhalb des Marxismus zu neuen, noch unerforschten Gebieten des menschlichen Seins. Denn noch ist das wenigste getan, um den Menschen zu kennen; und was es mit der Welt auf sich hat, die eine andere geworden ist, seitdem der Mensch in sie eintrat, wissen wir erst recht nicht. Genau an dieser Nahtstelle der Subjekt-Objekt-Vermittlung, wo das Ansichsein der Welt im Bewußtsein des Menschen zum Fürsichsein erhoben wird, setzte Blochs Denken ein.

Jede Philosophie ist eine Perspektive der Daseinsdeutung und Welterhellung. Eine solche Perspektive braucht einen Blickpunkt. Sie ist insofern immer einseitig auf den Standort bezogen, von dem aus sie gewonnen wird. Bloch hat, mit der Kraft des echten Systemdenkers, diese Einseitigkeit durchgehalten, sachlich wie biographisch.

Vom ersten Werk, dem »Geist der Utopie« (1918) an über den »Thomas Münzer« bis schließlich zum Hauptwerk »Das Prinzip Hoffnung« bleibt ein Grundgedanke leitend: daß das Sein des Menschen (und mit ihm das Sein der Welt) noch unzureichend bestimmt, noch nicht identisch mit sich selbst ist, daß die entscheidende Seinsdimension die Zukunft, die ausschlaggebende Kategorie die Möglichkeit, der treibende Faktor das Streben über sich hinaus ist – und daß eben dies sich im Bewußtsein, im Subjekt, als Hoffnung niederschlägt. Von der Weise des Hoffens her wird das noch nicht Wirkliche mehr oder minder angemessen in den Blick gebracht, die Inhalte der Hoffnung sind mehr oder weniger ideologisch verschleiert und verzerrt die Inhalte einer zukünftigen Welt, die Utopie ist die noch unvollkommene Vorwegnahme der Zukunft, ihre Entzifferung liefert uns den Fahrplan einer vom Menschen erkannten und zu lenkenden Geschichte.

Solch Utopisches findet Bloch in allen Lebensregungen, in fast allen Bewußtseinsinhalten, vor allem im Denken, Dichten und künstlerischen Schaffen, aber auch in den angewandten Wissenschaften, in Technik und Medizin. Ein umfassender Erlösungswille, gerichtet auf einen immanent-weltlichen Erlösungszustand, treibt Blochs Denken unaufhaltsam auf seinem Wege weiter: in allem, was Menschen geschaffen haben, muß ein Wegweiser aufzufinden sein, der auf dieses letzte Ziel deutet, in allem soll dieses letzte Ziel traumbildhaft bereits aufscheinen. Der Mensch ist auf dem Wege, er selbst, das heißt menschlich zu werden. Man muß es ihm nur zeigen und sagen, damit er nicht immer wieder in die Irre geht. Die gnostische Idee des Heils durch Wissen, die chassidische Prophetie der messianischen Zukunft des Menschen, die erotische Sinnlichkeit des Rosenromans (in dem sich das Reich der Lust mit dem Reich der Vernunft schon vermählte) – das sind einige leicht zu entdeckende Quellen, die den mitreißenden Strom Blochschen Philosophierens speisen; andere liegen verborgener, und es gehört schon eine Schar von Wünschelrutengängern dazu, um ihnen allen auf die Spur zu kommen.

Am Ende dieses Weges, im Zielpunkt der Hoffnung, steht der befreite, der unentfremdete Mensch. Hier wird, von Hegel herkommend, Bloch zum Marxisten, der die Ankunft des Menschen bei sich selbst in die klassenlose Gesellschaft als das Reich der Freiheit verlegt. So wird die Utopie konkret, sie bekommt einen politisch realisierbaren Charakter. Die kommunistischen Parteitheoretiker haben es abgelehnt, Bloch als einen Vertreter des dialektischen Materialismus anzuerkennen. Man beschuldigte ihn des »Revisionismus«, und eine eigens zu dem Zweck, Blochs Philosophie als Häresie zu erweisen, einberufene Konferenz in Leipzig hat 1957 ihr Verdikt über ihn ausgesprochen. Es ist verständlich, daß eine schulmäßig festgelegte Philosophie Blochs Denken nur schwer verdauen kann. Denn es sprengt überlieferte Schemata und quillt wie ein ungebärdiger Strom über die begradigten Ufer. Es beschwört Archetypen, entfaltet sich in Bildern, setzt Symbole. Nicht der eng umschriebene Wortsinn, sondern der sich ins Unendliche abschattende Bedeutungshof – dieses antizipierend-utopische Element im Herzen der Sprache selbst – bestimmt seine Aussage. Zwischen heiliger Nüchternheit und trunkener Profanität enthält dieses Philosophieren ebenso dichterische Verkündigung wie exakte Analyse: diese, wenn Bloch etwa den Kategorienbegriff bestimmt oder die Schichten der Möglichkeit gegeneinander abhebt oder die Affekte klassifiziert, jene, wenn er die ästhetisch geträumten Wunschlandschaften projiziert oder die Bilder des Tods und Lebens ausmalt. Mündet die analytische Durchforschung der Bewußtseinsinhalte in eine Phänomenologie des revolutionären Bewußtseins ein, so entfaltet die dichterisch-deutende Synthese sich als eine Enzyklopädie der utopischen Gehalte aller Kultur. Bloch, der von der »Gewalt des Systems«, bei Hegel sprach und die Systemkraft für ein ebenso ursprüngliches und legitimes Denkmotiv hält wie die dialektische Methode, hat sich dem Rausch der Ordnung überlassen: die Tätigkeit des Geistes als eines produktiven, über sich hinausweisenden, selbst materiell bedingten Faktors im materiellen Weltgeschehen enthüllt ihm ihre barocke Fülle, ihre reiche Architektonik, ihre expressive Selbstdarstellung. Solcher Systematik unterwirft sich das Wirkliche nur unter dem gebieterischen Zwang einer herrscherlichen Geste, die die Dinge in einer Fluchtlinie aufstellt, bezogen auf den eigenen Standpunkt. So nur und nicht anders ist große, schlüssige Systematik möglich, die mehr ist als Eklektizismus. Bloch ist in diesem Sinne Systematiker von Geblüt, wie Aristoteles, wie Avicenna, wie Thomas, wie Hegel.

Und wie jene vergewaltigt er die Welt, um ihrer inne und habhaft zu werden. Jedes System ist gewalttätig, indem es den Pluralismus der Erscheinungen der Einheit der Idee unterwirft. Denn nur die unter das Joch des Gedankens gebeugte Welt offenbart ihre Ordnung, aufgrund deren der Mensch sie zu sich selbst (zu ihren ungewordenen Möglichkeiten) bringen und sich mit ihr in Einklang setzen kann.

Dieser Einklang – die »Humanisierung der Natur und die Naturalisierung des Menschen« (nach einem Wort von Karl Marx) – ist es, um den es letztlich im utopischen Bewußtsein geht. Von ihm ist, zurückgewandt, in Paradiesgeschichten und im Mythos vom Goldenen Zeitalter die Rede, vorwärtsgewandt in der messianischen Eschatologie. Einschiffung nach Cythere ist das galante Symbol für die unentfremdete Welt.

Eine ungelöste Spannung erfüllt diese Philosophie der Zukunft. Ihr Grundmotiv ist die Prozessualität, die Bewegtheit, die Geschichtlichkeit. Wenn aber, so lautet die Frage, alles in der Welt in einem Prozeßablauf steht, *wohin* führt dann diese Bewegung? Gibt es nur eine »schlechte Unendlichkeit« (nach einem Ausdruck Hegels) des ewigen Weiterschreitens, oder ist die Geschichte auf ein Ziel, auf ein Ende hin angelegt? Wohnt ihr eine Tendenz inne? Bloch bejaht diese Tendenzhaltigkeit leidenschaftlich, er sucht sie in jedem Geschehen auf. Es gibt nicht nur eine Kausalität, die von Anfang an (vom »ersten Beweger« des Aristoteles) die Materie in Bewegung versetzte und nun einen ewigen Ablauf garantiert; es herrscht vielmehr auch eine Teleologie, eine Zielgerichtetheit in dieser Welt – das ist das große Credo des utopischen Bewußtseins.

Wenn aber das Gegenwärtige auf ein Zukünftiges gelenkt werden soll, so muß dieses Ziel im gegenwärtigen schon anwesend sein. Das ist ein altes ontologisches Problem: wie kann etwas, das noch nicht ist, doch auch schon wieder als Triebkraft *sein*? Bloch sucht den Schlüssel im »Noch«: das Noch-Nicht-Sein ist nicht schlechthin ein Nicht-Sein, sondern ein eben nur erst zeitlich verhindertes, »unzeitgemäßes«

Möglichsein. Man kann es reifen lassen. So wird für Bloch die Möglichkeit zur vornehmsten Seinsmodalität. Das Gegenwärtige ist noch der Vollkommenheit, der Abrundung, der Ausgestaltung beraubt. Es ist Gewordenes, nicht Gelungenes. Schon seit Platon spricht man vom Mangel, von der Privation als einer Seinsweise. Das privative, noch mangelhafte Sein der Gegenwart drängt auf seine zukünftige Perfektion hin. Alles Mögliche treibt aus sich heraus zur Verwirklichung – so heißt es bei Leibniz. In dieser Tradition steht Bloch, führt sie, mit philosophischem Eros und unaufhaltsamem Systemwillen, zur Reife eines universalen Gedankenbaus.

In diesem Bau hat in der Tat alles seinen Platz. Nichts in der Welt bleibt übrig, das sich nicht mit dem Tendenzcharakter der Wirklichkeit, positiv oder negativ, vermitteln ließe. Unter Blochs Händen formt sich das Material der Geistesgeschichte zum Ausdruck einer Selbstbewußtwerdung und Selbstverwirklichung des Noch-nicht-Seienden. Eine umfassende Ontologie der Geschichte ist in dieser Spezifikation der utopischen Inhalte eingeschlossen. Denn allerdings setzt die von Bloch fortwährend praktizierte Rückbeziehung der verschiedensten und verschiedenartigsten Erscheinungen des objektiven Geistes aufeinander ein durchgängiges Substrat der Geschichte voraus, das latent von der prähistorischen Mythologie bis zur rezenten Philosophie vorhanden ist, in mannigfaltigen Erscheinungen sich vorläufig ausprägt und doch als das Unum des Sinns der Geschichte noch nicht erschienen ist. So wird jede Gestalt des objektiven Geistes zur Anweisung auf ein unter ihr Verborgenes und muß als Palimpsest gelesen werden. Geschichte fügt sich zum erstenmal seit Hegel wieder zum System, das einer einheitlichen Idee gehorcht.

Schwierigkeiten bleiben bestehen. Kennt die Geschichte ein Wohin, so hat sie auch einmal ein Ende – und sei es auch ein noch so fernliegendes. Dann wären alle Möglichkeiten verwirklicht, es gäbe keinen Mangel mehr, keine Widersprüche, auch nichts Treibendes. Der Prozeß hörte auf. Die vollkommene Identität wäre die vollkommene Ruhe: Nirwana. So meint Bloch es *nicht*. Die herausprozessierte Fülle des Seins müßte auch produktivste, ergiebigste Dynamik haben. Doch das ist schwierig vorzustellen, noch schwieriger zu bestimmen und einsichtig zu machen. Das utopische Denken stößt an seine Grenze, wenn es seinen Gegenstand als verwirklichten ausmachen soll.

Wäre also das Ziel immer nur ein Grenzbegriff gegen das Unendliche hin? Im Endlichen nie zu fassen? Das sind offene Fragen, die indessen zur Physiognomie des Blochschen Philosophierens hinzugehören, für die die Offenheit ins Unabgeschlossene ein Wesenszug ist.

Wolfgang Abendroth

Kein Nekrolog für Ernst Bloch

Ernst Bloch war der letzte Repräsentant des Denkens und der philosophischen und politischen Entscheidungen jener Generation von Kämpfern für die Humanität und (deshalb) für den Sozialismus, für die noch die Periode vor dem Ersten Weltkrieg zum eigenen Erfahrungsgut gehörte, der unter uns gelebt hat. Georg Lukács, einst sein enger Freund (auch im Heidelberger Kreis um Max Weber), der sich dann zwar in wissenschaftlicher Methodik wie in politischen Verhaltensformen (nicht aber inhaltlich) mit ihm auseinandergelebt hat, ist schon ein halbes Jahrzehnt früher von uns gegangen. Ihr unmittelbarer Kontakt ging schon in der Periode der Weimarer Republik verloren; doch wann immer ich einen von beiden in den letzten Jahren sprach, so hat sich stets jeder von ihnen eingehend nach dem anderen erkundigt. Die gegenseitige Achtung war so wenig verlorengegangen wie das Bewußtsein, daß sie beide – wenn auch an verschiedenen Fronten – für die gleiche Sache kämpften.

Daß Ernst Bloch von humanistischem Denken in der Zeit des wilhelminischen Deutschen Reiches herkam und nicht unmittelbar von der eigenen Kampferfahrung in der damaligen Arbeiterbewegung bestimmt war, hat sich auch nicht dadurch verändert, daß er sich viel früher als Georg Lukács klar darüber wurde, daß er um seines Denkens willen an der Seite der Arbeiterklasse und ihrer damaligen Partei, der Sozialdemokratie, stehen mußte. Reste – aber immer stärker verarbeitete Reste – der Denkformen der jeweils progressivsten Darstellungs- und Vorstellungsweisen der jeweils progressivsten Wellen der bürgerlich-intellektuellen Welt vom Jugendstil bis zum Expressionismus lassen sich in Ernst Blochs Publikationen von Anfang bis zum Ende durchverfolgen.

Doch beruhte eben darin seine Wirkung und seine Leistung. Es hat ihn nicht gehindert, der Kapitulation vieler, die sich einst viel eindeutiger für Marxisten und Sozialisten gehalten hatten, vor den Ideologien des Imperialismus und des Bündnisses mit den herrschenden Klassen –

erst 1914, dann 1918/19 – nicht zu erliegen. Der Erste Weltkrieg sah ihn trotz der Zustimmung der Sozialdemokratie zu den Kriegskrediten sogleich an der Seite der Kriegsgegner. Die Bedeutung der Oktoberrevolution, deren sechzigsten Jahrestag er nun nicht mehr erleben kann, hat er sofort verstanden.

Aber sein »Geist der Utopie« – am Ende des Ersten Weltkrieges, noch vor der Novemberrevolution in Deutschland geschrieben – hätte damals in den Teilen der kritischen jungen Intelligenz nicht so viele an die Seite der revolutionären Arbeiterbewegung führen können, wenn er nicht in Sprache (und teilweise auch im Inhalt) soviel »Jugendstil«, sein »Thomas Münzer« nicht so große Gruppen der bürgerlichen Jugendbewegung mitreißen können, wenn er nicht so viel Expressionismus enthalten (und dadurch »aufgehoben«) hätte. So wurde Ernst Bloch für die – damals – »Jung-Intellektuellen« meiner Generation, die in den ersten Jahren der Weimarer Republik zu aktiven Marxisten wurden, zum Richtpunkt ihrer geistigen Entwicklung, auch wenn sie dann manches anders zu sehen gelernt haben. Ernst Bloch ist es gewiß nicht anzulasten, daß die junge Akademikerschicht als Gesamtschicht in der gleichen Zeit ins Lager der Konterrevolution gegangen ist. Das war vielmehr die notwendige Folge der Niederlagen der Arbeiterbewegung und der Beherrschung der Universitäten durch bürgerliche Professoren, die vorher den imperialistischen Krieg so begeistert bejubelt hatten, jener Universitäten, die die besten »geistesgeschichtlichen« Denker dieser Epoche, einen Ernst Bloch oder einen Georg Lukács, niemals in ihren Reihen geduldet hätten.

Ernst Bloch hat an dem Ansatz, mit dem er im »Geist der Utopie« begonnen hatte, bis zum Ende festgehalten, wenn er auch den Umfang seiner philosophischen Arbeit ständig verbreitert und seine Methoden durch Weiterlernen an Marx, Engels und Lenin verfeinert hat. *Das »Prinzip Hoffnung« ist sein Lebenswerk geworden. Es wird es bleiben, auch wenn er von uns gegangen ist.* Es kann und wird als der große Wurf menschlicher Denkgeschichte zur Realisierung von Humanität gelten und bestehen, auch wenn es in noch so vielen Einzelheiten historischer Ungenauigkeit oder logischer Inexaktheit überführt werden kann, und *es wird noch auf lange Zeit neue Generationen im Kampf für Humanität und Sozialismus (und für die Humanisierung des Sozialismus in seinen ersten Entwicklungsstadien) anleiten.*

Was hat es demgegenüber zu besagen, daß Ernst Bloch gelegentlich politisch geirrt hat? Wer hat es nicht? Ist es überhaupt möglich, in den Widersprüchen und »Ungleichzeitigkeiten« der großen Klassenkämpfe, die zur Vollendung von Demokratie und Sozialismus und zuletzt

zur Vollendung der Humanität in einer kommunistischen Weltgesellschaft führen können und sollen, ohne jeden Irrtum zu bestehen? Gewiß, er hat in den Jahren des hochstalinistischen Terrors alles geglaubt, was dessen Unterdrückungsmaschine über die anderen Gruppierungen in der KPdSU verbreitet hat und sich deshalb mit ihm identifiziert. Aber er hatte damals in den USA »gegen den Strom« zu schwimmen und zum Kampf gegen die Hitler-Diktatur aufzurufen. So war der Irrtum zu verstehen, schlechthin alles zu idealisieren, was in dem Land, gegen das das Dritte Reich seinen Kreuzzug vorbereitete, geschah, in dem Lande also, das gleichwohl in (und trotz) jeder Verzerrung das Land der Oktoberrevolution geblieben ist. Und er hat dann – umgekehrt –, nun im Konflikt mit Beengungen in der DDR, zunächst übersehen, daß manche seiner Schüler und Freunde dem zu Beginn der sechziger Jahre von der CIA gesteuerten Ostbüro der SPD in die Falle gelaufen waren. Ernst Bloch hat deshalb – vorübergehend – notwendige solidarische Kritik zu unsolidarischer Negation übersteigert. Er hat auch, als seine Philosophie einem bestimmtem Stadium der studentischen Rebellion adäquat war (und für sie gleichzeitig in noch viel größerem Maße die positive Überleitungsfunktion gewann, die sie – in noch unentwickelterem Stadium – schon einmal nach dem Ersten Weltkrieg hatte), nicht immer zwischen ihren verschiedenen Gruppierungen konkret zu differenzieren verstanden. Konnte das aber wirklich seine Aufgabe sein? In jedem wichtigen politischen Kampf in der BRD hat er seinen Mann gestanden.
Er ist der große alte Mann sozialistischen philosophischen Denkens geblieben, den wir brauchen. Wir werden ihn noch lange brauchen. Wir werden die Anknüpfung an sein Denken notwendig haben, solange Demokratie und Sozialismus, solange der Sieg der Humanität noch nicht erkämpft sind.
Wenn Regierungen und bürgerliche Presse, die gleichzeitig Berufsverbote und Neutronenbomben propagieren, Ernst Bloch bei seinem Tode »ehren« und »feiern« wollen, so tun sie es, weil sie hoffen, das Denken Ernst Blochs sei mit seiner Beerdigung verschwunden, und mit jener Heuchelei, die von alters her zu jedem Nekrolog gehört.
Wir haben keinen Nekrolog zu schreiben. Für uns lebt das Denken von Ernst Bloch weiter, auch wenn wir den großen alten Mann nicht mehr in unseren Reihen haben.

Martin Walser/Wolfgang Harich

Ernst Bloch – nie ist ein Linker weniger borniert gewesen

Martin Walser

Unentbehrlich Bloch. Es gibt den Bloch-Ton. Der ist so solide und materiell eigen, daß man ihn die Bloch-Frequenz nennen kann. Als ich Bloch zum ersten Mal las, kam mir das ganze Buch vor, wie früher die letzten fünf Minuten bei einem Hochamt in der Kirche, wo der Orgelton, auch wenn man glaubt, mehr geht nicht mehr, immer noch anschwillt. Ein Ton, der offenbar uns Kirchgänger und auch noch die Kirche selbst erschüttern sollte.

Wir haben in dieser Zeit Gelegenheit gehabt, mehrere Philosophen zu sehen und zu hören. Bloch ist für mich der einzige geblieben, der das Philosophieren nicht um einer Pseudowissenschaftlichkeit willen der wichtigsten Wurzel beraubte: der Erfahrung und ihrer Sprache. Für mich ist Ernst Bloch ein richtiger Bruder Kierkegaard, der eine Methode entwickelt hat, um alles, was vorkommt, immer wieder seiner schlichten Positivität und Habbarkeit zu berauben. Und wenn er selber etwas herstellt, so ist das erkennbar das von ihm, das von jemand Hergestellte, etwas Geschichtliches, Notwendiges, es ist sein Gutgemeintes. Blochs Zukunftsprinzip ist eine Attraktion geworden, in einem Jahrhundert, in dem das Schwarzsehen und die Misere-Schnulze von ungemuten und geschichtsmüden Feinlingen zum Ausweis für bessere Denkungsart gemacht wurden.

Von Bloch haben wir den glaubwürdigen, weil erfahrungsvollen, hellen Hoffnungston. Dieser Ton ist sein Inhalt. Er hat die Radikalisierung der Religion vorgemacht, den »wachsenden Menscheneinsatz ins Religiöse«, und er hat durch seine Erlebnisfähigkeit der Materie gegenüber, den im Jenseits verkümmernden Religionen einen Weg geöffnet, zurück zu der Erde, von deren Not sie doch stammen. Eine Religion ohne seinen Materialismus wäre in Zukunft genau so arm dran wie ein Marxismus ohne die Bloch-Frequenz.

Ich gebe zu, daß ich unmittelbar Kraft ziehe und direkte Ermunterung aus dem Bloch-Beispiel. Daß es Bloch gibt, das richtet mir öfter den Kopf auf, der die Tendenz hat, auf die eigene Brust zu sinken, dort zu

verharren, was dazu führen würde, den eigenen Nabel für den Horizont zu halten. Ich fühle mich dem Blochschen Vorwärts-Ton verbunden. Aus diesem Ton sind seine tausend Beispiele gemacht, dieser Ton stellt das Vergangene weiterführend dar. Dadurch wird etwas, was war, nicht zur positiven Verreckenssackgasse, sondern ein Beitrag zur Avenue Geschichte, die man sich schwebend vorzustellen hat.
In diesen 70er Jahren triumphiert der Nostalgie-Ton. Den Herrschenden stinkt, was sie angerichtet haben, also erregen sie Süchte nach Großmutters Nachtgeschirr und Angstrepertoire.
Eine Unmenge intellektueller Kraft läßt sich ein Jahrzehnt lang einspannen zur Herstellung von Rückfahrkarten in eine Scheinvergangenheit, die nichts ist, als ein industriell produzierter Vergangenheitsschein, zur Kompensation einer mißglückenden Gegenwart. Dagegen haben wir den Bloch-Ton, das Bloch-Beispiel, haben wir Bloch, der in allen wirklichen Vergangenheiten den Zukunftston herausklopft, wie Moses das Wasser aus dem Felsen.
Bloch feiert man dadurch, daß man Gebrauch macht von ihm. Noch ist sein Riesenwerk zwischen uns wie unbenutzt, viel zu viel Universität, viel zu wenig Schule, mehr exegetischer als praktischer Umgang. Mögen ihn die einschlägigen Fakultäten als Theologen der Veränderung pflegen, ihn als Veränderer aller Theologien nutzen – ich sähe ihn lieber im Kinderbuch und im Lesebuch. Schließlich hat Bloch doch die Märchen und Fabeln der industriellen Leistungsgesellschaften entdeckt, in den Gesichtern der Ausgebeuteten und in den Fassaden der Kommandostellen und in den Schaufenstern der Entfremdung. So ist er auch ein Bruder Grimm des 20. Jahrhunderts. Und wenn ich ein Buch wie seine »Spuren« in die Hand nehme, dann gluckst es und gibt nach wie ein Stück Moos kurz vor einer Quelle.
In diesem Jahrzehnt, in dem die Feinen von Aussatzfarmerei und Sinnlosigkeit leben, und den Massen eine Vergangenheit zum Konsum produziert wird, genau wie der ungesunde, aber erhebende Schuhabsatz, genau wie eine Illustrierte – in dieser Phase der Geschichtsstürmerei und Bewußtseinsveränderung zieht es mich direkt hin zu diesem Bruder Kierkegaard und Bruder Grimm, zu diesem gewaltigen Vorausweiser und fundiertesten Ermunterer.

Wolfgang Harich

Von Ernst Bloch stammt der Appell, Zukunft in der Vergangenheit zu entdecken. Jetzt fordert Bloch selbst, nachdem in biblischem Alter sein Leben sich vollendet hat, Anhänger wie Gegner zu der Frage heraus, was denn in diesem nun Vergangenen noch an Zukunft mag aufzuspüren sein.

»Nicht eben viel«, müßte die Antwort lauten, wenn die Vorstellung exzessiven Optimismus' zuträfe, die subalternes Mißverstehen mit dem »Prinzip Hoffnung« zu verbinden pflegt. Wohlbegründete Untergangsprophetien, von den Warnungen des Club of Rome bis zu Gruhls Buch vom geplünderten Planeten, hätten dann nämlich die Blochschen Denkresultate schneller, umfassender, als es anderen Philosophien je widerfahren ist, widerlegt und definitiv auf der Strecke gelassen. Für die lawinenartig anwachsende Menschheit, die dem Dreck- und Schreckenstod der Rohstofferschöpfung und Umweltzerstörung entgegenrast, ja die solchem Ende durch Selbstvernichtung mittels atomarer Schläge und Gegenschläge womöglich zuvorzukommen droht, gäbe es gar keine Zukunft mehr, geschweige eine, in der ihre uralten Sehnsüchte nach einem Utopia der Vernunft und Harmonie, nach Glücksfülle, Geborgenheit, ewigem Frieden sich erfüllen könnten.

So einfach indes steht es mit dem Gegensatz von Optimismus und Pessimismus keineswegs. Jene Kassandras unserer Tage sagen ja nichts Unaufhaltsames voraus. Vielmehr gleichen sie dem Arzt, der einen Patienten vom Kettenrauchen abzubringen sucht, indem er ihm seine Bronchialkrebs- und Infarktgefährdung vor Augen führt. Wie die Propheten des hebräischen und des klassischen Altertums reden sie in der Sprache der Alternativen. Und damit mobilisieren sie gegen todverheißende Laster unseren Lebenswillen. So wenig dieser Wille durch Illusionen eingelullt werden darf, so sehr braucht er die Hoffnung, weil Hoffnungslosigkeit ihn bis zur Selbstzerstörung lähmen müßte.

Genau dies hatte Erich Fromm im Sinn, als er, offensichtlich unter Blochs Einfluß, schrieb: »Der Hoffnungslose will für sein ungelebtes Leben Rache nehmen, indem er sich totaler Zerstörungssucht hingibt.« Fromm fügte dem hinzu, daß Amerika, falls es weiter in unbewußter Hoffnungslosigkeit verharre, der Versuchung des großen Knalls mit Atomwaffen nicht werde widerstehen können. So gesehen, stellt eine Philosophie der Hoffnung die unentbehrliche Ergänzung zu den heutigen Warnsignalen ökologisch fundierter Zukunftsforschung dar.

Und darin liegt das Verdienst Ernst Blochs: Er hat, ohne passiv abwartende Zuversicht zu predigen, der Hoffnung als aktiv lebenserhaltender Macht höchsten Rang dadurch verliehen, daß er sie nicht bloß in den Utopien von Morus bis Weitling, sondern in der Vielfalt jeglicher

Kulturschöpfung aufzufinden wußte: in allen Weltreligionen, in den Systemen der Philosophie, im Naturrecht, in Kunst und Dichtung, Technik und Medizin. Was wiederum nach sich zog, daß er in seinen produktivsten Jahrzehnten der Arbeiterbewegung neue, reiche Welten des ihr zufallenden, ihr zustehenden Erbes erschließen half – methodisch mit, meine ich, fragwürdigeren Mitteln als Georg Lukács, desgleichen eklektisch, im Gegensatz zu ihm, in der Üppigkeit seiner Ergebnisse, doch auch versatiler und mit viel weiter gespanntem Interessenkreis, weder mittelalterliche Scholastik verschmähend noch Hebels Schatzkästlein, den Opern Richard Wagners gleichermaßen zugetan wie den Songs von Brecht/Weill, ja gern kokettierend mit seiner Begeisterung für Karl May. Nie ist ein Linker weniger borniert gewesen.

Allein, zitiert zu werden verdient auch, was Bloch anläßlich zweier Kant-Jubiläen geäußert hat. 1924 schrieb er in der »Weltbühne«: »Wo einem nichts ernst ist, läßt sich viel feiern.« Und in der »Deutschen Zeitschrift für Philosophie« wandelte er das 1954 dann ab: »Wo einem vieles ernst ist, läßt sich nicht alles feiern.« Mit seiner Einwilligung folglich sei die Pietätsregel »De mortuis nil nisi bene« einmal außer Kraft gesetzt.

Will sagen: Bloch hat sein Bestes, er hat fast alles in *der* Zeit verfaßt, in der er, inspiriert durch die russische Revolution, als Freund, Bundesgenosse, Mitstreiter an der Seite der Kommunisten stand: im Kampf gegen heraufziehenden Faschismus, in der Volksfront des Exils, schließlich als Miterbauer des Sozialismus auf deutschem Boden. So wäre er berufen gewesen, bis an sein Lebensende hier auszuharren: als inkarniertes Kulturerbe, als unbezwingliche Bastion gegen Banausentum, Banalität und Provinzialismus, die das geistige Leben jedes Landes zu verarmen drohen, in dem, sei es aus noch so triftigen Gründen, das Bildungsbürgertum sozial entwurzelt wird.

Nichts, kein Konflikt mit Ulbricht, keine Zwangsemeritierung, kein Mauerbau kann entschuldigen, daß Bloch 1961, kurzsichtig resignierend, der DDR fernblieb. Es war schlecht für diesen Staat, der nun unnötig lange brauchen wird, seinen bedeutendsten Denker dereinst wiederzuentdecken. Es war schlecht für Bloch selbst, weil es seine Kreativität auf die Aufarbeitung alter Manuskripte zurückwarf, die er im wesentlichen nur noch mit den im Westen obligaten sowjetfeindlichen Einschüben versah. Schlecht war es auch für die bundesdeutsche Linke, gegen die der große alte Mann, gewollt oder nicht, mitunter mißbrauchbar wurde. Und es hat einen bis heute unheilvoll fortwirkenden Präzedenzfall geschaffen.

Bis heute, sage ich. Denn abermals ist kurzsichtige Resignation im Spiel, wenn wieder Intellektuelle der DDR, obendrein aus weit weniger gravierenden Motiven, westlichen Gefilden zustreben. Resignation übrigens nicht nur bei den Antragstellern, sondern erst recht dort, wo man mit einem Federstrich ihren Gesuchen stattgibt. Auf beiden Seiten wird da dem Ringen um Überzeugungen ausgewichen und so der bundesdeutschen Reaktion Vorschub geleistet, die den sozialistischen Teil des deutschen Sprachraums kulturell gern ausdörren möchte. An beide Seiten die Bitte zu richten, mit solcher Leichtfertigkeit endlich aufzuhören, das glaube ich einigen großen Toten auf dem Dorotheenstädtischen Friedhof schuldig zu sein: den Brecht und Becher, Eisler und Zweig. Wenn ihr Freund Ernst Bloch den Anspruch preisgegeben hat, an ihrer Seite, wo er eigentlich hingehörte, bestattet zu werden, dann ist das traurig und schlimm genug.

Walter Boehlich

Die Farbe der Hoffnung ist rot

Bismarck hatte gerade seinen 70. Geburtstag gefeiert und sich von dem dankbaren, auch für die Sozialistengesetze dankbaren, deutschen Volk Zweidreiviertelmillionen Mark schenken lassen, als Ernst Bloch das Licht solcher Welt erblickte. Als Bismarck ging, war er 5, als Wilhelm II. ging, war er 33, als Hitler sich umbrachte, war er 59. Marx ist zwei Jahre vor, Engels zehn Jahre nach Blochs Geburt gestorben. Lenin und Stalin waren älter, Mao ein wenig jünger; sie und Mussolini und Hitler und Franco sind seine Zeitgenossen gewesen. Er hat sie alle überlebt.

Dreimal hat er deutschen Staub von seinen Füßen geschüttelt: 1917 ging er als überzeugter Pazifist in die Schweiz – und wünschte die Niederlage des deutschen Militarismus, auch die des »organisatorisch befestigten Kapitalismus«, 1933 verließ er das judenhassende, sich dem Faschismus ausliefernde Deutsche Reich – und wünschte den Untergang Hitlers, 1961 kehrte er nicht nach Leipzig zurück – und wünschte den Sieg des Sozialismus.

In einem Alter, in dem andere sich emeritieren lassen dürfen, bekam er seinen ersten Lehrstuhl, in Leipzig. Hier hat keiner an ihn gedacht, keiner den Versuch unternommen, ihn aus der nordamerikanischen Emigrantenarmut an eine Universität zu holen. Ihn nicht, und andere, die vielleicht rechtzeitig den Muff von tausend Jahren ein wenig gelüftet hätten, auch nicht. Lieber haben wir die Konservativen zurückkehren sehen. Für die war, erklärter- und erklärlicherweise, die Mehrheit. Immerhin, spät, sehr spät – da war er 76 – hat Bloch doch noch einen Lehrstuhl in der Bundesrepublik bekommen, in Tübingen. Das war damals gerade noch möglich. Der Bruch mit der DDR hatte ihn akzeptabel gemacht.

Jetzt, nach seinem Tode, liest sich alles ein wenig anders. Der Bundesratspräsident hat erklärt, mit seinem Tode gehe dem Lande einer seiner größten Söhne verloren, Carstens und Filbinger haben den Hut vor ihm gezogen, Willy Brandt hat seine Radikalität, die Identität von Philosophie und Politik gerühmt, ganz als sei erst ein toter Marxist ein guter Marxist.

Was machen wir uns da vor, was wird uns da vorgemacht? Der lebendige, junge Bloch, der sich nach dem ersten Weltkrieg für den Kommunismus entschied, dürfte, lebte er jetzt, nicht einmal Lokomotivführer werden, geschweige denn Ordinarius, aber den Toten lassen alle gern eingehen in den abstrakten, unpolitischen Himmel der Geistesgeschichte.

Die einen leugnen, gegen jedes Zeugnis, daß er überhaupt Marxist gewesen sei. Um ihn für ihre reaktionäre Ideologie retten zu können, die andern tun so, als wäre der Marxismus in seinem Falle so unverbindlich wie die Zahlung der Kirchensteuer. Sie starren gebannt auf das Etikett »Philosophie«, als wäre das ein Selbstzweck gewesen und nicht länger als ein halbes Jahrhundert der Bloch angemessene Weg zum Sozialismus. Nie hat er die Philosophie »als solche« gewollt, als unpraktisch, nie denken wollen, bloß um des Denkens willen, sondern immer gedacht für die Veränderung der Welt.

Er hat, was immer ihm geschehen ist, den »roten Faden« nie verloren, sobald er ihn nur gefunden hatte. Er, wenn einer, ist der deutsche Philosoph der Oktoberrevolution geworden und gewesen, einer Revolution, die bei uns bezeichnenderweise lediglich auf dem Papier stattgefunden hat, nicht ganz unähnlich Kant in seinem Verhältnis zur Französischen Revolution.

Der Philosoph der Revolution ist er geblieben von der zweiten Fassung des »Geistes der Utopie« und dem »Thomas Münzer als Theologen der Revolution« an. Selten hat einer und nie hat ein deutscher Philosoph die Revolution leidenschaftlicher bejaht und den Krieg leidenschaftlicher verneint als Bloch. Und dieser Mann wird, kaum daß ihn die Erde bedeckt, dem bundesdeutschen Konformismus und Quietismus einverleibt, als hätte sein Denken nicht den geringsten Bezug auf unsere Wirklichkeit, als wäre es akademische Übung, nicht politische Intention.

Was er gern gewesen wäre, das ist »ein deutscher Gelehrter ohne Misere«. Er war es nicht, er hat die deutsche Misere ein biblisch langes Leben am eigenen Leibe erfahren müssen und erfährt sie noch nach seinem Tode. Er hat nie eine Mehrheit für sich gehabt, hat nie seine Stunde gehabt, als die Stunde hätte schlagen müssen, er war ungleichzeitig zu seinen Gleichzeitigen, verworfen in der Geschichte.

So hat er sich selbst geschichtlich nie sehen können und wollen, aus dem einmal Gesagten jeweils immer das gerade im Augenblick zu Sagende machen wollen, eben weil er verzweifelt wirken wollte, in jedem

Augenblick. Er hat seine Bücher umgeschrieben und umgeschrieben, nicht nur den »Geist der Utopie«, von dem es zwei, nicht nur den »Thomas Münzer«, von dem es drei Fassungen gibt. Er hat auch seine tagespolitischen Polemiken umgeschrieben und ihnen eine Tendenz gegeben, die sie bei ihrem Entstehen nicht hatten, und ich fürchte, er hat nicht einmal gemerkt, was er da getan hat, wie er veränderte. Aber – was war das für ein Leben, unter welchen Deutschen? Wann je hat eines seiner Bücher Wirkung haben können, als es Wirkung hätte haben müssen? Fast alles kam verspätet und oft am falschen Ort unter veränderten politischen Bedingungen. Ist es da verwunderlich, daß er es den neuen Bedingungen anzupassen versucht hat? Er hat sich gelegentlich klüger zu machen gesucht als er war und sein konnte, als wäre er nicht klug und entschieden genug gewesen, als hätte er nicht rechtzeitig am linken Ort gekämpft, nach seinen Möglichkeiten, die die Wirklichkeit seiner Zeitgenossen weit hinter sich ließen.
Er hat, im Gegensatz zu allem, was bei uns der Brauch ist, darauf bestanden, daß der Mensch noch überall in der Vorgeschichte lebe, hat fünfzig Jahre lang den einen Satz von Marx variiert, daß die Welt längst den Traum von einer Sache besitze, von der sie nur das Bewußtsein besitzen müsse, um sie wirklich zu besitzen, und wenn er an einer Stelle, die zu den ergreifendsten in der Geschichte der deutschen Philosophie gehört, gesagt hat: »Hat der Mensch sich erfaßt und das Seine ohne Entäußerung und Entfremdung in realer Demokratie begründet, so entsteht in der Welt etwas, das allen in die Kindheit scheint und worin noch niemand war: Heimat«, dann hat er damit unmißverständlich gesagt, daß dies auch in der Bundesrepublik nicht der Fall sei.
Er, dem seine Zeitgenossen den aufrechten Gang so schwer, wenn nicht unmöglich gemacht haben, hat den aufrechten Gang, hat die Menschenrechte der Französischen Revolution als Ziel der Geschichte erklärt, und er hat gewiß auch die Gesellschaft der Bundesrepublik, die ihn als Toten für sich reklamiert, treffen wollen, als er schrieb: »Keine wirkliche Installierung der Menschenrechte ohne Ende der Ausbeutung, kein wirkliches Ende der Ausbeutung, ohne Installierung der Menschenrechte.«

NACHWIRKUNGEN II
Stimmen aus dem Ausland

Arno Münster (Frankreich/Deutschland)

Mitteilung an die internationale Presse zum Tode von Ernst Bloch

Mit dem Tode von *Ernst Bloch* verliert nicht nur die von den Lehren Hegels und Marx' geprägte deutsche Philosophie einen ihrer namhaftesten Vertreter, sondern sein Tod ist auch ein schwerer Verlust für all jene, die, angeregt durch sein Denken, seine Philosophie der Hoffnung und der »konkreten Utopie«, in ihrem Kampf für eine gerechtere Gesellschaft, für den Sieg des Humanum in der Geschichte, für die Realisierung des »Reichs der Freiheit« stark ermutigt worden sind.
Nicht nur Universalität und Radikalität – letztere im besten Sinne des Wortes verstanden, nämlich dem des Die-Dinge-an-der-Wurzel-Fassens – charakterisieren Blochs Lebenswerk, sondern vor allem seine Fähigkeit, in allen philosophischen, literarischen und künstlerischen Strömungen der Kultur- und Sozialgeschichte, in den großen Schöpfungen der Architektur wie der Musik, den Vorschein des darin sich ausdrückenden Utopischen sichtbar zu machen. Sein Hauptwerk (»Das Prinzip Hoffnung«) stellt eine Enzyklopädie der menschlichen Wunschinhalte dar, in dem alle vorwärtsweisenden, Utopie antizipierenden Strömungen der europäischen Philosophie ihren angemessenen Platz haben. Materialistisch in ihrem Kern (im Materiebegriff Blochs wird die aristotelische Auffassung der Materie als »kata to dynaton« und »dynameion« radikal weiterentwickelt), bereichert die Blochsche Philosophie die Geschichte des abendländischen Denkens vor allem durch die Neufassung und Neuaufwertung des Begriffs der »Utopie«, der Materie als »Prozeß-Materie« und des Seins schlechthin, das als ein nur in prozessuellen Momenten sich Realisierendes, stets nach vorwärts Offenes, Unvollendetes, In-Bewegung-sich-Befindendes definiert wird. »Wir sind, aber wir haben uns noch nicht; darum *werden* wir erst.« – Dieses Werden ist das Motto der von Bloch begründeten Ontologie des Noch-nicht-Seins.
Gemäß dieser Einschätzung vertritt Bloch die Auffassung, daß die geschichtlichen Prozesse sich insgeheim nach dem Fahrplan des eigentlichen, oft nur verdeckten *Zielinhalts* menschlichen Strebens, der kon-

kreten menschlichen Praxis richten, aus der jedoch noch lange nicht das herausgekommen ist, was sie ihrer potentiellen Struktur nach hätte leisten, realisieren können.
Der in diesem Konstat unüberhörbare Optativ ist nicht zufällig. Dadurch wird in Ansätzen von Bloch so etwas wie eine optimistische Geschichtsphilosophie begründet, die den Blick von den jeweiligen gegebenen geschichtlichen Tatsachen auf den Horizont des Weltprozesses lenken will und die sich weitestgehend mit der Marxschen Überzeugung von der baldigen Auflösung der kapitalistischen Gesellschaft und ihrem Übergang in die Phase des egalitären Kommunismus deckt.
Mit ihrer produktiven Aufnahme des Marxschen Postulats von der »Naturalisierung des Menschen« und der »Humanisierung der Natur« ist Blochs Philosophie in ihrer anthropologisch-moralischen Dimension gleichzeitig auch ein im Namen eines militanten Humanismus vorgetragener feierlicher Protest gegen alle die sozialen Beziehungen der Menschheitsgeschichte entstellenden, entfremdenden Herr-Knecht-Beziehungen, gegen jede Form der Unterdrückung und der Ausbeutung des Menschen durch den Menschen, sei es in Gestalt der Feudalherrschaft oder der modernen Form von Ausbeutung und Entfremdung der Arbeiterklasse durch den Kapitalismus. Diese Kritik manifestiert sich jedoch mit der gleichzeitig damit ausgesprochenen Warnung vor der Entstellung des Marxschen Postulats und Gesellschaftsentwurfs durch einen bürokratisch entarteten Sozialismus.
Mit tiefer Trauer stehen wir, die wir durch den Geist Ernst Blochs inspiriert und angeleitet wurden zum Handeln für die Herstellung besserer, menschlicherer Zustände, heute am Grabe des großen Philosophen und Menschen, dessen von Arbeit erfülltes Leben auf weiten Strecken überschattet wurde von Phasen der Verfolgung und des erzwungenen Exils. Noch in hohem Alter – als 90-Jähriger! – unermüdlich arbeitend und gleich einem Sokrates die von revolutionären Ideen erfüllte Jugend um sich versammelnd, war er in den letzten Jahren ein Leuchtturm der Hoffnung in einem schwer an der Hypothek der Vergangenheit tragenden und von großen inneren Widersprüchen zerrissenen Land. Sein Tod ist uns allen Verpflichtung, sein Werk noch gründlicher zu studieren, uns seine philosophischen und moralischen Prinzipien zu eigen zu machen und das aus seinen Schriften ausstrahlende Licht weiterzutragen zu allen Menschen, die vom Strahl dieser marxistischen Philosophie der Hoffnung bisher noch nicht erreicht wurden.

Paris/Tübingen, 5. August 1977

Wolfram Burisch (Schweiz)

»Bin Philosoph ohne Stelle. Können Sie mich brauchen?«

Ein Denker unterwegs/Ernst Bloch und die Schweiz

Um Feind sein zu können, muß einer Freund gewesen sein; oder es hat sich zumindest etwas geregt, was Freundschaft suchte, und ob deren Nichterfüllung wurde Enttäuschung durchlitten. Im schlimmsten Falle wird dieser Feind dann zum Fremden, der nichts mehr mit der Beziehungsgruppe gemein hat. Doch dieses Negative ist nicht die Regel, wie sie mit dem »Barbaren« geschaffen werden sollte. Dem Fremden werden die Eigenschaften abgesprochen, »die man als eigentlich und bloß menschlich empfindet«; die Eigenschaft, ein Glied der Gruppe selbst zu sein. Jedoch: »Als solches vielmehr ist er zugleich nah und fern, wie es in der Fundamentierung der Beziehung auf eine nur allgemein menschliche Gleichheit liegt. Zwischen jenen beiden Elementen aber erhebt sich eine besondere Spannung, indem das Bewußtsein, nur das überhaupt Allgemeine gemein zu haben, doch gerade das, was nicht gemeinsam ist, zu besonderer Betonung bringt. Dies ist aber im Falle des Land-, Stadt-, Rassefremden usw. auch wieder nichts Individuelles, sondern eine fremde Herkunft, die vielen Fremden gemeinsam ist oder sein könnte. Darum werden die Fremden auch eigentlich nicht als Individuen, sondern als die Fremden eines bestimmten Typus überhaupt empfunden, das Moment der Ferne ist ihnen gegenüber nicht weniger generell als das der Nähe.«
Dieser Gedankengang ist 1908 in Berlin von einem Mann veröffentlicht worden, der sich daran klammerte, ein Glied der Gruppe – nämlich der Universität im ureigensten Sinne der Idee Humboldts – zu sein, der stets als »Fremder« zum »Feind« gemacht den schmachvollsten Anwürfen und Erniedrigungen ausgeliefert war – und der trotzdem nur höchst widerwillig ins Exil der »germanisierten« Universität Straßburg ging, wo er 1918 einsam verstarb.
Georg Simmel war der Name dieses enorm bewußten Philosophen und Sozialwissenschaftlers. Wenn es nun Anlaß gibt, auf ihn zu deuten, dann nicht nur deshalb, weil sein Lebenswerk weit unter Gebühr bekannt ist; darüber hinaus erlangt es eine praktische Aktualität durch

den Tod von *Ernst Bloch*, der ihm der einzige Mitarbeiter und beharrliche Antipode zugleich war. Simmel hatte einen Assistenten gesucht. Von Ernst Bloch, der sich selbst stets am liebsten als »der junge Herr Doktor« ansprechen ließ, erhielt er 1914 eine simple Postkarte mit dem kurzen Satz »Bin Philosoph ohne Stelle. Können Sie mich brauchen?« Simmel hatte offenbar verstanden, denn seine Antwort war noch bündiger: »Nehmen Sie den nächsten Zug.« So denn – um in den Sprachduktus Blochs zu fallen – kamen die beiden zusammen und »paßten aufeinander«.

Allerdings nur für kurze Zeit. Der Erste Weltkrieg brach aus. Simmel zog sich in sich selbst zurück. Die antipodischen Gemeinsamkeiten zwischen beiden Denkern wurde vielfältig geklärt. Simmel hatte um die Jahrhundertwende die »Philosophie des Geldes« geschrieben, in der er dem Geld alle »Kraft und Dynamik« der Geschichte zuerkennt. Bloch hingegen trat 1918, in einem dunklen Augenblick europäischer Geschichte, mit dem »Geist der Utopie« hervor. Simmel war Zeit seines Lebens dem »akademischen Geld«, der Universitätskarriere, nachgelaufen und dabei bis kurz vor seinem Tod verächtlich gemacht worden. Bloch war durch die Heirat mit Else von Stritzky finanziell begütert – was mit der Oktoberrevolution durch die Enteignung in der Sowjetunion allerdings alles wieder zerrann –, hatte sich jedoch um akademische Würden nie bekümmert. Sie wurden ihm denn Jahrzehnte später auch eher propagandistisch in Leipzig und Tübingen zuteil.

So gegeneinandergehalten, muß an sich verblüffen, daß nicht Simmel, sondern Bloch in Länder geflüchtet ist, in denen allzu häufig das Geld vor dem Geschichtsbewußtsein figuriert. Ein Kernpunkt dieser trennenden Gemeinsamkeit ist wohl auf einen Nenner zu bringen: der Krieg. Simmel hat die Erkenntnis dargetan, daß scheinbare Verschiedenheiten immer etwas Gleichzeitiges bergen. »Eben, nur weil ich ihn kenne, kann jemand mir fremd sein; und nur weil etwas mit ihm verbindet, betrachte ich jemanden als meinen Feind.« Folgerichtig gilt die Anstrengung, aus dem Fremden das Bekannte, aus dem Gegner das Vertraute herauszukehren. Soziologische Phantasie läßt erkennen, daß Fenster, Türen und Brücken nicht nur von der Außenwelt abschirmen, sondern vor allem Instrumente der Öffnung zueinander sind.

Diese Einstellung kann als der »deutschen« Philosophie in ihrer idealistischen Tradition entlehnt apostrophiert werden. Der Preuße Kant konnte in liebevollen Details die ihm völlig unbekannte Londoner Tower Bridge beschreiben, wie der Schwabe Hegel im schnoddrigen

Berlin eine nahezu andächtige Zuhörerschaft fand, unter der sich auch ein gewisser Herr Karl Marx antreffen ließ. Dieser deutsche Idealismus hatte und hat immer etwas von Versöhnung in sich; allerdings zumeist in Stunden der Gegnerschaft oder der Trauer. In solchen der enthusiastischen Verbrüderung werden eher die Momente des stets Feindlichen bis hin zur Barbarei, der totalen Negation, als Stichel vor die Brust gehalten.

Der Krieg muß für Bloch ein solcher Stichel gewesen sein. In aller Liebe zu Hegel, der Napoleon als den »Weltgeist zu Pferde« gesehen hatte, ist Bloch in der Geschichte des deutschen Idealismus – die sich im historischen Materialismus fortsetzt – frei von jedem Akt der Gewalt. Weder mit der Hand noch mit der Zunge, selbst nicht mit der Schärfe seines Verstandes war er bereit, jemanden zu verletzen, auch wenn natürlichste Wut in ihm zu brodeln begann. – Sein Denken und seine Sprache waren in Kontrast oder Abladung seiner weitschweifenden Gestik immer zorngeladen friedvoll. In einer Disputation oder im Krieg beherrschte und charakterisierte ihn ein einziges Wort: *Nicht!* Gemeinhin wird Bloch als der Philosoph des »Noch-Nicht« verhökert. »Ich bin. Aber ich habe mich nicht. Darum werden wir erst.« Kein Mensch kann glücklich sein, solange es noch einen Unglücklichen gibt. Das ist die messianische Botschaft, mit der auch ein Bloch leicht vereinnahmt werden könnte. Alle reden von »Utopie« und »Hoffnung«, vom »Traum nach vorwärts« und vom »Dunkel des erlebten Augenblicks«. Sie reden darüber, um sich das Dunkel nicht vergällen zu lassen. Die Zukunft ist übermorgen und damit ad acta gelegt. Das »Noch« ist wichtiger als das »Nicht«. Deshalb wird die Wortverbindung so bequem. Nicht aber ihrem Schöpfer. Er war immer »nicht«, anders.

Bloch emigrierte 1917 zum erstenmal in die Schweiz. Anlaß war eben der Krieg. Nur, anders als Simmel, sah er keinen Horizont der Versöhnung. Vom Waffengetümmel wäre er veschont geblieben, doch konnte er auch nicht in der Nähe solcher bleiben, die sich daran ergötzten. Deshalb ging er auf die Suche und fand – das sei vorweggenommen – die ihm stets zugesprochene Heimat nie. Zwar brachte er, danach gefragt, oft die Formel von sich »Ich bin Bayer«; doch das Bayern, das er meinte, war die nicht mehr existierende Exklave der Wittelsbacher in Ludwigshafen, wo er 1885 geboren war. Keineswegs jedoch der engbrüstige »Freistaat« von heute.

Andere Kleinstaaten haben ihn angezogen. Zuerst das Baden der demokratischen Bewegung von 1848, später das dezimierte Österreich und die bedrohte Tschechoslowakei. Die Vereinigten Staaten waren ein notwendiger, aber häßlicher Ausweg, die DDR schließlich ein erstickender Keim. Die Bundesrepublik Deutschland hat sich zuletzt damit gebrüstet, ihn ehrenvoll zu Grabe zu tragen. Die Schweiz jedoch hat er zweimal aufgesucht – und sie will ihn kaum kennen . . .

»Vor Gewehren legt sich bereits der vorsichtige Held, erst recht derjenige, der keiner sein will, ins Gras. Als gingen sie dadurch nicht los, und selbst die Schüsse hätten nichts Besonderes mehr vor sich.« Die Ironie fühlt sich triefend an, wenn Zeitungen Bloch nach diesem Satz als »Pazifisten« einstufen wollen. Der nationalistische Preuße Max Weber, damals prominenteste Figur der deutschen Soziologie, hatte den Eindruck vermittelt, die Schweiz als pluralistische Demokratie sei frei von militärischem Denken und einzig dem Gesamtwohl zugewandt. Anders im Denken ihrer Bevölkerung als die Utopisten, die den Frieden erst für übermorgen und möglichst nur für sich selbst anvisierten. Da er aber eben nicht Utopist war, mußte für den anderen Bloch das andere Land den nächsten Schritt zum Frieden aller markieren. »Der Krieg soll lieber heute als morgen, gleichviel wie, beendet werden.« Wenn auch unter Tränen rückwärts gen Bayern gewandt, bestieg er deshalb 1917 in Lindau das Schiff, das ihn zum anderen Ufer bringen sollte.

In Zürich traf er viele, die seinem Denken nahe zu sein schienen. Doch kollektiv betrachtet, war der Anschein trügerisch. »So geht dies Sehnen auch kaum aus sich klar heraus. Es reicht selten weiter als bis zu einsamen Seufzern, geneigt, gerade der Partei zu dienen, die scheinbar am friedlichsten gesinnt ist. Sofern viele hierher geflüchtete Künstler der Krieg lähmt, frönen sie sehr einfachen pazifistischen Gedanken, von der sofortigen Absage aller Gewalt das einzige Heil erwartend. Sie wollen endlich Gedanken den Menschen opfern, nachdem man das so lange umgekehrt machte; aber die Menschen, an die ihre Liebe denkt, sind zumeist nur sie selber. Sie finden die Zeit durchgehend irre, wenn auch die preußische am meisten, am bösesten. Also soll Krieg dagegen geführt werden, doch so, daß er selber sich erledigt.«

In solchen Sätzen findet sich die Resignation der Vereinzelung wie die Kraft zur Arbeit im Kollektiv. Zumindest macht Bloch den Versuch. Er schreibt für »Die Freie Zeitung«, »Die weißen Blätter«, die »Neue Zürcher Zeitung« und in der »Friedenswarte«. Sein Engagement in dem doch noch nicht so befriedeten Lande gilt dem Antiklerikalismus und der Sozialdemokratie. Nicht daß er sich anbiedern will bei den älteren sozialistischen Gruppen der Schweiz, die noch zwischen Heer und Heer unterscheiden; doch widern ihn nicht überholte »mittelmächtliche« Einstellungen an. Man möchte, »nach links wie rechts gleichmäßig ablehnend, sich zwischen Angreifern und Angegriffenen überhaupt nicht entscheiden«.

Schon während dieser ersten Emigration in die Schweiz erlebt Bloch eine gewisse Desillusionierung, was das Anderssein betrifft; doch findet er zugleich etwas, was ihm den Mut nicht raubt, auf eine Störung herkömmlicher Ordnungen zu vertrauen: »Diese Störung allerdings ist da, wenn auch in sich selber, trotz großer antipreußischer Heftigkeit, immer wieder hierarchisch durchkreuzt, mindestens gemildert.« Bloch wird nicht Schweizer Sozialdemokrat, wie er auch die Rückkehr nach Deutschland nicht mit einem Bekenntnis zum Bolschewismus verbindet.

Zwar war er über Jahre isoliert geblieben und hatte die Erfahrung mitgenommen, daß die eidgenössischen Großbanken eines ihrer Hauptgeschäfte im Frieden damit gemacht hatten, französisches Rentenkapital zu vier Prozent zu übernehmen und es zu sechs Prozent als deutsches Industriekapital weiterzugeben; das hinderte ihn jedoch nicht daran, in seinem Essay »Über einige Friedensprogramme in der Schweiz« auch den in seinen Augen »guten Satz« – und für sein Denken wohl durchgängig gültigen Passus – zu übernehmen: »Es ist heute nicht pazifistische Aufgabe, bestehende Kriege um jeden Preis zu beenden, sondern künftige Kriege ursächlich zu verhindern.«

Wenn das über die nächsten Jahrzente reifende »Prinzip Hoffnung« gemeinhin als Blochs Hauptwerk ausgegeben wird, dann ist daran etwas von Flucht und Selbstzufriedenheit zugleich. Flucht nämlich in ein Übermorgen unter dem Motto, man habe das Vorgestern nicht mehr nötig. Und Selbstzufriedenheit in einem Heute, das die wesentlichen Krisen aus der Zeit des Ersten Weltkriegs überwunden zu haben scheint. Zumindest die Exilländer, die Bloch zu durchstreifen gehalten war, weisen wenige Narben aus jener Zeit auf. Bayern hat kaum eine Erinnerung an die Räterepublik. Österreich und die Tschechoslowakei sind auf ihre je eigene Weise »befriedet« worden, die Vereinigten Staaten zeigen sich Emigranten gegenüber aufgeschlossen, die beiden Deutschland weisen pures oder olympisches Gold auf, und die erste Station, die Eidgenossenschaft, kennt den Generalstreik kaum mehr aus Geschichtsbüchern.

Ein solches Heute der Gedächtnisfeiern aber war es nicht, was Bloch vorantrieb. Ein Paradies konnte niemals ausgemacht sein, es sei denn als Friedhof, sondern allenfalls vorscheinen. Dazwischen aber lag der handfeste Alltag. Nicht nur persönlich – der Tod der Frau Else, die andauernde Erwerbslosigkeit, das Auseinanderdividieren vom zum Stalinismus driftenden Freund Georg Lukács –, auch weltweit das Aufkommen dessen, was Emigration fast zum »Normalschicksal« werden lassen sollte. Bald sollte gleichsam jeder ein anderer sein. Und vielleicht war es bezeichnend, daß Bloch gerade über diese Zeit nach und vor der Schweiz recht schweigsam war. Schweigsam deshalb, weil er in »Erbschaft dieser Zeit« zum Datum 1933 hin bereits fast alles vorweggeschrieben hatte. Die erste Erfahrung aus der Schweiz mag dazu beigetragen haben. Hier hatte Bloch so etwas wie eine »Endzeit«, Geschichtslosigkeit, erfahren. Das Krächzen der Feder war das einzige Geräusch, mit dem das Donnergrollen sich ankündigte. Und wieder war es – zufällig – die Schweiz, in der sich Bloch aufhielt, als ihn im Januar 1933 seine Lebensgefährtin Karola Piotrkowska von Berlin aus telefonisch mahnte, dort zu verweilen. – Daraus sollte die Warnung davor werden, an einen Ort zurückzukehren, der sich inzwischen nicht gewandelt hatte.

Bloch war vor diesem Gedanken jedoch erst einmal daran gelegen, Frau Karola und die verbliebenen Manuskripte zu sich zu bekommen. Beides sollte – wie auch später 1961 beim Wechsel vom einen zum anderen Deutschland – unter denkwürdigen Umständen gelingen. Oftmals waren es designierte Gegner, die ihm zu Hilfe waren. Gegner wohl, die eine Ahnung davon erlangt hatten, daß Bloch nicht war, was er hätte sein sollen: kein Deutscher nationalistischer Prägung, kein Jude in Auslegung der Zionisten, kein Kommunist stalinistischer Machart.

Dennoch: Wie in seiner Interpretation des Detektivromans »die Leiche mit der Tür ins Haus fällt«, geriet Bloch erst einmal in die Fänge der Zürcher Polizei. Ein Mörder wurde steckbrieflich gesucht; und was lag näher, als erst einmal diesen suspekten Herumwanderer in Gewahrsam zu nehmen? Genüßlich hat er selbst später immer wieder geschildert, wie leicht es sei, in Verdacht zu geraten; und wie unheimlich schwierig, sich davon wieder zu befreien.

Wo aber schon von Genuß die Rede ist, dem Bloch alles andere als abhold war, dann mit dem Bewußtsein von dessen Kehrseite, der Langeweile des Kulinarischen. Wenn er die Werke Schillers und seiner Adepten seziert, gelangt die Abscheu vor der Übersättigung zum Ausdruck. So muß Schiller den Tell gleichsam für die Schweiz erfunden haben, die ihn in ihre Regie nahm und der Gefahr des Kulinarischen aussetzte. »Sie verdrängt eben das Schlagende an Schiller, macht Genuß aus ihm, parfümierte Papierblumen.«

Deshalb konnte Bloch auch nicht Schweizer werden. Die soziale Hackordnung, die politische Immobilität und die über alles gegossene Zuckersauce schmeckten ihm nicht. Wenn er von hier aus gegen Preußen wetterte oder die »neue Sklavenmoral der Zeitung« anprangerte, dann schmeckte er etwas davon in der nächsten Nähe, deren Witterung er sich nie entgehen ließ. Bloch ist an der Heimatlosigkeit genesen, weil er Heimat nie dort gefunden hat, wo er sie suchte. Jede aufgezwungene Muße machte ihn rastlos. Und hätte sich auch im »Loch aus dem Dunkel« gar mancher Weggefährte finden lassen, dann trieb es den ebenso in die Vereinzelung – und Bloch hinaus. Er war auf der Suche nach dem »Weinberg des Nicht-Herrn«. Die Schweiz bot ihm zu schöne Weinberge mit zu vielen Herren.

Anderen »Herren« sollte er auf seinem weiteren Unterwegs begegnen. Immer wieder traf er auf die Vor-Urteile seines Nicht-Seins. Die letzten Phasen seines physischen Lebens – nicht seines endlosen Erlebens – waren denn auch geprägt von einem ironischen Sarkasmus, dem seine biederen »Freunde« nicht mehr zu folgen vermochten. Als er beispielsweise anläßlich eines Vortrags an der Handelshochschule St. Gallen die Schweiz nahezu als »das Paradies auf Erden« pries, meinten einige Gazetten, hier habe sich das Inwendige des bösen Sozialisten zum Auswendigen des braven Konsumenten gekehrt. Hätten die Berichterstatter doch etwas vom Werk Ernst Blochs aufgearbeitet, um wenigstens einen kleinen Schritt über die Grenzen der Provinz in die Welt des anderen, des ewigen Emigranten, zu tun. Bloch hat ihnen einen Satz hinterlassen: »Vor allem mag das uneingelöste Freiheitspathos großer Schiller-Sprache offengehalten werden, bis Freiheit kein Wort ist, das die Menschen weder hören noch sprechen können, sondern das faßbar ist.«

Charles Widmer (Schweiz)

Ernst Blochs Sozialismus der konkreten Möglichkeit

»Seit langer Zeit verfügt die Welt über den Traum von etwas, dessen sie sich nur bewußt werden müßte, um es wirklich zu besitzen.« Karl Marx, der Autor dieser Zeilen, hat – von anderen Aufgaben zu sehr in Anspruch genommen – der Analyse dieses Traumes nicht allzuviel Bedeutung geschenkt. Ernst Bloch, ein deklarierter, aber ein wenig häretischer Marxist, hat im Gegenteil das Wesentliche seines Werks auf eine genaue, intelligente und vernünftige Weise auf den mannigfaltigen Wegen der Sehnsucht und ihrer Ausdrucksformen begründet, und zwar so sehr, daß er sich bei der Orthodoxie unbeliebt machte, die eher bestrebt ist, die Theorie als Machtmittel zu verwenden als sie auszuwerten und zu differenzieren.

Der offizielle Marxismus, das wurde bereits tausendmal gesagt, ist zu einem schweren, düsteren, unbeweglichen, versteinerten Denkmal geworden, das von strengen, bornierten Priestern bewacht wird. Wer sich eine neue Interpretation erlaubt, gilt sofort als Ketzer, und wenn Ernst Bloch nicht verbrannt wurde, so nur deshalb, weil er dazu schon viel zu berühmt war. Die DDR hat ihm lieber das Wort verboten, als ihn zum Märtyrer zu machen.

Im Gegensatz zu der Richtung, die in Marx' System eine fertige, abgeschlossene »Wissenschaft« sehen will, die auf den unwandelbaren Prinzipien des historischen Materialismus fußt und die Entwicklung der sozioökonomischen Strukturen in ein Korsett von scheinbaren Naturgesetzen einzwängt, die der Mensch anerkennt und denen er sich beugt, führt Ernst Bloch, der mehr Beziehung zum Sturm und Drang des jungen Marx besitzt als zu den Ausführungen des »*Kapitals*«, ein Element wieder ein, das die Theorie humanisiert und sie wieder offen macht.

Dieses Element ist die Hoffnung, ein Ausdruck, den man für gewöhnlich eher in religiösen Schriften findet und den die marxistische Wissenschaftsgläubigkeit (Szientismus) ablehnt, weil er mit Illusionen belastet ist. Die Hoffnung, das ist der Mensch mit seinen Wünschen, seinen Träumen, mit dem sehnsüchtigen Blick, der nach einer fernen, sich noch nicht deutlich abzeichnenden Zukunft Ausschau hält. Ernst Bloch erweist sich hier weniger als Schüler Marx' sondern viel mehr als Schüler Kants, indem er dem Willen eine zentrale Funktion beimißt; diesem Willen, der uns mit einem vollkommenen und noch undefinierbaren Glück, einem höchsten, unnennbaren Gut erfüllt, nach dem zu streben uns unsere Natur antreibt.

Die objektiven Grundlagen der Geschichte – wirtschaftliche und soziale Strukturen – bewirken nicht durch sich selbst unser Morgen, was immer die Orthodoxie behaupten mag. Das strebende Subjekt bleibt in entscheidendem Maß der Gestalter seiner eigenen Zukunft; es ist der Hoffnung ausgeliefert, die es dazu bestimmt, sich nicht mit dem Realen zufrieden zu geben, sich selbst mit kritischem Blick zu betrachten, geschult durch die *Utopie*, diesem Nirgendwo, das unser Platz sein soll.

Der pessimistischen Auffassung zufolge ist die Diskrepanz zwischen Wirklichkeit und Wunsch der Beweis für unsere hoffnungslose Unfähigkeit, diese Welt zu gestalten. Einige Existentialisten äußerten sich bereits in diesem Sinn. Auch die Psychoanalyse hat ihn sich zu eigen gemacht, sie hat ja auch unsere Träume und unsere symbolischen Produkte – besonders die Kunst – nur als Ersatzhandlung für die Erfüllung eines unsere Kraft überfordernden Strebens gedeutet. Freud wie auch Jung schicken uns fortwährend in unsere Vergangenheit zurück, entdecken im Seelenleben keinen einzigen Appell zum Fortschritt, zum Besser-Sein, der nicht illusorisch wäre. Ernst Bloch, der Jung und seiner Vorliebe fürs Archaische – die zur Billigung der Nazibarbarei führte –, gegenüber sehr streng ist, sieht Wunsch und Hoffnung anders. Auch wenn es sich nur um Kinder- und Künstlerträume handelt, billigt ihnen Bloch einen Erwartungswert zu, den Wunsch nach individuellem und sozialem Glück. Er wendet seine Aufmerksamkeit dem zu, was die Psychoanalyse – mehr aus philosophischer Sicht denn aus wissenschaftlicher Objektivität – beschlossen hat zu ignorieren oder einzuschränken. Er pflichtet der Idee Lichtenbergs bei, der schrieb, daß die »ziellos umherirrende Phantasie, die sich auf gut Glück improvisierten Einfällen überläßt, oft der systematischeren Philosophie das Wild liefert, das sie in ihrem gut geordneten Haushalt verwenden kann.«

Ob es sich nun um Musik, Abenteuerromane, Reisen, Theater oder Gärten handelt, überall erkennt Bloch den Weg ins Anderswo, in ein Ausweichen, den man nicht als nichtssagende Unterhaltung sehen soll, sondern als Ausdruck der Bestrebungen unseres Seins.

Bloch zufolge, der in diesem Punkt wie auch in vielen anderen mit Herbert Marcuse übereinstimmt, können alle diese Aktivitäten natürlich durch ihre Integration in das Kapital, für das sie eine Ware sind, pervertiert werden. Es handelt sich dann darum, sie diesen Praktiken zu entziehen, so daß jeder zum Beispiel durch das Vergnügen, das er an der Kunst findet, die Fähigkeit wiedererlangt, sich von der Banalität des Alltäglichen zu lösen und Gefühle wiederzufinden, die unsere Menschlichkeit und die Kräfte der Selbstüberwindung stärken, die in uns noch lebendig sind.

Es ist offensichtlich, daß für Ernst Bloch auch die schönsten Gefühlsbewegungen allein nicht ausreichen, um aus uns Menschen zu machen. Er greift die – im übrigen prophetische – Behauptung Schillers wieder auf, daß das, was wir heute als schön empfinden, uns morgen wahr erscheinen wird. Und das Wahre ereignet sich nicht von selbst; es erfüllt sich in der von einem kämpferischen Optimismus inspirierten Tat, die nur in dem Gedankengut Marx' die richtige Nahrung finden kann. Für Bloch »läuft alles, was es an Nicht-Illusorischem, an wirklich Möglichem in den Bildern der Hoffnung gibt, bei Marx zusammen und ist an der sozialistischen Umformung der Welt beteiligt.«

Wir dürfen in dieser Behauptung aber kein blindes Einverständnis mit den Praktiken und der Theorie der Kommunisten von gestern oder von heute sehen. Ernst Bloch bleibt genügend unabhängig, um es sich zu versagen, den marxistischen Gedanken als Ausdruck eines bereits klar umrissenen Ganzen zu betrachten. Er steht sowohl zu der Idee einer offenen Dialektik, deren Theorie in der Realität auf die Probe gestellt wird, als auch zur Korrektur der Theorie, wenn die Realität es erforderlich macht. Es ist noch nicht alles gesagt und es sind noch nicht alle Möglichkeiten ausgeschöpft. Bloch kennt wohl die Hoffnung, aber nicht die Gewißheit: »Das Wesentliche ist im Menschen wie in der Welt überfällig; dieses Wesentliche ist in der Erwartung, in der Angst vor dem Scheitern, in der Hoffnung auf das Gelingen enthalten. Denn das, was möglich ist, kann genausogut im Nichts scheitern wie zum Seienden Zugang finden.« In Blochs Sozialismus steckt nach wie vor die Angst vor der Katastrophe, die uns vielleicht bedroht, er ist aber auch belebt von der erregenden Möglichkeit, daß Gerechtigkeit und Glück endlich Wirklichkeit werden, denn diese beiden Begriffe sind in der Welt vorhanden, auch wenn wir ihre höchste Ausdrucksform nicht kennen.

Ernst Bloch greift das vom jungen Marx skizzierte Werk auf und gibt dem Originellen im Gedankengut dieses Mannes, dem, was jeder Ideologie vorausging und was von den materiellen Gegebenheiten unserer Gesellschaften unabhängig ist, eine neue Grundlage: das Streben des Subjekts, das mit dem Menschen geboren wird und ihn dazu befähigt hat, unbeholfen und doch genial aus der Welt einen Ort zu machen, an dem sich jeder zu Hause fühlt. Der Philosoph, der mit Sachkenntnis, Urteilsvermögen und Großmut unsere naivsten Bestrebungen wie unsere großartigsten Verwirklichungen betrachtet, regt uns dazu an, die Frische des Jugendlichen wiederzufinden, der, wenn er an sein künftiges Leben denkt, sicher sein will, daß »nichts darin unbedeutend sein wird und daß eine einzige Jahreszeit in ihm herrschen wird: der Frühling«.

Beat Dietschy (Schweiz)

Marxismus als konkrete Utopie
Vortrag zum Gedenken an Ernst Bloch[1]

Bertolt Brecht sagt: »*Ich benötige keinen Grabstein, aber wenn ihr einen für mich benötigt wünschte ich, es stünde darauf: Er hat Vorschläge gemacht. Wir haben sie angenommen. Durch eine solche Inschrift wären wir alle geehrt.*«[2]

Wenn wir Ernst Blochs gedenken wollen, was könnten wir Besseres versuchen, als den Fragen nachzugehen und den Vorschlägen gerecht zu werden, die er gemacht hat? Heute, da sich die Linke, rund zehn Jahre nach dem 68er Vormärz und sechzig nach der ersten gelungenen sozialistischen Revolution, auf ihre Vergangenheit besinnt und namentlich auf die nicht zu Ende geführte, steht zudem eine Beschäftigung mit Blochs politischem Denken an. Läßt sich doch von ihm mit den Worten eines Plakats aus Brechts »Mahagonny« sagen: »Dort wurde gestern erst nach euch gefragt.«

Keine Philosophie, die ihren Namen verdient, war so wenig um ihrer selbst willen da, so auf ihre eigene Aufhebung bedacht, wie diejenige Blochs: Theorie um der praktischen Verwirklichung des Reichs der Freiheit willen, ein unnachlaßliches Eingedenken dessen, was not tut. Dieser »Invariante der Richtung«, wie er es nannte, ist auch die Erinnerung daran verpflichtet, was uns sein philosophisches Werk zu denken und handeln aufgibt. Seinem praktischen, politischen Sinn für das Heute versuchen daher die folgenden Thesen nachzuspüren. Besondere Beachtung soll dabei der Frage nach den Zwischengliedern, die zwischen gesellschaftlichem Sein und Bewußtsein vermitteln, geschenkt werden, also jener Frage, von der Engels in einem späten Brief an Mehring (1893) zugab, daß Marx und er sie notgedrungen vernachlässigt hätten. Denn es ist Blochs Verdienst, auf diese gerade politisch wichtigen Vermittlungsvorgänge zwischen den unmittelbaren kleinen Erfahrungen des Alltags und der Ebene geschichtlicher Bewegungen mit allem Nachdruck hingewiesen zu haben.

1.

»Philosophie ist ihre Zeit in Gedanken gefaßt.« Dies Hegelsche Wort trifft gerade die Philosophie Blochs nicht schlecht, die ihm stets mißtraute: ihre Zeit sind die sechzig Jahre, die seit der Oktoberrevolution vergangen sind. Diese Feststellung ist alles andere als willkürlich. Blochs Werk setzt ein mit dem »Geist der Utopie«; geschrieben kurz vor der russischen Revolution, gegen die politische und kulturelle Katastrophe in Deutschland und den Krieg gerichtet, setzt das Buch ein erstes deutsches Signal der Begeisterung für die Revolution als schöpferischen Akt der Selbstbefreiung. Und es wird gerade darin zum Begriff seiner Zeit, daß es Hoffnung auf das, was noch nicht ist, verkörpert und das Vermißte durch das entbehrende Subjekt postuliert: »wir haben keinen sozialistischen Gedanken«, heißt es in der Absicht des »Geist der Utopie«, »wir haben Sehnsucht und kurzes Wissen, aber wenig Tat und ... keinen utopisch prinzipiellen Begriff. Diesen zu finden, das Rechte zu finden, um dessentwillen es sich ziemt, zu leben, organisiert zu sein, Zeit zu haben, dazu gehen wir, bauen wir die phantastisch konstitutiven Wege, rufen was nicht ist, bauen ins Blaue hinein, bauen uns ins Blaue hinein und suchen dort das Wahre, Wirkliche, wo das bloß Tatsächliche verschwindet – incipit vita nova.«[3]

Die noch nicht gelungene Emanzipation drückt sich im philosophischen Prinzip Blochs der Utopie als Hoffnungs-, nicht aber Tatsachenwissen aus. Als in Deutschland noch nicht vollbrachte gibt die Oktoberrevolution den Ton an, der die Blochsche Philosophie nicht mehr verläßt – Wendezeit, Überschreiten des Gewordenen, Heraufbringen des Neuen bleibt ihr Thema.

Auch sein nächstes Buch ist einer vertanen deutschen Chance gewidmet. Thomas Münzer, dem »Theologen der Revolution«. Die revolutionäre Signatur unserer Epoche zu begreifen, den »utopisch-prinzipiellen Begriff« zu finden, dem gilt noch die Arbeit der späteren Jahre, als das Heraufkommen des Neuen in Bewußtsein und historischem Prozeß, in gesellschaftlicher und natürlicher Materie zum Gegenstand seiner Phänomenologie und Ontologie des Noch-Nicht werden. »Um unsere Wendezeit kommt keiner herum«[4], heißt es noch 1964, nach zweimaliger Emigration. Zu Recht hat darum Oskar Negt Bloch den »deutschen Philosophen der Oktoberrevolution«[5] genannt.

Ist aber die Signatur unserer Epoche wirklich revolutionär? Die Geschichte unseres Jahrhunderts zeigt, wie verschlungen die Wege des Übergangs sind, wie wenig die Dynamik der Kriege und Krisen schon eine proletarische Revolution mit einem Vorschein von klassenloser Gesellschaft und ihrer Solidarität hervorbrachte. Genau dem Begreifen dieser schwierigen Geburt einer neuen Gesellschaft aus dem Schoße der alten galt Blochs philosophische Arbeit. Unablässig erinnerte er daran, das Ziel einer Gesellschaft nicht aus den Augen zu verlieren, in der die von keiner Ausbeutung und Verdinglichung mehr bedrohte menschliche Existenz ihrer Essenz näher zu kommen vermöchte. Wie wenige aber auch versteht sich seine Philosophie auf die konkrete Dialektik des Wegs zu solchem Ziel: »Die Zeit fault und kreißt zugleich. Der Zustand ist elend oder niederträchtig, der Weg heraus krumm. Kein Zweifel aber, sein Ende wird nicht bürgerlich sein.«[6]

2.

Engels hat in seiner Schrift »Der Fortschritt des Sozialismus von der Utopie zur Wissenschaft« die französischen Utopisten, namentlich Fourier und St. Simon, als Vorläufer und eine der drei Quellen des Marxismus gewürdigt. Aber er hat auch das unterscheidend Neue an Marx festgehalten: die Wissenschaft. Kritik der politischen Ökonomie überholt die Entwürfe einer mit noch so viel Phantasie ausgemalten besseren Gesellschaft. Bloch hat sich mit solchen sehr ausführlich beschäftigt. Ist seine Philosophie, deren Generalnenner das »Prinzip Hoffnung« ist, deshalb als Rückfall hinter Marx und den »wissenschaftlichen Sozialismus«, als eine Neuauflage der klassischen Sozialutopien zu betrachten?

Letzteres trifft insofern schon nicht zu, als »Das Prinzip Hoffnung« das Vorwegnehmen, Vor-Bilden und Ausfabulieren von Zukunft in der ganzen Breite seiner menschlichen Bekundungen, von den kleinen Tagträumen bis hin zur religiösen Eschatologie zum Gegenstand hat – nicht nur die Gesellschaftsutopien. Überschreiten was ist, Hunger, Verlangen nach mehr, Wunsch und Forderung bilden den Grundzug der Blochschen Anthropologie.

Marx dagegen: er war Postulaten abhold. Mit Hegel denunzierte er jedes abstrakte Sollen, das der schlechten Wirklichkeit entgegengehalten wird, als folgenlose Empörung des Gemüts und private Flause. »Der Kommunismus ist für uns nicht ein Zustand, der hergestellt werden soll, ein Ideal, wonach die Wirklichkeit sich zu richten habe. Wir nennen Kommunismus die *wirkliche* Bewegung, welche den jetzigen Zustand aufhebt.«[7]

Die strukturalistische Marx-Interpretation hat, fast ausschließlich am »Kapital« anknüpfend, daraus den ganzen Marx und diesen völlig wert- und zielfrei machen wollen. Doch derselbe Marx akzentuiert mitunter anders. Im zweiten Entwurf der Kommuneschrift formuliert er: »Die Kommune sollte nicht eine parlamentarische, sondern eine arbeitende Körperschaft, die Polizeibeamten sollten Diener der Kommune sein, alle Beamten sollten ihre Arbeit für Arbeiterlohn verrichten . . .«[8] Man beachte das »Sollen«, das hier nicht nur sprachlich auftaucht. In der Endfassung der Schrift ist zwar nicht mehr von einem Sollen die Rede, sondern von den existierenden Gegeninstitutionen der Kommune. Das ändert aber an der Sache nichts: wie die meisten räteartigen Organisationsformen der Arbeiterbewegung sind auch die der Kommune keinem abstrakten Postulat, ja überhaupt keiner Theorie entsprungen, sondern den Bedürfnissen der Massen im selbstorganisierten Kampf. Sie sind als Postulat von den Aufständischen in Paris selber aufgestellt und auch praktisch eingeführt worden.

In dem Räteexperiment der Pariser Kommune steckt auch zweifellos eine Vorwegnahme künftiger gesellschaftlicher Verkehrsformen. Das wird deutlich, wenn man ihre Einrichtungen mit dem absolut statischen politischen Überbau der bisherigen Klassengesellschaften und ihren Institutionen vergleicht, die Marx »Schmarotzerauswüchse« hieß. Anders also »erscheint das Ideal, wenn es nicht unmittelbar, von oben herab an die Geschichte herangebracht wird, sondern aus ihren dialektischen Vermittlungen konkret-utopisch herausgehört werden kann«.[9]

»Die Menschheit stellt sich immer nur Aufgaben, die sie lösen kann«[10], lautet ein anderer Marx-Satz, der viel zitiert und sehr verschieden interpretiert wird. Einmal wird er in eins gesetzt mit dem Argument des »real existierenden Sozialismus«, zum andern aber wird er gerade zu dessen Kritik mit dem Argument des real *möglichen* Sozialismus. Denn hat der Kommunismus keine Ideale zu verkünden, so doch immerhin Aufgaben zu lösen, Tendenzen in Freiheit zu setzen. Und Tendenzen haben stets einen latenten Zielinhalt, auf den sie bezogen sind und von dem her sich erst Übergangsforderungen wie diejenigen Lenins 1917 aufstellen lassen. Selbst, wo keinerlei ausformulierte Utopie im Raume steht, meldet sich das Ziel als dauernde Vermissung. Das von Engels oftmals genannte »Absterben des Staats« mit dem Aufbau des Sozialismus ist ein solches Zielanliegen, das als unterschlagenes den ganzen Weg in Frage stellt.

Der Kommunismus ist nicht nur eine reale Bewegung, sondern, wie Marx ebenfalls sagt, die Gesellschaft der *Zukunft*. Er ist darum nicht überhaupt keine Utopie mehr, vielmehr eine bestimmbare, ortbare – im Unterschied zum »Nirgendwo« des Thomas Morus. Er ist eine konkrete Utopie.

Es gibt also, wie Bloch früh schon feststellte, auch einen »allzu großen

Fortschritt des Sozialismus von der Utopie zur Wissenschaft«[11], nämlich zu einem Vulgärmarxismus, der nur noch auf das Tatsächliche pocht. Sozialismus wird derartiger »Realpolitik« und ihrer dogmatischen Absicherung selber zur abstrakten Utopie, zu einem blassen, völlig zu Recht den Sozialutopien der Frühzeit zurechenbaren Fernziel. Und zwar das überall dort, wo er keine gegenwärtiger Emanzipationspraxis innewohnende Grundintention mehr, sondern ein allgemeiner Legitimationsbegriff geworden ist.

3.

Die Gefahr abstrakter Utopie droht ganz besonders da, wo Sozialismus in einem allgemeingültigen Begründungszusammenhang erscheint: Marxismus als Wissenschaft ist für eine sozialistische Praxis zwar unabdingbar, stellt aber, was oft übersehen wird, doch nur eine hochspezialisierte Teilansicht unserer Gesellschaft dar. Das Ghetto der Universitäten mag es mit sich bringen, daß seine Bewohner noch weniger als andere gesellschaftliche Gruppen sich Rechenschaft darüber ablegen, wie sehr ihre Sicht der »gesellschaftlichen Totalität« doch von der Ausgrenzung anderer Wahrnehmungsweisen bestimmt ist. Verschleiert wird ihnen das paradoxerweise durch das Medium ihrer Kommunikation selber, die rationale Wissenschaftssprache. Sie erweckt den Anschein, als ob alles von ihr erfaßt würde.
Dennoch ist es offensichtlich so, daß durch den analytischen Akt allein die Kritik des Kapitalismus noch nicht zur »materiellen Gewalt« (Marx) wird, die die Massen ergreift. Dazu müssen die Interessen der Angesprochenen zur Sprache kommen – zur Sprache, nicht nur zum Begriff.
»Das Wort ist ein Mittel, sich Anschauung zu kaufen«[12], Anschauung aber bleibt dem Erfahrungszusammenhang verbunden, in dem sie gewonnen wurde. Mit der Sprache, die er spricht, muß daher auch der Intellektuelle gesellschaftlich Farbe bekennen, die klassen- und milieubedingten Unterschiede treten in der Unmittelbarkeit des gelebten Alltags hervor. Es zeigt sich dann, ob sich diese Unmittelbarkeit auch sprachlich vermitteln läßt und also zum konkreten Begriff sich die andere Konkretheit eines treffenden sprachlichen Ausdrucks gesellt.[13] Resultat einer solchen Verbindung ist Betroffenheit.
Blochs Sprache zeichnet derartig doppelte, also auch nicht mit Begriffslosigkeit erkaufte Konkretheit aus. Der Satz »das Wort ist ein Mittel, sich Anschauung zu kaufen«, ist selber ein Beispiel für sich. Ideologiekritik wird von Bloch mit dem Gebrauch von Bild, Metapher oder Redensart selbst verbunden, das ideologisch verbrauchte

Sprachmaterial oft durch Verfremdung kenntlich gemacht und verändert.
So werden auch kleine Indizien für das Verbrechen, das Kapitalismus heißt, verfolgt, Spuren, die sich im Sand des Alltäglichen verlören, notiert: »Was tun Sie? fragte ich. Ich spare Licht, sagte die arme Frau. Sie saß in der dunklen Küche, schon lange. Da es nicht für alle reicht, springen die Armen ein. Sie sind für die Herren tätig, auch wenn sie ruhen und verlassen sind.«[14]

4.

Die sinnliche Kraft von Blochs Sprache spricht Erfahrungen des Alltagslebens an, die normalerweise durch das weitmaschige Netz wissenschaftlicher Sprache hindurchfallen. Das erhellt nun ein weiteres Merkmal von konkreter Utopie: sie muß in die Phantasie greifen. Phantasie mobilisiert aber nur, was radikale Lebensinteressen betrifft. »Man stirbt nicht für ein durchorganisiertes Produktionsbudget« (Bloch).
Das bringt uns erneut zur studentischen, diesmal überhaupt Jugendlichen-Situation. »Die Phantasie an die Macht!« hieß eine der Mai-Parolen von 1968. Aber woher kamen die Begeisterung, der Ideenreichtum und Mobilisierungsgrad der Studenten, die in so starkem Kontrast zum Vorher und Nachher stehen? Wir haben heute objektiv genug Repression an den Hochschulen und mehr als genug ökonomische Unsicherheit, um einen Widerstand vom Ausmaß der damaligen Revolte hervorzurufen. Wenn er aber ausbleibt, so muß noch mit einer tieferen Unzufriedenheit gerechnet werden, die, ausgelöst durch die Katalysatoren Vietnam, Persien und CSSR, damals zum Ausbruch einer unerwarteten und so noch nicht dagewesenen internationalen Protestbewegung führte.
In der bekanntgewordenen Diskussion mit Rudi Dutschke auf der Tagung in Bad Boll vom Februar 1968 gab Bloch u. a. folgendes Motiv für die Studentenbewegung zu bedenken: »Mitten in den Konsumgesellschaften, mitten in den Wohlstandsgesellschaften brechen Revolutionen aus, weil die Langeweile, genau wie die Not, in sich einen Anstoß enthält, mit ihr zu brechen . . . Dieses langweilige, inhaltslose Leben, das bloß aus Reproduktion der Arbeitskraft besteht ohne ein Ziel, diese *fehlende Zielhaftigkeit*, die Mangelkrankheit an Sinn führen dazu, daß ein Zustand erreicht wird, der unmenschlich ist.«[15]
Statt Hunger also Überfütterung mit allem möglichen. Dennoch macht sich eine Unterernährung anderer Art breit, die Unterernährung an Sinn, an übergreifenden, motivierenden Zielen. Wir treten an

Ort und halten der Maus im Laufrad gleich den Kreislauf des Lebens in Gang: Produktion, Verbrauch und Reproduktion der Ware Arbeitskraft – wofür das alles?

Zwar sind das nicht die ausschlaggebenden Gründe für die Studentenbewegung. Aber eine allgemeine Grundstimmung tiefen Unbehagens an der spätkapitalistischen Wirklichkeit, die das Eruptive des Emanzipationsversuchs mit erklären mag, drückt sich darin aus. Zugleich hat der Kapitalismus ja auch eine weltbildhafte Kahlheit ohnegleichen gebracht; es gibt keinerlei Aussicht auf ein Jenseits des Jammertals mehr, »es kommt nichts danach« (Brecht).

Das ist der Hintergrund dieser Begeisterung für Ziele, die keineswegs auf der Hand liegen oder durch Tagesinteressen erklärt werden könnten. Vor demselben trostlosen Hintergrund sind aber auch die Ablenkungen, Zerstreuungen und Verführungen, kurz: der Trost des kapitalistischen Alltags zu sehen. Das »Opium des Volks« hat sich gewandelt. Es ist nicht mehr primär die traditionelle Religion, liegt viel eher in dem, was Marx die »praktische Religion des Alltagslebens« genannt hat. Die Droge ist das schiefe und illusionäre Bewußtsein selber.

Dabei handelt es sich keineswegs einfach um eine Haltung des »Konsums«. Illusionen wollen vielmehr produziert sein, sind durchaus auch als produktive Leistungen des Subjekts zu begreifen, das sich in einer irrealen Situation zu behaupten sucht. Wunschdenken wird gegen die miserable Realität mobilisiert. Die Tagträume des kleinen Mannes gehören hierher, wie vorfabriziert sie auch sein mögen – die Schundheftchen, die er in der Pause liest, vermöchten ihn keine Sekunde zu fesseln, wenn er nicht eigene Phantasiearbeit leistete.

Die Tagträume und die selten eingestandenen, sich selbst bewußt gemachten »kleinbürgerlichen«, aber nicht aufs Kleinbürgertum beschränkten Phantasien sind oft gegen Angst gerichtet, gegen die Angst vor dem Versagen, vor der Zukunft, vor dem Leben überhaupt. Angst vor Veränderung, weil der Kapitalismus Tag für Tag Veränderungen bringt; die Angst vor Verstaatlichung, weil die Enteignung zur Grunderfahrung des Arbeiters gehört; Mißtrauen gegen Politik schlechthin, weil das ganze Leben höherer Gewalt unterworfen ist – das sind Gefühle, aus denen nebst dem Wunschreservoir der Hoffnungen die Tagträume gemacht sind. Zu leicht, das alles als falsches Bewußtsein einfach abzutun. Auch für den Marxismus, der sich aller Illusionen entledigt zu haben glaubt, ist das wahre Bewußtsein nicht zu haben wie »eine Münze, die jederzeit fertig eingestrichen werden könnte« (Hegel) und vor allem: er wird mit dem falschen nicht im gleichen Zuge fertig, wie ihm das wahre zufällt.

Erstaunlich ist jedoch, wie oft sich die Linke über den Überzeugungswert ihrer noch so richtigen Analysen täuscht. Die Ohnmacht ihrer Propaganda der faschistischen gegenüber hat das mit grausamer Deutlichkeit an den Tag gebracht. »Daß das Wahre nur *gesagt* zu werden brauche, um unweigerlich zu wirken, dieser bare Idealismus war im materialistischen Lager jedenfalls ein Wunder.«[16]

Bloch ist besonders auf eine Episode, die ihm für das Versagen der KPD in diesem Punkte symptomatisch schien, immer wieder zu sprechen gekommen: Im Berliner Sportpalast treten 1933 zwei Redner auf, ein Kommunist und ein Nazi. Ersterer referiert über Grundwiderspruch und Durchschnittsprofitrate, der Nazi aber sagt: »Was tun Sie denn im Büro den ganzen Tag? Zahlen schreiben. Und was haben Sie von dem Herrn Vorredner gehört? Nichts als Zahlen. So daß sich der Satz unseres Führers bestätigt: Kommunismus und Kapitalismus sind Kehrseiten der gleichen Medaille!« Womit er die Zuhörer auf seiner Seite hatte.[17]

In einer Reihe von Aufsätzen schon während der zwanziger Jahre und in dem daraus hervorgegangenen Buch ›Erbschaft dieser Zeit‹ hat Bloch die Lehren aus dem nicht nur propagandistischen Manko der Linken zu ziehen versucht. Das Fazit seiner Untersuchungen lautet: »Die Nazis konnten nur deshalb so ungestört mit ihm (sc. dem Mystizismus) betrügen, weil eine allzu abstrakte (nämlich zurückgebliebene) Linke die Massenphantasie unterernährt hat.«[18] Denn »die Revolution greift nicht nur in den Verstand, sondern ebenso in die Phantasie . . . Sie greift gerade in die Phantasie des Verstands, in die außerordentliche Spannung der prozessualen Wirklichkeit und dessen, was in ihr – als unsere Welt – noch nicht geworden ist. Die Nazis haben betrügend gesprochen, aber zu Menschen, die Sozialisten völlig wahr, aber von Sachen; es gilt nun zu Menschen völlig wahr von ihren Sachen zu sprechen.«[19]

Noch eines gehört zur konkreten Utopie: daß sie das Irrationale des Alltagsbewußtseins nicht auskreist, sondern angreift und konkret berichtigt. Gerade diesem »Wetterwinkel« des Bewußtseins, um den die Linke einen großen Bogen zu machen pflegt, verdankte die Nazi-Propaganda ihren durchschlagenden Erfolg. Sie hat genau das irrational antikapitalistische Moment, das in Lebensphilosophie, Expressionismus oder schärfer in den Mythologemen von Rasse, Blut und Boden steckt, hervorragend für ihre Zwecke zu nutzen verstanden.

Tatsächlich macht der Kapitalismus mit seiner hohen (Teil-)Rationalität das Irrationale ein Stück weit zu einem Residuum des Widerstandes. Er »konnte das Irrationale so wenig austrocknen, daß es gerade als ›Widerspruch‹ zu seiner Sachlichkeit und Rationalisierung immer stärker geworden ist; und der Vulgärmarxismus baut diesen Hunger gewiß nicht ab, indem er ihn allenthalben nur als zurückgebliebenen begreift.«[20]

Das Erbe der Nazis im Stillen dieses Hungers hat heute die Reklame angetreten. Wiederum hat der emanzipatorische Umgang mit unbefriedigten Bedürfnissen, Wünschen und Interessen das Feld des Unbewußten fast kampflos der ideologischen Nutzung überlassen. Dies, obwohl sich die Methoden der Verführung auf allen Lebensgebieten perfektioniert haben. Konkrete Utopie strebt hier eine Situation der Doppelherrschaft an, indem sie sich nicht scheut, Topoi der Verführung wie Heimat, Natur oder Sicherheit und Ruhe dieser streitig zu machen. Nicht, um gleichfalls am Geschäft mit dem Irrationalismus von Angst und Hoffnung zu profitieren, sondern um endlich Vernunft ins Irrationale zu bringen.

Blochs »Rationalismus des Irrationalen« beinhaltet ein Zweifaches: die ideologische Täuschung zu durchbrechen und zugleich das echte Wunschelement darin, die berechtigten Hoffnungen auf ein glücklicheres Leben anzusprechen und freizusetzen. Der »Kältestrom« der Kritik darf nicht ohne den »Wärmestrom« der utopischen Zielorientierung bleiben. Wenn nämlich das falsche, illusionäre Bewußtsein nur bekämpft, widerlegt wird, wendet sich der enttäuschte Sicherheitswunsch – um ein Beispiel zu nehmen, das dem studentischen Protest trotz all seiner utopischen Gehalte noch und noch widerfahren ist – leicht gegen seinen Kritiker, der nun selber zum Urheber von Unsicherheit und Existenzangst avanciert. Nur wenn die Linke auch auf dem Gebiet der scheinbar irrelevanten falschen Bedürfnisse eine Gegenmacht darstellt, die »in die Phantasie greift« und gleichzeitig den Aberglauben austreibt, nur dann befördert sie die Herausbildung eines revolutionären Klassenbewußtseins, statt diesen Prozeß wider Willen zu blockieren.

5.

Konkrete Utopie ist das Organ für dasjenige Bewußtsein, das auf der Höhe der jetzigen Gesellschaft stehend die Verfassung der kommenden vorwegzunehmen imstande ist. Es ist, als Klassenbewußtsein definiert, seit Lukács' »Geschichte und Klassenbewußtsein« zur zentralen Kategorie des revolutionären Prozesses erhoben worden, ohne daß die Frage geklärt worden wäre, *wie* es empirisch gesehen entsteht.

Von Bloch her kann nun folgendes gesagt werden: die Phantasiearbeit, in der die Interessen und Hoffnungen für eine nicht-entfremdete

Existenz sich artikulieren, ist ebenso wichtig wie die rein rationalen Funktionen des Bewußtseins. Denn konkrete Utopie erweitert das politische Bewußtsein gerade um jenen Horizont der Ziele, auf den das Noch-Nicht-Bewußte der Tagtraumphantasien bezogen ist. Die Geschichte der revolutionären Aktionen zeigt, welche Bedeutung den unmittelbar gar nie einlösbaren utopischen Zielvorstellungen zukommt – man denke nur an die Trikolore Freiheit, Gleichheit, Brüderlichkeit.

Praktisch tritt eine Erweiterung des Bewußtseinshorizontes meist durch exemplarisches Lernen in konkreten Konfliktsituationen ein, in denen der gewohnte Erfahrungszusammenhang aufgebrochen wird. Die subjektiv erlebte Krise wird dann auch als objektive erfahrbar, die Situation aber kann, je nach der Reife der objektiven Bedingungen, zum geschichtlichen Moment werden, in dem Sozialismus auch als Perspektive subjektiven Handelns real zu werden beginnt.

Hier nun verbinden sich die Fragen einer revolutionären Pädagogik mit denen von Strategie und Taktik. Auszugehen ist einerseits von der Ambivalenz der unmittelbaren Bedürfnisse, d. h. ihrer Brauchbarkeit für Produktion und Reproduktion des Systems, zugleich ihrem Widerstandspotential. Sollen daran anknüpfende Tagesforderungen zu systemtranszendierenden Forderungen und Aktionen sich entwickeln, so bedarf es andererseits eben weitergehender utopischer Ziele.

Es wäre jedoch grundfalsch, den Nahzielen von außen irgendwelche Fernziele einfach aufzupfropfen. Denn dabei steht nicht nur ein taktisches Problem zur Debatte, sondern die Auflösung des grundlegenden Widerspruchs: Organisieren um des Nicht-Organisierbaren der menschlichen Freiheit willen, den Bloch als Dialektik von Freiheit und Ordnung durch die Geschichte der Sozialutopien hindurch verfolgt, aber ebenso als zentrales politisches Problem der Gegenwart bestimmt hat.[21] Ich möchte jetzt nur so weit darauf eingehen, wie es unter dem Blickwinkel des Verhältnisses von Nah- und Fernziel notwendig ist. Damit das Fernziel der klassenlosen Gesellschaft mit den Nahzielen und unmittelbaren Interessen sich dialektisch vermittle, kommt es darauf an, welcher Art diese seien. Es gibt Keimformen einer Gesellschaft ohne Herr und Knecht, wozu namentlich alle Beispiele aufrechten Gangs und praktizierter Solidarität zu rechnen sind, die dem Sozialismus näher und förderlicher sind als so mancher Wahlkampf oder manche spektakuläre Aktion. Neben solch kräftigem Vorgeschmack des Reichs der Freiheit – wie er vielleicht in der »mikropolitischen« Dimension antipsychiatrischer Experimente oder der Frauenbewegung zu finden ist – gibt es andere, unauffälligere Elemente der Sprache und des Verhaltens, in denen eine Aufkündigung der herrschenden Heteronomie durchscheint.

Diese im alltäglichen Leben verborgenen Keimformen einer klassenlosen Gesellschaft sind mitsamt den ökonomisch-politischen Tagesforderungen gemeint, wenn es heißt: »Sachlich muß sich das Nahziel in jedem Fernziel kenntlich machen, eben sowohl damit das Fernziel nicht leer, abstrakt, unvermittelt sei, wie damit das Nahziel nicht blind, opportunistisch, in den Tag hineinlebend sei.«[22]

So kritisiert das Fernziel jenen Nahziel-Opportunismus, dem der Sozialismus lediglich noch Ballast im politischen Gepäck darstellt, »nur dazu da abgeworfen zu werden, schlecht in die gute Stube der Sozialpartner passend«.[23] Das Fernziel kann aber auch dann zur abstrakt humanen Garnitur werden, wenn es gerade ausschließlich betont wird, den Anschluß ans Hier und Jetzt verliert. Für beide Fälle, die Dekorationsutopie etwa eines sozialdemokratischen Sonntagsredners und die leeren Worthülsen eines östlichen Parteiblattes, eignen sich zumal die hohen und höchsten Wertbegriffe – der Schritt von der Utopie zur Ideologie ist da nicht groß.

Bloch dagegen insistiert mehr auf den Utopien der Kleinheit, den unscheinbaren, kaum formulierten Hoffnungen, die aus dem Dunkel des gerade gelebten Augenblicks stammen. Er bindet die Utopie an den elementaren Stachel der Unzufriedenheit, wie er in dem kurzen Brecht-Wort: »Etwas fehlt« bezeichnet ist.[24]

6.

Etwas vom Wichtigsten, was Bloch für die Weiterentwicklung des Marxismus gebracht hat, ist seine Theorie der *Ungleichzeitigkeit*. Sie ist zur Hauptsache in dem Kapitel »Ungleichzeitigkeit und Pflicht zu ihrer Dialektik« von »Erbschaft dieser Zeit« zu finden. Fast lehrreicher noch ist die Bewährung dieser Dialektik am Material jener Zeit, wie sie im ganzen Buch geschieht.

Keine kapitalistische Gesellschaft hat sich je als völlig homogenes System, als lückenloser Zusammenhang präsentiert, aus dessen Begriff man bereits auf seine Teile hätte schließen können. Das idealistische Verfahren, sozusagen aus der Idee des Kapitalismus alles Übrige abzuleiten, trifft man freilich zuweilen an. Materialistisch kommt alles darauf an, die Dialektik in concreto zu bestimmen, der zufolge sich die herrschenden Tendenzen jeweils zum gesellschaftlichen Ganzen vermitteln.

Wie sich schon im Schoße der alten Gesellschaft die Elemente der neuen bilden, so sind in ihr auch noch Reste früherer Produktions- und

Verkehrsweisen enthalten. Diese Reste haben wie etwa das Handwerkertum vielleicht keine große ökonomische Bedeutung mehr, sie bestimmen aber entscheidend ein eigenes Bewußtsein – auch wo die Basis schon nicht mehr vorhanden ist.

Basis und Überbau wälzen sich, wie Marx in der »Vorrede zur Kritik der politischen Ökonomie« betont hat, ja keineswegs gleichzeitig und gleich rasch um. Das ökonomische Sein ist zwar das dominante Moment, die »letzte Instanz«, doch bedeutet das noch keine direkte Kausalität zwischen Sein und Bewußtsein, so daß das letztere als matter Reflex des ersteren nur zu begreifen wäre. Proletarisierte Bauern, Kleingewerbetreibende oder Angestellte können ein Bewußtsein ausbilden, das zu ihren wirklichen Verhältnissen »schief« steht. Das teilweise Weiterbestehen der alten bäuerlichen oder handwerklichen Produktionsweise verstärkt das und hilft als selber ungleichzeitige Kraft mit, ein völlig ungleichzeitiges Bewußtsein zu schaffen.

Gleichzeitig ist der Widerspruch von Lohnarbeit und Kapital – doch welcher politischer, juristischer oder kultureller Form er sich bedient, ist damit noch nicht gesagt. Die gesellschaftlichen Formen, in denen der Grundwiderspruch ausgetragen wird, entwickeln außerdem ihre eigene widersprüchliche Dynamik. Lebenskrisen des Einzelnen oder Legitimationskrisen bestimmter Institutionen sind mit den ökonomischen Krisenbewegungen nicht ohne weiteres kongruent.

Zwar gibt es eine gewisse Rangordnung der verschiedenen Widersprüche zueinander, die in ihrer Gesamtheit den strukturierten Raum einer geschichtlichen Gegenwart ausmacht. Besonders in Zeiten des Umbruchs aber schieben sich – wie bei der Alpenbildung – die verschiedenen Schichten und Sphären in- und übereinander. Widersprüche treten auf, für deren Beschreibung eine »mehrschichtige Dialektik«[25] benötigt wird.

»Überbauten, die längst umgewälzt schienen, wälzen sich wieder zurück und stehen als mittelalterliche Stadtbilder im Heutigen still. Hier ist die Schenke zum nordischen Blut, dort die Burg des Hitler-Herzog ...«[26] Das subjektiv Ungleichzeitige, wie es insbesondere beim Kleinbürger auftaucht, der vom sozialen Abstieg bedroht ist, ist »gestaute Wut«. Beim objektiv Ungleichzeitigen handelt es sich um »unerledigte Vergangenheit«[27], die in einer Art historischer Wiederkehr des Verdrängten an unvermuteter Stelle wieder auftaucht.

Das hat Konsequenzen vor allem für das Feld der *Propaganda*, die Bloch herausstellt: wenn einem Angestellten stets Begriffe gereicht werden, die ihn theoretisch zwar interessieren müßten, weil sie die allgemeinen ökonomischen Bedingungen seiner Existenz betreffen: Kapital, Profitrate, Inflationsrate, ihn aber nicht in seiner Besonderheit antreffen, weil er sich ganz anders situiert wähnt und zwischen arischem und jüdischem, »schaffendem« und »raffendem« Kapital einen Unterschied macht – dann haben wir genau die Situation im Berliner Sportpalast mit dem nun nicht mehr unbegreiflichen Jubel für den falschen Redner.

Die Niederlage der Arbeiterbewegung im Kampf gegen Hitler darf von daher nicht überraschen. »Einer der Hauptgründe dafür war die ohnehin schwunglose Reichsjammerhaltung sozialdemokratischer Art, sodann die propagandistisch fast völlig falsche Sprache der Kommunisten. Sie redeten papieren und sektiererisch zugleich, überließen so das ganze Feld bäurischen, kleinbürgerlichen Widerspruchs gegen das ›System‹ dem faschistischen Geraune, Gebrüll, betrügerischem Mißbrauch.«[28]

Statt dessen hätte hier das Brecht-Motto bewährt werden können: »Die Widersprüche sind die Hoffnungen!«[29] Der schiefe, mit unaufgehobener Vergangenheit durchsetzte Widerspruch hätte aufgegriffen, der antikapitalistische Widerspruch darin sichtbar gemacht werden können. Dazu kann das Unerledigt-Ungleichzeitige dienen, das auch der revolutionären Tradition innewohnt. Bloch erzählte, wie ein Freund zur Propaganda in Hessen Texte aus Büchners hessischem Landboten verwandte und in Thüringen aus Thomas Münzers Predigten vorlas, mit Erfolg. Das Beispiel zeigt, daß Ungleichzeitigkeit nicht gleichbedeutend mit Rückständigkeit sein muß. Es kann in der Vergangenheit auch Zukunft enthalten sein, die, konkret berichtigt, zum Leitbild unseres gegenwärtigen Handelns werden kann. Daher reklamiert Bloch das Erbe der utopischen Vorgänger des Sozialismus: »Mag der Sozialismus vor den Träumen seiner Jugend Achtung tragen, ihren Schein tut er ab, doch ihre Versprechungen erfüllt er.«[30] Konkret gewordene Dialektik modifiziert den gängigen Begriff linearen Fortschritts, ja impliziert eine neue, elastischere Geschichtstheorie. Das Schema eines Etappenfahrplans der Geschichte, nach dem der Übergang von der einen zur nächsten Etappe mit mechanischer Notwendigkeit erfolgt (in Lehrbüchern des Marxismus-Leninismus z. T. noch heute nachzulesen), diese abstrakte, eigentlich bürgerliche Idee eines unabänderlichen Fortschritts hat sich im Grunde selber widerlegt. Die meisten Revolutionen der neueren und erst recht der älteren Zeit verdanken sich gerade dem dialektischen Zusammenwirken unterschiedlicher Entwicklungsstufen der Produktivkräfte und des Bewußtseins. Eine proletarische Revolution ohne fremden »Beiklang« aber hat es bisher noch nicht gegeben.

Auch das Verhältnis der Entwicklungsländer zu den Industrienationen läßt sich nicht nach der einfachen Logik eines zeitlichen Nacheinander des geschichtlichen Stands der Produktivkräfte erfassen, wie es der Begriff der Entwicklung suggeriert. Hier, wie etwa auch im Verhältnis von wissenschaftlichem, technischem und wirtschaftlichem Fortschritt muß mit kombinierten Entwicklungsprozessen, mit der Dialektik von Vermittlung und Sprung gerechnet werden.
Die Geschichte insgesamt ist »kein einlinig vorschreitendes Wesen, worin der Kapitalismus etwa, als letzte Stufe, alle früheren aufgehoben hätte; sondern sie ist ein *vielrhythmisches und vielräumiges, mit genug unbewältigten und noch keineswegs ausgehobenen Winkeln*«.[31]
Es ist für das Gelingen eines gesellschaftlichen Emanzipationsprozesses von ausschlaggebender Bedeutung, diese mehrräumige Dialektik historischer Entwicklungen zu berücksichtigen. Die Volksfrontöffnung 1935 für das demokratische Bürgertum im Zeichen des antifaschistischen Kampfes war das verspätete Resultat einer solchen Einsicht, jedoch mit allen Mängeln einer Notlösung und abrupten Kehrtwendung behaftet: ein abstrakt gleichzeitiges Bündnis, in dem die unterschiedlichen Widersprüche der verschiedenen Sektoren sich wieder nicht aufheben konnten.
Krasser noch wirkte sich ein anderes Prinzip der stalinistischen Politik aus: der mechanische Zentralismus, der eine Nivellierung der mehrschichtigen und mehrräumigen Dialektik bedingte. Die verschiedenen Nationalitäten in der Sowjetunion zum Beispiel wurden, da sie sich in einer mehrräumigen, föderalistischen Dynamik nicht entfalten konnten, zu ungleichzeitigen »Winkeln«.
Gerade sozialistischer Politik aber müßte das nicht zur Verlegenheit werden, was letztlich die spezifische Schranke des Kapitalismus ausmacht, dem es, entsprechend der Abstraktion des Wertgesetzes von aller inhaltlichen Vielfalt, nur gelingen kann, die unterschiedlichen Klassen, Regionen oder Nationen seines Reichs in einem *abstrakt gleichzeitigen* Zusammenhang zu vereinen. Wenn ihm kein Ausweg wie der Faschismus zur Verfügung steht, droht ihm die Gefahr einer sich möglicherweise revolutionär entwickelnden Ungleichzeitigkeit, wie das entlang dem alten Gegensatz von Stadt und Land in den Autonomiebestrebungen ganzer Regionen vielerorts der Fall ist (Schweizer Beispiel: Jura).
Eine Ungleichzeitigkeit ganz anderen Ausmaßes schließlich befördert der Kapitalismus zur Zeit im Verhältnis zur Natur, indem er der Umwelt immer weniger angepaßte Technologien (Beispiel Atomenergie) entwickelt. Das bürgerliche Prinzip der Herrschaft abstrakter Form

über den Inhalt dürfte auf diesem Gebiet den gefährlichsten Widerspruch produzieren.

7.

Ein *Erbe* ist nicht nur am kulturellen Überschuß vergangener Epochen anzutreten, Erbschaft an ungleichzeitigen Gehalten der eigenen Zeit ist ebenso möglich, ja notwendig. Das ist der entscheidend neue, Lukács' klassizistischer Haltung diametral entgegengesetzte Gedanke, den Bloch im Zusammenhang der Expressionismusdebatte in die marxistische Diskussion gebracht hat.

Sozialistisches Kulturerbe ist danach vom archivarisch-kontemplativen Umgang mit überkommenen Kulturgütern grundverschieden. Es ist vielmehr, wie das Erbe am ungleichzeitigen Widerspruch zeigt, Bestandteil des praktischen Anliegens, die Interessen der Befreiung in der gegenwärtigen Gesellschaft zu artikulieren und ihnen zum Durchbruch zu verhelfen. Das Kulturerbe hat also mit Rückwärtsgewandtheit nichts gemein. Denn gerade die zukünftige menschliche Gesellschaft, auf die es bezogen ist, also das Novum, ist so neu nicht, vielmehr gerade dasjenige, was uns mit denen, die vor uns waren, verbindet. »Es wird sich dann zeigen«, sagt Marx, »daß die Welt längst den Traum von einer Sache besitzt, von der sie nur das Bewußtsein besitzen muß, um sie wirklich zu besitzen, daß es sich nicht um einen großen Gedankenstrich zwischen Vergangenheit und Zukunft handelt, sondern um die *Vollziehung* der Gedanken der Vergangenheit.«[32]

Was sich in Kunst, Religion oder Philosophie an Hoffnungsinhalten, utopischen Freiheitsanliegen in der Form des noch nicht Realisierten, Realisierbaren verdichtet und aufbewahrt hat, reklamiert der Sozialismus, um es zu verwirklichen. »Erbschaft« bezeichnet dabei den praktischen Eingriff in das Tradierte, der den ästhetischen »Vor-Schein« des Reichs der Freiheit vom ideologischen Schein, den Schlacken seiner Entstehungszeit, befreit: »vom dialektischen Materialismus wird aller bürgerlich-feudale Anteil an den Ideologien entlarvt, doch der unabgegoltene und ›kulturelle‹ Rest, als Substanz wider Willen, beerbt.«[33]

Kultur ist immer auch ideologischer Schein, dazu da, um abzulenken, zu zerstreuen, ja berauschen.[34] Sie ist das »Erfahrbarwerden des Endes der Vorgeschichte« – aber »unter den Bedingungen der Vorgeschichte«.[35] Pervertierend wirken nicht nur die Entstehungs-, sondern ganz entscheidend auch die Aneignungsbedingungen einer Idee. Die Vorstellung des dritten Zeitalters, vom kalabresischen Abt Joachim von Fiore im 12. Jahrhundert geprägt, war über Jahrhunderte hinweg bei Ketzerbewegungen und Bauernaufständen ein revolutionärer und egalitärer Impuls, bis er von Moeller van den Bruck der betrügerischen Mythologisierung des Nationalsozialismus dienstbar gemacht wurde. Gefahr also »droht sowohl dem Bestand der Tradition wie ihren Empfängern. Für beide ist sie ein und dieselbe: sich zum Werkzeug der herrschenden Klasse hinzugeben«.[36] Kälte- und Wärmestrom ist also auch hier vonnöten: das erbende Vermögen konkret-utopischer Aneignung hat Kritik und Rettung des überkommenen utopischen Materials in einem zu sein.

8.

Der Gedanke, daß Erbschaft die praktische Verwirklichung des angetretenen Erbes intendiere, führt schließlich zur These: Sozialismus bedeutet eine »*Rettung der Moral*«.[37]

Das könnte leicht mißverstanden werden. Wie es im vorigen nicht um eine »Ästhetisierung der Politik« ging – das war die Methode der Nazis –, sondern nach Benjamins Unterscheidung um »Politisierung der Ästhetik«[38], so intendiert Sozialismus auch keine Moralisierung der Politik, jedoch die Politisierung der Moral.

Was in der widersprüchlichen und so oft weltflüchtigen Form der Moral sich verbirgt, wird zu Unrecht nur mit kleinbürgerlicher Doppelmoral oder zynischer Herrenmoral in Verbindung gebracht. Gewiß, der Ausdruck »Doppelmoral« könnte für alle bisherige gelten, indem, wie am deutlichsten in Kants Zweiweltentheorie, alles dasjenige, was in der faktischen Wirklichkeit von Herr und Knecht nicht unterkam, sich aller Klassenideologie zum Trotz in eine moralische Gegenwirklichkeit gerettet hat. Gegen alle Rechtfertigung der Unterdrückung hat sich darin auch und gerade die Evidenz des Satzes behauptet: »Tausend Jahre Unrecht machen noch keine Stunde Recht.«[39]

Um dieser Wahrheit der Moral willen gibt es auch hier eine Erbschaft: umfunktioniert, auf nicht mehr entfremdete Füße gestellt, enthält sie sogar weit mehr als die vorwiegend an der Idee des Glücks orientierten Sozialutopien das Prinzip der klassenlosen Gesellschaft, den aufrechten Gang, den Respekt vor der menschlichen Würde.

So wird die Moral zum Prüfstein dafür, wie nahe wir dem Ende der Vorgeschichte seien. Denn die »Machtübernahme durch die proletarische Klasse ist eine unabdingbare Voraussetzung, aber sie leitet das Ende der Vorgeschichte erst ein, wenn sie *realisiert*, was in Klassengesellschaften nur die utopische Gestalt von Forderungen und Traumphantasien annehmen konnte«[40] oder, in seiner hartnäckigsten Gestalt, als Naturrecht sich etablierte.

Daher also kann Bloch formulieren: »Sozialismus oder Kommunismus ist dasjenige, was unter dem Namen der Moral so lange vergeblich gesucht wurde.«[41]

Nur sozialistisch kann die Demokratie, die das Bürgertum versprochen, aber zum allergrößten Teil nicht gehalten hat, verwirklicht werden. Heißt das nun, daß der Sozialismus nur neuer Wein in den alten Schläuchen der bürgerlichen politischen Institutionen zu sein habe? Neuer Wein zerreißt die alten Schläuche und geht verloren – man fülle ihn also in neue. Wie gefährlich es ist, die bürgerlich-demokratischen Institutionen unangetastet weiterbestehen zu lassen, zeigt der Fall Chile. Ein wirklich an der Macht befindlicher Sozialismus aber, der die ihm überkommenen politischen Strukturen nicht grundlegend umwälzt, läuft Gefahr, nur eine Fortsetzung bürgerlicher oder noch älterer Herrschaft mit andern Mitteln und unter anderm Namen zu sein.

Die Gefahr einer solchen Entwicklung der Dinge sah Bloch schon 1917, allerdings nicht in der Sowjetunion, sondern in dem damaligen »wehrhaften Rechtsstaat« der militarisierten deutschen Sozialdemokratie. »Wird also der deutsche Obrigkeitsstaat . . . nicht vor seiner sozialistischen Revolution besiegt und ausgetilgt, dann eben besteht die Gefahr, daß Feudalzüge in ihm, wie sie den Kapitalismus überdauert haben und ihn zu einem mit Stechschritt machten, auch seinen Sozialismus tingieren – als preußischen. Zwar fallen mit der sozialistischen Revolution die Junker implicite, doch nicht so unbedingt ihre autokratische Organisationsweise und was damit zusammenhängt . . . Vor allem aber gilt der Satz: Jedes Volk hat nur denjenigen Sozialismus zu erwarten, den es aufgrund seiner errungenen bürgerlichen Freiheiten verdient. Sozialismus ohne weitgehende Kontrolle von unten, ohne durchgängige, zwar regulierte, doch nicht dominierte Demokratie ist lediglich ein Preußentum ohne Privateigentum, also Staatssozialismus (mit Akzent mehr auf dem Staat). Der Geist von 1789 kann nicht erspart werden.«[42]

Die »errungenen bürgerlichen Freiheiten« sind freilich nicht die zur bürgerlichen Herrschaft tauglichen Instrumente der formalen Demokratie, damit ist vielmehr die endlich eingelöste Moral, der »Geist von 1789« gemeint. Als sozialistisches Erbe sind die revolutionären Elemente des Naturrechts zu aktivieren und von den ideologischen (Recht auf Eigentum u. a.) zu scheiden. Insgesamt bedeutet das, die »Rechte auf etwas« im Aufbau des Sozialismus zu stärken, also »Streikrecht, Koalitionsrecht, Recht auf Meinungsfreiheit, v. a. Mitbestimmungsrecht im Betrieb bis hin zur Produktionsleitung, schließlich als Revolutionsrecht überhaupt gegen jedes überlieferte Herr-

Knecht-Verhältnis und seine gewalthabende Obrigkeit mit oder ohne Gottes Gnaden«[43], Obrigkeitliches, Repression und Staat abzubauen. 1956 forderte Bloch daher: »Das arbeitende Volk hat nicht zu erfahren, daß es gut regiert wird, sondern daß es selber regieren soll, gehört zu einem Stück seiner Arbeit; es gibt am wenigsten ein Privateigentum am Holzhammer.«[44] Aufrechter Gang als die schwierige Vorwegnahme des Endes der Herr- und Knecht-Zeit ist doch eines der untrüglichsten Kennzeichen des Sozialismus. Und wohl auch seine beste Propaganda.

Zusammenfassende Thesen

1. Utopie ist der philosophische Begriff unserer Zeit.
2. Es gibt auch allzu großen »Fortschritt von der Utopie zur Wissenschaft«.
3. Die studentische Linke verharrt in der Isolation, solange es ihr nicht gelingt, von der »Höhe« ihrer Kapitalismuskritik auch in die »Niederungen« des Alltagskapitalismus herabzusteigen.
4. Falsches Bewußtsein ist nicht nur falsch. Phantasiearbeit ist in ihm gebunden, die die Keimform auch des revolutionären Klassenbewußtseins darstellt.
5. Konkrete Utopie verlangt Anwesenheit der Fernziele in den Nahzielen und umgekehrt.
6. Revolutionäre Propaganda muß auch ungleichzeitigem Bewußtsein Rechnung tragen. Die Idee linearen Fortschritts ist eine bürgerliche, das Haus der Geschichte hat mehrere Treppen und Räume.
7. Sozialistisches Kulturerbe ist kein Ahnenkult. Die Erbschaft gilt gerade dem Unerledigten in der Vergangenheit.
8. Sozialismus bedeutet eine Rettung der Moral.

Anmerkungen

1 Gehalten vor den Studentenschaften von Basel und Bern am 17. und 24. 11. 77
2 B. Brecht, Gesammelte Werke, Werkausgabe e. s., Frankfurt/M. 1967, Bd. 10, S. 1029
3 Geist der Utopie[1] 1918, S. 9
4 Politische Messungen, Pestzeit, Vormärz S. 428
5 In: E. Bloch, Vom Hasard zur Katastrophe, Frankfurt/M. 1972, S. 429ff.

6 Erbschaft dieser Zeit S. 15
7 K. Marx, Deutsche Ideologie, in: Frühschriften, Hg. S. Landshut, Stuttgart 1953, S. 361
8 K. Marx, Der Bürgerkrieg in Frankreich, MEW 17, S. 596
9 Naturrecht und menschliche Würde S. 225
10 K. Marx, MEW 4, S. 365
11 Erbschaft dieser Zeit S. 66, Das Prinzip Hoffnung S. 726 u. ö.
12 Vom Hasard zur Katastrophe S. 467
13 vgl. Experimentum Mundi S. 32f.
14 Spuren S. 21
15 Politische Messungen S. 397
16 Ebd. S. 403
17 Hg. R. Traub, H. Wieser, Gespräche mit Ernst Bloch e. s. Frankfurt/M. 1975, S. 198
18 Erbschaft dieser Zeit S. 149
19 Vom Hasard zur Katastrophe S. 197
20 Erbschaft dieser Zeit S. 69
21 vgl. Das Prinzip Hoffnung S. 547ff., Philosophische Aufsätze zur objektiven Phantasie S. 169ff., S. 531ff., S. 573ff.
22 Politische Messungen S. 394
23 Ebd. S. 461
24 vgl. Gespräche mit Ernst Bloch S. 74
25 Erbschaft dieser Zeit S. 122
26 Ebd. S. 109
27 Ebd. S. 122
28 Politische Messungen S. 446
29 B. Brecht, Gesammelte Werke, Bd. 18, S. 139
30 Erbschaft dieser Zeit S. 128
31 Ebd. S. 69
32 K. Marx, Deutsch-französische Jahrbücher, in: Frühschriften, S. 171
33 Erbschaft dieser Zeit S. 157
34 vgl. die betreffenden systematischen Abschnitte in Erbschaft dieser Zeit
35 O. Negt, in: Es muß nicht immer Marmor sein, Ernst Bloch zum 90. Geburtstag, Berlin 1975, S. 23
36 W. Benjamin, Gesammelte Schriften, Frankfurt/M. 1974, Bd. I, 2, S. 695
37 Politische Messungen S. 236
38 W. Benjamin, a.a.O., S. 469
39 Politische Messungen S. 444
40 O. Negt, in: Vom Hasard zur Katastrophe S. 438
41 Naturrecht und menschliche Würde S. 269
42 Politische Messungen S. 28
43 Ebd. S. 465
44 Ebd. S. 360

Wo nichts weiteres vermerkt ist, beziehen sich die Angaben auf Bände der Gesamtausgabe Ernst Blochs.

Günther Nenning (Österreich)

Bloch, Terrorist

Er begründete Zukunft[1] und konnte zuletzt nichts mehr sehen. Er philosophierte über »aufrechten Gang« des Menschen[2] und konnte zuletzt nicht mehr gehen. So starb er (am 4. August 1977 in Tübingen, 92 Jahre alt). Symbol seines »Prinzips Hoffnung«[3], dessen Wesen die Nichtenttäuschbarkeit ist wider alle Erfahrung – er lebte selber jenes »Experimentum mundi«[4], das sein letztes vollendetes Werk bleiben sollte.

So oder schlimmer werden Geistesschmocke aller Art sich auf den nun wehrlosen Alten stürzen. Alle Nachrufer im Kulturteil der Medienindustrie begehen Leichenfledderei: der große Mann ist tot, wir Kleinen leben weiter und tranchieren ihn in handliche Portionen zwecks Geistesnahrung des Publikums. Rasch surrt der Schwarm der Schmocke wieder weiter zu aktuellerem Geschmocke. Mediengerechte Fliegenschisse bleiben zurück auf jeder historischen Figur.

Mit seinem Satz »Die Philosophen haben die Welt verschieden interpretiert, es kommt aber darauf an, sie zu verändern« hat Marx aller ihm nachgeborenen Philosophie das gute Gewissen genommen. Bloch hat es ihr wiedergegeben – vorausgesetzt, sie beschäftigt sich mit dem einen Gegenstand, den der Marxsche Hammer übriggelassen hat: Veränderung der Welt; also Zukunft.

Zukunft als einzig würdiger Gegenstand der Philosophie im Zeitalter des Übergangs vom Kapitalismus zum Sozialismus – das ist, in einem Satz, die Leistung Blochs.

Die Leistung der akademischen Philosophie ist die Weitergabe bisheriger Philosophie durch Philosophieprofessoren an künftige Philosophieprofessoren, deren Aufgabe die Weitergabe bisheriger Philosophie an künftige Philosophieprofessoren ist. Mit dem Leben der normalen Menschen hat das garantiert nichts zu tun.

Auch Bloch war Philosophieprofessor, aber mit Rückwirkung auf die Realität. In Leipzig wurden seine Vorlesungen überwacht, seine Studenten vom Staatssicherheitsdienst beschattet; seine Werke wurden in der DDR proskribiert. Er selbst wäre womöglich eingesperrt worden (wie sein Schüler Wolfgang Harich) – wäre er nicht 1961, nach dem Mauerbau, sicherheitshalber in Westdeutschland geblieben, wo er gerade auf Vortragsreise war.

In der BRD genoß er die Geistesfreiheit. Als Professor in Tübingen hat ihm niemand was getan, obgleich er deklarierter Kommunist blieb; im CDU-Staat gab's noch kein Berufsverbot.

Als man ihm beiläufig vorwarf, er habe seinen Satz »*Ubi Lenin, ibi Jerusalem*« nie revoziert, antwortete er, »*Ubi Breschnew, ibi Jerusalem*« habe er nie gesagt.[5] Im Gegenteil, die sowjetischen Machthaber nannte er, als sie in Prag einmarschierten, »*Enkel der Ochrana*« (des zaristischen Geheimdienstes).[6]

Die offizielle DDR nahm den Zukunftsphilosophen so ernst, daß sie ihn verfolgte; die offizielle BRD so unernst, daß sie ihn ignorierte. Geistesverfolgung heißt man auch: Respekt vor dem Geist (in Form von Angst vor ihm); Geistesfreiheit immer auch: was einer denkt, ist uns Herrschenden herzlich wurst.

Tolerant sind, die sich ihrer Herrschaft sicher fühlen. Als sich Blochs Wirkung, wie im Osten, so im Westen, zeigte, wurden zumindest ideologische Gegenmaßnahmen ergriffen.

Blochs Philosophie machte eine ganze Generation junger Theologen rebellisch. Gegen die aufeinanderfolgenden Wellen der sämtlich von Bloch inspirierten »Theologie der Zukunft» (Rahner), »Theologie der Hoffnung« (Moltmann), »Theologie der Revolution«, »Theologie der Gewalt« (Metz, Girardi, Casalis) wurden ganze Kohorten mediokrer vatikanischer und lutherischer Hauskapläne in die Schlacht geführt. *Die vom vielhundertjährigen, alltäglichen Bündnis zwischen Kirche und Herrschaft zugeschütteten Quellen der christlichen Botschaft: Hoffnung, Zukunft, Veränderung – wurden vom Atheisten Bloch unerbittlich, liebevoll, kenntnisreich freigeschaufelt.*[7] Sein Frühwerk »Thomas Münzer als Theologe der Revolution«[8] ist ein christliches Standardwerk so gut wie ein marxistisches.

Folgerichtig stand die Entdeckung der Blochschen Philosophie am Ursprung des christlich-marxistischen »*Dialogs*« der sechziger Jahre. Was in ihm herauskam an fundamentalen Gemeinsamkeiten von Christen und Marxisten, findet sich sämtlich bereitgelegt in der Blochschen Philosophie/Theologie. Nach einigen Jahren endigte der »Dialog« mit Auswechslung der Dialogpartner innerhalb ein und derselben Dialogisten: ZK-Mitglied Roger Garaudy wurde Christ; Salesianermönch Giulio Girardi Marxist.

Solchem gefährlichen Unfug wurde vom Moskauer wie römischen Vatikan energisch gegengesteuert. Zugleich mit dem Einmarsch der Panzer in Prag wurde dem »Dialog« der Garaus gemacht; sein Höhepunkt war der Kongreß der Paulus-Gesellschaft in Marienbad, ein Jahr vor dem Einmarsch; seine frühesten und heftigsten Protagonisten waren Figuren des Prager Frühlings wie der Extheologe, KP-Ideologe, Universitätsprofessor Milan Machovec, den wie die anderen Dialogisten Berufsverbot traf. Im »Westen« schloß die KPF den Hauptdialogisten Garaudy aus.

Zugleich mit den sowjetischen rollten auch die vatikanischen Panzer. Hauptdialogist Pater Girardi, Konzilsberater und Vertrauter des Kardinals König, wurde – spiegelbildlich zu Machovec, Garaudy usw. – aller Funktionen, erst als Professor, dann als Priester, enthoben. Fast alle katholischen und protestantischen Dialogisten traf ein ähnliches Schicksal, außer Karl Rahner, der rechtzeitig die Kurve zurück ins Konservative kratzte. Das II. Vaticanum, das die Signalflaggen gehißt hatte für die Begegnung mit dem Marxismus, wurde in diesem Punkte beinahe so illegal und ausgetilgt aus dem offiziellen Gedächtnis wie der XIV. Parteitag der KPČ vor dem sowjetischen Einmarsch. Blochs ungeheurer Wirkung hinüber in den christlichen Bereich steht im marxistischen Bereich zunächst nichts Vergleichbares gegenüber. Unter seinen Schülern sind viel mehr Theologen als Marxisten.

Er war natürlich ein Erzrevisionist. Zum langen Marsch der weltgeschichtlichen sozialistischen Bewegung aus der Phase des abgesonderten »Lagers« in jene der allmählichen »Integration« in sämtliche bürgerliche Institutionen gehört die entsprechende ideologische Begleitmusik. Diese Musik ist der Revisionismus. Zwar erhoben schon Marx und Engels mit legitimer Arroganz den Anspruch, ihre Theorie beerbe alle Philosophie, insbesondere die gegnerische, idealistische. Aber erst Bloch hat diesen Anspruch wirklich eingelöst.

Für eine lange Zeit hinter Marx und Engels wirkte der Marxismus als ideologisches Werkzeug der Loslösung der Arbeiterklasse aus der bürgerlichen Formation, Verselbständigung der sozialistischen Bewegung; dies war berechtigt und nötig. In unserer Epoche ist diese Verselbständigung vollzogen; eben darum ist der Einzug einer autonom gewordenen sozialistischen Bewegung in die bürgerlichen Institutionen national wie international möglich sowie auch notwendig, um die Entwicklung zum Sozialismus voranzutreiben. In einem solchen Zeitalter wird Bloch, der sich aus allen revolutionären Wurzeln der bürgerlichen Philosophie nährt und so zu einem revidierten, d. h. neugesehenen Marxismus gelangt, auf lange Frist zu dementsprechend epochaler Wirkung kommen.

Bloch macht vollen Ernst damit, daß der Marxismus die Aufhebung aller bisherigen Philosophie sei:
Aufhebung als Aushebelung, Vernichtung der historisch nutzlosen akademischen Varianten von Philosophie;
Aufhebung als Aufbewahrung aller auf Zukunft gerichteten Varianten von Philosophie;
Aufhebung als Emporhebung bisheriger Philosophie auf ein neues, der Marxschen Wende gemäßes Niveau.
Dies freilich um den Preis der *Aufhebung auch des Marxismus selbst* – in seiner bisherigen Gestalt als eine in rechtgläubige Sekten aufgespaltene Orthodoxie.
Seit Bloch sind Marxisten als Doktrinäre unmöglich, es sei denn als ebenso jämmerliche Figuren wie die diversen bürgerlichen Schulphilosophen. Die sowjetischen und, sowjetischer noch als die sowjetischen, DDR-Schulphilosophen, Blochs wütendste Gegner, sind einbezogen in den von Marx prophezeiten Untergang aller bisherigen Philosophie, und dies aus dem von Marx angegebenen Grund; sie begnügen sich mit Interpretation ihrer eigenen Welt, wo es doch darauf ankommt, diese zu verändern.
Unter dem Leitstern: *Veränderung der Welt, also Zukunft, hat Bloch dem Marxismus unwiderruflich einverleibt alle großen, unterwegs liegengebliebenen Kategorien bisheriger Philosophie.* Sein Marxismus ist deren Fortsetzung mit anderen Mitteln.
Die zeitgenössische, bürgerlich wie sozialdemokratische Haupt- und Staatsphilosophie ist der Positivismus, lendenlahme Kapitulation vor der Wirklichkeit, wie sie ist, nämlich gar nicht positiv, sondern kapitalistisches Mach- und Flickwerk (oder staatskapitalistisches Mach- und Flickwerk; auch die sowjetische Schulphilosophie ist auf ihre Weise »positivistisch«). Dem setzt Bloch entgegen die hinreißende *Rehabilitierung der Utopie* – sie ist nicht Illusion, gemessen an der übermächtigen Wirklichkeit, sondern künftige Wirklichkeit, die jetzt schon *»deutlich vorausdämmert«*, ein *»Denken nach vorn«*, bei dem Gegenstand wie Methode konkret angebbar sind durch ein von Bloch vielstrapaziertes Zitat des jungen Marx: »Traum von einer Sache, von der wir nur das Bewußtsein zu besitzen brauchen, um sie selbst zu besitzen.« Das meint Bloch mit *»konkreter Utopie«* als würdige Beschäftigung für wohlinformierte Hoffnung (»docta spes«).[9]
Damit hat Bloch die von Marx und Engels ausgesprochene Verdammnis aller Utopie ins Gegenteil gewendet, aber auf dem Boden des Marxismus. Utopie ist ihm die höchste Kategorie aller Philosophie seit Platon, und seit Jesus die größte aller Religionen. Bloch gegenüber ver-

sinken die philiströsen Positivisten unserer Tage auf das »streng wissenschaftliche« Niveau des Doktor Pelikan bei Wilhelm Busch:

Und den Doktor Pelikan
sieht man sich bedächtig nahn,
und es spricht sein Angesicht,
wie es kommt, das weiß man nicht.

Daher soll auch nichts kommen, sondern sicherheitshalber alles bleiben, wie's ist. Zukunft ist grundverdächtig für allen Positivismus. Dessen Papst Popper verfolgt alle »Utopisten«, von Platon über Jesus bis Marx und wieder retour, mit einer Mischung aus bornierter Arroganz und mühsam verwissenschaftlichtem Haß im Umfang von mehreren Bänden.[10]

Die bürgerliche Philosophie, und ihr nachfolgend die doktrinär-marxistische, entwickelte einen platten, verkümmerten und verkommenen Begriff von Materie und Materialismus. Dem setzt Bloch entgegen den ganzen von ihm freigelegten blühenden Reichtum einer *Materie, die nicht ärmlicher Gegensatz zum Geist ist, sondern diesen in sich enthält und desto mehr aus sich entfaltet, desto mehr sie in die Zukunft gerät.*

Von den griechischen »materialistischen« Philosophen, über »christlichen Materialismus«, als welchen er die deutsche Mystik (Jakob Böhme) enthüllt, bis zur Dissertation des jungen Marx und dessen späteren Materialismus-Definitionen (im Gegensatz zum Vulgärmaterialismus von Engels) leistet Bloch das wuchtigste Stück Rehabilitations- und Oppositionsarbeit aller Geschichte deutscher Philosophie überhaupt.[11]

Mit alledem hat man sich immerhin, ob für oder gegen Bloch, auf christlicher Seite höchst umfangreich und großteils auch intelligent befaßt. Die theologische Literatur zu Bloch füllt Regale. Von sozialistischer, kommunistischer, sozialdemokratischer Seite entspricht dem vorläufig nichts, weder an Qualität noch Umfang.

Am schlimmsten ist es bei den Sozialdemokraten. Helmut Schmidts Hausphilosoph ist Popper, Denunziant aller Systemveränderer; wer Zukunft will, und gar eine andere, ist kein harmloser Utopist, sondern »totalitär«, gemeingefährlich, geistiger Bombenwerfer, Terrorist.[10]

Ernst Bloch und seine Anhänger – die manchen, die er schon hat, und die vielen, die er noch kriegen wird – sind die Baader-Meinhof-Bande der Philosophie. Und Sozialismus, der denkt statt schießt, ist auf Dauer nicht umzubringen.

Anmerkungen

1 Erstmals in: »Geist der Utopie«, 1918, Neufassung 1923; Neuauflage in Gesamtausgabe Suhrkamp, Frankfurt 1959ff. (GAS), Bd. 3, 1964
2 »Naturrecht und menschliche Würde«, GAS, Bd. 6, 1961
3 Hauptwerk, 2 Bde., geschrieben 1938ff., veröffentlicht in GAS, Bd. 5/1,II, 1959
4 GAS, Bd. 15, 1975
5 Spiegel, 8. August 1977
6 NEUES FORUM August/September 1968
7 »Atheismus im Christentum«, GAS, Bd. 14, 1968
8 1921, Neuauflagen Bibliothek Suhrkamp 1962, GAS, Bd. 2, 1969
9 »Geist der Utopie«, a.a.O.; »Prinzip Hoffnung«, a.a.O., passim
10 »Die offene Gesellschaft und ihre Feinde«, 2 Bde., München 1975
11 »Das Materialismusproblem«, GAS, Bd. 7, 1972

Franz Mayrhofer (Österreich)

Wo ist der Nachfolger des Philosophen Bloch?

Wenn man fragt, wer Ernst Bloch folgen werde, sollte man zuerst sehen, wer denn dieser Mann war, dessen Tod von so vielen auch außerhalb des deutschen Sprachraumes beklagt worden ist!

Wer war Ernst Bloch? Ein Philosoph. Was ist das aber heute, was bedeutet das: Philosoph sein?

Ist das ein Mann, der viel weiß, dieses Wissen Studenten in Vorlesungen an einer Universität weitergibt?

Ein Mann, der eine bestimmte Sparte der Wissenschaft – nicht ein naturwissenschaftliches, technisches Fach – beherrscht und dieses Können einem Konzern, einem Unternehmen oder auch dem Staat zur Verfügung stellt?

Ein Mann, der es sich leisten kann, seinem innersten Hang nachzugeben, seinen Ansichten von Gott, Welt und Menschen, und diese auch in Büchern kundzutun?

Versucht man an dieser Gestalt Ernst Bloch einen Beruf, manche sagen sicher, und mit Recht, eine Berufung nachzuzeichnen, so versagt die eben gezeigte kleinliche Fragestellung.

Ernst Bloch: Oft sagt ein Bild von einem Menschen mehr als alle noch so bemühte Beschreibung: Ein Schädel, dem man Querköpfigkeit und Rebellion ansieht, prophetischen Väterhabitus, Radikalität und – Schalk.

Ernst Bloch. Dieses Rätsel von einem Menschen einzukreisen, bedeutet für mich so viel wie für einen Bergsteiger, sich im Himalaja an einen Achttausender heranzutasten. Ein Tal, ein Berg, ein Tal, ein Berg, und noch ein Tal und noch ein Berg und immer noch einmal das ermüdende Überwinden von Steigung und Gefälle – bis schließlich im Zeitpunkt der Erschöpfung der ersehnte Berg sich aufrichtet, als ganzer sichtbar, aber nur, wenn man den Kopf in den Nacken zurücklegt.

Ernst Bloch: Seine Weisheit war die eines Patriarchen, seine Unbefangenheit im Fragen die eines Kindes, seine Wortgewalt die eines Propheten und die Bildersprache die eines Novellisten.

Was aber war sein Denken?
Er sprach einmal vom »Bedeutungshof ums Genaue der Worte herum«. Wie der Mond an Tagen mit bestimmten atmosphärischen Verhältnissen einen Hof hat, in dem seine Konturen, die Ränder seines Horizonts sich gleichsam auflösen oder in sie übergehen, so müßte man die Begriffe schärfen, um klar zu sehen.
Drei Begriffe tauchen immer wieder auf, Schlüssel zum Denkgebäude dieses Mannes: Utopie, Noch-Nicht-Sein, Hoffnung. Sie kennzeichnen die inneren und die äußeren Grenzen dieses Denkens, das klar und eindeutig links stand – aber wie.
Nach außen hin dem Marxismus und Materialismus verpflichtet, haßte Bloch nichs mehr als alles Billige und Vulgäre, mit dem in diesem Bereich argumentiert wird. Er war eben Philosoph und nie Ideologe, was sich daran erweist, daß er christlicher Theologe und jüdischem Messias-Denken ein Menschenbild abringt, das in seiner Weltverhaftetheit und in seinem Anspruch, das Noch-Nicht in die Realität überzuführen, einen Überstieg des Menschen über sich selbst zu leisten, dem Menschenbild und -verständnis seines Gegenpols Thomas von Aquin ganz nahekommt.
In seinem »Materialismusproblem« beschäftigt sich Bloch ja auch ausführlich damit; vor allem in der Geschichte des Materie-Verständnisses sieht man die Ehrlichkeit Blochs seinen intellektuellen Antipoden gegenüber.
In »Avicenna und die aristotelische Linke« schrieb Bloch 1952 an den Anfang der Betrachtung – und das soll ein wenig charakterisieren, wie Bloch dachte und argumentierte: »Alles Gescheite mag schon siebenmal gedacht worden sein. Aber wenn es wieder gedacht wurde, in anderer Zeit und Lage, war es nicht mehr dasselbe. Nicht nur sein Denker, sondern vor allem das zu Bedenkende hat sich unterdes geändert. Das Gescheite hat sich daran neu und selber als Neues zu bewähren. Was besonders folgenreich bei den großen morgenländischen Denkern der Fall war. Sie haben das griechische Licht zugleich gerettet und verwandelt.«
Mit Friedrich Engels versteht Ernst Bloch den Materialismus als »Erklärung der Welt aus sich selbst«.
Alles was in einer der möglichen Zukünfte sich ereignen wird, ist schon immanent vorhanden und ist vom Menschen zu entwickeln. Da findet sich nur eine Weichstelle, auch wenn der Zwang zur Entwicklung vorhanden ist. Der Impetus, der Drang nach vorn? Welchen atomaren Konstellationen im menschlichen Bewußtsein ist er zu danken? Die konkrete Utopie, das Noch-Nicht findet sich hier logisch angeschla-

gen, weil das Bewegende, Überführende in dialektischem Sprung von der Quantität in eine Qualität als atheistischer Klopfgeist zugegen zu sein hat. Was davon zu halten ist, steht im zweiten Kursus des »Materialismusproblems« über die Materie im dialektischen Weltgeist manchesmal geradezu amüsant nachzulesen.

Diese Hohlstellen hat Ernst Bloch selbst ganz sicher gespürt, je länger er in Tübingen arbeitete. Er hatte die DDR und Leipzig verlassen, wo er zunächst einmal auf seinem Lehrstuhl untragbar geworden war (seine zweite Emigration – die erste hatte den Juden Bloch über Paris und Prag nach Cambridge im Staate Massachusetts getrieben) und sah schließlich nach dem Mauerbau selbst keine Chance mehr, in diesem Land zu wirken. So blieb er nach einer Vortragsreise in der Bundesrepublik Deutschland. Und da bahnte sich – Bloch soll deswegen jetzt nicht als anonymer Christ und damit als Ketzer dargestellt werden – immer mehr eine Hinwendung zu seinem ersten berühmten Werk von 1918, dem »Geist der Utopie« an.

Aus dem Jahr 1961 stammt die folgende Passage, als er über die Frage »Kann Hoffnung enttäuscht werden?« seine Tübinger Eröffnungs-Vorlesung hielt:

»Der Weltprozeß ist noch nirgends gewonnen, doch freilich auch: er ist noch nirgends vereitelt, und die Menschen können auf der Erde die Weichensteller seines noch nicht zum Heil, aber auch noch nicht zum Unheil entschiedenen Wegs sein. Die Welt bleibt in ihrem Insgesamt das selber höchst laborierende Laboratorium possibilis salutis. Weshalb gesagt werden kann: ›Ein Tag ist und bleibt auch weiter vorn, so unüberhörbar, daß selbst den Geiern und denen, die ihre Knie gebeugt haben vor dem Baal, vor der prometheischen Unsterblichkeit graut.‹ Heraklit aber sagt: ›Wer das Unverhoffte nicht erhofft, wird es nicht finden.‹ Soviel hier über den Anruf, nach dem Menschsein in dem transzendentalen Sinn, der es gründet, Überschreiten heißt. Der Anruf verträgt sich nicht schlecht mit der menschlichen Würde und öffnet den Zugang zu jenem Meer des objektiv-real Möglichen, das der Positivismus nicht austrocknen kann, die Spekulation nicht ungeregelt befahren soll. Item, die Hoffnung der Zukunft verlangt ein Studium, das die Not nicht vergißt und den Exodus erst recht nicht. Das Überschreiten hat viele Formen, die Philosophie sammelt und bedenkt – nil humani alienum – alle.«

Bedenkt man diese Aussage am Grabe des marxistischen Metaphysikers, dann versteht man die Frage: Wer folgt Ernst Bloch?

Wie beschaffen muß dieser Intellekt sein? Wird er rechts stehen oder links – denn er muß wo stehen, einen Topos besitzen, will er nicht ohne

Gesicht dastehen und reden; wird er je diese umfassende Größe erreichen können, da die Rufe hie Frankfurter Schule, hie Wittgenstein, oder wie immer sie lauten mögen, eine Spezialisierung und Etikettierung besorgt haben, die dem Fach Philosophie im ursprünglichen und ureigensten Sinne Ansehen und Möglichkeiten geraubt haben?
Nun, würde Bloch sagen, man muß sie ja nicht rauben lassen. Man braucht dazu nur nachzuschlagen, was er 1970 auf Schloß Kleßheim in Salzburg gesagt hat, beim Religionsgespräch des ORF, über »Aufklärung und Teufelsglaube«: »Wieso kann aus dem Möglichen gerade das Gute und Heilvolle geboren werden und nicht das Unheilvolle, das doch auch möglich ist? Doch gerade der Begriff ›Hoffnung‹, die docta spes, impliziert ja, daß hier astronomische Sicherheit oder eine gesicherte Transzendenz oder ein Marsch auf der Landstraße unseres Lebens und unserer Geschichte ausgeschlossen sind, auf dem wir ganz genau wissen, daß nach einer Dreiviertelstunde auf der rechten Seite ein Wirtshaus steht, wo für uns schon eine Suppe bereitsteht. Das haben wir alles nicht, das wäre ja Zuversicht und zu schön, um wahr zu sein – wie ein geprüfter kleiner Volkssatz heißt. Vielmehr kommt hier die Kategorie der Gefahr mit ins Spiel, die wir doch durchaus auch haben und die etwas Böses ist und ungesichert macht und sehr leicht in Vereitelung umschlägt, so daß man also den berühmten Hölderlin-Satz ›Wo Gefahr ist, wächst das Rettende auch‹ ebenso und viel empirischer umkehren könnte: Wo Rettung ist, wächst auch die Gefahr, weil wir ja das Widersacherische, die Widerfahrnisse auf unserer Fahrt dauernd im Gefühl haben und zwar auch politisch.«

Eine große Gabe scheint Ernst Bloch besessen zu haben, wenn davon auch kaum einmal etwas publiziert oder auch nur gesprächsweise angedeutet worden ist: die Geduld, das Wichtige nicht an sich zu reißen, sondern auf sich zukommen zu lassen. Daß er dazu eine eminent philosophische Begabung war, beweist, daß er schon nach sechs Semestern Studium seine Dissertation über Rickert abgeliefert hat.
Das Gewaltsame schien ihm fremd. Daß er den studentischen Protestbewegungen in der Bundesrepublik Deutschland nie seine Sympathie entzogen hat, läßt eher auf die Sympathie zum Vorwärtstreibenden, zum Dynamischen schließen als auf Zustimmung zu Verletzung und Beschädigung von Eigentum. Was ihm hingegen die studentische Linke ins Grab nachsprach, etwa Rudi Dutschke, war einfach Ideologie, mißbräuchliche Inanspruchnahme eines Menschen und eines Geistes, der sicherlich an sich selbst litt bis zuletzt. Wenn dazu die Fachschaft Philosophie an der Universität Tübingen nicht imstande war,

einen Sprecher zur Laudatio funebris für alle zu entsenden, kann man sich vorstellen, woran die Philosophie krankt.
Wer folgt Ernst Bloch? Die Begabungen im deutschen Sprachraum – sind sie vorhanden? Werden sie schon als Assistenten früh von ihren Ordinarien im administrativen Dienst verschlissen? Läßt man Junge aufkommen?
Die zweifache Emigration Blochs, als Jude und als Philosoph, scheinen seine Größe gefördert zu haben. Er kam als Titan zur Welt, und er konnte sich zum Titanen entfalten. Er stand offensichtlich immer auf dem Berg vor dem brennenden Dornbusch, ohne etwas zu sehen. Aber von dort her bezog er das Wissen. Er verband Gedanken und Bild, um sich verständlich zu machen. Das war sein gelobtes »Prinzip Hoffnung«.

Carlo Cardia (Italien)

Ernst Bloch – ein großer Deutscher ist gestorben

Ernst Bloch, einer der bedeutendsten deutschen marxistischen Denker ist tot. Seit 1962 wirkte er als Professor an der Universität Tübingen und veröffentlichte während seines letzten Lebensabschnitts zwei seiner wichtigsten theoretischen Werke, die zugleich seinen geistigen Weg markieren: »Die Ontologie des Noch-Nicht-Seins« (1961) und »Atheismus im Christentum« (1968). Dank letzterer Arbeit, die 1971 in Italien veröffentlicht wurde, ist Bloch vielleicht einem größeren Publikum als der Philosoph der »Hoffnung« bekannt, der das Alte und das Neue Testament mit den Mitteln der historischen Kritik »neu lesen« wollte, um darin die »großen Versprechungen« der Religion aufzuspüren, die die Geschichte nie verwirklicht hat, der aber auch die Geschichte des Menschen durch eine Optik betrachten wollte, die die Dimension des Heute überschreitet und sich an das letzte »Eschaton« des – individuellen und kollektiven – menschlichen Geschicks wendet. Das lange Leben Blochs – und das umfassende wissenschaftliche Werk – haben sich in einem Zeit- und Problembogen entwickelt, der viel weitreichender und komplizierter ist. 1885 in Ludwigshafen geboren, absolviert er seine humanistischen und wissenschaftlichen Studien an verschiedenen Universitäten (München, Würzburg, Berlin und Heidelberg) und veröffentlicht um das Jahr 1920 »Geist der Utopie« und »Thomas Münzer als Theologe der Revolution«. Durch die Machtübernahme der Nazis wird das Schicksal Blochs mit der Tragödie und den Problemen des Vor- und Nachkriegsdeutschlands verknüpft. Sein Exil führt ihn nach Wien, Paris, Prag, zu einem langen Aufenthalt nach New York und endet nach dem Krieg mit der Rückkehr in die DDR, wo er bis 1956 an der Universität Leipzig lehrt.

Aus den fünfziger Jahren stammt sein Hauptwerk »Das Prinzip Hoffnung«, aus dem Jahr 1956 der Essay über »Differenzierungen im Begriff Fortschritt«, und aus der gleichen Zeit datieren seine Schwierigkeiten in den Beziehungen zu der dramatischen Realität der DDR, die 1961 mit Blochs Entschluß enden, in Tübingen zu lehren.

Bloch hat vom Beginn seiner theoretischen Untersuchungen an versucht, die Beziehung aufzuspüren, die die Gedanken von Marx mit dem dialektischen System Hegels verbindet, und stellt deshalb in den Mittelpunkt seiner Analyse – die im Rahmen der klassischen deutschen Kultur entstanden ist und sich in ihm entwickelt hat – das Gemeinsame, das durch noch nicht erforschte Beziehungen »Utopie« und »Geschichte« im Erneuerungsprozeß der Gesellschaft verbindet. Das Wiederentdecken und das Ergründen der *utopischen* Komponente wird der Angelpunkt der Gedankenwelt Blochs, der jedoch dieser Vorstellung ausdrücklich jede negative oder abwertende Bedeutung nimmt: *Utopie* ist nicht *Traum*, sondern *Wunsch nach dem Neuen*, das in der Gegenwart enthalten ist, und *Vorgefühl* dessen, was dem Menschen fehlt, um ihn wirklich menschlich zu machen; und durch das ständige, nie abgeschlossene Werden einer Gesellschaft, die verschiedene Beziehungen zwischen den Menschen und Klassen sucht, zeichnet sich die revolutionäre Bewegung gegenüber jeder anderen konservativen Form oder jedem anderen naturrechtlichen Modell aus.
Zum Kennzeichen des Sozialismus als höhere Form der sozialen Organisation wird dann die Fähigkeit, fortwährend schöpferisch tätig zu sein, und zwar im Bewußtsein, daß der Kern des Menschen – die anthropologische Substanz – auch in der Natur nicht genau umrissen ist; er trägt in sich alle Keime der Zukunft, aber diese manifestieren sich in der historischen Entwicklung auf immer neue Art. Der Sozialismus wird zum geschichtlichen Ausdruck der Kreativität, die den Menschen von allen Formen der Verwirrung befreit und ihn befähigt, alle seine Möglichkeiten und Werte zu entfalten.
Beinahe zwangsläufig wendet sich die Analyse Blochs dem Studium des *traditionellen Reichs der Utopie* zu: der Religion, und sucht in ihr die kämpferischen (wie auch friedenbringenden) und auf die Bedürfnisse des Menschen hinweisenden Bestrebungen; es ist eine Analyse, der bis jetzt nicht die ihr gebührende Beachtung zuteil wurde, sowohl wegen der Entstellungen, mit der sie veröffentlicht wurde, als auch wegen der noch nicht abgeschlossenen Untersuchungen, denen sie unterzogen wird; sie hat aber bereits zu bemerkenswerten Formulierungen geführt. Die gesamte mythische, religiöse Vision steht für Bloch im Gegensatz zur Dekadenz der bürgerlichen Gesellschaft und alte biblische Formulierungen gewinnen – oder können dies tun – eine verblüffende innovative und revolutionäre Überzeugungskraft. Der »aufrührerische Schrei« *Eritis sicut Deus, scientes bonum et malum*« wird zum theoretischen Symbol für die Schaffung des *Reiches des Menschen*: »Ich werde der sein, der ich sein werde« ist das, was der hebrä-

ische Gott aus dem »brennenden Dornbusch« spricht und so den Menschen auf eine ewig neue Geschichte hinweist; während Augustinus bemerkt jenes »*Dies septimus nos ipsi erimus*«, um uns daran zu erinnern, daß »wir am siebenten Tag, der noch nicht gekommen ist, in unserer Gemeinschaft wie in der Natur wir selbst sein werden.« Blochs Studium der zahlreichen religiösen Schriften, vor allem der alttestamentarischen, wird so eine originale Möglichkeit, um die Illusionen, die Hoffnungen, die »Utopien« der Völker und der Gesellschaften zu sammeln und »auch durch sie« die Komplexität und die Dramatik des vergangenen und künftigen Wesens zu verstehen.

In einer theoretischen Produktion von dem Umfang der Arbeiten Blochs und auf dem von ihm analysierten Gebiet fehlt es natürlich auch nicht an – ebenso schwerwiegenden – Problemen. Einerseits die aus der Tradition des materialistischen und wissenschaftlichen Marxismus oder aus der positivistischen Kultur im allgemeinen ererbten Schwierigkeiten, die sich dahingehend auswirken, jede mit dem Studium des Menschen vom anthropologischen (und psychologischen) Standpunkt aus zusammenhängende Problematik zu verflachen; andererseits die gleichen Schwierigkeiten, denen man bei der Analyse Blochs begegnet, wenn er *Utopie* und Geschichte (die heutige Geschichte) verknüpft, wenn er versteht aufzuzeigen, wie aus der *Utopie Wissenschaft wird* (und auch Soziologie), wenn er den Veränderungen der zeitgenössischen Gesellschaft nachspürt. All das hat komplexe Beziehungen zwischen Bloch und einigen Strömungen des zeitgenössischen Marxismus geschaffen, hat aber auch dazu beigetragen, daß Bloch zu einer unabhängigen und ursprünglichen Auffassung gelangte, die integrierender Bestandteil der marxistischen Kultur ist: sie betont die Forderung und die Notwendigkeit, die Kreativität des Menschen bei der Schaffung einer besseren Gesellschaft und einer Humanität auf höherer Ebene zu aktivieren, gemäß einer weiteren berühmten Formulierung, derzufolge »*ein Noch-nicht-Seiendes in allem vorhanden ist, weil man so vieles über den Menschen noch nicht weiß, so viele Dinge der Welt noch nicht geboren sind.*«

Furio Cerutti (Italien)

Ernst Blochs Philosophie der Revolution

Also ist nun auch er tot, der vorletzte (es bleibt noch Herbert Marcuse) Vertreter einer europäischen geistigen Generation aus der Zeit zwischen den beiden Weltkriegen, die aus heutiger Sicht wie eine epische Vergangenheit wirkt. Bloch und der gleichaltrige Lukács waren die ältesten (Jahrgang 1885). Er kam von noch weiter her, von den ersten Kontakten mit dem Sozialismus des Wilhelminischen Deutschlands und vom Heidelberger Kreis Max Webers. Mit »Geist der Utopie« (1918) und »Thomas Münzer« (1921) hatte er sein expressionistisches Stadium durchlaufen; das zweitgenannte Werk zeichnet in philosophischer und prophetischer Sicht die Figur des protestantischen Theologen, des Anführers der aufständischen deutschen Bauern. Die Debatte über den Expressionismus, an der sich zahlreiche Persönlichkeiten – darunter auch Brecht – in den dreißiger Jahren beteiligten, hatte seinen theoretischen Bruch mit dem orthodoxen Lukács besiegelt. Und in diesen bewegten und trügerischen Jahren hatte er in »Erbschaft dieser Zeit« und in den später veröffentlichten Schriften mit dem Titel »Politische Messungen, Pestzeit, Vormärz«, Gedanken über die bürgerliche Geschichte und den bürgerlichen Geist, vor allem in Deutschland, festgehalten.

Bloch ist, trotz aller gegenteiligen Behauptungen, nie militanter, eingeschriebener Kommunist gewesen, wie im übrigen auch Bert Brecht nicht. Dennoch hat er sich nach der Rückkehr aus der Emigration in Leipzig niedergelassen, zunächst von den Behörden der DDR geehrt, dann ungern gesehen, dann durch die Ächtung seiner Schriften (die ich hier nicht anführen will) und seiner Schüler getroffen, die entweder im Gefängnis landeten oder sich anpaßten.

Aber nicht einmal diese letzte Bastonade der Geschichte hat den alten Löwen zerbrochen, der mit starker Stimme, die ewige Pfeife im Mund, orphische Sätze und volkstümliche Sprüche von sich gab, statt sich einer professoralen Redeweise zu befleißigen. Auch der BRD, in die er 1961 übersiedelte (ein schöner Euphemismus, da er in Leipzig Haus

und Bücher zurückließ) gelang es nicht, aus ihm einen Verteidiger der westlichen Lebensart zu machen; im Gegenteil, Bloch stand in der ersten Reihe der Intellektuellen, die gegen das Massaker des Imperialismus und die autoritäre Entwicklung in Deutschland auftraten; er blieb eine der wenigen von der gesamten neuen Linken anerkannten »Autoritäten«. Mit ihm verläßt uns ein Mensch, dessen Gedankenwelt nicht nur zutiefst von den Krisen und kollektiven Hoffnungen der letzten hundert Jahre geprägt war (der Rückschritt und das Zugrundegehen der bürgerlichen Ordnung, der Oktober), sondern der auch Werke hervorgebracht hat, die angesichts einer Geschichtsauffassung, die sich in der Berichterstattung und der Statistik erschöpfte, immer aktuell sind und es in Zukunft bleiben werden: Utopie, transzendente Hoffnung.
Es wird jedoch nicht leicht zu erreichen sein, daß Bloch – der meiner Meinung nach zu wenig ins Italienische übersetzt wurde und den ich eigentlich für unübersetzbar halte, so ursprünglich ist seine faszinierende Schreibweise – von der revolutionären Jugend des Jahres 1977 gelesen wird, deren kulturelle und sprachliche Barbarei zweifellos nicht ihre Schuld ist, oder nur zum Teil, und die sicherlich mehr gewollter kleinbürgerlicher Ignoranz als gesunder proletarischer Einfachheit entspringt. Nun, die »warme Strömung« von Phantasie und Moral, die Bloch in den Marxismus eingeführt hat, um die »kalte«, das heißt die analytische und zumindest anscheinend realistische in Bewegung zu bringen, diese Strömung, die die Gewissen stärker aufrütteln kann als hundert Bücher über den Marxismus und zehn Rechenschaftsberichte des ZK, ist durchflochten von philosophischen Reflexionen, die ihre Traditionen wohl kennen, von literarischen und historischen Hinweisen: kurz von dem, was man Humanismus nennen könnte, wäre das Wort in Italien nicht hoffnungslos kaputtgemacht und in Verruf geraten und hätte es nicht einen Beigeschmack von Giftmischerei. Das Werk Blochs bestätigt einmal mehr, daß vorläufig, und wahrscheinlich noch einige Jahrzehnte oder Jahrhunderte lang, die Kultur der neuen Klassen, vor allem wenn sie revolutionäre Klassen sein und eine neue Hegemonie schaffen wollen, nur aufgebaut werden kann, indem man von dem höchsten Niveau der bürgerlichen Kultur ausgeht und die neue Kultur damit konfrontiert (das Problem der »Erbfolge«), und nicht, indem man sie begrifflich als unbedeutenden Faktor oder Bagatelle negiert, die in den letzten Jahren aus demselben Bewußtsein der Revolution entstanden ist, aus der Ideologisierung der Volkskunst zum Neodadaismus. Lassen wir die Polemik, sonst entgeht auch dieser Artikel nicht der Gefahr, Bloch eher zu

kommentieren als die Substanz zu behandeln, oder aus einem so umfassenden und facettenreichen Werk jenen Teil zu entnehmen, der dem Autor am meisten zusagt: der Bloch des Expressionismus, oder der Bloch der Konfrontation des Marxismus mit dem Christentum. Man versucht darüber hinwegzusehen, daß Bloch vor allem ein Philosoph gewesen ist, einer der wenigen echten Philosophen, eine notwendigerweise im Aussterben begriffene Gattung, gerade in einem Jahrhundert, das an Professoren und Managern der Philosophie reich ist. Ein um so wahrhafterer Philosoph, als sein Geist sich in einem ständigen Spannungsfeld mit jener marxistischen Theorie befand, die den Zeitpunkt für die Aufhebung und die Überwindung der Philosophie für gekommen hält. Aber welches ist nun der zentrale Gehalt dieser Gedankenwelt? Ich würde sagen der Materialismus und die Idee des »Noch-Nicht-Seienden«. Das Verdienst Blochs ist es – außerhalb der orthodoxen Schemata – den Zusammenhang des Marxismus mit dem vorhergehenden Materialismus bewiesen zu haben, nicht indem er diese oder jene pseudowissenschaftliche Klassifikation der Materie aufgriff, sondern indem er sie mit Aristoteles als »die Realisierung des Möglichen« definierte: »Die Materie selbst ist nicht fest umrissen, sie ist der Zukunft aufgeschlossen und hat eine unvorhersehbare Karriere vor sich, an die wir Menschen angeschlossen sind . . . die Welt ist ein Experiment, das diese Materie durch uns mit sich selbst vollbringt.« Hier entspringt die Hoffnung der Menschheit, in der sich das manifestiert, »was noch nicht bewußt ist«. Aber im Gegensatz zu Freud, der nur die nächtlichen Träume kennt, in die sich das flüchtet, was die psychische Zensur noch unbewußter gemacht hat, hängt dieser subjektive Aspekt der Möglichkeit nicht in der Luft, sondern stützt sich vom objektiven Gesichtspunkt aus auf das, »was noch nicht geworden ist«, was die materielle Substanz der Welt als Keim enthält, als einen zeitweilig von den geschichtlich-politischen Umständen blockierten Prozeß.

Wenn man in Bloch nicht nur einen Propheten oder einen Literaten der Utopie sehen will, muß man sich vor Augen halten, daß er die Hoffnung mit der geschichtlichen und wissenschaftlichen Erkenntnis der realen Möglichkeiten, mit dem Marxismus als Kritik der politischen Ökonomie und der Geschichte begründet: eine von Begriffen genährte Hoffnung, eine *docta spes*. Und dennoch unterscheidet sich seine Philosophie vom theoretischen Marxismus, wie er für gewöhnlich praktiziert wird, sowohl durch die metaphysische Neubegründung der materialistischen Dialektik, als auch durch den Reichtum an ethischem Empfindungsvermögen, der wesentlich für seine Doktrin ist.

Durch das antipositivistische und antitechnokratische Element seiner Version der Dialektik steht Bloch den Frankfurter Freunden nahe, hat aber nicht einfach – wie Adorno – eine Philosophie erfunden, die man an die Stelle der mißglückten Revolution setzen kann, sondern eine Philosophie, deren Thema die Hoffnung über die Enttäuschung der Sklaverei und des Unglücks hinaus ist. Eine Philosophie, deren Motto das Lied der deutschen Bauern nach der Schlacht von Frankenhausen ist, nach der endgültigen Niederlage des ersten Klassenkampfes im modernen Europa: »Geschlagen ziehen wir nach Haus, unsere Enkel fechten's besser aus.«

Anna Czajka (Polen)

Ernst Blochs Interpretation des Menschen

»Die Welt ist ein Versuch und
der Mensch hat ihm zu leuchten.«

Experimentum Mundi

Am 4. August 1977 starb in Tübingen, im Alter von 92 Jahren, Ernst Bloch, einer der hervorragendsten deutschen Philosophen unserer Zeit. Am 8. Juli 1885 in Ludwigshafen am Rhein, in der Familie eines bayrischen Staatsbeamten geboren, nahm Ernst Bloch frühzeitig seine philosophischen Konfrontationen auf. Als siebzehnjähriger Schüler schrieb er den Artikel »Über die Kraft und ihr Wesen«. In der nächsten Phase seiner Entwicklung – sie war ihrem Charakter nach psychologistisch und antimetaphysisch – beschäftigte sich Bloch mit Berkeley und Mach. In den Jahren 1905–1906 studierte er in München bei Theodor Lipps, damals auch wurde die Begegnung mit Husserl und Scheler für ihn zu einem intellektuellen Erlebnis. Im Jahre 1907 kommt es zu einer Wende im Denken des jungen Philosophen; sie findet ihren Ausdruck in der Arbeit »Über die Kategorie Noch-Nicht«, in der philosophisch das Noch-Nicht–Bewußte behandelt, aber schon die konkrete Utopie, das Noch-Nicht-Gewordene impliziert wird. Diese epistomologischen Motive werden in Blochs Dissertation vom Jahre 1908 weiterentwickelt: die Dissertation, in Würzburg bei Prof. Külpe geschrieben, war dem Schaffen Rickerts gewidmet.
Das Jahr 1911, das Bloch in Heidelberg verbrachte, wird zum Beginn einer zehnjährigen »geistigen Symbiose« mit Georg Lukács. Die wissenschaftliche Arbeit beider Philosophen stand unter dem Zeichen Hegels und des totalen Willens zum System, der paradoxerweise dialektisch verneint wurde und – hauptsächlich bei Bloch – futuristisch, eschatologisch »offen« war.
Während des 1. Weltkrieges lebt Bloch bis 1917 in Grünwald im Isartal und schreibt dort sein erstes Buch: »Geist der Utopie«, das 1918 in München erscheint. Es ist ein von Expressionismus geprägtes Manifest, das in allen seinen späteren Arbeiten weiterentwickelt und ergänzt wird – die Konzeption eines offenen Systems. In den Jahren 1917–1919 befindet sich Bloch in der Schweiz – als Emigrant. Er hat Kontakt mit René Schickele, Annette Kolb, Hugo Ball und anderen

deutschen Kriegsgegnern, ist als aktiver Pazifist tätig. Zusammen mit Hugo Ball arbeitet er für die »Freie Zeitung« in Bern. 1919 ging Bloch zurück nach Deutschland, zuerst nach München, dann nach Berlin. 1921 kam sein zweites Buch heraus, »Thomas Münzer als Theologe der Revolution«. 1923 erschien die zweite, etwas veränderte Ausgabe von »Geist der Utopie«, 1930 veröffentlichte er die »Spuren«, eine Sammlung von philosophisch interpretierten Erzählungen und Begebenheiten. Zu dieser Zeit war er ständiger Mitarbeiter der »Frankfurter Zeitung« und der »Vossischen Zeitung«.

1933 verläßt Bloch Deutschland, weil er steckbrieflich verfolgt wurde aufgrund seiner Analyse des Stils von »Mein Kampf« in »Der Deutsche Schulaufsatz«. Er geht nach Zürich. Die weiteren Stationen der Emigration sind Wien, Paris, Prag, wo er Mitarbeiter »Der Neuen Weltbühne« wird. 1938 emigriert er in die Vereinigten Staaten. Im Jahr 1945 gründet er dort gemeinsam mit Lion Feuchtwanger, Alfred Döblin und Bertolt Brecht den Verlag »Aurora«, der deutschsprachige Emigrationsliteratur herausbringt.

Die Jahre in Cambridge (Mass.) sind mit der Arbeit an seinem Hauptwerk, »Das Prinzip Hoffnung«, sowie an den Werken »Naturrecht und menschliche Würde« und »Subjekt-Objekt. Erläuterungen zu Hegel« ausgefüllt.

In den Jahren 1949–1956 hat Bloch den Lehrstuhl für Geschichte der Philosophie an der Leipziger Universität inne. 1961 nimmt er als emeritierter Professor eine Gastprofessur nach Tübingen an, wo er bis zu seinem Tode bleibt. Dort entstehen auch seine letzten Werke: »Tübinger Einleitung in die Philosophie«, »Atheismus im Christentum«, »Zur Ontologie des Noch-Nicht-Seins«, eine eigenartige logische Summierung seines Systems, »Experimentum Mundi« sowie »Zwischenwelten in der Philosophiegeschichte«. Posthum erscheint 1978 Bd. 17 der Gesamtausgabe »Tendenz-Latenz-Utopie«.

Blochs Werke, theoretisch-philosophisch in der Grundkonzeption, stellen an sich auch ein originelles methodologisches und literarisches Phänomen dar. Zusammen mit Walter Benjamin, Siegfried Kracauer und Theodor Adorno kann Bloch als Schöpfer einer spezifischen Form des Essays gelten – in der relativ unbedeutende Geschehnisse des alltäglichen Lebens als Parabeln aufscheinen, die vom Sinn des menschlichen Lebens handeln und unerwartet neue Aspekte dieses Lebens aufdecken.

Philosophisch kommt Bloch vom späten Neokantianismus, wie dieser von Natorp und Simmel vertreten wird. Von letzterem übernahm er die aphoristische Form des Denkens. Die Freundschaft mit Lukács brachte ihn zur ideologischen Konfrontation mit dem Marxismus und zum politischen Engagement für diesen. Die intensive Beschäftigung mit Hegel, dem jungen Marx, Giordano Bruno und Avicenna, aber auch mit der jüdischen Philosophie, verhalf Bloch dazu, ein eigenes philosophisches System zu schaffen, das mitunter anthropologischer Voluntarismus genannt wird. Einige Aspekte dieses Systems sind Gegenstand dieses Artikels.

Einleitung

Kern der Philosophie Ernst Blochs, der sich in der ganzen Zeit seines Schaffens nicht verändert, ist der Gedanke, der in der Formel: »*S* (das Subjekt) ist noch nicht *P* (Prädikat), *S* wird zum *P*« seinen Ausdruck findet. Nach Blochs Ansicht ist das Sein des Menschen – und mit ihm das Sein der Welt – noch nicht bestimmt, sie besitzen noch nicht *in actu* das, was ihnen *in potentia* zusteht, sie sind also noch nicht mit dem Begriff ihrer selbst identisch. Nichts also *ist*, aber alles *wird* erst zu sich selbst, man kann Dinge, die im Augenblick rings um uns existieren, nicht beurteilen, denn dies wäre ein falsches Urteil, das sich auf die Überzeugung von der statischen Determiniertheit des Seins stützt. Um den von uns gelebten Augenblick herrscht Dunkel, die Nähe und die Temperatur des Lebens lassen die Erkenntnis verschwimmen. Wir wissen nur, daß in unserem menschlichen Sein und im Sein der Welt Gärung, Pulsation, Unruhe herrschen, verursacht durch das Bestreben, zu erringen, was man noch nicht besitzt, den Hunger zu befriedigen, was jedoch erst im letzten Augenblick eintritt, in dem Augenblick, wo *S* gleich *P* wird, wo jedes Sein seinem Begriff entsprechend wird, im Augenblick der Identität, des Ultimum, in der Heimat.
Kehren wir jedoch zur Formel $S \rightarrow P$ zurück und versuchen wir, sie ausführlicher zu kommentieren. Aus der Lektüre der Blochschen Werke geht hervor, daß er das Werden des Subjekts *(S)* in zweifacher Art[1] auffaßt:

1. *S* als Mensch-Individuum,
2. *S* als Natur.

S in der ersten Auffassung ist das einzige Sein, welches das Vorbewußtsein des Neuen besitzt, es ist, nach Bloch, »die führende Figur des Überschreitens der Grenzen«. *S* in der zweiten Auffassung ist Natur-Materie (für Bloch sind beide Begriffe synonym), die danach strebt, ihre Latenzen zur äußeren Erscheinung zu bringen, ihr Wesen zu erlangen. Hier ist zu beachten, daß der Mensch als Individuum nach

Ansicht Blochs gleichfalls Materie, jedoch eine Materie besonderer Art ist.

Aufgabe des Subjekts im ersten Sinn ist das Erkennen des Neuen – und endlich auch das Erkennen des Incognito des materiellen Prozesses. Weil aber das Subjekt im ersten Sinne ein Naturwesen (ein materielles Wesen) ist, muß es den Kern seiner Existenz sowohl in sich als auch außerhalb seiner selbst suchen. Es muß also die Vermittlung des Menschen durch die Natur und umgekehrt erfolgen. Das Ziel dieser Vermittlungen sollte die Humanisierung der Natur und die Naturalisierung des Menschen sein. Auf die Frage, was der zweite Teil der Formel $S \to P$ sei, gibt Bloch keine eindeutige Antwort. Er sagt nur: »Das Nicht erscheint in jeder der bisherigen Bestimmungen des Was als eine nicht befriedigte Verneinung, was bedeutet, daß das Prädikat doch nicht die endgültige adäquate Bestimmung seines Subjekts ist.«[2] Daraus folgt, daß das Prädikat die endgültige adäquate Bestimmung seines Subjekts *wäre*. Da aber das Subjekt in seinem zweifachen Sinn sich im Zustand der Gärung, der irrenden Suche befindet, ist seine wahre Bestimmung noch nicht möglich. Was ist jedoch das Prädikat im positiven Sinne? Im Schaffen Blochs kann man zwei Grundkonzeptionen einer Antwort auf diese Frage unterscheiden: eine frühere, theistische, und eine spätere, atheistische. Die erste entspringt der Faszination durch den apokalyptischen Glauben der jüdischen Religion. Im »Geist der Utopie« erwartet Bloch ein baldiges Ende der Welt und den Anbruch des messianischen Reichs. In dieser Konzeption scheint das Subjekt fast göttliche Attribute anzunehmen: »Der letzte, echte, unbekannte, übergotte Gott, unser aller Enthüllung, ›lebt‹ auch jetzt bereits, obzwar er nicht ›gekrönt‹, nicht ›objektiviert‹ ist; er ›weint‹, wie einige Rabbiner vom Messias sagten, auf die Frage, was er tue, nachdem er nicht ›erscheinen‹ und erlösen kann; er ›west‹ in unser aller Tiefstem, als ›ich bin, der ich sein werde‹; als ›Dunkel des gelebten Gottes‹, als Dunkel vor seinem sich Haben, vor seinem endlich aufzudeckenden Angesicht, vor Ausgang aus dem Exil des wahren Wesens selbst.«[3]

Die spätere Konzeption hat schon mehr atheistischen Charakter. Für Bloch gibt es keinen Himmel mehr ohne den Menschen. Der wahre Mensch der Zukunft wird mit Gott identisch sein, das Vorbild hierzu ist Christus. Auch in dieser Konzeption kommt das Prädikat dem Endpunkt, dem *eschaton*, der Aufhebung der Entfremdung des Subjekts und des Objekts gleich, aber das anthropologische Prinzip wird stark akzentuiert; am Ende der Geschichte werden die Menschen wie Gott sein: *Eritis sicut Deus*. Während das *S* der Formel $S \to P$ durch

Bloch zwiefach verstanden wurde, wird das *P* einheitlich verstanden, als die künftige Identität des zweifachen *S* – seiner selbst und des Prädikats. Die Art, in der sich der in der Formel *S→P* ausgedrückte Prozeß vollzieht, wird durch eine andere Formel *S–O* umschrieben, in der die gegenseitige Bedingtheit und Wechselwirkung von Subjekt und Objekt ihren Ausdruck findet. Elemente der Formel *S–O* sind: das objektiv bedingte Subjekt in seiner auf das Objekt gerichteten Aktivität und das subjektiv bedingte Objekt (die Welt) in seiner sich subjektiv manifestierenden Prozessualität, im unübersehbaren Komplex ihrer gegenseitigen Relationen.

Denkt man an die zweifache Auffassung von *S* in der Formel *S→P*, dann könnte man annehmen, daß sie durch die beiden Elemente der Relation *S–O* ausgedrückt wird, *S* – das Individuum, *O* – die Natur, die Materie. Die Formel *S→P* bezeichnet die Richtung des Weges, die Formel *S–O* die Art seiner Bewältigung, am Ende des Weges wird *S* gleich *P*, es wird im höchsten Grad der Relation mit *O*, einer synthetischen Einheit, auftreten.

Diese Schlußfolgerungen in bezug auf die Hauptattribute der Philosophie Ernst Blochs begründen die nun folgende weitere Darstellung dieser Philosophie: 1) bezogen auf das Hauptthema aller unserer Überlegungen: den Menschen 2) und in qualitativer und quantitativer Bedingtheit von dem, was das Werk des Tübinger Philosophen mit sich bringt. Zuerst wird also der Aspekt Subjekt-Individuum *(S)* dargestellt werden, dann das Objekt – die Natur – *(O)* und endlich die aus der Relation *S–O* sich ergebende Haltung des Menschen.

Das Subjekt

Fast alle Werke von Ernst Bloch und auch ihre einzelnen Teile werden von kurzen Kapiteln eingeleitet, die er selbst Präludien nennt und die in Sätzen, so einfach, daß sie jeden Kommentar überflüssig machen, die erste existentielle Situation des Menschen, der nach sich selbst fragt, darstellen.

»Wer sind wir? Wo kommen wir her? Wohin gehen wir? Was erwarten wir? Was erwartet uns?« (»Das Prinzip Hoffnung«, Vorwort).[4] Ähnliche Gedanken äußert Bloch auch im »Experimentum Mundi«. Er sagt dort, daß wir zwar sind, aber uns selbst noch nicht haben. Daher wissen wir auch niemals, was wir sind. Zu viel ist es, woran es fehlt. Bin ich denn ich selbst? – fragt Bloch. – Und was ist überhaupt Etwas?

Das ist der Ausgangspunkt des Weges der Erkenntnis, notabene analog dem ersten Schritt in der Wanderung des Helgelschen Geistes, der Konstatierung »des bloßen Jetzt und Hier, des Dieses und Einzelnen«.[5] Gerade in diesem Punkt, durch Unruhe, innere Pulsation und »stille Gärung«, wie Bloch sagt, läßt sich der Drang (Antrieb, Impetus, das Um) erkennen, dessen Wesen man nicht näher bestimmen kann, aber man weiß, daß es untrennbar mit dem Leib verbunden ist, und daß nichts, das lebt, von ihm frei ist. ». . . der Mensch lebe nicht, um zu leben, sondern ›*weil*‹ er lebt.«[6]

Der Drang äußert sich *zunächst* als Streben, das noch sein Ziel nicht kennt, es wird als Sehnen *empfunden*, als ein oft schmerzliches Irren in der Leere, das keine Linderung kennt. Erst sobald er in der äußeren Sphäre ein – auch wenn noch nicht konkret genanntes – Ziel gefunden hat, verwandelt sich der Drang, das Sehnen, in Suchen. Sobald die Ziele in der äußeren Sphäre sich konkretisieren, haben wir es mit bestimmten Trieben zu tun.

Empfundene Triebe – das sind Affekte, die, sobald sie das jeweilige Ziel in der äußeren Sphäre erreicht haben, zeitweilig befriedigt werden. Bloch nennt einen konkreten Trieb, d. h. einen Trieb, der in der äußeren Sphäre ein konkretes Ziel hat, dessen Erreichen Befriedigung bringt – Begehren. Begierden sind den Tieren eigen. Der Mensch, der über die Möglichkeit verfügt, sich diese Ziele vorzustellen, sie als »besser« zu sehen denn jene, die er bisher gekannt hat, ist reicher durch das Wünschen. Das Wünschen ist Vorposten des Willens – verstanden als Wille zur Tat, als Wille zur Verwirklichung, soweit dies möglich ist, dessen, was das im Wunsch ausgedrückte Ziel darstellt. Der Wunsch ist passiv, er enthält in sich keine Elemente der Arbeit, der Aktivität, der Tat, er kann in seinem Ausdruck unentschieden, kann sogar unrealisierbar sein. Der Wille dagegen ist aktiv, ist Arbeit, ist unabwendbar auf das durch das Wünschen gestellte Ziel in der äußeren Sphäre orientiert, er mißt sich mit den realen Bedingungen dieser Sphäre.

Die dargestellte Konstruktion der Bewußtseinsakte (wir erinnern: der Drang – das Streben mit seinem emotionalen Derivat, dem Sehnen, das Begehren als dem Wunsch und dem Willen entgegengesetzt) beruht auf der Körperlichkeit lebendiger Wesen, kann nicht isoliert von ihrem Leib existieren. Das erste – oft unbewußte – Tätigkeitsfeld des Menschen ist sein Körper. Die materielle Erfahrung über sich selbst ist die Grundlage aller weiteren Erfahrungen, auch der transitorischen, der transzendierenden. Der Mensch ist in erster Linie ein materielles Wesen, alle später entwickelten »geistigen« Funktionen sind eben im buchstäblichen Sinn dieses Wortes Funktionen, Funktionen der materiellen Natur des Menschen, organisiert durch die Kraft, auf die sich jegliche menschliche Aktivität gründet – durch den Grundtrieb.

Polemik gegen Freud, Adler und Jung

Auf der Suche nach dem Grundtrieb, der die Welt der menschlichen Aktivität organisiert, greift Bloch zur Psychoanalyse. Für Freud ist der Geschlechtstrieb der Haupttrieb, der primäre und stärkste Trieb des Menschen (in einer späteren Periode sieht Freud als ein spezifisches Pendant zum Geschlechtstrieb – den Todestrieb). Die Domäne des Geschlechtstriebs ist das *Es*, dem Bewußtsein unzugänglich, die erste Ebene der Organisation des psychischen Lebens in dem von Freud entwickelten Modell. Die zweite Ebene ist die Domäne des Triebs – das *Ich* (der bewußte Teil der Persönlichkeit, der erkenntnis- und verhaltensregulierende Funktionen erfüllt). Die dritte Ebene ist das *Über-Ich* (das internalisierte Kulturnormen und -muster in sich konzentriert); es repräsentiert, nach Freud, unsere Elternbeziehung, im Grunde eine spezifische Kontrolle der Vergangenheit über das Heute in der äußeren Welt; es findet seinen emotionalen Ausdruck im Verantwortungs- und Schuldgefühl oder der Pietät gegenüber dem, was als schon immer dagewesen und ewig erscheint und oft bloß das »Gewesene« ist. »Die ganze Psychoanalyse beruht auf der scharfen Trennung zwischen den Geschlechtstrieben und dem Ich.« Das Ich ist der Zensor der Triebe, wenn sie nicht Anforderungen entsprechen, die sich auf das Wertsystem der (übrigens bürgerlichen) Umgebung orientieren, sie werden unterdrückt, in das Unbewußte verdrängt, wo sie zur Ursache neurotischer Spannungen und Komplexe werden. Aufgabe der Psychoanalyse ist es, der von Komplexen und neurotischen Spannungen heimgesuchten Person die verdrängte Ursache ihrer Leiden zu Bewußtsein zu bringen. Als Hauptmethode dient hier die Traumdeutung, denn im Traum werden, während das Ich schläft, unbewußte Sexualwünsche erfüllt; eine wichtige Methode ist auch die Analyse von Kunstwerken, die nach Freud die Sublimierung unbefriedigten Geschlechtstriebes in eine Phantasiesphäre darstellen. Allgemeiner Wesenszug der Psychoanalyse ist das *Aufspüren* gewisser schon frühzeitig im Unbewußten fixierter Vorgänge, weiß man doch von vornherein, daß die Ursache alles Bösen in Komplexen und Neurosen, ebenso wie die Ursache alles Guten in positiven Sublimationen immer der unbefriedigte Geschlechtstrieb ist. »Das Unbewußte der Psychoanalyse ist mithin, wie erkennbar, *niemals ein Noch-Nicht-Be-*

wußtes, ein Element der Progressionen, es besteht vielmehr aus Regressionen. Demgemäß macht auch das Bewußtwerden dieses Unbewußten nur Gewesenes kenntlich; das heißt: *im Freudschen Unbewußtsein ist nichts Neues*.«[7]

Der Schüler Freuds, Alfred Adler, der Schöpfer der sogenannten Individualpsychologie, sieht den Willen zur Macht als menschlichen Grundtrieb; der Mensch will primär »herrschen und überwältigen«, diesem Willen unterordnet er alle anderen Lebensinhalte, darunter auch die Sexualität, ja er übersetzt diese Inhalte in Mittel zur Machterringung, er will die Kurve seiner Erfolge steigen sehen, er will von der in ihm wirkenden weiblichen Linie zur männlichen übergehen, sich als Sieger individuell bestätigt fühlen. Eitelkeit, Ehrgeiz, »männlicher Protest« sind Affekte, in denen sich der Machttrieb am häufigsten äußert – verletzte Eitelkeit, unerfüllter Ehrgeiz sind Quelle des Minderwertigkeitskomplexes. Der unbefriedigte Machttrieb wird durch die Schaffung von Masken und Fiktionen kompensiert. Der »Wille zur Macht« wird dann »Wille zum Schein«. Adlers Individuum formiert die »chaotischen Felder seiner Seele« im Hinblick auf den kapitalistisch interessierten Leitgedanken der Epoche – auf das Streben nach Macht. »Der heiße Tag des Geschäftsmanns überdeckt so die heiße Nacht des Lebemanns und seines Libido« – so zeichnet Bloch die Linie der Entwicklung von Freud zu Adler.[8]

Ein anderer Schüler Freuds, Carl Gustav Jung, setzt den Rauschtrieb an die erste Stelle. Die Libido ist für Jung die »Ur-Einheit aller Triebe«, Eros schlechthin. Sie reicht vom Genuß des Essens bis zur Kommunion, vom Koitus bis zur *unio mystica*, vom »schäumenden Maul des Schamanen bis zur Verzückung des Fra Angelico« (Bloch). Im Gegensatz zu Freud will Jung das Unbewußte nicht mittels Bewußtheit aufheben; im Gegenteil, seiner Meinung nach stammt die Neurose des modernen, bewußten Menschen daher, daß er sich zu weit von der Welt des »urtümlichen Fühldenkens« entfernt hat. Die Herausbildung der individuellen Persönlichkeit ist nach Jung eine nur oberflächliche Erscheinung, eine bloße Maske, eine von der modernen Gesellschaft aufgezwungene Rolle. Was in der Persönlichkeit wesentlich ist, ist der vitale Druck, der aus tiefen, magisch-archaischen Schichten, aus der Rasse entspringt. Die individuelle Person enthält in sich den Urbeginn der Kollektivität, sie muß sich ihr, den eigenen Wurzeln, zuwenden. Die bei Adler infolge der Konkurrenz immer stärker werdende Herausgestaltung der individuellen Persönlichkeit wird bei Jung durch die »Volksgemeinschaft« und die »Psychosynthese«, das heißt durch archaisch-kollektive Regression ersetzt. Jung bedient sich des Begriffs der *Engramme*, den Semon in die Biologie eingeführt hat – die Vorstellung von einem Gedächtnis der organischen Materie. Urerinnerungen im Prozeß der Psychosynthese gestatten ihm, in die Zeit unserer tierischen Vorfahren, also noch weit hinter das Diluvium zurückzugreifen. Die Psychosynthese ist mithin kein Marsch zum Licht des Tages, sondern stets ein Rückzug in die Nacht der Urgeschichte. »Psychosynthese«, sagt Bloch, »Gegenwart fliehend, Zukunft hassend, Urzeit suchend – wird so dasselbe wie ›Religion‹ im etymologischen Sinn des Wortes: nämlich *re-ligio*, Rückverbindung«, welche das Neue nicht toleriert, es als destruktive »heutige Instinkt-Zerstörung, die Zersetzung des uralten Phantasiegrunds durch den Intellekt«[9] behandelt.

Bloch wirft den psychoanalytischen Konzeptionen des Grundtriebs generell vor:

1. daß sie die Triebe als vom Körper unabhängig auffassen, sie mythologisieren und verabsolutieren;
2. daß sie sie als ständige Werte betrachten, von ihrer ökonomisch-sozialen, ja auch nationalen Bedingtheit absehen;
3. daß sie keine soziologische Analyse der Triebe, d. h. keine Differenzierung der Triebe und ihrer Intensität nach ihrer Klassenbedingtheit durchführen. Freud z. B. entwickelte seine Theorie an Hand der Unterlagen von Patienten, die aus dem Bürgertum stammten;
4. daß sie untergeordnete Triebe zu einem Grundtrieb erheben. Diese Kritik stellt für Bloch den Ausgangspunkt zur besonderen Herausarbeitung des seiner Ansicht nach elementarsten Triebs, des Selbsterhaltungstriebs, dar.
5. Bloch betrachtet alle diese Theorien als reaktionär, und zwar in einem zweifachen Sinn:

a) vom sachlichen Standpunkt aus – keine dieser Theorien läßt Platz für einen Fortschritt im psychischen Leben des Menschen, für das Entstehen des Neuen. Das Unbewußte ist hier wie ein Keller, in dem bloß Gerümpel der Vergangenheit liegt. Indem die Psychoanalyse vorausgesetzte Werte zum Bewußtsein bringt, dreht sie sich im Kreis, wenn sie nicht Rückschritt ist, freiwillige Unterordnung unter die Herrschaft von Blut und Boden – wie bei Jung. Man muß hervorheben, daß Bloch das Positive an der generellen Konzeption von Freud: *das Verdrängte zu Bewußtsein zu bringen*, durchaus anerkennt. Er polemisiert hingegen unversöhnlich gegen Jung, den Enthusiasten des Unbewußten, alles dessen, was Nebel, Numen oder Tabu ist, gegen Jung, der sogar das Bewußtsein im Dunkel des Archaisch-Kollektiven ansiedeln möchte;

b) vom funktionellen Standpunkt aus – Bloch betrachtete die Theo-

rien der Psychoanalyse als Schild der Interessen des Kapitalismus, oder, wie im Fall von Adler, als Mittel zur unmittelbaren Gestaltung von dem Kapitalismus nützlichen Persönlichkeitsmustern.
Der wirkliche Grundtrieb ist nach Bloch der Selbsterhaltungstrieb, der Trieb zur Befriedigung des Hungers. Nur er ist vertrauenswürdig, weil er auf dem *ökonomischen Interesse* (in der Ausgangssituation – auf dem »ökonomischen Interesse des Leibes«) beruht. Er ist nicht der einzige Trieb, aber er hat konstitutive Kraft, er ist auch am unmittelbarsten mit seinem Träger verbunden. Wie alle Triebe, unterliegt er geschichtlichen Wandlungen, nebenbei, analog zu den Wandlungen, die in seinem Träger, dem Menschen, »dem historisch variabelsten Wesen«[10], stattfinden. Der Selbsterhaltungstrieb, der in seiner Entwicklung zu einem gesellschaftlichen und zu steuernden Bedürfnis wird, steht in Wechselwirkung mit anderen geschichtlich variablen, weil gesellschaftlichen Bedürfnissen, die sich aus ihm ableiten und mit denen zusammen er, während er immer neuere Bereiche umfaßt, Umwandelungen unterworfen ist. Von Spinoza als *suum esse conservare* definiert, ist der Selbsterhaltungstrieb kein statisches Erhalten dessen, was war, kein Kloben, der den Menschen in seinem notwendigen Marsch durch die Geschichte behindert – dem Marsch, in dem der Mensch dank der Arbeit *existiert* und zum Menschen *wird*. Er ist das *Sich-Selbst*-Erhalten des menschlichen Wesens, das als Sich-Selbst-Gestaltendes, Sich-Selbst-Entwickelndes, Offenes verstanden wird. Befriedigung des Hungers, das ist der *Appetitus*, bereit dazu, unserem sich entfaltenden Selbst die ihm angemessenen und ihm eigentlichen Bedingungen zu schaffen. Und unser eigenes Selbst, mit seinem Hunger und dessen »variablen Erweiterungen«, bleibt *immer offen, immer in Bewegung, ist ständig in Entwicklung begriffen.*

Die Affekte und ihre Einteilung

»Erweiterungen« des Hungers sind nicht nur die unmittelbaren Triebe, sondern auch die »gefühlten«, die Triebgefühle – die Affekte. Alle Affekte stehen unter dem besonderen Einfluß des Herzens, es durchströmt sie ein besonderes »psychisches Blut«, sie haben eine innere Temperatur, was bedeutet, daß sie existieren können, bevor in der äußeren Sphäre ein konkreter Gegenstand auftritt, auf den sie sich orientieren. Die Affekte zeichnen sich durch hochgradige Intransivität aus, ihre Intensität kommt primär aus ihnen selbst und nicht vom Impuls des gegebenen Gegenstandes der äußeren Sphäre. Sie zeichnen sich

also durch eine besondere, nahezu nur auf sie selbst gerichtete Intentionalität aus. Sie existieren als Zustände der Intensität, die dem Primärstreben des Menschen, dem Trieb entstammen. Gleich dem Hunger, der primär ein nur in sich selbst »wühlender« Affekt ist, sind auch alle anderen Affekte primär *Selbstzustände* – und gerade als solche sind sie die aktivsten Intentionen. Das Gemüt, die Sphäre der Affekte, das Kierkegaardsche *Sich-in-Existenz-Verstehen* ist für Bloch ein Primärzustand, der den späteren Weg der Erkenntnis vorbereitet, auf dem die Berührung der Affektsphäre mit der intellektuellen Reflexion Bedingung der Selbsterkenntnis ist.
Bei der Ordnung der Affekte nimmt Bloch die Erreichbarkeit *(Appetitus)* der Triebintentionen zum Kriterium. Er unterscheidet »gefüllte Affekte«, solche wie Neid, Habsucht, Verehrung, deren Triebintention bereits abgeschlossen ist, deren Objekt schon existiert, wenn nicht in der individuellen Erreichbarkeit, so doch jedenfalls in der »zurhandenen« Welt, und »Erwartungsaffekte«, wie Angst, Hoffnung, Glaube, in denen die Triebintention unendlich ist, deren Objekt nicht nur in der individuellen Erreichbarkeit unzugänglich ist, sondern in der bereits »zurhandenen« Welt nicht existiert, jedoch *existieren kann.*
Die Erwartungsaffekte unterscheiden sich von den gefüllten Affekten durch einen unvergleichlich höheren Grad von Antizipation in ihrer Intention, ihrem Gehalt, ihrem Gegenstand. Die Aktivität aller Affekte, als eminent intentioniert, ist zeitbezogen, aber die Erwartungsaffekte charakterisieren volle Offenheit gegenüber dem tatsächlichen Zeithorizont. Die »gefüllten Affekte« haben eine *unechte* Zukunft, eine solche nämlich, in der objektiv nichts Neues geschieht, die Erwartungsaffekte hingegen implizieren eine *echte* Zukunft, eben die des Noch-Nicht, des objektiv so noch nicht Dagewesenen. Auch die Erwartungsaffekte haben in ihren banalen, d. h. auf bekannte, existierende Objekte gerichteten Formen eine unechte Zukunft, aber ihre wesentlichen Formen bewegen sich auf den Zeithorizont zu.
Wichtigster Erwartungsaffekt, wesentlichster Affekt der Sehnsucht, *Selbstaffekt* ist die *Hoffnung*. Andere Erwartungsaffekte, etwa die Angst, sind als Abwehraffekte: Leidensaffekte, Unterdrückungs-, Sklaverei-, *Negativitätsaffekte*. Die Hoffnung, dieser Gegenaffekt gegen die Angst, ist die menschlichste aller Emotionen und nur dem Menschen zugänglich, sie ist zugleich auf den weitesten und den hellsten Entwicklungshorizont bezogen.
Die Erwartungsaffekte, vor allem die Hoffnung – das ist die Sphäre, in welcher der Mensch die Pläne entwirft, um seinen Hunger, den ewig ungesättigten, ewig wechselnden Hunger zu stillen. Indem er unbe-

stechlich gegen das protestiert, was ihn nicht befriedigt, und das erwartet, was besser ist, verwandelt sich der Hunger in eine explosive Kraft gegen das Gefängnis der Entbehrung. Damit verwandelt sich der Selbsterhaltungstrieb in den »Selbsterweiterungstrieb«, und dieser, ökonomisch unterwiesen, wandelt sich zum Entschluß, jene Verhältnisse aufzuheben, in denen der Mensch ein unterdrücktes und geknechtetes Wesen ist.

Jegliche menschliche Tätigkeit, die Arbeit, die auf die Befriedigung des Hungers gerichtet ist, wird von dem Bewußtsein geleitet, dessen Inhalte aufgrund der Vorstellungskraft das überholen, was an Ort und Stelle zur Zeit existiert. Wiederholen wir, mit Bloch, das berühmte Zitat aus dem »Kapital«: »Eine Spinne verrichtet Operationen, die denen des Webers ähneln, und eine Biene beschämt durch den Bau ihrer Wachszellen manchen menschlichen Baumeister. Was aber von vornherein den schlechtesten Baumeister vor der besten Biene auszeichnet, ist, daß er die Zelle in seinem Kopf gebaut hat, bevor er sie in Wachs baut, am Ende des Arbeitsprozesses kommt ein Resultat heraus, das beim Beginn desselben schon in der *Vorstellung des Arbeiters* als schon *ideell* vorhanden war. Nicht nur daß er eine Formveränderung des Wirklichen *bewirkt*: er *verwirklicht* im natürlichen zugleich *seinen Zweck*, den er *weiß*, der die Art und Weise seines Tuns als Gesetz bestimmt, und dem er seinen Willen unterordnen muß.«[11] Und dazu Bloch: »Bevor ein Baumeister . . . seinen Plan weiß, muß er den Plan selber geplant haben, muß er dessen Verwirklichung als einen glänzenden, auch entscheidend anfeuernden Traum nach vorwärts vorweggenommen haben.«[12] Dieser Traum muß dann Zukunftswünsche einschließen, keine bloße Wiederholung konkreter Erscheinungen der Vergangenheit, wenn er auch die Entwicklungsmöglichkeiten der äußeren Sphäre berücksichtigen soll. Darin sieht Bloch die wirkliche Aufgabe der Tagträume, der Anverwandten der Hoffnung.

Hier unterscheidet Bloch prinzipiell zwischen Nacht- und Tagträumen. Im Fall der Nachtträume übernimmt Bloch die Theorie Freuds. Er wiederholt, nach Freud, daß sie die Erfüllung meist verdrängter Wünsche darstellen und weist auf drei ihrer Eigenschaften hin: 1) die Schwächung der Zensorenfunktion des erwachsenen Ich, 2) die gelockerte Assimilation der Traumphantasien mit Elementen des Wachzustands, die meistens von Ereignissen des letzten Tages vor dem Traum stammen, 3) die Blockierung der Verbindung mit der Außenwelt, mit ihren Realitäten und praktischen Zweckinhalten. Die Tagträume haben nach Bloch vier Haupteigenschaften: 1) das Ich des Träumenden bleibt erhalten, 2) der Träumende hat die Möglichkeit, seine Phanta-

sien zu lenken, 3) Hauptendenz der Tagträume ist die Verbesserung der existierenden Welt, 4) in den Tagträumen werden die Phantasien bis zu Ende geführt, sie reichen weit in die Zukunft, über die objektiv-realen Gegebenheiten hinaus.
Bloch legt allergrößtes Gewicht auf die Tagträume, er sieht in ihnen das Manövrierfeld eines antizipierenden, am stärksten in die Zukunft gerichteten Bewußtseins, also allerechtester menschlicher Aktivität.

Das antizipierende Bewußtsein

Der »innere Blick« erhellt nicht alles gleichmäßig. Das am hellsten beleuchtete Feld – das Feld des Bewußtseins – ist eng, ringsum verläuft es in immer dunklere Ränder, bis es sich ganz in ihnen auflöst. Das Bewußtseinsfeld ist von zwei Arten von Peripherien umgeben: An den einen verklingt Bewußtes, es wird vergessen, es sinkt unter die Bewußtseinsschwelle, auf der anderen, der entgegengesetzten Seite, dämmert das auf, was bis dahin nicht bewußt war. Auf der einen Seite also – Dämmerung, auf der anderen – Morgenröte des Bewußten. Die Inhalte beider sind schon oder noch verschwommen, sie können jedoch durch angestrengte Arbeit des aufmerksamen Blicks des Bewußtseins hervorgeholt werden. Bewußtmachen, das heißt einerseits Wiedererwecken ins Unbewußte verdrängter Inhalte, deren gemeinsame Eigenschaften ihre Beziehung zur Vergangenheit ist, andererseits das Bestreben, Inhalte, die noch unbekannt sind, die sich auf die Zukunft beziehen, zu erkennen. Das Noch-Nicht-Bewußte ist das »Vorbewußte des Kommenden, der psychische Geburtsort des Neuen«. Die Inhalte des *Noch-Nicht-Bewußten* sind nicht manifest, sie sind unklar, weil sie sich darauf beziehen, was in der realen Welt erst entsteht.
Ein besonders hoher Grad an Intensität des Noch-Nicht-Bewußten im psychischen Leben läßt sich bei jungen Menschen in Zeiten sogenannter Wende und in einer Atmosphäre der Kreativität feststellen. Junge Menschen fühlen sich zu Taten berufen, deren verschwommene Ideale sie in sich tragen, sie wollen die Welt der Erwachsenen überholen, sie wähnen Flügel zu haben, auf denen sie der ganzen Welt Gerechtigkeit und Freiheit bringen werden. »Die grüne Zeit ist mit Dämmern nach vorwärts überfüllt«, sagt Bloch.[13]
Zeitwenden sind selber Jugendzeiten der Geschichte, das heißt, sie stehen objektiv so vor den Toren der zukünftigen Gesellschaft, wie die Jugend an der Schwelle des eigenen, ihr noch nicht geöffneten Lebens

steht. In solchen Zeiten zeigen sich Entwicklungstendenzen, die nicht nur die ihnen nächste Epoche erfassen, sondern so weit in die Zukunft hinausreichen, daß sie manchmal den Zeitgenossen unverständlich sind. Gerade in solchen Epochen der Zeitwende kann der Mensch die deutliche Empfindung haben, daß er ein noch unvollendetes Wesen ist, doch zusammen mit seiner Umwelt einen Prozeß des Werdens erfährt, daß er, wie Bloch sagt, »ein riesiger Behälter voll Zukunft« ist.[14]
Auch geistige Schöpfung ist vom *Noch-Nicht-Bewußten* erfüllt. Bloch unterscheidet drei ihrer Stadien: die Inkubation, die Inspiration und die Explikation. Alle drei reichen, über die Schwelle des Bewußtseins, in die Zukunft hinaus. Die Inkubation ist ein Stadium allgemeinen Aufgebots von noch unklaren Vermutungen, Meinungen, die auf das erst dämmernde Objekt der Zukunft zielen, ist ungeduldiges Warten auf Lösung einer paradoxen und spannungsgeladenen Situation – nicht das zu sein, was unsere Natur im Sinne ihres reellsten Strebens ist, hingegen gerade das zu sein, was sie nicht ist. Das Stadium der Inkubation wird durch die Inspiration unterbrochen – meist eine plötzliche, blitzartige Klärung. Die Inspiration ist Resultat »der *Zusammenkunft* einer spezifischen genialen, das heißt schöpferischen Anlage mit der Anlage einer Zeit, den spezifischen Inhalt zu liefern, der für die Aussage, Formung, Durchführung spruchreif geworden ist«.[15]
Es müssen also nicht nur die subjektiven Bedingungen vorhanden sein, damit das Novum das Stadium der Inkubation verlassen kann. Auch die hierfür notwendige Reife der objektiven Bedingungen muß gegeben sein. Und das sind immer gesellschaftlich-ökonomische Bedingungen progressiver Natur (ohne kapitalistischen Auftrag gäbe es niemals das *Cogito ergo sum*, ohne proletarischen – niemals den dialektischen Materialismus). Die plötzliche Inspiration des genialen Individuums hat ihre Quelle in dem zur Wirklichkeit und zum Bewußtsein durchbrechenden Novum. Das geschieht auch dann, wenn die Rezeptivität einer Epoche nicht selber auf deren Höhe steht, wenn sie ihre Tendenzen und Latenzen nicht fühlt. Auch dann ist die Inspiration Auftrag der Zeit, vom genialen Individuum empfunden und akzeptiert und von ihm entwickelt – wenn auch zunächst in Einsamkeit. Verallgemeinernd kann man sagen, daß die Inspiration Ergebnis der Übereinstimmung von Subjekt und Objekt, Ergebnis des Zusammentreffens der Tendenz des subjektiven Bewußtseins mit der objektiven Tendenz der Zeit ist, ein plötzliches intensives Bewußtsein des durch Zeit und Ort gegebenen Seins im Ausmaß seiner Tendenzen und Latenzen. Das letzte Stadium des Schaffens ist die Explikation – die Gestaltung des bisher noch nicht real Gestalteten, in der Kunst mittels der

bildhaften Abbildung eines realen »Vorscheins«, in der Wissenschaft mittels der begrifflichen Abbildung der »Tendenz-Latenzstruktur des Realen«. Im Prozeß der Explikation findet das Wesen des Schaffens seinen deutlichsten Ausdruck. Es ist Darstellung, in einer gegebenen Zeit und ihrem Raum, dessen, was »noch-nicht-bewußt« ist, als psychische Darstellung des »Noch-Nicht-Gewordenen«, steht also an der Front der sich entwickelnden Welt. Das Bewußtmachen des Noch-Nicht-Bewußten, die Gestaltung des Noch-Nicht-Gewordenen ist so in dem Schaffen, als dem Raum der konkreten Antizipation, Quelle jeder nachfolgenden Produktivität.

Das Bewußtsein des Verdrängten, Vergessenen oder Noch-Nicht-Bewußten trifft auf Widerstand. Er ist jedoch in jedem dieser beiden Fälle verschieden. Im ersten Fall ist es ein Widerstand des Subjekts, von denselben Motiven neurotischer Färbung geleitet, die zur Verdrängung geführt haben, also ein Sich-Sträuben dagegen, sich einen psychischen Vorgang oder ein Ereignis bewußt zu machen. Anders ist es jedoch, wenn es sich darum handelt, sich Noch-Nicht-Bewußtes bewußt zu machen; hier kommt der Widerstand niemals vom menschlichen Subjekt, hat er niemals neurotischen Charakter, seine Quelle ist vielmehr »das Mißverhältnis zwischen Wille und Kraft«, genauer gesagt steckt er im »noch Ungestalten, jeder Gewohnheit baren des neuen Materials«, aus dem das Novum entstehen soll. Ein Widerstand dieser Art hat den Charakter einer ökonomisch-gesellschaftlichen Barriere, die auch der kühnste Geist nicht zu überwinden vermag. Viele kühne Einfälle dämmerten im Bewußtsein genialer Menschen, aber die ökonomisch-soziale Barriere verhinderte ihre Realisierung. »Nicht alle Einsichten und Werke sind zu allen Zeiten möglich, die Geschichte hat ihren Fahrplan, oft sind die ihre Zeit transzendierenden Werke nicht einmal intendierbar, geschweige ausführbar.«[16] Allgemeine Ursache des Widerstandes gegen das Bewußtwerden des Noch-Nicht-Bewußten ist die generelle Eigenschaft der Welt, daß in ihr noch nichts abgeschlossen ist, daß sich in ihr alles im Prozeß der Wechselwirkung von Subjekt und Objekt bewegt, in Verfolgung der Idee der Vereinigung, der Idee der »Naturalisierung des Menschen und Humanisierung der Natur«.

Der klare, in die Zukunft gerichtete Blick des Bewußtseins muß »seinem Akt nach bewußt, seinem Inhalt nach gewußt werden«. Er muß ein rationales Element enthalten, um Vorbewußtsein des *Neuen* zu sein. Bewußtsein seiner selbst als Akt, Wissen um das Ziel der eigenen Tätigkeit kann man als Intelligenz der Hoffnung bezeichnen. Erst dann erhält die Hoffnung, bis jetzt als »Selbstzustand«, als »Gemütsbewegung« dargestellt, ihre angemessenste Definition als utopische Funktion. Und es handelt sich hier nicht um eine abstrakte Utopie, um Wunschdenken, nicht um pathologische Zustände wie z. B. Hellsehen, was eine unechte Zukunft betrifft, sondern um eine »belehrte Utopie«, eine konkrete Utopie, deren Inhalte ihre Entsprechungen in der realen werdenden Welt haben. Die Welt hat noch nicht ihre letzten »Was«-Inhalte hervorgebracht, sie ist ein einziges großes Werden des *Novum*.

Die Hoffnung muß ihr Subjekt haben, da sie ihrer selbst als Akt bewußt ist und ihr Ziel weiß, sie impliziert bei ihrem Träger einen entschlossenen Willen, den Willen, dem Bösen aktiven Widerstand zu leisten und das künftige Gute aktiv anzustreben. Hier gehört das Element der realen Aktivität unterstrichen, etwas Neues im Vergleich zu den abstrakten Aktivitäten idealistischer Subjektivismen. Seine Realität gründet sich auf seine Verbindung mit dem realen Element, in ihrer wechselseitigen Bedingtheit, darin, daß sie sozusagen gegenseitig ihre Glaubwürdigkeit nachprüfen. Eine solche subjektive Aktivität konnte sich erst im historischen Moment des Entstehens eines proletarischen Klassenbewußtseins konstituieren.

Das Objekt

Korrelat des antizipierenden Bewußtseins ist eine Welt, in der noch nichts abgeschlossen ist; das erste Korrelat ist die materielle Welt des Menschen als Träger des antizipierenden Bewußtseins, voll Gärung und Unruhe in Erwartung des Neuen, das zweite – die Außenwelt. In dieser Welt ist alles ein Prozeß, und dieser wiederum ist eine weitverzweigte Vermittlung zwischen der Vergangenheit, die noch unausgeschöpfte utopische Werte besitzt, der Gegenwart, und vor allem der möglichen Zukunft. Alles, was wirklich ist, geht an der Front des Prozesses in das über, was möglich ist. Es gibt zwei Arten des Möglichen: *objektiv* möglich ist alles, von dem aufgrund einer Teilkenntnis seiner bereits vorhandenen Bedingungen ein Eintreten zu erwarten ist. *Real* möglich ist hingegen alles, dessen Bedingungen in der Sphäre des Objekts noch nicht vollständig sind, die sich jedoch entweder bereits formieren oder – durch die vorhandenen Bedingungen vermittelt – heranreifen, um dem Eintritt des Neuen voranzugehen. Zweites Korrelat des antizipierenden Bewußtseins ist also eine genügende, d. h. dialektisch vermittelte reale Möglichkeit des Neuen. Die Erzielung des Neuen ist durch die Eigenschaften der Materie selbst bedingt, die

Bloch von Aristoteles herleitet. Von der mechanischen Materie (τὸ ἐξ αναγεής) sagt Aristoteles, daß sie einen Widerstand entgegensetzt, in dessen Ergebnis die Formen der entelechischen Tendenzen sich nicht rein ausprägen können. Aus diesem Widerstand der Materie erklärt Aristoteles die vielen Hemmungen, Zufälle, Durchkreuzungen des Fortschritts. Die mechanische Materie (τὸ ἐξ αναγεής) wird jedoch von Aristoteles nicht als Schuldige für alle Mißerfolge betrachtet. Dem umfassenden Begriff der δύναμις, dem aristotelischen Begriff der objektiv-realen Möglichkeit zugeordnet, erhält die mechanische Materie einen neuen, nicht durchkreuzenden, sondern determinierenden Sinn: τὸ ἐξ αναγεής, ergänzt und erweitert durch κατὰ τὸ δυνατόν – das heißt durch das nach Möglichkeit, nach den Maßen der Möglichkeit Bestehende. Materie wird in diesem Sinne der »Ort der Bedingungen, nach deren Maßgabe die Entelechien sich ausprägen«. Die mechanische Materie ist also nicht bloß mechanischer Widerstand, sondern auch ein »durchgehender Bedingungszusammenhang«. Aus diesem Bedingungszusammenhang ergeben sich sowohl jegliche Art von Hemmungen und Zufälligkeiten bei der Formulierung entelechischer Gestalten, wie auch, unter günstigeren Bedingungen, Gestalten, die vollkommener sind als die real existierenden (z. B. Kunstwerke). Das letztere wäre nicht möglich, hätte Aristoteles nicht noch eine Seite der Materie hervorgehoben: τὸ δυνάμει ὄν, das In-Möglichkeit-Seiende, in Aristoteles' Worten »der Schoß der Fruchtbarkeit, dem auf unerschöpfliche Weise alle Weltgestalten entsteigen«. Diese zuletzt genannte Bestimmung der Materie eröffnet die Sphäre der Hoffnung in der objektiv realen Möglichkeit, die impliziert »utopischesTotum«. In beiden Seiten der Materie κατὰ τὸ δυνατόν, dem Nach-Möglichkeit-Seienden und τὸ δυναμειόν, dem In-Möglichkeit-Seienden, sind zwei Haltungen mitinbegriffen, zwei untrennbare Ströme der konkreten Antizipation: 1) der kalte Strom, die kritische Analyse dessen, was jeweils zu erreichen ist, 2) der warme Strom, die Erwartung dessen, was erreichbar ist.

Die Relation: Subjekt-Objekt

Das Vorhandensein einer engen Korrelation zwischen dem antizipierenden Bewußtsein und der materiellen, in einem Prozeß entstehenden Wirklichkeit impliziert die Haltung des Subjekts – des Menschen. Diese Haltung wird bestimmt durch Mut-Entscheidung und Wissen; diese zwei Elemente bewirken, wie Bloch sagt, daß die Zukunft den

Menschen nicht wie ein blindes Fatum befällt, sondern daß der Mensch in sie seinen Absichten gemäß eintritt. Das Wissen kann hier jedoch nicht bloß kontemplierend, betrachtend sein – denn solcherart kann es sich nur auf etwas Abgeschlossenes, Vergangenes beziehen und ist ratlos gegenüber dem Morgen. Es bedarf eines Wissens, das aus der Vergangenheit, verstanden als eine sich realisierende Tendenz, etwas für die Gegenwart und für die Zukunft gelernt hat. Es muß ein Wissen sein, das mit dem Prozeß Schritt hält, aktiv mit allem verschworen, was in dem Prozeß menschenwürdig ist. Diese Art von Wissen ist das einzig objektive, das einzige Wissen, das imstande ist, das Reale in der Geschichte, nämlich das vom arbeitenden Menchen gestaltete Geschehen mit seinen im Prozeß hergestellten Verbindungen zwischen Vergangenheit, Gegenwart und Zukunft auszudrücken. Diese durch das Wissen um die Entscheidung, durch die Entscheidung des Wissens bestimmte Haltung, die ihr konkretes utopisches Korrelat in der realen Möglichkeit hat, also im Angesicht des Noch-Nicht-Entschiedenen steht, zeichnet sich jedoch dank der Arbeit und konkret vermittelten Aktion des Entscheidbaren durch emotionalen, kämpferischen Optimismus aus. Platz des kämpfenden Optimismus ist die Front, äußerster in die Zukunft vorgeschobener Geschichtsabschnitt, an der die vom antizipierenden Bewußtsein geleitete Arbeit des Menschen – wiederum eines durch die Tendenz der Materie bedingten und bestätigten Bewußtseins – das bessere Neue verwirklicht. In Blochs Werk finden wir keine inhaltliche Definition des Subjekts – des Menschen. Dies ergibt sich aus der grundlegenden Voraussetzung seiner Philosophie, worüber in der Einleitung die Rede war. (Dieser Mangel von Definitionen ist notabene die Quelle theologischer Interpretationen der Blochschen anthropologischen Konzeption, unter der Parole *homo absconditus*).[17] Bloch gibt dagegen eine Beschreibung der Relationsfähigkeiten von *S* und *O*, besonders was ihre korrelative »Offenheit« gegenüber dem Novum betrifft, auf zweierlei Weise: phänomenologisch, d. h. indem er die korrelativen »Offenheiten« von *S* und *O* beschreibt, und enzyklopädisch, indem er in Werken der Kultur Manifestationen des antizipierenden Bewußtseins auffindet (auf die Analyse dieser Werke habe ich in meiner Skizze verzichtet). Blochs Argumentation ist also phänomenologisch und enzyklopädisch. Obwohl der Ausgangspunkt demjenigen Hegels ähnlich ist, gibt es bei Bloch keine Fortsetzung der Hegelschen geschichtlich-logischen Notwendigkeit der Aufeinanderfolge, nach der jede Form des Bewußtseins sich aus der früheren Form kraft der inneren Tendenz, Gegensätze hervorzubringen, entwickelt. Die einzelnen Überlegungen

Blochs sind sozusagen nebeneinandergereiht, aber sie folgen nicht notwendigerweise eine aus der anderen. Die Notwendigkeit ergibt sich bei Bloch eher aus der teleologischen Prämisse seiner Philosophie (in dieser Prämisse sieht Merleau-Ponty die methodologische Gefahr des sogenannten *überfliegenden Denkens*). Das Telos des Blochschen Systems steht im Widerspruch zu der so oft unterstrichenen Verwandtschaft mit dem Marxismus, der hier fast wie eine Technologie des Erreichens des Punktes Omega angewendet wird. Nach der Auffassung von Marx und Engels ist die Geschichte das Ergebnis realer historischer Prozesse. Der historische Materialismus ist die Theorie der sich konstituierenden Geschichte, der Herausbildung allgemeiner Gesetze der einzelnen geschichtlichen Fakten aus den realen gesellschaftlichen Vermittlungsprozessen, die durch das System der Produktionsverhältnisse bestimmt werden. Die Philosophie der Hoffnung dagegen begreift die Geschichte vom Standpunkt ihrer Finalität, die nur in der Vorstellung gegeben sein kann. Die Argumentation des historischen Materialismus folgt aus dem Zusammenhang der Bedingungen, die Argumentation Blochs hingegen stützt sich auf Feststellungen und Erwartungen des Sein-Sollenden; das letztere entsteht im historischen Materialismus aus dem Komplex der Bedingungen, bei Bloch hat es seinen Ursprung in der teleologischen Auffassung vom Seienden als dem latent Real-Möglichen. In seinen Ausführungen über die Sphäre Mensch-Individuum ist die Konzeption vom antizipierenden Bewußtsein und dessen Rolle am originellsten. Leider fehlt ihr eine präzise und systematisch durchgeführte epistemologische Reflexion. Hier genügt nicht die Begründung durch die Korrelation mit der objektiven Möglichkeit, die aus der allgemeinen Formel $S-O$ folgt. Was letztere betrifft, scheint ihre Zweiteiligkeit unbefriedigend, da sie die Gesellschaft innerhalb dieser Relation nicht berücksichtigt.
Obige Feststellungen könnten zur Schlußfolgerung führen, Blochs Werk sei eher ein Manifest als ein konsequentes philosophisches System (H. H. Holz bemerkt, daß Blochs Stil den *gestus* eher des Überredens als der Beweisführung hat)[18], was seine kulturelle Bedeutung übrigens nicht im mindesten beeinträchtigt. Das faszinierende und beileibe nicht leicht zu meisternde Werk des Philosophen der Hoffnung bedarf noch einer kritischen Analyse (die bisherigen Veröffentlichungen haben in der Mehrzahl den Charakter von Gelegenheitsarbeiten) sowie der Weiterentwicklung einzelner seiner Themen, als deren interessanteste ich nennen würde: die Kategorie des offenen Systems, Sprache und Form des Philosophierens, das Kulturerbe, die Spezifikation der utopischen Inhalte, endlich – Methoden der Interpretierung

von Kunstwerken. In dem seiner Herkunft und seinem Charakter nach polyphonen Werk Blochs übertönt jedoch eine Stimme alle anderen und beherrscht sie, seit der Philosoph seinen Weg angetreten hat, bis zu seinen letzten Lebenstagen – die Stimme, die, in Worte gefaßt, er selbst als Credo viele Male wiederholt und auf die Titelblätter seiner Bücher gesetzt hat: »Die Wurzel der Geschichte ist der arbeitende, schaffende, die Gegebenheiten umbildende und überholende Mensch.«

Anmerkungen

1 Es gibt Forscher, die der Ansicht sind, daß Bloch das Subjekt in dreifacher Art auffaßt: in der dritten als Gesellschaft. (Vgl. Peter Widmer »Die Anthropologie Ernst Blochs«, Frankfurt/M 1974.) Es scheint jedoch, daß, obwohl sich Bloch auf die soziale Bedingtheit bei der Untersuchung mancher kultureller Phänomene beruft, das Fehlen einer Analyse des sozialen Faktors in Blochs positiven, unkritischen anthropologischen Überlegungen geradezu kraß ist.
2 E. Bloch, Gesamtausgabe in 16 Bänden, Bd. 5, Frankfurt/M 1959, S. 358.
3 »Geist der Utopie«, a.a.O., Bd. 3, 1964, S. 254.
4 »Das Prinzip Hoffnung«, Frankfurt/M 1959, S. 1.
5 »Subjekt-Objekt«, Berlin 1951, S. 78
6 »Das Prinzip Hoffnung«, a.a.O., S. 49.
7 Ebenda, S. 61.
8 Ebenda, S. 64.
9 Ebenda, S. 67.
10 Ebenda, S. 76.
11 Karl Marx, »Das Kapital«, Bd. I, 1947, S. 186.
12 »Das Prinzip Hoffnung«, a.a.O., S. 85.
13 Ebenda, S. 132.
14 Ebenda, S. 135.
15 Ebenda, S. 139f.
16 Ebenda, S. 147.
17 Vgl. z. B. Gerhard Sauter, »Der verborgene Mensch. Zur Bestimmung des Menschen bei Ernst Bloch und die theologische Anthropologie«, in: Zeitwende. Die neue Furche, 1966, S. 832–840.
18 Hans Heinz Holz, »Logos Spermatikos. Ernst Blochs Philosophie der unfertigen Welt«, Darmstadt/Neuwied 1975, S. 207.

Gordana Škorić (Jugoslawien)

Die Philosophie des möglich Neuen

Ein hervorragender Vertreter des humanistischen Marxismus, Ernst Bloch, ist gestorben. Nicht ganz einen Monat vor seinem Tod haben seine Studenten noch unter Mitarbeit seiner engsten Schüler und in Anwesenheit von vierhundert Menschen eine »Arbeitsfeier« aus Anlaß seines 92. Geburtstages veranstaltet.
Bloch hat, wie selten ein Autor, die Herausgabe seiner gesammelten Werke erlebt. Als Selbstcharakterisierung der Blochschen Philosophie wollen wir den folgenden Satz aus seinem Buch »Zwischenwelten in der Philosophiegeschichte« anführen: »Das Neue an dieser Philosophie ist die Philosophie des möglich Neuen.«
Vorm Schweizer Exil während der letzten Jahre des ersten Weltkriegs entstand Blochs erstes Werk »Geist der Utopie« (1918), ein Buch von außerordentlicher Bedeutung für jeden relevanten Versuch einer Annäherung an seine Philosophie in den folgenden sechzig Jahren. In ihm kommt schon das zentrale Prinzip der Blochschen utopischen Philosophie zum Ausdruck (deren kantisches Pathos und theologische Existenzphilosophie konstitutive Elemente bleiben werden). Es ist die Frage nach uns selbst als absolute Frage.
Dieses Merkmal unterschied Bloch schon damals von einem rigoros verstandenen Marxismus, besonders aber von den ökonomischen Interpretationen und theoretischen Diskussionen innerhalb der Zweiten Internationale und reihte ihn unter die Antizipatoren und Vertreter des sogenannten Humanismus ein, der auf der Marxschen Theorie der Revolution und der Entfremdung beruht und der zu einem wesentlichen Faktor und kritischen Hebel innerhalb der Geschichte des Marxismus des 20. Jahrhunderts werden sollte.
Wenn wir bei dieser Gelegenheit Blochs philosophische Bedeutung und seinen Beitrag zum Marxismus hervorheben, dann müssen wir in erster Linie sagen, daß Bloch die Philosophie im Marxismus reaffirmiert hat, eine Philosophie, die den Menschen schließlich wiederum ins Zentrum der marxistischen Diskussionen gebracht hat, und für die

sich die oben erwähnte absolute (und das heißt auch radikale) Frage als Prinzip stellt. Dieses Prinzip ist durch seine Schärfe auf ein nicht adäquates Existieren gerichtet und tut zugleich vor sich die ganze Tiefe menschlicher Inhalte auf, über die man niemals genügend nachdenken kann. Vor allem bringt es nicht nur eine rein klassische philosophische Antwort hervor, sondern führt notwendigerweise auch auf die revolutionäre Praxis hin. Eine so verstandene revolutionäre Theoriepraxis, die auf die Zerstörung der Entfremdung gerichtet ist, antizipiert und kreiert eo ipso einen humanen Raum; die »kalte« und die »warme« Strömung im Marxismus münden schließlich in denselben Strom, was zu einer fruchtbringenden Rezeption von Marx führt, deren Pendant wir in Lukács' »Geschichte und Klassenbewußtsein« und in Werken finden, die vor der Herausgabe der sogenannten frühen Schriften von Marx erschienen sind.

Dieser gedankliche Horizont wird schon beim frühen Bloch in Form der Theorie vom Dunkel des gerade gelebten Augenblicks offenbar (was ein Spezifikum der Blochschen Philosophie ausmacht), des Augenblicks, der als der uns nächste unmittelbar und dunkel ist und in dem jenes Zukünftige als eine primäre Dimension der Zeit menschliche Inhalte erleuchtet, welches sich subjektiv als »das noch nicht Bewußte«, objektiv als das »noch nicht Gewordene« zeigt. Der Augenblick aber strebt danach, daß sich die Menschen im maieutischen Akt aus der Dunkelheit ans Licht kämpfen, – wobei die erkannte Hoffnung, das antizipierende Bewußtsein und die schöpferische Phantasie doch verläßliche Führer im Kampf gegen den Nihilismus sein können, der als ständige Gefahr vorhanden ist.

Diese Theorie der Dunkelheit des gerade gelebten Augenblicks zeigt sich besonders stark beim späten Bloch in der Intention, sich mit der Theorie der Entfremdung und Aufhebung der Entfremdung bei Marx zu identifizieren. Diese Theorie faßt auf ontologischem Niveau sowohl Anthropologie als auch Kosmologie zusammen, eine Zweiheit, die sie in sich vereinigt zu einem noch unvollendeten Prozeß im Laboratorium jenes *Möglichen*, das Experiment einer nach *Möglichkeit* besseren Welt heißt. Das Schicksal ist in die Hände des Menschen gegeben, den in seiner Selbstverwirklichung, im Heraustreten aus seiner Vorgeschichte die Erkenntnis der Träume von einem besseren Leben anleiten kann.

Die Erhellung des Prozesses der Welt, die auf das Sein als Utopie gerichtet ist, ist auf diese Weise eingeschlossen in eine »metaphysische Theorie«, die zum Absoluten führt. Aber sie unterscheidet sich doch von aller bisherigen Philosophie durch das Prinzip einer wirksamen

(tätigen), zukünftigen (besseren) Welt. Großartig eingefügt in das gesamte Gedankengebäude der metaphysischen Tradition, was ansonsten in der marxistischen Theoriebildung nicht häufig der Fall ist, wird Blochs Philosophie der revolutionären Praxis ihre kritische Distanz zur Tradition sehr klar einnehmen. Grundsätzlich war alle Philosophie jenem Vergangenheitsblick zugewandt war, der, als Phantom der Anamnesis, die Philosophie von Plato bis Hegel beherrscht, um im Gedankengut von Marx durch den entschiedenen Blick auf die Zukunft abgelöst zu werden, vom Blick auf eine menschlichere Welt, die immer gegenwärtiger werden soll, weil sie es *kann*.
Auf dieser Grenzlinie zur traditionellen Metaphysik ist Blochs Ontologie des Noch-nicht-Seins statuiert. Im Rahmen ihrer kategorialen Struktur werden Modelle für das Verständnis der Weltvermittlung in ihrem Experiment aufgeworfen, das allerdings nicht glücken *muß*. Aber ebenso, oder sogar noch mehr, kann sie vermittelt werden durch die Entwicklungstendenz der Wirklichkeit in utopischer Perspektive zum geglückten Leben hin, das ein noch nicht verwirklichtes Humanum als ein Reich der Freiheit im marxschen Sinne herausarbeitet, fundiert im dialektischen Prozeß der Materie, in dem sich nichts glatt – und ohne gelegentlich in Sackgassen zu führen – bildet.
Eine solche Philosophie, die im offenen System das Experiment der Welt in der Richtung des Seins als Utopie darbietet, ist zugleich auch eine Anleitung, die trotz eines entschieden spekulativen Gedankengebäudes, dem man vielleicht nicht notwendigerweise folgen muß, noch immer unmittelbar und konkret wirkt, ja erst recht frisch und vertraut, wenn wir sie in Bezug zum sogenannten wissenschaftlichen Marxismus oder der Resoziologisierung von Marx setzen, auf die wir heute immer mehr stoßen.
Der sogenannte metaphysische Charakter des Blochschen Denkens wurde schon von den Kritikern innerhalb der DDR hervorgehoben, – aber als nicht auf das Marxsche Denken ausgerichtet und insofern revisionistisch, ohne daß man dabei das eigentliche Merkmal der Blochschen Philosophie wirklich zur Kenntnis nahm.
Jetzt, nach Blochs Tod, kann man im Westen Urteile hören, die allerdings von einem anderen Standpunkt ausgesprochen werden, nämlich, daß Bloch der letzte Metaphysiker des Marxismus war. Ohne Frage liegt ein Verdienst Blochs gerade darin, daß er in die Geschichte der Philosophie eingegriffen hat, indem er auf ihr Erbe hinwies, das man im Marxismus leichtfertig vernachlässigt hat, besonders in dessen Vulgärinterpretationen. Die sogenannte »metaphysische« Dimension Blochs ist also keineswegs ein grundlegendes Charakteristikum seines

Denkens, was man bei der weiteren Pflege des wirklichen Bloch-Erbes nicht vergessen darf.
Blochs Erbe ist ganz und gar nicht eindeutig, wie das bei keinem Werk eines bedeutenden Denkers der Fall sein kann, besonders nicht bei solchen, die durch das breite Spektrum ihrer Themenstellung enzyklopädische Ambitionen gezeigt haben. Wenn uns also wirklich daran gelegen ist, im Geiste Blochs über die Gegenwart nachzudenken, dann müssen wir sehr vorsichtig sein, den Kern seiner Philosophie nicht leichtfertig durch Pauschalurteile zu verfehlen: Weder durch die, die uns die orthodoxen Marxisten aufzwingen wollen, noch durch jene der Theologen oder der Vertreter bürgerlicher Denkrichtungen.
Bei Blochs Philosophie handelt es sich in erster Linie um eine radikale Kritik, die dem Umstand des »aufrechten Ganges« Rechnung trägt und so die Würde des Menschen wahrt, beziehungsweise die Intention des Denkens in der Tradition dessen, was Marx die Kritik alles Bestehenden nennen würde, berücksichtigt.
Obwohl Bloch verhältnismäßig populär geworden ist, besonders im Verlauf des Jahres 1968 und danach, hat sich die Linke letztlich das Blochsche Gedankengut leichtfertig entgehen lassen. Diese Dimension verliert sich teilweise in Interpretationen, die Bloch in ihrer grundlegenden Konzeption nahekommen, die aber doch allzu bereit sind, Bloch für einen bloßen, wenn auch höchst bedeutenden Hermeneutiker der »warmen Strömung« zu halten, der in Wirklichkeit die »kalte Strömung« zu wenig pflegt, für die er sich ansonsten ausdrücklich einsetzt, was entsprechend solcher Einschätzung bedeuten würde, man habe konkreter, nahzielhafter zu sein. Das relativ komplizierte Gedankengebäude Blochs hat oft, besonders orthodoxen Kreisen, als Vorwand und bequeme Ausflucht gedient, sein Gedankengut als »abstrakt« zu bezeichnen; auf diese Weise wurde und wird der Versuch unternommen, die Schärfe dieser »abstrakten Philosophie« zu neutralisieren.
Zum gegenwärtigen Zeitpunkt, da anläßlich von Blochs Tod zahlreiche Artikel über ihn erschienen sind und verschiedene Aspekte seiner langen und fruchtbaren denkerischen Tätigkeit zum Ausdruck kommen, ist es für uns von besonderem Interesse, die Verbindung von Bloch zum jugoslawischen philosophischen Gedankengut zu untersuchen.
Besinnen wir uns einen Augenblick auf die Entwicklung der Philosophie in Jugoslawien nach dem Zweiten Weltkrieg, so sehen wir, daß sie eng verbunden ist mit der sozialistischen Revolution, an welcher die Mehrheit unserer Philosophen unmittelbar Anteil genommen hat und

aus der sie hervorging. Die Autarkie der jugoslawischen Revolution war die Grunderfahrung und das Thema marxistischen Denkens, wobei die Theorien der Revolution des zwanzigsten Jahrhunderts außerordentlich bedeutsam wurden. Die wichtigeren theoretischen Strömungen folgen allerdings erst auf den Bruch mit Stalin im Jahre 1948, als der Philosophie weitere Räume geöffnet wurden, besonders bei der Erwägung abweichender Phänomene innerhalb der sozialistischen Bewegung. In dieser Ära der Suche eines selbständigeren Weges hat unsere Philosophie ihre Inspiration sowohl auf den Spuren der Phänomenologie als auch des Existentialismus gefunden, eine Erscheinung, die ebenso für die marxistische Philosophie in anderen Ländern bezeichnend ist, wann immer sie sich von dogmatischen Konzeptionen zu befreien suchte.

Besonders charakteristisch für diese Ära ist die Rückkehr zu den frühen Werken von Marx und den Philosophien von Lukács und Bloch, deren Denken dem Marxismus seine philosophische Würde wieder zurückgegeben hat, und von denen aus die revolutionäre Praxis ihr Selbstverständnis bezieht.

In Jugoslawien hat Bloch die Aufmerksamkeit auf sein Denken bereits in den fünfziger Jahren durch seine in der »Deutschen Zeitschrift für Philosophie« erschienenen Arbeiten gelenkt; 1954/55 kam dann auch die erste Darstellung seiner Philosophie »Das Prinzip Hoffnung« heraus. Seitdem wurde Blochs Philosophie der Zukunft, durch die er nach dem Urteil zahlreicher jugoslawischer Autoren auf die wesentliche Neuheit der Marxschen Philosophie hingewiesen hat, eines der grundsätzlichen Themen der philosophischen Untersuchungen in Jugoslawien. Daß dabei die notwendige und klare Unterscheidung von den übrigen Zukunftsphilosophien des zwanzigsten Jahrhunderts, insbesondere der von Heidegger, häufig unterblieb, ist ein bemerkenswerter Nebenaspekt. Stets hat Bloch an Besucher aus Jugoslawien die Frage gerichtet, woher denn diese übergroße Bedeutung käme, die man Heidegger in den jugoslawischen, marxistischen Diskussionen beimesse.

Auf das Schicksal der Blochschen Philosophie in der DDR hat Milan Kangra 1958 in seinem Text »Treibjagd auf Ernst Bloch« hingewiesen, und größeres Interesse ergab sich, nach der Übersetzung von »Subjekt-Objekt« 1959, die gemeinsam mit der »Tübinger Einleitung in die Philosophie« (Übersetzung 1966) schon zum unumgänglichen Literaturkanon unserer Philosophiestudenten gehört. Die Rezeption von Bloch in Jugoslawien wurde allerdings auch durch Blochs persönliche Anwesenheit bei philosophischen Diskussionen im Lande selbst

angeregt, besonders nachhaltig im Jahr 1968 während der Sommerakademie auf Korcula, und ebensosehr durch seine Mitgliedschaft im Redaktionskomitee der Zeitschrift »Praxis« sowie durch die Veröffentlichung verschiedener Texte, was zugleich von Blochs nachhaltigem Interesse für den jugoslawischen Weg des Sozialismus spricht.
Die wechselseitigen Beziehungen und Blochs anregendes Wirken auf den gedanklichen Horizont der jugoslawischen Philosophie sind nicht unbemerkt geblieben: die Universität Zagreb hat Bloch 1969 das Ehrendoktorat verliehen, gemeinsam mit seinem Jugendfreund Georg Lukács.
Das jugoslawische Interesse für Bloch ist in den letzten zwei Jahrzehnten in ungeminderter Intensität wach geblieben. Davon legt auch die große Zahl der bibliographischen Titel Zeugnis ab, die jetzt schon die Tausend überschreitet. Ein umfassendes wissenschaftliches Werk über Blochs Opus allerdings steht noch immer aus. Vor kurzem wurde sein Buch »Naturrecht und menschliche Würde« übersetzt, und es sind auch Übersetzungen seiner Hauptwerke angekündigt: »Das Prinzip Hoffnung« und »Geist der Utopie«, so daß Blochs Denken auch einer breiteren, und nicht nur der philosophischen Öffentlichkeit zugänglicher wird.
Schließlich sei hier ausdrücklich auf die Bedeutung hingewiesen, die Ernst Bloch für unser Denken gehabt hat. Er war immer der »uns nahestehende Ernst Bloch«, um uns des Titels eines Aufsatzes von Predrag Vranicki zu bedienen.

Žarko Puhovski (Jugoslawien)

Revolutionärer Optimismus
Ernst Blochs Philosophie der Hoffnung

Nur ein toter Mann kann für gewöhnlich ein großer Mann sein; für Lebende droht immer die Gefahr, daß sie sich radikal verändern, ihre »Kritiker vom Dienst« enttäuschen, ihr eigenes Werk »verraten«, ja einfach die Konsequenzen ihres Denkens in der Praxis falsch abschätzen. Aber wenn in seinem neunten Jahrzehnt ein Philosoph stirbt, der schon sechzig Jahre mit seinem Werk im philosophischen »Geschehen« der Epoche anwesend war, wenn ein Mensch stirbt, der – was vereinfacht das Schicksal all jener ist, die viel und »Kompliziertes« geschrieben haben – verstanden wird als abstrakter Denker der Hoffnung, also einer positiven Offenheit gegenüber der Zukunft, so ist nichts logischer, als ihm »verdiente«, ambitiös komponierte posthume Lobeshymnen zukommen zu lassen, mit der obligaten Überzeugung, daß seine wirkliche Rolle erst später zu erkennen sein wird.

Im »Fall« von Ernst Bloch jedoch sind solche Nekrologe prinzipiell verfehlt. Denn sie erreichen einen der entscheidenden Höhepunkte seines Philosophierens nicht, nämlich das Streben – bei aller Abstraktion, Hingegebenheit an die Zukunft, was sein offenes System charakterisiert – eine direkte Verbindung zum konkreten »Umweltgeschehen« aufrechtzuerhalten; eine Verbindung, die allerdings nach der Reflexion über konkrete Anlässe strebt, aber auch nach Intervention in den Verwirrungen, von denen die Rede ist. Obwohl Bloch esoterischer (im übrigen »expressionistischer« dem Stil nach) als die übrigen prominenten Philosophen mit marxistischen Ambitionen umging, und obwohl er zum Unterschied von Lukács, Korsch und auch Marcuse (in seinen frühen Tagen) niemals irgendeiner Partei angehörte, und obwohl er schließlich seine Teilnahme an den entscheidenden Debatten »des westlichen« Marxismus zwischen den beiden Kriegen (über Lukács' »Geschichte und Klassenbewußtsein« und an der Diskussion über den Expressionismus) auf eine Weise vollzog, die die ideologischen Verkehrspolizisten in größte Verwirrung versetzte, ist sein philosophisches Werk ausnahmslos durchdrungen vom Denken des Politischen als einer notwendigen Höhe seines gesamten denkerischen Vorhabens.

Daß Bloch – im Gegensatz zur Mehrzahl der anderen marxistischen Philosophen – nicht unmittelbar an den Ereignissen teilnahm, die er als revolutionär beurteilte, ändert nichts an dem politischen Gehalt seiner Philosophie. Bloch ist unzweifelhaft bedeutend auch im schulphilosophischen Sinne als politischer Philosoph, genauer als Philosoph, der seine Rechtsphilosophie auf die Weise der Entdeckung des Politischen (und des Klassenspezifischen) im Rechtlichen gedacht hat. Gleichzeitig dachte er – wahrscheinlich umfassender als irgendein anderer Philosoph dieses Jahrhunderts – von einer Grundposition her, die er schon mit dem »Geist der Utopie« erreicht hatte: Er kommentiert, polemisiert und kritisiert eine Reihe von vor allem politischen Ereignissen, deren Zeuge er war, wenn, wie gesagt, auch nicht deren Akteur. Diese Kommentare – neben seinen überall implizierten philosophischen Grundgedanken – sind gekennzeichnet durch einen militanten, unversöhnlichen und rigorosen kritischen Standpunkt gegenüber der Wahrheit. Eine große Anzahl solcher Texte, geschrieben zwischen 1911 und 1977 (wo er gerade noch zurechtkommt, deutlich auf einige sehr aktuelle politische Implikationen der Linksverfolgung anhand des ihm selbst nahen Beispiels von Wolf Biermann hinzuweisen), ist in den Sammlungen »Politische Messungen, Pestzeit, Vormärz« und »Erbschaft dieser Zeit« vereinigt. Sie zeigen mit den ganz unvermeidlichen, problematischen »Problemabweichungen« die Basis einer philosophischen Position und ihrer Tragweite im Zusammenprall mit einer Reihe von politischen Prozessen einer ganzen Epoche: Von den Aphorismen des Anfangs aus dem Jahre 1905 (»Ein Staatsbeamter ist ein Mensch, der den Hund seines Vorgesetzten rechts gehen läßt«, »Politische Messungen«) bis zur Analyse des deutschen Militarismus, des Nationalsozialismus (dem er sich als einem zentralen Problem seiner Generation immer wieder von neuem zuwendet), des Stalinismus, der Jagd auf Linke vor und nach 1968. Dabei wies er im Gespräch mit den Studenten des Sommers 1968 deutlich auf die historische Begrenztheit der Möglichkeiten ihrer Bewegung hin. Aber dasselbe tat er auch – in einem anderen Kontext – in seiner schon berühmt gewordenen Antwort an Marcuse auf Korčula 1968 mit der für ihn typischen Betonung darauf, daß sich die wirklichen Möglichkeiten durch eben diese Bewegung erst eröffnen.

Blochs Widersprüchlichkeit hat ihn zu zahlreichen Emigrationen gezwungen (die letzte unternahm er noch im achten Jahrzehnt seines Lebens), zu Zerwürfnissen und Polemiken; und sie hat auch dazu geführt, daß er gleichermaßen von allen marxistischen Philosophen der wahrscheinlich meist diskutierte außerhalb marxistischer Kreise, besonders unter den Theologen, war. Bloch blieb bis zu seinem Ende umstritten, vor allem wegen seiner Unversöhnlichkeit, aufgrund derer er auch in seinen systematischsten Werken auf einer Kritik jener Richtungen bestand, die er zwar für philosophisch, aber auch von seinem eigenen revolutionären Standpunkt her für unhaltbar hielt, zum Beispiel den Positivismus oder die Philosophie Heideggers. In dieser prinzipiellen Haltung war ihm nur noch Adorno annähernd ähnlich. Doch diese Unversöhnlichkeit Blochs – sie geht eigentlich aus seinem revolutionären, militanten Optimismus hervor – besteht völlig zu Recht. Alle Versuche, Ernst Blochs Tod als den Tod eines abstrakten Philosophen zu betrauern (was bezeichnend ist für die »liberale Rechte« im Ausland, aber auch für einen Teil unserer eigenen Tagespresse mit der noch hinzukommenden konsultativen Verspätung ihrer Reaktionen) ist vollkommen verfehlt. Die Linke hingegen – und das braucht kaum erwähnt zu werden – neigte schon immer dazu, Blochs philosophisches Werk zu unterschätzen oder nur phraseologisch zu absolvieren. Unter diesen Widersprüchlichkeiten ist nicht nur der kurze Zeitraum nach Blochs Tod vergangen, sondern auch das Begräbnis selbst litt offensichtlich darunter. Man könnte vielleicht behaupten, alles sei – ganz im Stil von Blochs Leben – nicht ohne eigentümliche Skandale abgelaufen: So sprach Blochs jüngerer Kollege Helmut Fahrenbach »im Namen eines Teils des Fachbereichs Philosophie« und Rudi Dutschke »über das geteilte, geschichtslose, finanziell reiche, geistig aber immer ärmere Volk, das in diesem Staate lebt« angesichts der Abwesenheit von Vertretern »des politischen Lebens« beim Begräbnis usf. So hat Bloch noch nach seinem Tode theoretisch und persönlich Diskussionen und Polemiken hervorgerufen, an denen er auf seine, nur *formal* akademische Art, sein ganzes Leben lang teilgenommen hatte. Das steht – gleichgültig ob sich dessen alle bewußt sind oder nicht – durchaus im Einklang mit der wesentlichen Struktur seines Denkens, besonders seines Denkens als *politischer* Philosoph.

Blochs Auffassung von Politik, die er implicite durch seine rechtsphilosophischen Überlegungen zeigt, ist im Grunde genommen durch die Kritik an den bürgerlichen Konzeptionen von Gleichheit, Brüderlichkeit und Freiheit gegeben – dargelegt an der Fülle geschichtsphilosophischer Gebilde, wie er sie in seinen Werken mit dieser Problematik (»Freiheit und Ordnung«, ein Teil von »Prinzip Hoffnung«, »Naturrecht und menschliche Würde«, sowie in den schon erwähnten Sammlungen kurzer Texte über politische Ereignisse der Epoche und in einem vor kurzem erschienenen Buch mit Interviews) auf seine Weise behandelt. Wie alle anderen Philosophen, die sich geschichtsphilosophischem Material von der Position einer eigenen Philosophie her nähern, begreift auch Bloch die Philosophien, von denen er spricht, auf der Basis dessen, was er in seinem eigenen Werk als Ganzheit ausführt. Deswegen setzte er das Naturrecht, ein bedeutendes Thema seiner Rechtsphilosophie, immer interpretierend in Parallele zu den großen utopischen Systemen (zu denen er von der Grundlage der Argumentation seiner Auffassung der konkreten Utopie kommt), nämlich: Als klassenspezifisch bedingt, historisch begrenzt, aber dem Bestreben nach als allgemeine und absolute Höhe der Zusammenfassung, ja sogar der Gestaltung des Prozesses der menschlichen Befreiung.

Sein Durchgehen durch die Geschichte des menschlichen Denkens hat Bloch, was ebenfalls charakteristisch für ihn ist, nicht auf dem Wege einer Zerstörung der Tradition vollzogen, sondern mit einem Beharren auf der Möglichkeit des Findens einer neuen, linken revolutionären Tradition in der Philosophiegeschichte – und besonders in der Rechtsphilosophie –, aber auch in der politischen Philosophie, der Tradition des »aufrechten Ganges«.

Ernst Bloch hat – wie er selbst in einem Interview sagte – Politik vor allem als »bewußtes Schaffen der Geschichte, History in action with conciousness« (»Politische Messungen«, S. 409) verstanden. An diesem Schaffen hat er zwar aus freier Entscheidung nicht konkret-politisch handelnden Anteil genommen, aber das Bewußtsein davon wäre in unserer Zeit ohne Blochs revolutionär-philosophischen Anteil noch partieller, als es uns täglich erscheint.

Adolph Lowe (USA)

Über das Dunkel des gelebten Augenblicks

I.

»... Das Blut läuft, das Herz schlägt, ohne daß es zu verspüren ist, was den Puls in Gang setzt. Ja, tritt keine Störung hinzu, so ist überhaupt nichts unter unserer Haut spürbar.... Das gesunde Leben schläft, als in sich webend.... Akte wie Vollzug des Wollens, Vorstellens und so fort treten aus dem unmittelbaren Dunkel ihres Geschehens nicht heraus. Aber am meisten dunkel bleibt schließlich das Jetzt selber, worin wir als Erlebende uns jeweilig befinden.... so ist das gerade Erlebte selbst am meisten unmittelbar, also am wenigsten bereits erlebbar. Nur wenn ein Jetzt gerade vergangen ist oder wenn und solange es erwartet wird, ist es nicht nur ge-lebt, sondern auch er-lebt. Als unmittelbar daseiend, liegt es im Dunkel des Augenblicks ...«
»Aber was im Jetzt treibt, stürzt zugleich dauernd vorwärts. ...So ungeäußert sein Innen noch sein mag, darin äußert es sich, daß es das Seine nicht hat, vielmehr draußen sucht ... Und das Draußen, in das das Subjekt greift, muß wenigstens so liegen, daß sich nach ihm greifen läßt. Wäre um das Drängen nach dem, was fehlt, nichts als lauter enge, erstickende, fest gewordene Mauer, wäre nicht einmal Drängendes da. So aber ist ihm noch etwas offen, sein Drängen, Wünschen, Tun hat Platz. Was nicht ist, kann noch werden, was verwirklicht wird, setzt Mögliches in seinem Stoff voraus. Es gibt im Menschen dieses Offene, und Träume, Pläne wohnen darin. Das Offene ist ebenso in den Dingen, an ihrem vorderen Rand, dort, wo noch Werden möglich ist. Und das Drängen hat daran nicht nur den Auslauf ..., sondern außer dem Weg ist im objektiv Möglichen ein uns möglicherweise Entsprechendes.... In den Dingen ist ein Treiben, worin unsere Angelegenheiten noch betrieben werden können, eine Front, worin unsere Zukunft, gerade diese, entschieden werden kann.... So gibt es im Fluß der Dinge, also der Ereignisse, noch durchaus ein Noch und Noch-Nicht, was dasselbe ist wie echte, das heißt, aus nie so Gewesenem bestehende Zukunft.... Zeiten wie die heutige, in denen Geschichte, vielleicht für Jahrhunderte auf der Waage steht, haben das Gefühl fürs Novum ex-

trem, sie spüren, was Zukunft ist, mit angehaltenem Atem, mit befördernder Arbeit am ... heraufziehend Möglichen.« (»Das Prinzip Hoffnung« – weiterhin bezeichnet als P.H. – pp. 334-6)

Diese Sätze umreißen die tragende Idee der Blochschen Lehre von Mensch und Welt und ihrer Verknüpfung. Wie ein roter Faden ziehen sich die hier ausgesprochenen Gedanken durch sein gesamtes Lebenswerk – von der barocken Urfassung im »Geist der Utopie« über die philosophischen Spekulationen der dreißiger Jahre und die obige Formulierung im Rahmen seines offenen Systems, bis zur knappen Prägung am Ende des »Experimentum Mundi«, Blochs geistigem Testament. Ausgehend von dem subjektiven Dunkel eines Jetzt, von dem wir doch spüren, daß es ins Künftige strebt und das im Objektiven auf ein analoges Treiben stößt – auf eine »Sehnsucht der Materie«, wie es anderswo heißt – eröffnet sich das Ziel unseres inneren Drängens als ein real Mögliches. So enthüllt sich das dunkle Hier und Jetzt als Schoß einer echten Zukunft, deren Verwirklichung unserer »befördernden Arbeit« anheim gegeben ist.

Der Fragen sind nicht wenige, die solche Verkündung stellt. Was hat es mit dem Dunkel auf sich, das offenbar mehr ist als bloße Nacht? Ist die objektive Welt wirklich nicht nur ein bestenfalls fügsamer Rohstoff für unser Wirken, sondern ein »sich selber formendes Sein«, wenn auch mit offener Alternative zwischen absolutem Nichts und absolutem Alles? Und schließlich, welche Rolle ist dem »Prometheus Mensch, der Materie kühnsten Organgestalt«, zugedacht, wie ihn die »Tübinger Einleitung in die Philosophie« nennt? Soll er der Materie »aktiv die Weichen des heilsamen Prozesses stellen«? Oder ist es der menschlichen Arbeit aufgegeben, in den Prozeß selbst einzugreifen, um »das Weltseiende bis zur Kenntlichkeit seines Seins wachsend zu verändern«? (ebenda, p. 221)

In einer früheren Betrachtung – »S ist noch nicht P«, in »Ernst Bloch zu ehren«, 1965 – sprach ich kurz über die Problematik, in die uns Blochs postulierte Eigendynamik der Materie und das solche Dynamik »ausrichtende« Handeln des Menschen verwickelt. Hier soll ein kurzes Wort gesagt werden zu dem subjektiven Ansatz der ganzen Gedankenkette, um einen Lichtstrahl in das Dunkel des gelebten Augenblicks zu werfen – auf den ersten Blick ein paradoxes Unternehmen, wäre nicht Bloch selber auf diesem Weg vorausgegangen.

II.

Hören wir, was Bloch im Fortgang des obigen Zitats zu sagen hat: »Wird recht verwirklicht, so kommt das Leben dorthin, wo es noch nie war, nämlich nach Hause. Zwei Momente aber machen, in dieser Verwirklichung eines noch Möglichen, letzthin Quell und Mündung aus. Der Quell ist bezeichnet durch das *Dunkel des Jetzt*, worin Verwirklichung entspringt, die Mündung durch die *Offenheit des objekthaften Hintergrundes*, wohin die Hoffnung geht. ... Dunkler Augenblick hier, adäquate Offenheit dort ... sind die Pole des antizipierenden Bewußtseins wie dessen, was ihm objekthaft entspricht. Mündung allerdings, das bezeichnet ein Moment des Endzustands, der noch mehr bedeutet als adäquate Offenheit, vielmehr: in dem sich diese als offene Adäquatheit gibt.«

Und hierauf folgt die entscheidende Wendung: »... die offene Adäquatheit macht sich nicht in Erfahrungen des weiterlaufenden Weltprozesses kenntlich, sondern in kurzer, seltsamer Erfahrung eines antizipierten Stillstehens ... in einem *Aufblitzen vom utopischen Endzustand.* Solche Erfahrungen, ... betreffen in der Tat den Kern der Latenz ... Nicht als Lichtung, doch als unverwechselbarer Hinweis auf das unmittelbare Dunkel des Jetzt ...« (P.H.pp. 336-8, Hervorhebung v. Verf.)

Das sind seltsame Sätze, und das Geheimnisvolle vertieft sich, wenn Bloch den Gehalt des Erfahrenen näher zu umschreiben versucht. Aber ehe wir ihm hierin folgen, muß einem möglichen Mißverständnis begegnet werden. Auf den ersten Blick bezieht sich die Erfahrung der »offenen Adäquatheit« nicht auf das Dunkel des subjektiv gelebten Jetzt – den »Quell« –, sondern auf die »Mündung« des objektiven Hintergrunds. Aber Bloch läßt keinen Zweifel an der vollen Konkordanz von Mündung und Quell. So sagt er an einer späteren Stelle: »Es ist der im Dunkel des gelebten Augenblicks immer noch treibende und immer noch verborgene Quell oder Anfang der Welt, der in den Signaturen seiner Mündung sich erstmalig faßt und löst« (pp. 353-4). Oder noch deutlicher spricht er davon, daß »das Dunkel des gelebten Augenblicks ... mit der essentiellen ... Existenzweise des Zielinhalts selber zusammenfällt« (p. 347). Freilich was da erfahren wird, bleibt Antizipation des Eigentlichen, in Blochs Formulierung, bloße »Symbolintention des Überhaupt und Omega ..., des Summum bonum« (p. 353).

Welcher Art nun sind diese Erlebnisse, die auf ein *Summum bonum* hinzielen? Blochs Antwort ist vielfältig. Einmal sind es »scharfe Wendestellen des Daseins, sei es des eigenen, sei es der Zeit, sofern sie vom geistesgegenwärtigen Auge bemerkt werden« (P.H.p. 342). Goethes bekanntes Wort am Tage der Kanonade von Valmy dient hier als Beispiel. Es gibt aber, meint Bloch, deren Vergegenwärtigungen nicht viele. Darum ist entscheidend, daß die »offene Adäquatheit« erfahren werden kann durch »ein in allen öffentlichen Zusammenhängen fast Nebensächliches ... die Art, wie ein Blatt sich im Wind bewegt ... das Lächeln eines Kindes, der Blick eines Mädchens, die Schönheit einer aus dem Nichts aufsteigenden Melodie ...« (P.H.p. 1387-8). Literarische Anklänge finden sich vor allem bei Tolstoi – am stärksten vielleicht in »Krieg und Frieden«, im Erlebnis des todwunden Bolkonsky auf dem Schlachtfeld von Austerlitz in den Himmel blickend.

Noch pointierter und geheimnisvoller werden solche Symbolintentionen in der Frühphase der Blochschen Meditation beschrieben: »Ein Tropfen fällt, und es ist da; eine Hütte, das Kind weint, eine alte Frau in der Hütte, draußen Wind, Heide, Herbstabend ... oder wir lesen, daß sich Dmitri Karamasov im Traum verwundert, wie der Bauer immer ›Kindchen‹ sagt, und wir ahnen, hier wäre es zu finden ... man sieht, es sind nicht nur die großen Entdeckungen ... tiefer noch werden vom Zustand des Ahnens ... getragen: das Kleine ...« (»Geist der Utopie«, 1923, p. 236).

Am Ende faßt sich Bloch in dem erstaunlichen Satz zusammen: »...irgendein Überschuß, durch nichts äußerlich begründet, der Überschuß *moralisch-mystischer Existenzbedeutung an sich* eignet allen solchen Erlebnissen ...« Und so kann es kaum verwundern, wenn ein paar Seiten später (pp. 238-9) der Gnostiker Basilides, Meister Eckart und der heilige Augustinus als Zeugen angerufen werden.

Daß es sich bei alldem nicht um jugendlichen Überschwang, sondern um ein bleibendes Angerührtsein handelt, zeigt sich nicht nur daran, daß die erwähnten Beispiele in den späteren Werken wiederkehren. Bedeutsamer ist, daß Bloch sie immer wieder als mystisch bezeichnet, und das in keinem metaphorischen Sinn. Viele Male dient das *Nunc stans* der Mystiker als Analogie – ausführlichst im vorletzten Abschnitt von »Atheismus im Christentum«, aber auch im »Prinzip Hoffnung«. Und das »Experimentum Mundi« kulminiert in dem Satz (p. 257): »... die noch gänzlich ausstehende letzte Utopie ... wohnt aber durchaus im Dunkel des gerade gelebten Augenblicks, sobald er anfängt, nicht nur ein gelebter, sondern erlebter zu sein, mithin jenes uns Nächste und doch im großen Prozeß uns noch so Ferne betreffend, das genau wegen seiner vollkommenen Näheimmanenz mysterisch, ja das Seinsmysterium selber ist ...«

Dazu paßt durchaus, was Bloch über den Modus zu sagen weiß, in dem diese Erfahrungen auftreten. Sie sind jenseits alles Gewollten und Geplanten. Sie »blitzen auf« und »schlagen ein« – ein Vorbewußtes offenbart sich, ausgelöst durch einen an sich belanglosen Anlaß. In einer ans Theologische grenzenden Formulierung ist es »ein plötzliches, nicht historisch-horizontales, sondern senkrecht einschlagendes Licht« (P.H.p. 342). Aber zugleich wird er nicht müde, zu wiederholen, daß das so Erhellte ein Vorläufiges ist, zwar ein real Mögliches, aber nicht nur seinem künftigen Eintreten nach, sondern auch seinem Inhalt nach ein »Unfixierbares« (p. 353).

III.

Hier nun erheben sich gewichtige Fragen. Da ist zunächst die paradoxe Behauptung, daß ein seinem Wesen nach Dunkles – der reale Augenblick – irgendwie erhellt werden kann – eine Paradoxie, die noch verschärft wird im Versuch, von etwas zu reden, »das seinem Inhalt nach unfixierbar« ist. Vielleicht könnte man daran denken, den Gehalt der Blochschen »Symbolintentionen« in nichtdiskursive Ausdrucksformen zu übertragen. Sie mögen gesungen, gemalt, getanzt werden, aber offenbar entziehen sie sich begrifflichem Ausdruck. Dies macht es schwierig, mit skeptischen Lesern über die psychologische Gültigkeit von Blochs Erfahrungen ins reine zu kommen, und man kann es verstehen, wenn der Osten ihn als Idealisten denunziert, während im Westen von einem marxistischen Schelling gesprochen werden kann.
Wohl kann sich Bloch in seinen literarischen Hinweisen – auf Tolstoi, Dostojewski, aber auch Jean Paul, Kierkegaard, Hamsun – auf gewichtige Zeugen berufen. Aber nicht vielen widerfährt Bolkonskys Geschick, schwerverwundet auf dem Schlachtfeld in den Himmel zu blicken oder – ein anderes häufig wiederkehrendes Beispiel – wie Karenin und Wronsky am vermeintlichen Sterbebett der Gattin und Geliebten zu stehen. Heißt das, daß die entscheidenden Erfahrungen esoterisch nur einer Elite Eingeweihter zugänglich sind?
Hier wird Blochs Hinweis auf das »Kleine«, auf die »ganz uneigentlichen Anlässe und Inhalte« entscheidend – das im Wind sich bewegende Blatt, das Lächeln eines Kindes, das Aufsteigen einer Melodie, die nicht der Kunstmusik entstammen muß. So liegt, um was es geht, keineswegs jenseits der Grenze allgemeinen Menschentums und mag sich in naivem Erleben ohne Reflexion auf einen letzten Sinn erfüllen. Wir freilich, die vom Baume Blochscher Erkenntnis gegessen haben, können nicht umhin, nach solchem Sinn zu fragen. Und das um so weniger, als das Stillehalten, in dem der utopische Endzustand aufblitzt, nicht nur die Richtung unseres geschichtlichen Handelns, sondern – in Einheit mit unserem Mühen, das Sein zu verändern – den Sinn unseres Lebens selber ausmachen soll. Traditionell weicht das sozialistische Schrifttum, vor allem in seiner marxistischen Prägung, solcher Sinn-

frage aus, wenn es sie nicht gar als individualistischen Sündenfall verwirft. Nicht so Bloch. An einer wesentlichen Stelle in »Atheismus im Christentum« (p. 335), wo von den Quellen des Lebensmuts die Rede ist, verkündet er: »Derart hat das Leben genau so viel Sinn, wie er sich in Unzufriedenheit, Arbeit, Verwerfung des uns Inadäquaten, *Ahnung des Angemessenen* erst bildet . . .« (Hervorhebung v. Verf.). In der Sprache des »Prinzips Hoffnung« ist es befördernde Arbeit am Heraufziehenden gepaart mit dem Aufblitzen vom utopischen Endzustand, was der Welt des Noch-Nicht den Vorglanz der Erfüllung verleiht.

Es kann nicht verwundern, daß Blochs christlich-theologische Kritiker an diesem Punkt einsetzen. Gewiß ist auch ihre Vision auf ein schlechthin Zukünftiges gerichtet, aber auf ein Zukünftiges, an dessen Vollkommenheit die ganze Menschheit, die dann Lebenden und die auferstandenen Toten, teilhaben wird. Bloch bietet den vor dem Gelingen des Weltexperiments Dahingegangenen keinen solchen Trost. Sie können nicht zum Augenblicke sagen: Verweile doch, du bist so schön. Das Beste, was ihnen im erhellten Augenblick widerfahren kann, ist die Ahnung: Im Vorgefühl von solchem hohen Glück genieß ich jetzt den höchsten Augenblick.

Aber wir brauchen nicht darüber zu rechten, ob solche Antizipation die Mühsal und das Martyrium des Heute voll vergelten kann. Der Fall liegt schwieriger. Wäre der Endsieg des *Summum bonum* verbürgt, so könnte man vielleicht eine höchste Pflicht alles Lebendigen postulieren, eine Pflicht, die dem immer strebend Sichbemühen den Stempel sinnhafter Erfüllung aufdrückte. Aber es ist Blochs zentrale These, daß die Zukunft offen ist, und daß die Alternative zwischen positiver und negativer Utopie, zwischen dem Optimum des Alles und dem Pessimum des Nichts, erst am Ende entschieden wird. So mag es wohl sein, daß die vorläufige Realität, die Welt der Mühseligen und Beladenen, der Erniedrigten und Beleidigten, statt durch ein *Summum bonum*, durch ein »würgendes, starrendes Nichts« abgegolten wird. Darum nur Hoffnung und keine Zuversicht.

IV.

Aber vielleicht ist das doch nicht das letzte Wort. Im 52. Kapitel des »Prinzips Hoffnung«, das von den »Hoffnungsbildern gegen die Macht der stärksten Nicht-Utopie: den Tod« handelt, finden sich Worte, die trotz allem im Vorläufigen ein Endgültiges zu entdecken scheinen. Hat der Tod, fragt Bloch, »dieses ebenso bevorstehende wie in extreme Vergangenheit reißende . . . wie in völlig unerfahrene Andersheit bringende und darin unausgemachte Ereignis, zum Dunkel des gelebten Augenblicks einen Bezug? ... In diesem ganzen Gebiet sind vorerst nur Fragestellungen möglich, ist äußerstenfalls die Vermutung möglich ..., daß beide die gleiche Wurzel haben ... Ein in sich unmittelbar Verschlossenes (der gelebte Augenblick, A.L.), ein Sein, das nicht im Da-sein steht, kann den Tod ... zum Nachbar haben, aber den Tod als Vernichtung eines Da-seins nicht zum Schicksal« (pp. 1386-7).

Nochmals auf die Symbolintentionen zurückgreifend, so findet Bloch in ihnen »als ernstestes Leuchtzeichen« die Erfahrung des »Non omnis confundar/Nicht ganz werde ich in Unordnung geraten« (p. 1384), erfüllt von einer »rätselhaften Freude«.

»Gerade nun diese Freude und Staunensgewalt wollen dem Tod mit sonderbarer Gewißheit entgegensehen ... *als einer Befreiung gerade des – Lebensüberschwangs«*. »Der Tod, welcher als individueller wie als ferne Möglichkeit kosmischer Entropie dem zukunftsgerichteten Denken als absolute Zwangsnegation begegnet, der gleiche Tod geht nun mit seinem möglichen Zukunftsinhalt in die Endzuständlichkeit, Kernzuständlichkeit ein, ... Der Tod wird daran nicht mehr Verneinung der Utopie ..., sondern umgekehrt Verneinung dessen, was in der Welt nicht zur Utopie gehört.«

Und nun folgt der erstaunliche Satz: »Aber nicht nur ein Vorgefühl unserer Fähigkeiten, sondern *der fundierte Schein einer Erfüllung* hat hier Platz ... *der Schein (ist) hier mehr als Vorschein*, er blüht ... in einer ... Unmittelbarkeit zentraler Art. Deshalb schlagen auch, in so zahllosen Berichten, Bewußtsein des Vortods ... und Bewußtsein einer Verwesentlichung zusammen« (pp. 1389, Hervorhebung v. Verf.).

Noch einmal sind es die großen Momente im Erleben der tolstoischen Handlungsträger, die als Zeugen dafür angerufen werden, daß jeder wahrhaft »erlebte« Augenblick den erfüllten Sinn des »letzten« Augenblicks in sich birgt. Wenn dem so ist, so kann das Erleben der zeitlosen und eben darum erfüllten Gegenwart des erhellten Augenblicks mehr enthalten als bloße Antizipation, eben eine zeitlose Gültigkeit. Damit wäre der Sinn des vergänglichen Lebens von der Kettung an einen *terminus ad quem* unentschiedener Zukunft befreit, ohne daß darum der Würde des innerzeitlichen Kampfes gegen vermeidbares Übel Abbruch getan würde.

Es ist zu spät, um Ernst Bloch um diese Auslegung zu befragen. Sie muß für immer bloße Vermutung bleiben, wenn auch eine hoffnungsvolle.

Joachim Schumacher (USA)

Angedenken und Weiterwirken

Mit jener dem Denkgenie eigenen Verbindung von Nüchternheit und Kühnheit bemerkt Augustinus in seinem »De civitate Dei«: »Begräbnisfeiern gelten den Überlebenden mehr als dem Toten.« Daß der Tod von Ernst Bloch ein so großes Echo gefunden, mit dem Fackelzug von Tausenden von Studenten zur Wohnung am Neckar, meinte bei aller wesentlichen Trauer, die sich demütig gibt, noch im Abschied Mobilmachung. Selbst wer ihn nur gelegentlich als Redner erfahren, zumal in akut politischen Streitfragen, konnte dieser besonderen Stimme und Gestalt jene Überzeugungsstärke anspüren, die ebenso unmittelbar wie unerklärlich wirkt.
Signum des Genies ist Schöpferkraft. Genie ist, wer auf einmalige personale Weise das ausdrückt, was alle angeht, weil es wahr und welthaltig ist, was aber die gesamte Welt für sich selbst nicht zu sagen, geschweige denn zu tun vermochte. Ein Genie wiederholt nicht etwa ein Zeitanliegen, sondern entwickelt es von den geschichtlichen Anfängen, mit ausführlichem Bezug auf die Besonderheiten der Jetztzeit heraus, zu den ultimativen Realpostulaten hin. Aus dieser so dicht, gar so radikal vermittelten Gegenständlichkeit dessen, was er einmal etwas schlagwörtlich »konkrete Utopie« geheißen, stammt die ganze Entwicklung und das nunmehr fast vollständig vorliegende Gesamtwerk, das *opus operans* von Ernst Bloch.
Es gibt auch flüchtigere Spuren seiner von Anfang an eingenommenen und dann einzigartig durchgehaltenen Aufmerksamkeit auf Grundprobleme: ein *Merke* von Eile und Weile, von Zielhaftigkeit im Beharren, auch von Frohsinn im Tiefsinn, jene Ruhe bei aller Springlebendigkeit, für die es auf spanisch den Ausdruck »zweiter Mut« gibt. Noch in den kleinen anfänglichen Worten, kurzen Aufsätzen wie den Hauptwerken ebenso eigentümlich, pocht ein besonderer Puls, der weiterdrängt. Es glimmt und zuckt wie in Raketen, die dann bald losgehen, parabolisch auf Horizonte zu. Bereits in den Notizen des Gymnasiasten zu »Über die Kraft und ihr Wesen« geht es nicht im gering-

sten jugendlich-egozentrisch zu oder in hitziger Nachahmung vorgefundener Größen. Das größtmögliche Objekt, Welt geheißen, das kälteste wie geheimnisvollste, wird anvisiert, aufgerufen, sich kundzugeben. Nicht das geringste des damals vorherrschenden »Jugendstil« ist beim frühen Bloch zu finden. Dieser heute so merkwürdig restaurierte Stimmungsgehalt aktionsloser Adoleszenz, lauwarmer Verträumtheit in lauter Sumpfgelände und -formen, sprach damals wie heutzutage lediglich Enttäuschung aus. Ein Ziel und Stil lahmer Vermeidung des Reifwerdens zu revolutionären Überzeugungen eignete damals am meisten den wenigst begabten aber allbekannten Dichtern und Klecksern. Völlig konträr zu diesen der junge Bloch. Schon seine Sprache ist fast lateinisch hart und genau, gemahnt allenfalls an Kant – dem von ihm noch kaum gelesenen, (aber dem geistesverwandt im Zeitalter der Restauration den französischen Realidealen treubleibenden). Der Jüngling Bloch unterzog sich aus Instinktsicherheit und Vorwärtsdrang einer ungemeinen Selbsterziehung. Nur in wenigen Fällen, mit neuen Kameraden in der Schule, mit einigen Lehrern an Universitäten, konnten die Latenzen der Blochschen Eigenart von anderen überhaupt wahrgenommen werden. Sein Wesen, seine ungemeine Präsenz in Stimme, Gesicht, Gebärden und Gehalten, war sowohl für geruhsam-versöhnliche wie für reizbar-streitsüchtige Naturen unverständlich. Offenbar duldete er Toren eher fröhlich. Da er auch späterhin nichts persönlich nahm, stets auf das zentrale Wesen einer Situation und Frage zuging, erschien er ebenso unverletzlich wie nie gelangweilt.

In seiner Gesellschaft spürte man stets die so merkwürdige Kraft ebenso voller Gegenwärtigkeit wie die jeweilige Situation überschießender, transzendierender Lebensfülle. Also: Schöpferkraft. Prekär, wie es den Blochs zumal hier in Amerika ging (wovon noch zu berichten sein wird – *et ego in America*). Ernst Bloch war erfüllt in dem sicheren Gefühl, das schaffen zu können und daher zu wollen, was niemand anderem dieses Landes und dieser gesellschaftlichen Verhältnisse hätte einfallen können, geschweige denn es zur durchgängigen Realisierung zu bringen. Blochs eigene Definition von Geniewerk als »fortwirkender Überschuß«, überschießt nun wirklich den marxistisch viel zu stereotyp gelassenen Begriff des sogenannten »Überbau« (oberhalb des fast unanalysiert gelassenen materiellen »Unterbau«, unendlich schwieriger zu bestimmen als immer noch angenommen). Seine sprudelnde Ausdruckskraft, denkbar natürlich und ohne die geringste intellektuelle Eitelkeit, eignete ebenso der Unmittelbarkeit des Gesprächs oder Tuns – und wie köstliche Situationen immer wieder überall! – wie dem Duktus der Werke. Noch in seinen Briefen ist der ganze Bloch in jeder Zeile – und solche in der geplanten Veröffentlichung auslassen zu wollen, weil sie sich ebenso drastisch-fröhlich, oft sprichwörtlich-schwäbisch auf »Wein, Weib und Gesang« beziehen, und nicht nur auf »Hoffnung, Materie und Naturrecht«, wäre eigentlicher Schwachsinn. Noch ein kürzester Zettel, wie der, den er im badischen Dialekt einem Buchgestell über meinem Schreibtisch anheftete (von wo er mir jetzt noch zulacht) ist ein wahres Juwel der Blochheit von Ernst.

Immer wieder auch erstaunlich: wieviel es von ihm gibt, und zwar im Sinne des *multum, non multa*. Von befreundeter, jugendlicher Seite kam an mich kürzlich die briefliche Anfrage, ob es möglich sei, die aus der Goethe-Philologie stammende Einteilung der Entwicklung eines Genies in Lehr-, Wander- und Reifejahre auf Bloch zu übertragen. Ich antwortete etwas pauschal-nüchtern, aber so wenig wie möglich herablassend. Bloch selber bewies einem so sehr viel jüngeren als mir von je die Herzlichkeit, ja Höflichkeit (d. h. sachliche Aufmerksamkeit) bei Auseinandersetzungen oft auch heikler Natur, wie etwa in Fragen der Sowjetunion, in denen ich früh von ihm abwich ohne das Freundschaftsverhältnis zu lädieren, sich auf meiner Ebene mit mir auseinanderzusetzen. Es ist sinnlos, einem Adepten zu sagen, er sei noch nicht so weit oder er irre sich grundsätzlich. Demnach: der Gedanke an *Lehrjahre*, auf Bloch bezüglich, ist deshalb unangemessen, weil er, wie erwähnt, von Anfang an, erstaunlich früh und zielsicher auf die Grundkategorie des »Noch-nicht-Bewußten« gestoßen. Diese kam ihm nicht von Lehrern. Umgekehrt, er prüfte seine Lehrer und alles Gelesene, auch Musisches und zumal Musikphilosophisches auf diesen Begriff hin, dem bisher fast von allen ausgelassenen (außer von einem, von dem ich selber erst viel später aus dem literarischen Nachlaß die Kategorie des *pre-scientia* entnehmen konnte – Leonardo da Vinci). Das kreatürlich-kreative Genie kann sehr unbefangen, nicht etwa »frühreif«, sondern unbefangen-aufgeweckt das Seine ergreifen, das sich eben nicht-privat wahrhaftig und weltoffen erweist. Wie kaum ein zweiter unter großen Philosophen war Bloch von Anfang an kein bloßes Kind seiner Zeit oder der Schüler seiner Lehrer. Am allerwenigsten ist er als Feinschmecker der Größe anderer zu bezeichnen – das Manko vieler Begabter noch unter ehrlich Oppositionellen wie etwa Simmel. Eher schritt er, einmal aus der Enge akademischer Kasernen herausgekommen, erstaunlich stark und sicher dazu, Gründer seiner eigenen philosophischen Architektonik zu werden. Welchen Materialien und Perspektiven er den Aufbruchszeiten der Vergangenheit, gar politischen Werkstätten wie denen von Marx entlehnte – immer war er der philosophischste unter Rebellen, Atheisten, Marxisten. Er restaurierte geradezu den ehemalig oppositionellen Rang und Elan systematischer Philosophie, die im akademischen Betrieb nunmehr so einseitig spezialistisch oder formal-logistisch geraten (also eigentlich abgedankt hat). Was immer die Verdienste positivistischen Forschens noch im 19. Jahrhundert gewesen sein mochten, ein Werk wie Blochs »Geist der Utopie«, mit dem er 1918 als Autor in die Öffentlichkeit einzutreten suchte, blieb eben aus Blindheit für große Zusammenhänge, ja eigentlicher Unmusikalität der Musikwissenschaftler unverstanden, mißhört. In Hinsicht auf Blochs Philosophie der Musik ist es lehrreich, daß große Dirigenten wie Furtwängler und Klemperer, – oder hierzulande ein Temperamentler wie Bernstein – Bloch immerhin wahrgenommen, gelesen, und sich zu ihm bekannt haben.

Im Hinblick auf die *Wanderjahre* kam es für Bloch, früh und immer wieder, zur eigentlichen Nötigung physischen Auswanderns. Aber er war und blieb von je so im großen philosophischen Unterwegs so eigentlich pilotenhaft, so ursprünglich und unbeirrbar auf Entdeckungsfahrt aus, die in geistiger Sphäre eben Erzeugungskraft heißt, daß Ortswechsel kaum Einfluß auf diesen seinen Impetus hatten. Noch das unmittelbar so ansprechend Landschaftsschöne der Schweiz und Italiens, das Urbane von Paris, die gute Geprägtheit von Prag, ja die zunächst unbegreiflichen Dimensionen Amerikas (geographisch, soziologisch, linguistisch, ideologisch) wurden von ihm je spezifisch wahrgenommen, auch dargestellt in der Reihe »Geographica« (in »Entfremdungen II«). Aber er entzündete sich nicht an deren Reizen. Eher umgekehrt erhellte er diese Reize am Feuer seines je mitgehenden und eindringlichen Luziferus. Genauso hatte er nicht Schelling und Hegel und Kant gelesen, um sich zu bilden. Er bildete deren Erzeugnisse sogleich um zu Zeugen und Signaturen seiner weit offenen, immer neu aufzubrechenden Horizonte. Gewiß, die Manuskriptkoffer wurden überallhin mitgenommen, standen immer nahe der Tür der je anderen Wohnung. Diese ward immer sogleich wieder die Werkstatt. Wer könnte es den Hauptwerken der zentralen Themen Hegel, Materie, Hoffnung, Atheismus anmerken, daß sie in den USA entstanden? Wir wohnten und arbeiteten meist an getrennten Orten. Daher die zahlreichen Briefe aus den vierziger Jahren, hin und her, immer auch Manuskripte betreffend. Der vorsorglichen, überarbeiteten Frau Karola wurde als Architektin gekündigt. In dem Brief aus Cambridge (13. April 1946) heißt es: »Das Heißeste – Utopie – mit dem Kältesten – Materie – sich durchdringen lassen ist mein Geschäft.«

»Citizen bin ich auch schon geworden. Kein Zeichen, leider Gottes, wohl aber ein Wunder. Pausenlose Manuskript-Schreiberei. Hegel, 950 Maschinenseiten. Heißt: ›Die Selbsterkenntnis. Erläuterungen zu Hegel.‹ Hoffnungsbuch erweitert. ›Mächtigkeit des Nichts‹ muß nun hervor! Ohne das Nichts hätten wir bedeutend Besseres als Utopie oder Deus absconditus. Bedeutend Besseres als Dialektik dazu . . . Möchte dir mindestens vier gebundene Manuskripte ins Haus senden. Blättere dann mit Behagen darin und hoffentlich mit freundlicher Betroffenheit. Wenn ich darüber denke, wie meine Selbstbiographie aussieht, so verweise ich auf G. H. Schuberts Autobiographie: ›Der Erwerb um einen vergangenen und die Erwartungen von einem künftigen Leben.‹ Der Materialismus bestärkt mich darin, Schnorren und Ficken wird man immer können; Denken erst recht.«

Dem Begriff »Reifejahre« haftet nun wirklich etwas geheimrätlich Goethisches an, eben jene Maske des »Olympiers«. Er setzte diese auf, wenn er sich zu unbequemen Rebellen wie Kleist und Beethoven distanzieren wollte. Goethe hielt sich gerne an ideal-verehrende Zuhörer wie Eckermann, der überhaupt nur Empfänglichkeit am sozusagen laufenden Band (das heutzutage ein Spruchband ist) war. Wenn vom bejahrten Goethe damals schlechthin als »Der Alte« die Rede war, so ist daran zu erinnern, daß »Wilhelm Meisters Wanderjahre« eben ein Produkt gereifter Ausfahrt ist und zwar mit der sozial-pädagogisch gezielten, großbürgerlichen Utopie darin. Demnach, auch bei Goethe, dem so hochgelobten und kaum mehr Gelesenem, der allen Großmeistern eigene Anspruch auf Kühnheit in Alterswerken, Weisheitliches im Lehrhaften.

In einem schäbig geschriebenen Buch mit dem Titel »Kopf und Bauch«, diese anscheinend beliebig austauschbaren Organe, ist von Bloch, dem Lehrer in Leipzig, ebenfalls die Rede als »Der Alte.« Daran ist, abgesehen vom Chronologischen, eher unverstanden richtig, daß Urteilskraft bei größter Substanzfülle ohne jegliche Egozentrik selbst auf mindere Hörer noch ehrfurchterweckend zu wirken vermag. Die dann in Tübingen entstandenen Werke enthalten nicht nur die Energie der Zusammenfassung früherer Erkenntnisse, sondern jedesmal, nachdrücklichst im »Experimentum Mundi« über alles Abschließende hinaus lauter erstaunliche Ausfahrtsanweisungen. Hier handelt es sich nicht nur um Weinlese und Kelter, sondern um neue Wirkungs- und Werdensbereiche; gar nicht um Abdanken und Adieu.

Das Genie Bloch ist sozusagen ein Unikum der Normalität. Er bedarf eben überhaupt nicht jener Maske, hinter welcher Goethe seine Robustheit zu verbergen trachtete. Bloch war so völlig natürlich, immer er selbst, daß er jenes zweite Ich nicht nötig hatte, in das er, vom Katheder oder Schreibtisch hinweg, das Kapitänsgewand ablegt und in irgendeinen Schlafrock oder Frack schlüpft, um dann als Privatmann sich lässig zu geben. Aus seinen marxistischen Überzeugungen hat er nirgends den geringsten Hehl gemacht – auch nicht in der DDR. Offiziellen »Murxisten« (Brecht) erwies sich Bloch viel zu marxistisch bewegt, um nicht bald anstoßend zu wirken. Erstaunlicherweise gelang der Rückzug nach Westdeutschland – keine Heimreise, nur ein weiterer Aufenthalt, mit allerdings sehr viel angemessener Gewähr für die Würde seines enzyklopädisch gebietenden Lehrens – ohne Beschädigung seiner Person. Kurz vor der Rückreise von Amerika nach Europa, mit der Versicherung der Professur in Leipzig in der Tasche, hieß es in einem Brief (25. April 48): »Ich fahre im Vertrauen auf meine entwaffnende Naivität nebst noch uferloser und heimatloser Manuskripte.«

Dabei war die ihm anhaftende, sehr merkwürdige Aura, die er »Naivität« heißt, nicht die eines Unschuldslamms. Sie war jedem sofort spürbar. Sogar die Beamten des FBI, die den Bloch nach einer halb-öffentlichen Äußerung über Roosevelts Rede über die »Vier Freiheiten«, die die wahrste Freiheit, die »Freiheit zu befreien« charakteristisch ausgelassen habe, ließen ihn nach einem grotesken »Verhör« unbehelligt. Soweit dieser personale Faktor überhaupt nennbar, der ihm nun wirklich immer wieder überall durchhalf, mag er in einer Verbindung von fröhlich wirkender Sympathie und eigentlicher Unerkennbarkeit bestanden haben.

Nach Blochs Entlassung von der Professur in Leipzig trafen wir uns in Berlin. Er berichtete völlig sachlich, als sei es das je zu Erwartende, was geschehen, mit dem Satz abschließend, der ebenso charakteristisch wie unvergeßlich ist: »Man läßt jetzt den Sokrates gehen, aber verkerkert seine besten Schüler. Und *das* schmerzt.«

Zur Frage von Blochs so lang durchgehaltenem Vertrauen auf die revolutionäre Wertigkeit oder Wahrhaftigkeit der Sowjetunion (lange noch, nachdem Stalin die Überlebenden aus der Lenin-Epoche systematisch vernichtete) hat Oskar Negt im Nachwort zu den »Politischen Aufsätzen« (Suhrkamp 1972) alles Wesentliche bündig und würdig ausgesprochen. Bloch hatte sich geirrt, und zwar völlig uneigennützig und mit Überzeugungsmut noch in der Falschdiagnose. Wenn ein Genie sich irrt, kann man sich darauf verlassen, daß es sich um einen sehr großen Irrtum handelt. Aber wir sollen auch nie vergessen, daß das, was in Rußland bereits unter dem späten Lenin fatal mißlang, etwas

Großes mißlingen ließ. Oskar Negts Grabrede war auch in dieser Beziehung, bei aller Kürze und mit dem Hinweis auf die von Karola und Ernst durchgehaltene Aktion zur Selbsthilfe entlassener Gefangener, dem Wesen und Wirken von Bloch genau angemessen.
Jegliche Biographie, die über die primären Daten des gelebten Lebens und der veröffentlichten Werke, von Silvia Markun gut angebahnt, herauszugehen trachtet, wird einer ebenso schwierigen wie fruchtbaren Aufgabe begegnen: das Leben ist aus den Werken zu eruieren, nicht umgekehrt. Sie enthalten die primären Kräfte, Motive und Gehalte. Der Bloch, der den Begriff der *Ungleichzeitigkeit* (in »Erbschaft dieser Zeit«) zentral eingeführt und geschichtliches Denken aus eingleisiger Gradlinigkeit herausgeführt, mehrdimensional und dynamisch gemacht hat, wird seinerseits mit der Tiefe und Helle seines Vorwärtselans als ein ganz besonders qualifiziert Ungleichzeitiger zu den Umständen der Zeit und Gesellschaft erscheinen. Das ist voraussagbar, kann aber nicht aus den heutigen Verhältnissen einer scheinbaren Stagnation nebst subjektiver Enttäuschungsphasen (die auch den terroristischen Ekstasen zugrunde liegen) erklärt werden.
Einem Genius der Kunst, der Mathematik oder der Philosophie schreiben wir gerne auch personale Größe zu. Ja es gibt gewisse Feinschmecker der Größe anderer, in deren Lobpreisungen deutlich auch »Neid« enthalten ist. Das wirkliche Genie macht allemal unbequem durch die Plötzlichkeit des Unerwarteten in seinen Äußerungen – also, die besondere Lebendigkeit. Wenn diese, wie eklatant bei Bloch, sowohl mächtigen Zorns wie eines durchgehaltenen Frohsinns sich fähig erweist, dann wissen wir, wie es je mit den Großen gewesen: daß Plato jeden Augenblick mit einem neuen Begriff uns verblüfft hätte, daß Shakespeares ungeheuerliche dichterische Phantasie (auch seitenlang langweilig daherredend) plötzlich immer wieder alles mögliche überböte, daß ein Beethoven nicht im geringsten am sogenannten »künstlerischen Temperament« litt, sondern an seiner Taubheit und Überfülle der Produktivkräfte. Eben diesen Impetus ungemeiner Gegenwärtigkeit trug Bloch mit sich. In seiner Gegenwart war man stets gewärtig, etwas zu vernehmen, das noch niemand gesagt oder getan. Er, der in seinen *Zwischenwelten* bestimmten Gestalten mittelalterlicher Denker, die nun wirklich ein eher dogmatischer Rahmen eingrenzte und die sich innerhalb dessen Licht und Luft zu erobern hatten, er also, der sich selber so erneuernd Erneuerungskraft zugestand, weitesten Perspektiven genau geneigt, erkannte indessen auch die unmittelbare und quere Großmacht »Das Dunkel des gelebten Augenblicks« an. Alles je Menschlichste hat zugleich dessen Helle und Trübe, Kraft zur

Erfüllung des wesentlichen Augenblicks in Freundschaft und Liebe, Schmerzfähigkeit ohne geringste egozentrische Feierlichkeit (nichts ist leichter zu schauspielern als falscher Ernst noch in Trauerfeiern). Dagegen ist Lachen ein wahrer Löwensprung – und ein wahrer Löwe war unser Ernst noch im Lachen.

Zusammenfassend könnte Blochs Welthaftigkeit und einzigartige Ausdrucksweise als *militanter Optimalismus* bezeichnet werden: das objektiv Bestmögliche unter den sehr komplexen Bedingungen einer gründlich verfahrenen Gesellschaft. Auf den großartigen Endseiten seines »Experimentum Mundi« liegt nicht nur die bestmögliche Synthese seiner Gesamtwerke vor, sondern er überholt noch einmal das von Anfang an Gemeinte und Gewollte eben auf das optimale *Real-Ideale* hin. An seinen Früchten sollen wir ihn erkennen, ein jeder nach seinen Fähigkeiten hereinnehmen und vielleicht ein wenig weiterentwickeln. Dieses wird die Erbschaft nicht nur unserer Zeit, sondern noch weit vorausliegender und jedenfalls ebenso undurchsichtiger wie ihm verpflichteter Verhältnisse sein.

Ernest Mandel (Belgien)

Antizipation und Hoffnung als Kategorien des historischen Materialismus

Arbeit und Kommunikationsfähigkeit sind die zwei Hauptaspekte des Menschen als gesellschaftliches Wesen aus marxistischer Sicht. Gesellschaftliche Arbeit ist unmöglich ohne entfaltete zwischenmenschliche Kommunikation, die die Fähigkeit zur Sprache, zur Begriffsbildung, zum Bewußtsein beinhaltet. Als Materialisten wissen wir, daß die mehr als rudimentäre Kommunikationsfähigkeit – die letztere kommt auch bei Tieren vor – auf dem Zwang zur gesellschaftlichen Produktion des Lebens fußt. Die untrennbare Verzahnung von Arbeit und Kommunikation führt u. a. dazu, daß

»es nun einmal nicht zu vermeiden (ist), daß alles, was einen Menschen bewegt, den Durchgang durch seinen Kopf machen muß – sogar Essen und Trinken, das infolge von vermittelst des Kopfes empfundenen Hunger und Durst begonnen und infolge von ebenfalls vermittelst des Kopfes empfundener Sättigung beendigt wird«.

(Fr. Engels: »Ludwig Feuerbach und der Ausgang der klassischen deutschen Philosophie«, MEW Band 21, S. 281f.)

Wie Marx es so scharf im 5. Kapitel des 1. Bandes des »Kapital« ausdrückt, ist jedoch Arbeit selbst eine dem Menschen eigene, *bewußte* Tätigkeit in einem doppelten Sinne. Nicht nur setzt sie zwischenmenschliche, bewußte, artikulierte Beziehungen voraus, geht die Produktion und der Austausch gesellschaftlich verständlicher Laute, Wörter, Begriffe, mit der Entfaltung der gesellschaftlichen Produktion und Zirkulation von Gebrauchswerten, von materiellen Gütern zur Produktion und Reproduktion des materiellen Lebens, Hand in Hand. Sondern menschliche Arbeit hat zusätzlich noch jene besondere Eigenschaft, im Bewußtsein des Produzenten antizipierend gedachte Projekte vorauszusetzen:

»Wir unterstellen die Arbeit in einer Form, worin sie dem Menschen ausschließlich angehört. Eine Spinne verrichtet Operationen, die denen des Webers ähneln, und eine Biene beschämt durch den Bau ihrer Wachszellen manchen menschlichen Baumeister. Was aber von vorn-

herein den schlechtesten Baumeister vor der besten Biene auszeichnet, ist, daß er die Zelle in seinem Kopf gebaut hat, bevor er sie in Wachs baut. Am Ende des Arbeitsprozesses kommt ein Resultat heraus, das beim Beginn desselben schon in der Vorstellung des Arbeiters, also schon ideell vorhanden war.« (K. Marx: »Das Kapital«, 1. Band, MEW Band 23, S. 193)

Das Arbeitsprodukt als Arbeitsprojekt, als noch-nicht-verwirklichte materielle Wirklichkeit, ist Vorbedingung seiner Verwirklichung. Die Fähigkeit des Menschen zur Antizipation, zur Fantasie, ist somit untrennbar mit seiner Fähigkeit zur gesellschaftlichen Arbeit verknüpft. Der *homo faber* kann nur *homo faber* sein, weil er gleichzeitig *homo imaginosus* ist.

Gewiß ist die Begriffs-, Abstraktions-, Projektbildungs- und Vorstellungsfähigkeit des Menschen ihrerseits aufs engste mit seinen materiellen und gesellschaftlichen Lebensbedingungen verschränkt. Auch elementarste, und schon ganz bestimmt die komplizierteren menschlichen Begriffe und Gedankenkonstruktionen sind nicht »reine« Produkte der Fantasie, sind nicht Produkte der Kopfarbeit, vollständig unbezogen auf materielle Arbeitstätigkeit. Sie entstehen letzten Endes als geistige Verarbeitung materieller Lebenserfahrungen, d. h. aus der Fassung des gesellschaftlichen Individuums in Natur und Gesellschaft. Dem dieser Fassung zugrunde liegende Stoffwechsel zwischen Natur und Gesellschaft, den ihr zugrunde liegenden materiellen Zwängen, entspricht in der Arbeit ein menschlicher *Zweck*, wie Marx sich ausdrückt, oder, um mit Engels im breiteren Sinne zu sprechen: *»Die Einwirkungen der Außenwelt auf den Menschen drücken sich in seinem Kopf aus, spiegeln sich darin ab als Gefühle, Gedanken, Triebe, Willensbestimmungen, kurz als ideale Strömungen ...«* (Fr. Engels a.a.O., S. 282)

Arbeitsprojekte, die im menschlichen Kopf wachsen, bevor sie materiell verwirklicht werden, sind demnach ihrerseits letzten Endes Produkte der materiellen Wirklichkeit, auch solange sie selber noch nicht materiell verwirklicht worden sind. Sowohl die Begriffe wie die ideellen Vorstellungen der Menschen sind nie vollständig von den ihnen vorhergehenden und sie begleitenden materiellen Natur- und Gesellschaftsprozessen loslösbar, auch wenn sie nicht rein mechanische Spiegelbilder dieser Prozesse darstellen, sondern Elemente derselben kreativ rekombinieren können. Sie sind durch sie sowohl objektiv wie subjektiv bedingt.

Die materielle Basis der menschlichen Fähigkeit zur Antizipation, zur fantasievollen Vorstellung, ist der *Selbsterhaltungstrieb*, d. h. das instinktive triebhafte Korrelat des Zwangs zur Produktion und Reproduktion des materiellen Lebens. Die wichtigsten Äußerungen dieser Antizipation sind Furcht und Hoffnung. Während jedoch Furcht *rein* triebhaft sein *kann* – sie ist es nicht immer und nicht notwendigerweise, kann es aber sein und gehört deshalb bei Tieren zu den vorherrschenden Trieben –, ist rein triebhafte Hoffnung unmöglich. Demnach hat Ernst Bloch zu Recht unterstrichen, daß die Hoffnung auch in ihren elementarsten triebhaften Ansätzen bereits mehr als nur triebhaft ist, bereits die Fähigkeit zur fantasievollen Vorstellung, zur gedanklichen Antizipation, mit einbezieht. Sie ist deshalb der menschliche Trieb *par excellence*. Sie gehört zusammen mit gesellschaftlicher Arbeit und Begriffs- und Bewußtseinsbildung zum Grundstock unserer anthropologischen Spezifizität. Der *homo imaginosus* ist *homo* als *homo sperans*.

Das Arbeitsprojekt als Produkt materieller Zwänge und Bedürfnisse ist an materielle Verwirklichungsbedingungen gebunden. Nicht jede gedankliche Produktion führt zu einer materiellen Produktion. Nicht jedes Projekt wird tatsächlich realisiert. Nicht jede antizipierende Hoffnung wird Wirklichkeit. Nur jenes Arbeitsprojekt wird verwirklicht, das sowohl die objektiven wie die subjektiven Vorbedingungen seiner Verwirklichung vorfindet. Nicht alles Gehoffte ist real-möglich Gehofftes. Vom real-möglich Gehofften hebt sich der Wunschtraum ab. Die Fähigkeit der Kopfarbeit, Begriffe, die letzten Endes Lebenserfahrungen entsprechen, in verschiedensten Richtungen miteinander zu kombinieren, ohne daß diese Kombinationen notwendigerweise einer bereits bestehenden materiellen Wirklichkeit zu entsprechen brauchen, erklärt diese Differenzierung der Antizipation zwischen real-Möglichem und Wunschtraum.

Aber das Mögliche ist seinerseits wiederum nur *partiell* determiniert. Denn die Menschen *produzieren* ihr eigenes Leben, genau so wie sie ihre eigene Geschichte machen. Die aktive Dimension unserer anthropologischen Spezifizität bedingt demnach ein Zwischenfeld zwischen dem, was materiell, gesellschaftlich, geschichtlich unmöglich, und dem was materiell, gesellschaftlich, geschichtlich möglich ist: alle jene Veränderungen in Natur und Gesellschaft, die wohl materiell *möglich* erscheinen, deren Verwirklichung jedoch von einer konkreten *bestimmten Praxis* abhängt, die weder automatisch noch gleichzeitig aus dem Vorhandensein ihrer materiellen Vorbedingungen entspringt.

Umgekehrt sind die Grenzen des materiell-Möglichen nicht nach allen Richtungen hin von vornherein genau abgesteckt. Der große Rahmen ist gegeben. Aber innerhalb dieses Rahmens gibt es unzählige Varianten und Variationsmöglichkeiten. War die kapitalistische Produktionsweise einmal gegeben, und die gesellschaftliche, politische und bewußtseinsmäßige Schwäche des jungen Industrieproletariats, die sie in ihren Anfangsstadien begleitet, dann war wohl die Entwicklung des proletarischen Klassenkampfes und deshalb auf die Dauer auch die Entfaltung der modernen Arbeiterbewegung unvermeidlich. Aber die konkrete, spezifische Weise, wie sich die kapitalistische Produktionsweise etwa in Großbritannien, Frankreich, Deutschland und den USA entfaltete; ihr konkreter historischer Hintergrund und ihre politisch-gesellschaftliche Vorgeschichte, in diesen vier Bereichen; die Eigenart des Proletariats selbst und der ideologischen und politischen Bewegung, die der Eroberung der Macht durch das Bürgertum in jedem dieser Länder voranging, sie begleitete, oder sie hemmte, – das alles hat auf die Geschichte der Klassenkämpfe und der sozialistischen Bewegung in den nachfolgenden fünfzig Jahren einen tiefen Einfluß ausgeübt, und hat sie deshalb in diesen vier Ländern sehr verschieden gestaltet, – trotz der Tatsache, daß das geschichtlich-real-Mögliche im großen Rahmen »Entfaltung-Reife-Niedergang der kapitalistischen Produktionsweise und Wachsen ihrer Widersprüche« zusammenfaßbar blieb.

Die geschichtlich-materielle Realität ist demnach immer eine offene, unvollständige Totalität, die mindestens mehrere Entwicklungs*möglichkeiten* in sich einschließt. Nichts ist dem Marxismus ferner als der Geschichtsfatalismus, der mechanisch-ökonomische Determinismus. In jeder Produktionsweise kann der Klassenkampf entweder mit dem Sieg der revolutionären Klasse oder mit dem parallelen Untergang beider kämpfenden Klassen enden, sagen Marx und Engels. Der Kapitalismus führt nicht zum zwangsläufigen Sieg des Sozialismus, sondern zum Dilemma: Sozialismus oder Rückfall in die Barbarei. Da die Materie keine starre, beweglose; da Natur und Gesellschaft in ununterbrochener Bewegung; da das Objekt menschlicher Praxis und menschlichen Denkens sich dauernd verändernde Natur- und Gesellschafts*prozesse* sind; die menschliche Praxis selbst aktiv in diese Veränderung eingreift, kann man sich der Erkenntnis dieser Totalität nur nähern, wenn man in ihr das Noch-nicht-Bestehende-aber-bereits-Mögliche genau so erkennt wie das Bereits-Bestehende-und-bereits-potentiell-Vergehende. Die Realität als eine widersprüchliche, unter dem Motor dieser Widersprüche sich verändernde Totalität erkennen, heißt, sämtliche *Entfaltungsmöglichkeiten* dieser Totalität in die Erkenntnis mit einbeziehen. Antizipation ist demnach nicht nur eine anthropologische, sondern auch eine erkenntnistheoretische, eine wissenschaftliche Dimension:

»Genau die bisher entferntest gehaltenen Extreme: Zukunft und Natur, Antizipation und Materie – schlagen in der fälligen Gründlichkeit des historischen Materialismus zusammen. Ohne *Materie ist kein Boden der (realen) Antizipation,* ohne *(reale) Antizipation kein* Horizont der Materie erfaßbar ... Das wirklich Mögliche beginnt mit dem Keim, worin das Kommende angelegt ist.« (Ernst Bloch: »Das Prinzip Hoffnung«, Suhrkamp-Verlag 1959, S. 273f.).

Und hier nun kann die produktive Funktion des subjektiven Faktors insgesamt ihrer Triebkraft Hoffnung genauer umschrieben werden. Wenn ich ein Arbeitsprojekt verwirklichen will, muß ich meinen Willen diesem Zweck unterordnen, sagt Marx im 5. Kapitel des 1. Bandes des »Kapital«. Diese Unterordnung wird offensichtlich bedeutsam dadurch stimuliert, daß ich mich zu der Verwirklichung dieses Projekts nicht neutral verhalte, daß ich es aus den verschiedensten Gründen – die zwischen Furcht vor Bestrafung, Gier, Bewußtsein des Bedarfs, Anhänglichkeit zu der konsumierenden Gesellschaftsgruppe, und reinstem Altruismus und Menschenliebe in unzähligen Kombinationen variieren können – herbeiwünsche und erhoffe. Dort wo dieser Wunsch und diese Hoffnung abwesend sind, bzw. ins Umgekehrte umschlagen, wird die Verwirklichung des Projekts entscheidend erschwert, d. h. wird der Produzent der Produktion nicht nur indifferent gegenüberstehen oder sie vernachlässigen. Er kann sie sogar regelrecht laufend sabotieren (Verhalten von Sklaven, Strafgefangenen usw. unter bestimmten Bedingungen). *Vollständig hoffnungslose Produzenten sind schlechte, d. h. unproduktive Produzenten:* die Gültigkeit dieses Gesetzes ist durch die ganze menschliche Geschichte hindurch immer wieder bestätigt.

Was für die elementare produktive Praxis gilt, trifft noch stärker für die gesamtgesellschaftliche, die Gesellschaft selbst verändernde Praxis zu. Eine historische Zwitterfigur wie der halbfeudale Führer der großen niederländischen bürgerlichen Revolution Willem von Oranien konnte den stolzen, stoischen, für bewußte revolutionäre Minderheiten charakteristischen Satz prägen: *»point n'est besoin d'espérer pour entreprendre ni de réussir pour persévérer«.* Aber größeren Massen und gar ganzen Gesellschaftsklassen ist eine solche Handlungsmotivation unzugänglich, u. a. weil ihre Handlung zu sehr unmittelbarbezogen ist. Gesellschaftsverändernde Klassenpraxis wird demnach in der Geschichte wohl immer letzten Endes durch Klasseninteressen bedingt, findet jedoch gleichzeitig um so mehr Umfang und Effizienz, je

mehr sie von Wünschen und Hoffnungen begleitet wird, die diese Interessen in eine Form gießen, die den handelnden Massen unmittelbar verständlich und zugänglich ist.
Der Wunsch, Ausbeutung und Unterdrückung, Ungleichheit und Unfreiheit aufzuheben, die Hoffnung auf eine klassenlose Gesellschaft, haben dem Emanzipationskampf des modernen Proletariats in jeder Phase stürmischen Aufstieges der Arbeiterbewegung eine Schwungkraft vermittelt, die aus der Verteidigung von materiellen Tagesinteressen allein nie entstehen konnte. In allen Zeiten und Ländern, wo die Arbeiterbewegung auf diese Verteidigung beschränkt blieb, bestand jene Schwungkraft auch nicht, – dies obwohl jener Wunsch und jene Hoffnung in der bürgerlichen Gesellschaft untrennbar mit dem Aufstieg der Arbeiterklasse verbunden sind, der seinerseits ohne einen zähen Kampf für die Verteidigung ihrer Tagesinteressen zum Wunschtraum zu verflüchtigen droht.
Verbunden mit der klassenspezifischen Hoffnung auf Aufhebung der kapitalistischen Ausbeutung durch die sozialistische Emanzipation des Proletariats als Emanzipation der ganzen Gesellschaft wirkt jedoch ein älterer historischer Prozeß. Der Mensch als gesellschaftlichproduzierendes und kommunizierendes Wesen ist von Natur aus kooperativ. Der Sprung von der klassenlosen in eine in antagonistische Gesellschaftsklassen getrennte Gesellschaft, der vor etwa 7000 bis 10000 Jahren stattfand, hat einen riesigen traumatischen Schock im menschlichen Denken und im menschlichen Fühlen hervorgerufen, – gerade weil er unserer kooperativen Natur so wenig entsprach. Deshalb ist die menschliche Geschichte nicht nur eine Geschichte von Klassenkämpfen, sondern ebenfalls eine Geschichte von unzähligen Hoffnungen, Projekten, Antizipationen, Gedichten, Erzählungen, philosophischen Abhandlungen und politischen Plänen und Kämpfen, die um das Problem kreisen: Wie können wir zum »goldenen Zeitalter« der klassenlosen Gesellschaft zurückkehren? Wie können wir eine neue klassenlose Gesellschaft errichten? Woher stammt die gesellschaftliche Ungleichheit? Wie kann die gesellschaftliche Ungleichheit wieder aufgehoben werden?
Griechische Philosophen, römische revolutionäre Politiker, Führer von Sklavenaufständen, jüdische Propheten, frühchristliche Kirchenväter, die ungestümsten Vorläufer und Vertreter der Reformation, die ersten »utopischen Sozialisten«, die Vertreter der radikalsten Strömungen in den großen bürgerlichen Revolutionen haben dieses Problem immer wieder artikuliert, jeder in der spezifischen Form, die seinem Zeitalter, seiner Gesellschaft und seiner Klasse entsprach. Aber

die ungeheure Kraft, die aus der *Kontinuität* der Fragestellung und der immanent selbstkritischen Entwicklung ihrer Beantwortung entspringt, kann kaum hinreichend geschätzt werden. Sie wird durch den Wiener Dichter Lenau mit dem schönen Schluß seiner Ballade »Die Albigenser« synthetisch und symbolisch zugleich ausgedrückt:

»Den Albigensern folgen die Hussiten
Und zahlen blutig heim, was jene litten;
Nach Hus und Ziska kommen Luther, Hutten,
Die Dreißig Jahre, die Cevennenstreiter,
Die Stürmer der Bastille, und so weiter.«

Gewiß waren die meisten der soeben Genannten »Utopiker« in dem Sinne, daß sie sich keine genauen Gedanken über die materiell-gesellschaftlichen Vorbedingungen zur Verwirklichung ihres hoffnungsvollen Projekts machten. Gewiß mißlangen sämtliche Versuche revolutionärer Massenbewegungen früherer Zeiten, tatsächlich eine klassenlose Gesellschaft zu errichten, bevor die materiell-gesellschaftlichen Bedingungen dazu herangereift waren. Aber das bedeutet keineswegs, daß all die Anstrengungen jener Denker und Kämpfer nutzlos oder sogar schädlich gewesen wären. Ganz im Gegenteil. Die utopischen Sozialisten haben das Denken, die Theorie und auch die Wissenschaft dadurch befruchtet, daß sie den *Horizont des Möglichen erweiterten*, und dadurch seine Erkenntnis bedeutsam beschleunigten, gerade als das Noch-nicht-real-Mögliche sich allmählich in ein Wirklich-Mögliches verwandelte. Nicht nur der wissenschaftliche Sozialismus, sondern auch die klassische englische Nationalökonomie, die klassische deutsche Philosophie und die klassische französische Soziologie-Historiographie, haben manches von den Utopikern gelernt. Sie hätten wahrscheinlich auch ohne deren Wirkung ihr Werk vollbracht –, aber langsamer, schwieriger, widerspruchsvoller. Die Überwindung des utopischen Sozialismus im wissenschaftlichen ist zugleich Erhaltung und Reproduktion seiner fruchtbaren und befruchtenden Elemente, – und setzt demnach sein Bestehen voraus.

Wenn Ernst Bloch schreibt:

»Die dialektisch-historische Tendenzwissenschaft Marxismus ist derart die vermittelte *Zukunftswissenschaft der Wirklichkeit plus der objektiv-realen Möglichkeit in ihr;* all das zum Zweck der *Handlung . . . Erst der Horizont der Zukunft, wie ihn der Marxismus bezieht, mit dem der Vergangenheit als Vorraum, gibt der Wirklichkeit ihre reelle Dimension«* (Ernst Bloch a.a.O., S. 331–332),

so spricht er eine doppelte Wahrheit aus. Die Erkenntnis der Wirklichkeit ist immer die Erkenntnis ihrer Bewegungsgesetze. Das Großartige am Marxschen »Kapital« ist gerade diese Aufdeckung von langfristigen Bewegungsgesetzen der kapitalistischen Produktionsweise, die sich in vollem Umfang erst lange nach Marxens Tod entfalteten. »Das Kapital« ist in einem sehr starken Maße ein antizipatorisches Werk, ein Werk des 20. und nicht des 19. Jahrhunderts. Zum anderen setzt die Veränderung der Wirklichkeit – die Verwirklichung des Programms der 11. These über Feuerbach, die die eigentliche Geburtsurkunde des Marxismus darstellt – nicht nur Zukunftsbezogenheit voraus, nicht nur Erkenntnis des real-Möglichen aber Noch-nicht-Verwirklichten, sondern auch Hoffnung auf die Verwirklichung dieses Real-Möglichen, Anspannung der Geistes-, Willens- und Affektkräfte zum Zwecke der Verwirklichung dieses Noch-nicht-Bestehenden, extreme Spannung des revolutionären Individuums zwischen der bestehenden Wirklichkeit und der zu verwirklichenden erhofften Potenz.

Ein schlechter Revolutionär ist nicht nur jener, der nicht mehr mit beiden Füßen auf dem Boden der Wirklichkeit steht, und das Verständnis für die materiell-gesellschaftlichen, objektiven und subjektiven Vorbedingungen zur Verwirklichung des revolutionären Projekts verliert. Ein schlechter Revolutionär ist auch derjenige, der so stark in der bestehenden Wirklichkeit, in der Gegenwart, in dem Kleinkram der täglichen Routine aufgegangen ist, daß er Verständnis, Gefühl, Vorahnung der plötzlichen, unerwarteten, schroffen Wendungen der Geschichte verloren hat, die Zukunftsbezogenheit auf die Seite schiebt, und von dem vulkanartigen Ausbruch überholt wird. Auch in diesem Sinne gibt es ohne Horizont der Zukunft keine reale, totale Erfassung der Wirklichkeit.

Lenin, Rosa Luxemburg und das Häuflein ihrer internationalistischen Freunde und Mitkämpfer in einem Dutzend Länder artikulierten nicht nur moralische Ablehnung vor der Kapitulation der offiziellen Sozialdemokratie vor dem imperialistischen Weltkrieg im August 1914. Sie sahen diese Kapitulation auch im Lichte der noch nicht verwirklichten, erhofften, aber nicht auf Wunschträumen sondern auf einer richtigen Analyse der durch den Weltkrieg ungeheuer gesteigerten Gegensätze innerhalb der bürgerlichen Gesellschaft und der imperialistischen Welt fußenden *Perspektive* eines unvermeidlichen revolutionären Aufschwungs des internationalen Proletariats. 1917/1918 haben ihnen recht gegeben. Erst die Ereignisse des Kriegsendes geben der Kapitulation und den Meinungskämpfen innerhalb der internationalen Arbeiterbewegung in den Jahren 1914/1915 ihre totale Dimension. Ohne revolutionäre Perspektive keine wirkliche revolutionäre Politik, keine wirkliche revolutionäre Praxis. Allerdings muß diese Perspektive auf einer wissenschaftlichen Analyse der Wirklichkeit und nicht auf Wunschträumen fußen, muß sie reale gesellschaftliche Gegensätze erkennen, deren Dynamik und tendenzielle Verschärfung aufdecken, und nicht einfach auf einer Ahnung wünschenswerter Umwälzungen fußen.

Überhaupt sind Perspektiven, ist Zukunftsbezogenheit, sind Hoffnung und Furcht, ganz entscheidende Aspekte jeglicher Politik, sowohl proletarischer als auch bürgerlicher oder kleinbürgerlicher. Das nachrevolutionäre Bürgertum definierte die Politik als die »Kunst des Möglichen«. Der Austromarxist Otto Bauer revidierte bereits dieses Diktum, indem er die Politik als die »Kunst des Voraussehens« definierte. Dies ist ohne Zweifel ein Schritt vorwärts gegenüber dem philisterhaften Bourgeois, der versucht, die Politik auf kleinste geschichtlich bedeutungslose Retuschen des Bestehenden zu beschränken, weil er grundlegend konservativ geworden ist, d. h. Zukunft und Veränderung fürchtet. Aber zugleich offenbart er die passive, fatalistische Dimension des Austromarxismus: in der »Kunst des Voraussehens« fehlt das aktive, die Realität verwandelnde und sie umgestaltende Element vollständig. Für den Marxismus ist Politik die Kunst, *die Grenzen des Möglichen soweit wie möglich zu verschieben,* sämtliche Potenzen zur revolutionären Umgestaltung des Bestehenden voll und ganz auszuschöpfen, revolutionäre Masseninitiative und Initiative der revolutionären Partei als konstitutive Elemente in die voraussichtliche Entwicklung mit einzubauen.

Hoffnung auf die Revolution und Furcht vor der Revolution haben innerhalb der internationalen Arbeiterbewegung nach dem Juli/August 1914 eine ganz entscheidende Rolle gespielt, an ihnen schieden sich die Geister. Erst rechtfertigte die Mehrheitssozialdemokratie ihre Kapitulation vor dem imperialistischen Krieg mit dem Argument, man dürfe den Kontakt mit den Massen nicht verlieren, und die Massen ziehen ja zustimmend in den Krieg. Als jedoch dieselben Massen einige Jahre später genauso zustimmend zur Revolution hinüberglitten, da änderte sich plötzlich die Argumentation. Da wurde plötzlich die »Prinzipienfestigkeit« neu entdeckt, und wurde festgestellt, der »Mut zur Unpopularität« gehöre zu den Hauptkennzeichen sozialistischer Politik. Die Furcht vor der Revolution, vor dem Sprung ins Unbekannte; die Furcht mit der Alltagsroutine, der »altbewährten Taktik« zu brechen, war das psychologisch Bestimmende, das seinerseits durch ganz bestimmte gesellschaftliche Einordnungen und Interessen erklärt werden kann.

Umgekehrt peitschte die Hoffnung auf die Revolution den radikalisierten Flügel der Arbeiterklasse und der Arbeiterbewegung um so schneller vorwärts, als die revolutionäre Entwicklung handfeste Formen anzunehmen begann. Die Antizipation wurde zum Erlebnis, das politische Projekt zum Ziel politischen Massenhandelns.
Auch heute erleben wir ähnliches in der Entwicklung des sogenannten Eurokommunismus. Viele Entwicklungstendenzen laufen in ihm zusammen. Man kann ihn durch zahlreiche geschichtliche, gesellschaftliche, ökonomische, politische, ideologische, geistesgeschichtliche (z. B. im Lichte der inneren Logik der Theorie-Revision) ja sogar individual-psychologische (traumatische persönliche Erlebnisse mit dem Stalinismus, siehe in diesem Zusammenhang das Buch des ehemaligen Führungsmitgliedes der KP Spaniens Jorge Semprun: »Autobiografia de Federico Sanchez«, Editorial Planeta, Barcelona, 1978) Momente erklären. Aber es scheint uns selbstverständlich, daß mit einer der Hauptgründe des Kurswechsels des Eurokommunismus – wie seinerzeit der Abkehr der klassischen deutschen Sozialdemokratie vom revolutionären Marxismus – in einer tiefen Überzeugung liegt, der Überzeugung nämlich, daß es in West-Europa keine mittel- oder sogar langfristige revolutionäre Perspektive gibt, daß die Revolution unmöglich und – noch deutlicher – unerwünscht sei, weil sie nur mit einer Katastrophe enden könnte. Der Rest der eurokommunistischen Strategie entspringt letzten Endes dieser Quelle.
Die sozialistische Umgestaltung der Gesellschaft ist der erste Versuch in der Geschichte der Menschheit, diese Geschichte in bewußte Bahnen zu lenken, ausgehend von einer bewußten Umgestaltung von Wirtschaft und Staat mit dem Zweck des Aufbaus einer klassenlosen Gesellschaft. In diesem antizipatorischen Projekt münden sowohl die Ergebnisse der zeitgenössischen Gesellschaftswissenschaft wie die Vorarbeiten vergangener Generationen von revolutionären Massenkämpfern und utopisch-revolutionären Denkern.
Der antizipatorische Charakter des Projekts ist seinerseits gefühlsmäßig getragen und stimuliert vom Drang, von der Hoffnung auf seine Verwirklichung, – ein Drang und eine Hoffnung, die ihrerseits um so befruchtender auf die revolutionäre Tätigkeit von Individuen, Gruppen und Gesellschaftsklassen zurückwirken, als sie gleichzeitig einer rationalen Überzeugung über die historisch-materielle Möglichkeit und Notwendigkeit des Projekts entsprechen. Die Wechselwirkung zwischen der objektiven Tendenz und ihrem Korrelat auf dem Gebiet der menschlichen Hoffnung ist besonders scharf in Trotzkis Kommentar über die »nützliche« Rolle der Literatur ausgedrückt:

»Um sich zu rasieren, braucht man einen Spiegel. Wie aber soll man sich und sein Leben umgestalten, ohne in den ›Spiegel‹ der Literatur zu schauen? Natürlich kann man hierbei nur sehr bedingt von einem Spiegel reden. Niemand denkt daran, von der neuen Literatur eine spiegelgetreue Objektivität zu fordern. Je tiefer sie vom Drang erfaßt ist, das Leben umzugestalten, um so bedeutender und dynamischer wird sie das Leben darstellen können«. (Leo Trotzki: »Literatur und Revolution«, Verlag für Literatur & Politik, Wien 1924, S. 71)

In der noch nicht voll herangereiften, aber bereits breit entwickelten Theorie der sozialistischen Gesellschaft – ihrer Wirtschaft, ihrer politischen Ordnung, des Absterbens des Staates, der permanenten Kulturrevolution, ihrer Internationalität, ihrer allseitig emanzipatorischen Dynamik – steckt neben einem starken Element der kritischen Verarbeitung der historischen Erfahrungen vergangener proletarischer Revolutionen ein wachsendes Stück noch nicht empirisch bestätigter Antizipation, die aber für die innere Kohärenz der Theorie und für die Überzeugungskraft der von ihr getragenen Politik für die breiten Massen heutzutage unumgänglich ist. Nach der historischen Katastrophe des Stalinismus können es sich Marxisten heute einfach nicht mehr leisten, sich darauf zu beschränken zu proklamieren: »Vorerst gilt es den Kapitalismus zu stürzen; wie der aus diesem Sturz hervorgehende Sozialismus dann konkret aussehen wird, das überlassen wir der konkreten historischen Entwicklung selbst«. Eine solche Ausklammerung der sozialistischen Antizipation aus dem revolutionären Projekt verurteilt dieses Projekt heute zur Unfähigkeit, die breiten proletarischen Massen zu überzeugen.

Ein konkretes Sozialismusbild – wir ziehen diese Formel bewußt jener der »konkreten Utopie« vor, weil wir glauben, daß die realen Verwirklichungsmöglichkeiten dieses Sozialismus bestehen – ist heute eine reale Vorbedingung praktisch-revolutionärer Tagespolitik im Westen geworden. Der Kapitalismus wird von dem Proletariat der Industrieländer nicht gestürzt werden, solange es die Überzeugung nicht gewonnen hat, daß es eine konkrete Alternative gibt, die von jener des »realen Sozialismus« des Ostblocks – der keineswegs Sozialismus ist – grundverschieden und ihr weit überlegen ist. Die Hoffnung auf die Verwirklichung eines solchen Projekts bewegt heute bereits Hunderttausende Revolutionäre, die deshalb den Rückfall in die Resignation angesichts der Katastrophen, auf die die bürgerliche Welt hinsteuert, oder die selbstzerstörende Hoffnungslosigkeit, vermeiden können. Sie wird breitere und breitere Massen beflügeln, und den entscheidenden Durchbruch zum Weltsozialismus bedeutsam erleichtern.

Vor fünfundsiebzig Jahren fügte ein noch wenig bekannter junger Revolutionär einer praktischen Abhandlung über die Notwendigkeit einer revolutionären Zeitung als kollektiver Organisator der Vorhut der Arbeiterklasse eine seltsame Ode auf den Traum (auf die Hoffnung) hinzu. Hier ist sie im Wortlaut:

»Das ist es, wovon wir träumen müssen!

›Wovon wir träumen müssen!‹ Ich habe diese Worte niedergeschrieben und bin erschrocken. Ich stelle mir vor, ich sitze auf einer ›Vereinigungskonferenz‹ und mir gegenüber sitzen die Redakteure und Mitarbeiter des ›Rabotscheje Djelo‹. Und nun steht Genosse Martynow auf und wendet sich drohend an mich: ›Gestatten Sie, daß ich Sie frage: hat eine autonome Redaktion auch das Recht, ohne vorherige Befragung der Parteikomitees zu träumen?‹ Und nach ihm steht der Genosse Kritschewski auf und fährt (den Genossen Martynow philosophisch vertiefend, der schon längst den Genossen Plechanow vertieft hat) noch drohender fort: ›Ich gehe weiter. Ich frage, ob ein Marxist überhaupt das Recht hat zu träumen, wenn er nicht vergißt, daß sich die Menschheit nach Marx immer nur Aufgaben stellt, die sie lösen kann, und daß die Taktik ein Prozeß des Wachstums der Aufgaben ist, die zusammen mit der Partei wachsen?‹

Bei dem bloßen Gedanken an diese drohenden Fragen überläuft es mich eiskalt, und ich überlege nur, wo ich mich verstecken könnte. Ich will versuchen, mich hinter Pissarew zu verstecken.

›Ein Zwiespalt gleicht dem anderen nicht! schrieb Pissarew über den Zwiespalt zwischen Traum und Wirklichkeit.‹ Meine Träume können den natürlichen Gang der Ereignisse überholen, oder sie können ganz auf Abwege geraten, auf Wege, die der natürliche Gang der Ereignisse nie beschreiten kann. Im ersten Falle ist das Träumen ganz unschädlich; es kann sogar die Tatkraft des arbeitenden Menschen fördern und stärken ... Solche Träume haben nichts an sich, was die Schaffenskraft beeinträchtigt oder lähmt. Sogar ganz im Gegenteil. Wäre der Mensch aller Fähigkeit bar, in dieser Weise zu träumen, könnte er nicht dann und wann vorauseilen, um in seiner Phantasie als einheitliches und vollendetes Bild das Werk zu erblicken, das eben erst unter seinen Händen zu entstehen beginnt, dann kann ich mir absolut nicht vorstellen, welcher Beweggrund den Menschen zwingen würde, weitläufige und anstrengende Arbeiten auf dem Gebiet der Kunst, der Wissenschaft und des praktischen Lebens in Angriff zu nehmen und zu Ende zu führen ... Der Zwiespalt zwischen Traum und Wirklichkeit ist nicht schädlich, wenn nur der Träumende ernstlich an seinen Traum glaubt, wenn er das Leben aufmerksam beobachtet, seine Beobachtungen mit seinen Luft-

schlössern vergleicht und überhaupt gewissenhaft an der Realisierung seines Traumgebildes arbeitet. Gibt es nur irgendeinen Berührungspunkt zwischen Traum und Leben, dann ist alles in bester Ordnung‹. Träume solcher Art gibt es leider in unserer Bewegung allzuwenig«.
Der genannte junge Revolutionär hieß Lenin. Das Zitat stammt aus »Was Tun?« (S. 303f.), »Ausgewählte Werke in zwei Bänden«, Band I, Moskau 1946).
Lenin gilt als Inbegriff des revolutionären Realpolitikers. Offensichtlich sind Antizipation-Hoffnung-Traum nicht nur Kategorien des Marxismus. Sie sind auch Kategorien revolutionärer Realpolitik.

Ludo Abicht (Belgien)

Die Praxis der Philosophie

Sie haben Ernst Bloch nicht zum Tod durch den Schierlingsbecher verurteilt, wenngleich die konservative Presse – und dabei denken wir nicht nur an den »Bayernkurier« – sich darüber einig war, daß dieser Mann einen gefährlichen, subversiven Einfluß auf junge Leute ausübte. Es war auch schwer, das Berufsverbot gegen den 90jährigen marxistischen Lehrer anzuwenden, obwohl sie es gegen einige seiner besten Studenten in Anwendung brachten und bringen. Und dies nicht zum ersten Mal und, leider, nicht nur im kapitalistischen Westen. Doch was immer sie sonst tun konnten, sie taten es mit Fleiß: hoffen, daß der dialektisch-expressionistische Stil die meisten potentiellen Leser abschrecken würde: Bloch, so schnell es ging, zu einem jüdisch-christlichen Propheten, zu einem Jakob Böhme des 20. Jahrhunderts erheben, und seinen Einfluß auf Hegel-Seminare, Studienwochenenden progressiver Christen und, natürlich, auf Symposien an Universitäten und an den wenigen liberalen deutschen Bibliotheken im Ausland beschränken. 1935 schrieb Bloch über die deutsche KP in der Periode vor Hitlers Machtübernahme, daß alles, was die Partei tat, richtig, und nur das, was sie nicht tat, falsch gewesen war. Es ist gut und wichtig, daß Hochschulinstitute und Studiengruppen sich mit der Philosophie Blochs befassen, doch es ist falsch und fast tragisch, daß dies nicht – oder noch nicht – in den Gewerkschaften und in den Arbeiterparteien geschieht. Am 9. August versammelten sich bedeutende Vertreter der deutschen Intelligenz, Kollegen, Schriftsteller, Philosophen, Studenten und eine kleine Gruppe von Politikern an seinem Grab – und das war gut. Die Abwesenden aber, das waren die Vertreter jener Klasse, in der Bloch die Hauptträger des Prinzips Hoffnung erblickt hatte: die Gewerkschaften, die Führung der kommunistischen und sozialistischen Parteien.

Wie Herbert Marcuse und die Theoretiker der Neuen Linken, schenkte auch Bloch der Rolle, die die Randgruppen im Prozeß der revolutionären Bewußtseinshebung zu spielen haben, viel Beachtung,

doch anders als seine Kollegen in den Staaten und in Europa, wies er diesen Gruppen niemals die zentrale Position im Kampf zu, so schwierig und enttäuschend seine Beziehungen mit der marxistischen Arbeiterbewegung seit den fünfziger Jahren, und selbst vorher, auch waren. Antonio Gramsci nannte den dialektischen Materialismus »Philosophie der Praxis«. Das Thema des vorliegenden Beitrags ist die »Praxis der Philosophie«: Welcher Art ist die Verbindung zwischen Ernst Bloch und dem konkreten Klassenkampf in der industrialisierten Welt, die wir gerne schematisch in eine »sozialistische« und eine »spätkapitalistische« trennen, und dem Kampf gegen Neokolonialismus und Imperialismus in den in Unterentwicklung gehaltenen Ländern der sogenannten »Dritten Welt«? Anders ausgedrückt: brauchen die organisierte Arbeiterbewegung und ihre Verbündeten Blochs Ideen in ihrem Kampf für die Emanzipation des Menschen, und warum brauchen sie sie? Es gibt bereits einige spezifische, doch einzeln dastehende Antworten auf diese Fragen: in vielen süd- und mittelamerikanischen Ländern wird die Blochsche Philosophie, häufig über die »Theologie der Hoffnung und Befreiung«, zu einem wichtigen Instrument der linken Opposition; Blochsche Kategorien, die gleichzeitig Analysen und Forderungen sind, spielen eine immer größere Rolle in der marxistischen Dissidentenbewegung Osteuropas – ich denke dabei etwa an die Praxis-Gruppe in Jugoslawien, die Charta 77 in der Tschechoslowakei, den Kreis um Agnes Heller in Budapest und, immer wieder, die linke Opposition in der DDR; und schließlich in Westdeutschland, wo Bloch unser greiser Mentor wie auch unser aktiver, militanter Mitstreiter im SDS und in der außerparlamentarischen Opposition war. Das ist schon eine eindrucksvolle Liste für einen deutschen Hegelianer, aber, wie wir am jüdischen Passahfest in der Haggadah singen: »Das ist nicht genug.«
Es ist nicht genug, weil das Herzstück hier fehlt: die sozialdemokratische, später sozialistische und kommunistische Arbeiterbewegung, aus der Bloch selbst gekommen ist und in der oder in deren Umkreis wir gewillt sind, auf irgendeine realistische Weise zur Veränderung unserer Welt beizutragen. Er starb in einer Situation, in der die Reintegration – oder sollten wir sie die erste wirkliche Integration nennen – seines Werkes in die Arbeiterbewegung möglich schien. Die Reintegration trifft zusammen mit einem Reifeprozeß von Theorie und Praxis, mit einer Wiederentdeckung und Neubewertung des Beitrags von Rosa Luxemburg, Antonio Gramsci, Georg Lukács, Karl Korsch und, wenn auch mit einer gewissen Zurückhaltung, Wilhelm Reich, und vieler anderer. Es würde einer Erörterung aller oben erwähnten Theo-

retiker bedürfen, wollte man sich ein vollständiges Bild von Blochs Rolle im westlichen Marxismus machen. Ich beschränke mich aus praktischen und ideologischen Gründen auf Gramsci und Luxemburg, weil sie sowohl als Theoretiker wie als aktive Politiker die Entwicklung der westeuropäischen Arbeiterbewegung unmittelbar beeinflußt haben. Wir wollen nicht mechanistisch jene Punkte herausholen, in denen sie übereinstimmen oder verschiedener Meinung sind, sondern einige Aspekte ihres Denkens und Handelns näher betrachten, die den Mittelpunkt des Werks von Ernst Bloch bilden und, meiner Meinung nach, auf die Tagesordnung der erneuerten Arbeiterbewegung gestellt sind. Ich schlage vor, die folgenden vier Punkte zu diskutieren:

1. *Die Bedeutung der Tradition,* national und international. Das ist notwendig für die Analyse des Faschismus und den kompromißlosen Kampf gegen ihn, und zum Verständnis des Nationalismus, der in Marxens Werk praktisch nicht da ist und wahrscheinlich deshalb von orthodoxen Marxisten allzuoft vernachlässigt wurde.

2. *Die Kritik des Überbaus.* Für Gramsci und Bloch ist das ein Kampf gegen den »Ökonomismus«, den »Kältestrom im Marxismus«, ein Begriff, der nicht mit jenem »Ökonomismus« verwechselt werden darf, den Lenin und seine Anhänger bekämpften. Die Kritik des Überbaus ist wesentlich für Verständnis und Veränderung der Gesellschaft als Ganzes.

3. *Charakter und Rolle der revolutionären Partei.* In der Erörterung der beiden ersten Punkte wird der Beitrag von Rosa Luxemburg nicht so sehr im Vordergrund stehen, obgleich wir in ihren Schriften, vor allem in den Briefen aus dem Gefängnis, die Kulturtradition immer wieder mit großer Aufmerksamkeit behandelt finden. Bloch, Gramsci und Luxemburg treffen sich jedoch an diesem Punkt in ihrer Kritik des Leninschen Modells der »Partei neuen Typus«.

4. *Die Dialektik von Freiheit und Ordnung, der Platz, der dem Humanismus zukommt.* Das Problem der Partei steht in Verbindung mit dem Ziel, der neuen Gesellschaft, und den Übergangsphasen. Der Halbwahrheit: »der Zweck heiligt die Mittel« wird die ernste Warnung entgegengestellt: die Mittel können das Ziel formen, sie können es aber auch verformen. Wie Bloch das Problem auffaßt: Sind die stalinistischen Übergriffe Entstellungen des Marxismus oder ergeben sie sich vielmehr folgerichtig aus diesem? (»wird der Marxismus hier verkannt oder erkannt?«) Welche Art von Freiheit und Ordnung paßt in diese sozialistische Gesellschaftsstruktur hinein?

Diese Aufstellung von vier Punkten ist bei weitem nicht vollständig – u. a. fehlt die spezifisch philosophische Dimension, die Rolle der Gesellschaftsutopien, die Rolle der Intuition in der Epistemologie – aber eine Verbindung wird angeregt: ausgehend von einer neuen Betrachtung der Vergangenheit (der Tradition) gelangen wir zu einer breiteren Analyse der bestehenden Gesellschaft; das bringt uns zu einer anderen Auffassung von der Partei als dem Faktor der Veränderung, der eine wirklich andere Gesellschaft herbeiführen könnte, in welcher der Widerspruch zwischen Freiheit und Ordnung für immer beseitigt ist. Das Resultat ist ein chronologisch und thematisch geschlossenes Modell, das fast notgedrungen von jenem leninistischen Schema abweicht, das bislang Theorie und Praxis der revolutionären Arbeiterbewegung beherrscht hat, aber auch von der sozialdemokratischen und von der bürgerlich-fortschrittlichen Philosophie und Strategie, die die Probleme der ökonomischen Struktur und die Machtergreifung durch die Arbeiterklasse völlig oder nur zum Teil als unrealistisch und daher unrealisierbar beiseite geschoben haben. Wir sprechen *nicht* von einem »dritten Weg« zwischen Sozialismus und reformiertem Kapitalismus, sondern befassen uns mit den Inhalten des Sozialismus und den Wegen, die zu ihm führen können, aber nicht unbedingt müssen.

I. *Die Bedeutung der Tradition*

> Es gibt keine völlig neue Arbeit,
> am wenigsten als revolutionäre.[1]

Es gibt im Leben Momente, wo man einfach alles satt hat, wo man sich faktisch schämt, so weiterzumachen, und davon träumt, weit weg zu sein von allem, viel jünger oder viel älter zu sein, auf jeden Fall ganz anders. Bis man entdeckt, wie wahr die Feststellung des Dieners in Ingmar Bergmans »Das Siebente Siegel« ist: »In welche Richtung du dich auch drehst, du hast deinen A . . . hinter dir.«[2] Das ist ärgerlich, aber auch wieder beruhigend; es zwingt einen, sich und seine Vergangenheit neu zu überprüfen. Im sozialen und politischen Leben finden sich ähnliche Momente oder Perioden, wo Leute die ganze bestehende Gesellschaft so gründlich durchschaut haben, daß sie eine Lösung nur im totalen Zusammenbruch der ganzen Schweinerei sehen können, in einem feierlichen, läuternden Feuer, denn nur aus Asche und Ruinen dieser hoffnungslos verrotteten Gesellschaft kann sich eine neue, gerechte Welt erheben. Aus dieser Art von Wünschen und Tagträumen sind Religionen und übernatürliche Visionen gemacht, und manchmal auch die eschatologischen Erwartungen unserer ungeduldigen Revol-

ten und Bewegungen. Abstrakt theoretisch, besonders bei emotionaler Neigung, könnte dies ein sehr attraktiver und befriedigender Plan sein, ein Filmskript, das in vielen Versionen und von verschiedenen Regisseuren für uns gedreht wird: der heilige Zorn der jüdischen Propheten, das christliche Ostermysterium, der »Grand Soir« unserer sozialistischen Vorfahren, selbst das »Es zittern die morschen Knochen« unserer anderen Vorfahren, und in Flandern das immer wiederkehrende Bild eines »schönen klaren Tages« nach den »grimmigen Bränden« des nationalen Befreiungskampfes.
Und wir hatten guten Grund, den Politikern und Erziehern zu mißtrauen, die im Mai 1968 daherkamen und sagten, daß dies alles nicht so einfach sei, die Politik sei die Kunst des Möglichen und wir müßten Geduld und Verständnis aufbringen für die ungeheure Komplexität aller Probleme.
Denn sie taten alles, was nur ging, um den *Status quo* aufrechtzuerhalten – selbst um den Preis einer Reihe von vorübergehenden wohlüberlegten Konzessionen. Der ernüchternde Ausgang des Prozesses bestätigte das spontane Mißtrauen. Und doch hatten die meisten von uns große, schmerzvolle Irrtümer begangen: denn für die Mehrzahl der Leute in der Bewegung war die erträumte Revolution ein ebenso unverwirklichbarer Ausflug wie die individuellen Versuche, sich selbst und der eigenen Vergangenheit zu entfliehen. Weil wir alles gründlich und ohne zurückzublicken verändern wollten – schließlich – waren wir denn nicht die Fahnenträger einer »neuen« Linken? – wiederholten wir jeden einzelnen historischen Fehler unserer revolutionären Vorfahren. Weil wir mit hohen Grundsätzen in Schwarz und Weiß dachten und vorgingen, landeten wir in der grauen Alltagsroutine einer normalisierten Existenz. Marx war nicht der erste, der die grundlegende Ungerechtigkeit und Unmenschlichkeit des kapitalistischen Systems entlarvte. Die französischen Sozialisten vor ihm hatten dies bereits explizit und überzeugend getan. Die Erkenntnis der Unzulänglichkeit des Modells der utopischen Sozialisten und die persönliche Überschätzung des revolutionären Potentials von 1848 brachten ihn und Engels zu der Mönchsarbeit, der sie sich in ihrem weiteren Leben unterzogen, mit den zeitweiligen Höhepunkten der »Grundrisse« und des unvollendeten »Kapitals«: um die Gesellschaft verändern zu helfen, müssen die Philosophen zuerst imstande sein, sie so richtig und vollständig wie nur möglich zu interpretieren.
Wir müssen das Werk von Luxemburg, Gramsci, Bloch und anderen in die aktivistisch-wissenschaftliche Tradition hineinstellen: Warum war das Naheliegende, die Emanzipation von der menschlichen Vorge-

schichte, so schwer? Was stimmte eigentlich nicht am Wahloptimismus eines Bernstein und der späteren sozialdemokratischen Reformisten? Und wie war es möglich, daß der reaktionäre, theoretisch widerlegbare, antihumanistische Faschismus zu einer Massenbewegung wurde? Die Restauration nach 1850 und die Niederwerfung der Pariser Kommune schlug eine aufkeimende Arbeiterbewegung zurück, aber die Konterrevolution von 1919 und der Faschismus zerschlugen eine gut organisierte proletarische Bewegung mit Millionen Mitgliedern, eine Bewegung, die von der Ausstrahlung der jungen, noch reinen Oktoberrevolution beflügelt wurde. Das war die Realität, die den Häftling Antonio Gramsci und den Exilierten Ernst Bloch zu einer vertieften marxistischen Analyse der Vergangenheit veranlaßten. Für sie war Faschismus mehr als die Form, in der die aggressivsten Gruppen des Finanzkapitals sich Ausdruck verschafften. Und er war durchaus nicht die unmittelbare Folge des »sozialfaschistischen Verrats« durch die Führer der sozialdemokratischen Gewerkschaften und Parteien. 1936 schrieb Gramsci: ». . . Aber entspricht unter den jetzigen Verhältnissen die faschistische Bewegung nicht genau der Bewegung des früheren gemäßigt-konservativen Liberalismus?«[3] (des vorigen Jahrhunderts – L. A.) Um das zu ergründen, nahm Gramsci jene tiefgreifenden Untersuchungen der politischen und gesellschaftlichen Rolle der italienischen Bourgeoisie seit dem »Risorgimento« in Angriff und entwickelte den Begriff der »passiven Revolution«[4], in der revolutionäre Forderungen durch klare, legale, kontrollierte Reformen befriedigt werden, wobei die politischen und wirtschaftlichen Positionen der Bourgeoisie im wesentlichen unangetastet bleiben. Die »passive Revolution«, die seit 1815 parallel zur »aktiven Revolution« von 1789 bis 1870 abrollte, endete nach der revolutionären Periode 1917–1921 mit einem Sieg des »Stellungskrieges«, der von der Bourgeoisie erzwungen und kontrolliert wurde, ein Krieg, den die Arbeiterklasse nicht endgültig verloren hat, der sie aber zwang, neue Analysen und Strategien auszuarbeiten. So kann, laut Gramsci, die richtige internationalistische Perspektive der Bewegung nur wirksam sein, falls und sobald sie ihre eigene, originale Situation zum Ausgangspunkt nimmt. Hier ist der Ansatzpunkt einer marxistischen Interpretation der nationalen Identität und des Nationalismus, etwas, das in den Arbeiten von Marx nur am Rande zu finden ist. Gramscis Analyse berührt die Diskussion zwischen Trotzki und Stalin über den »Sozialismus in einem Land«, reicht aber viel tiefer. Diese Lücke in der marxistischen Theorie und Praxis hat Faschisten und Konservativen allenorts entscheidenden Raum für ihre Propaganda gelassen, und erst nach dem Zwei-

ten Weltkrieg wurde dies in Italien (und in jüngster Zeit in anderen europäischen Ländern) von den Linken erkannt.
1924 schrieb Bloch einen Artikel über den gescheiterten Putschisten Adolf Hitler, der in der ziemlich provokanten Feststellung mündete: »Ein Teil des Faschismus in Deutschland ist gleichsam der schiefe Statthalter der Revolution, ein Ausdruck dessen, daß die soziale Lage auf keinen Fall statisch ist. Die echten Volkstribunen aber fehlen oder bewähren für sich das kluge Wort Babels: Die Banalität ist die Gegenrevolution.«[5] In den folgenden zehn Jahren soll er diesen Gedanken in einer Reihe von Analysen des Faschismus, die als Sammelband unter dem Titel »Erbschaft dieser Zeit« 1935 und in einer zweiten Auflage 1962 erschienen, weiterentwickeln. Wie Gramsci, versuchte auch Bloch die faschistische Bewegung zu erklären, da ihn die offizielle Linie der Komintern, die Interpretationen der deutschen KP und der sozialdemokratischen oder bürgerlichen Politikwissenschaftler nicht zufriedenstellten. Die Diskussion über den Charakter des Faschismus und die Bewertung der schließlichen und unheilvollen Strategien der organisierten Arbeiterbewegung lassen sich nicht in den Rahmen unseres Themas einordnen.
Uns interessiert die Möglichkeit, Blochs provozierendes Herangehen an das Phänomen auf die politische und gesellschaftliche Situation nach dem Zweiten Weltkrieg, insbesondere seit Beginn der Krise von 1973 – 74, anzuwenden. Wie können die Linke und die demokratischen Kräfte einer neuen Rechtsentwicklung Einhalt gebieten, sie neutralisieren und sogar in eine fortschrittliche Richtung lenken? In Blochs Analyse finden wir den zentralen Begriff der »Ungleichzeitigkeit«[6]; sowohl sozioökonomisch als auch politisch und ideologisch leben die Menschen desselben Staates, derselben ethnischen Gruppe oder Klasse auf historisch verschiedenen Entwicklungsstufen, eine Tatsache, die gewöhnlich den traditionellen soziologischen Richtungen orthodox marxistischer Prägung durch das Netz geschlüpft ist und die sich die Faschisten sehr wohl, wenn auch vorwiegend intuitiv, zunutze machten. Indem sie auf den anachronistischen feudalen, bäuerlichen und nationalistischen Gefühlen spielten, gelang es ihnen, große Teile der Bauern, der unteren Mittelschichten und der Jugend für die bedingungslose Unterstützung ihrer »Volksrevolution« zu gewinnen. In Westeuropa und Nordamerika gibt es diese Ungleichzeitigkeit in verschiedenen Formen noch immer, und sie hat sich aufgrund der raschen Entwicklung der Kommunikations- und Beeinflussungsmittel ganz gewiß nicht vermindert. Daher ist ein subtileres und differenziertes Herangehen an die sozialen und geistigen Strukturen mehr denn je

notwendig; die Arbeiterbewegung und die linken Intellektuellen können sich einen zweiten tragischen Irrtum nicht leisten. Das macht die Neubewertung und Weiterentwicklung von Blochs Analyse so wichtig, denn wenn man das revolutionäre Potential, selbst in konservativen und offen reaktionären Bewegungen, nicht erkennt und erfaßt, ist man dazu verurteilt, in erhabene Resignation, in kläglichen Voluntarismus oder einfach in den üblichen, alten, pragmatischen Opportunismus zu verfallen, jene drei Verhaltensweisen für die »Namen, Gesichter und Adressen« zu finden, um mit Brecht zu reden, nicht allzu schwer sein dürfte. Überdies, wenn Banalität die wahre Konterrevolution ist, dann genügt es nicht, nach den verborgenen revolutionären Gefühlen und Erwartungen innerhalb der konservativen und rechtsgerichteten Kreise zu suchen, es ist dann ebenso bedeutsam, die banalen, also reaktionären Momente in der eigenen linksgerichteten Theorie und Praxis wahrzunehmen. Aus diesem Grunde wird Blochs Begriff der »Ungleichzeitigkeit« normalerweise nicht nur akademischen Einwänden begegnen.

II. *Die Kritik des Überbaus*

> Das utopische Bewußtsein will weit hinaussehen, aber letzthin doch nur dazu, um das ganz nahe Dunkel des gerade gelebten Augenblicks zu durchdringen.[7]

Bloch zufolge war die »Gegenwart« immer am schwersten zu begreifen: viel schwerer als die Vergangenheit oder die Erstellung realistischer, konkreter utopischer Zukunftsmodelle. Eine enzyklopädische Kenntnis der Vergangenheit, wie eindrucksvoll sie auch sein mag, genügt an sich noch nicht, um eine, nach menschlichen Begriffen, bessere Zukunft zu sichern. Darum ist der praktische Kern von Blochs Philosophie das Herangehen an die Gegenwart, im gegebenen Fall an das monopolkapitalistische System in Europa und den Vereinigten Staaten, wo Bloch den größten Teil seines Lebens verbracht hat. Und selbst die 12 Jahre in der DDR waren keine eigentliche Ausnahme, gerade weil niemand besser als er die »Ungleichzeitigkeit« in diesem neuen, nachkapitalistischen Staat zu erfühlen und zu analysieren vermocht hat. Jedenfalls, sein Hauptwerk, »Das Prinzip Hoffnung«, schrieb er in der kapitalistischen Gesellschaft auf der neuesten, manche wagen sogar zu behaupten, letzten Stufe ihrer Entwicklung.

In den Fußstapfen von Marx – und gleichzeitig unter Einengung des Entwurfs, den Marx in den Grundrissen von 1857/58 skizziert hat – haben die meisten marxistischen Theoretiker sich mit der Kritik der sozioökonomischen Basis befaßt. So hat es also niemanden verwundert, daß der Mangel an revolutionärer Praxis in Europa nach 1923 zu einer Umorientierung geführt hat, die wir neben anderen Hinweisen in einem Wechsel der Forschungsrichtung des Frankfurter *Instituts für Sozialforschung* wiederfinden können. Wir wissen, daß die Trennung zwischen marxistischer Theorie und revolutionärer Praxis schließlich die Negierung der Arbeiterklasse als historisches Subjekt und, weil es keinen glaubhaften Ersatz dafür gibt, den Skeptizismus und Pessimismus der späteren Frankfurter Schule zur Folge hatte. Für Bloch sehen die Dinge etwas anders aus: Allem voran setzt er im »Prinzip Hoffnung«, in derselben Zeit des siegreichen Faschismus geschrieben, jene Linie fort, die wir schon in »Geist und Utopie« und in anderen Werken vorgefunden haben. Hier ist keine Spur einer direkten Spiegelung der desolaten Lage der Arbeiterbewegung der dreißiger Jahre, obwohl diese Realität, zusammen mit Blochs persönlicher Erfahrung als Emigrant, sicher eine Rolle spielte. Und zweitens hat Bloch niemals seine Verbindung zur organisierten Arbeiterbewegung, insbesondere zur Partei, gelöst, obwohl die Freundschaft nicht immer auf Gegenseitigkeit beruhte. Mit anderen Worten: im Gegensatz zur politischen Entwicklung der Neomarxisten hat Bloch stets bewußt als Marxist und Kommunist – zwei Bezeichnungen, die sich nicht immer decken – geschrieben und gehandelt.

Darum hat er seine Kritik des kulturell-ideologischen Überbaus auch stets als etwas betrachtet, das sich natürlich in die breiteren traditionellen Analysen des Marxismus einfügt. Deshalb stellte es eine tragische Verarmung der Theorie in der DDR und im orthodoxen Marxismus dar, daß Blochs Werk nicht seine befruchtende Rolle zu spielen vermochte, und das war auch die Ursache des mangelnden Verständnisses und der Unterschätzung dieses Werkes in westlichen kommunistischen und linkssozialistischen Kreisen. Denn Blochs phänomenologische Betrachtungsweise ist eine notwendige Ergänzung der marxistischen Analyse, wenn wir jemals zu einer funktionalen dialektischen und materialistischen Kritik der bestehenden Gesellschaft in ihren wichtigsten Aspekten gelangen wollen. Solange Blochs Werk im Osten offiziell ignoriert wird und im Westen Jagdgebiet von Theologen, Literaturkritikern und akademischen Salonkommunisten bleibt, haben wir keine sehr großen Fortschritte gemacht. Ich möchte für die Einbeziehung von Blochs Theorie in den Studienplan von Gewerkschaften, Linksparteien, Lern- und Aktionsgruppen eintreten, denn der Verlust der utopischen, hier konkret-utopischen Momente in der Praxis des Emanzipationskampfes muß stets im pragmatischen Reformismus oder im Dogmatismus enden. Blochs Kritik an der Ideologie, seine Vorstellung von der Realität, ist, zum Glück, komplex genug, um nicht auf eine Art von Determinismus reduziert werden zu können. Und definitionsmäßig ist seine Kritik nicht komplett, »noch nicht« voll entwickelt, und das ist ebenfalls eine Garantie für die schöpferische, originale Entwicklung des westlichen Marxismus. Wie bei Marx und Gramsci findet man bei Bloch mehr eine Methode, eine Gedankenrichtung, als eine bis ins letzte ausgearbeitete Theorie. Gewerkschaftsfunktionäre leben auch in einer Welt, in der alle möglichen echten und falschen Kulturwerte als gegeben und beglaubigt angeboten werden, Werte, die nicht einfach auf kaltem Wege und mit dem Seziermesser als »Ausdruck unmittelbarer kapitalistischer Interessen« bloßgelegt werden können, so daß man sich dann wieder den entscheidenden Dingen, den sozioökonomischen Kämpfen zuwenden kann. Das soll keine Karikatur bestehender Haltungen sein. Blochs schwierige Methode, die neben anspruchsvollem intellektuellem Aufwand auch noch emotionale, phantasievolle, ja künstlerische Aufgeschlossenheit verlangt, ist wahrscheinlich eines der wichtigsten Instrumente im Kampf um die Hegemonie der Arbeiterklasse, laut Gramsci das einzig geeignete Klima für eine wirklich alternative sozialistische Gesellschaft. Natürlich ist es nicht genug, den historisch entstandenen Begriff »Diktatur des Proletariats« durch Parteibeschluß in die »Hegemonie der Arbeiterklasse« umzuwandeln und zu betonen, daß der neue Ausdruck dem Begriff näher ist, den Marx und Engels – nicht Lenin und Stalin – tatsächlich im Sinne hatten. Das wäre eine rein exegetische, talmudische Auseinandersetzung, die eigentlich am Wesen der zur Debatte stehenden Frage vorbeigeht.

Was verstand Gramsci unter »Hegemonie«? Der Begriff steht für eine soziale, politische und kulturelle Ordnung, in der eine bestimmte Denk- und Lebensweise überwiegt. Diese Vorstellung von der Wirklichkeit herrscht in allen öffentlichen und privaten Institutionen, sie beeinflußt Gebräuche und Geschmacksneigungen, die Moral und das religiöse und politische Leben und bestimmt weitgehend die sozialen Verhältnisse einer Gesellschaft in einer gegebenen Periode. Sobald diese Hegemonie von einer anderen, gleichermaßen umfassenden Vorstellung von der Wirklichkeit angegriffen wird, ergibt sich ein Kampf, der lange bevor es zu irgendeiner revolutionären Änderung kommt, beginnt, und noch lange nachher, d. h. nach der Machtergrei-

fung, weitergeht. Gewiß muß dieser Kampf um die Hegemonie an eine wachsende, konkrete Oppositionsbewegung geknüpft sein, doch sie darf sich niemals dem politischen und sozialen Kampf um die Macht total unterordnen oder sich mit ihm identifizieren.
Es wird klar, warum dieses Konzept heute so außerordentlich wichtig ist für alle jene, die bewußt und mit Verantwortung für Gesellschaftsveränderung arbeiten möchten und nicht beim sterilen Aktivismus der europäischen Stadtguerillas oder der ebenso sterilen neokonservativen Einstellung der sogenannten neuen Philosophen enden wollen. Das bedeutet, daß neben und zusammen mit dem sozialen Kampf, der immer noch ein Klassenkampf ist, in großer Zahl differenzierte Aufgaben zu entwickeln und zu erfüllen sind. Aufgaben, die der Subjektivität und der Phantasie innerhalb der kollektiven Bewegung ihren seit langem überfälligen Platz einräumen. Es bedeutet auch die Hegelsche Aufhebung der unglückseligen Dichotomie zwischen den Erwartungen des Mai 68 und den nüchternen, realen Erfahrungen der traditionellen Arbeiterbewegung. Auf kultureller Ebene bedeutet das eine Fortsetzung und Weiterentwicklung der berühmten Diskussion zwischen Leo Trotzki und den Bilderstürmern des Agitprop und Proletkult. Die Vorkämpfer der Proletkult-Bewegung hatten recht mit ihrem Widerstand gegen die Übernahme der klassischen bürgerlichen Kultur unter einem sozialistischen Etikett: neue Inhalte erforderten die Suche nach neuen Ausdrucksformen. Aber ebenso hatte Trotzki recht, wenn er diesen begeisterten Künstlern sagte, daß es nicht möglich sein würde, die bürgerliche Tradition in der Übergangsperiode durch eine komplett ausgearbeitete »proletarische Kultur« zu ersetzen, daß aber die neue Kultur sozialistisch, und damit menschlich im weitesten Sinne des Wortes werden müßte. Es ist ein schwieriger dialektischer Prozeß, der immer wieder Gefahr läuft, Entstellungen in der einen oder anderen Richtung zu erfahren, zum Teil, weil Bloch, Gramsci, und eigentlich doch die Mehrzahl der marxistischen Theoretiker ursprünglich »traditionelle Intellektuelle« waren, und weil es der Arbeiterklasse noch nicht gelungen ist, eine vergleichbare Gruppe »organischer Intellektueller« hervorzubringen, aus der sich die notwendigen Träger der neuen sozialistischen Hegemonie rekrutieren würden. Diese Feststellung führt uns zur Diskussion über das historische Subjekt der Veränderung und über Rolle und Charakter der revolutionären Partei.

Die Partei als Heimat des echten Marxismus.[8]

1968, am Höhepunkt der Studentenunruhen stellte uns Bloch in einer Versammlung des Tübinger SDS eine bemerkenswerte Frage: »Kann ein Analphabet Marxist sein?«[9] Es wird wohl zu Späßen neigende Leser geben, die sagen werden, daß das Gegenteil oft zutrifft, doch das beantwortet nicht die Frage: Was ist die Beziehung zwischen der komplizierten philosophischen und soziologischen Theorie des historischen und dialektischen Materialismus, die man nach Lenins Meinung nicht erfassen kann, ohne Hegel zu verstehen, und dem Befreiungskampf der ärmsten Bauern in Indien oder Lateinamerika? Was ist die Vermittlung zwischen dem deutlichen oder auch vagen Bewußtsein der Ausbeutung und der Mehrwerttheorie, um nicht vom tendenziellen Fall der Profitrate zu reden? Zwischen der Entfremdung des Bewußtseins und dem Bewußtsein dieser Entfremdung?
Theoretisch ist man sich einig, daß die Überbrückung dieser Kluft die Aufgabe der politischen Organisation der Partei ist. Und seit Anfang des 20. Jahrhunderts, besonders seit der Oktoberrevolution, schien die Frage des Charakters und der Rolle der Partei gelöst: es war die »Partei des neuen Typus«, die marxistisch-leninistische, disziplinierte, geschlossene Avantgarde-Partei, die in Rußland ihre Effizienz bewiesen hat. Nach der brutalen Eliminierung der russischen Anarchisten im Jahre 1921 und den mißlungenen Aufständen in Westeuropa wurden andere Auffassungen über die Partei gar nicht mehr diskutiert, nicht einmal von solchen Dissidenten wie Trotzki oder kritischen Intellektuellen wie Benjamin, Lukács, Brecht oder Bloch. Bloch, der niemals ein Parteiideologe oder ein politischer Stratege war, begann erst in einem viel späteren Stadium, nach den Ereignissen von 1953, diesbezüglich Zweifel zu äußern. Wahrscheinlich wegen seiner politischen Isolation, zuletzt in Leipzig und dann in Tübingen, hatte er das Problem niemals auf der Basis seiner eigenen Prämissen durchdacht. Er meinte, daß die Partei die Heimat des echten Marxismus war, oder zumindest sein sollte, die größte definitive Freiheitsbewegung in der Welt.
Bereits in seiner Antrittsvorlesung an der Universität von Leipzig im Jahre 1949, »Universität, Marxismus, Philosophie«[10], warnte er vor möglichen Abirrungen und Entstellungen; einige Zitate: »Liebe Kommilitonen, wir selber sind uns darin einig, nicht mehr freiwillig blind zu sein.[11] – Marxismus pointiert gerade wirkliche Freiheit der

Forschung: als eine, die wahrhaft ohne Einschränkung bis ans Ende geht, die radikal ist.«[12] – ». . . nicht deshalb ist etwas wahr, weil es nützlich ist, sondern immer wieder: weil und indem und sofern es wahr ist, ist es nützlich.«[13]

Diese und andere Erklärungen zielten in erster Linie auf das philosophische Fach und auf die Universität ab, eine Universität aber, die schließlich direkt unter Parteikontrolle stand. Kein einziger Satz war rein akademisch oder politisch wertfrei, und dies war durch die Tatsachen klar erwiesen. Trotz der Enttäuschung über die Entwicklung des Parteiapparats in der Sowjetunion und in der DDR und trotz seiner eigenen bitteren Erfahrungen wünschte Bloch sich, daß die Partei sich wieder ihrer Rolle als Erzieherin, als Hüterin freier Forschung und demokratischer Diskussion zuwende, ein Wunsch, der ihn immer wieder veranlaßte, auf das Erbe Rosa Luxemburgs hinzuweisen.

Wir wissen, daß Rosa Luxemburg schon 1903, in ihrem Essay »Der Partei ›Proletariat zum Gedächtnis‹ «[14] und in darauf folgenden Artikeln Bedenken gegen die Universalität von Lenins Parteimodell äußerte. Sie fürchtete insbesondere einen übertriebenen Zentralismus, der die Beteiligung und die Spontaneität der Arbeiter einschränken und schließlich undemokratisch werden könnte. Der Aufsatz über »Organisationsfragen der Russischen Sozialdemokratie«[15] schließt mit dem berühmten polemischen Satz: »Fehltritte, die eine wirklich revolutionäre Arbeiterbewegung macht, sind geschichtlich unermeßlich fruchtbarer und wertvoller als die Unfehlbarkeit des allerbesten ›Zentralkomitees‹.« In gewisser Hinsicht anders als Bloch, doch von der gleichen Sorge bestimmt, stellte Rosa Luxemburg die ganze Struktur der Führungspartei in Frage. Während Bloch freie Forschung und demokratische Entscheidungsprozesse als unabdingbare Elemente ansieht, erkannte Luxemburg, die den täglichen sozialen Kämpfen näher war, die Notwendigkeit von Strukturen, die diese hohen Anforderungen zu garantieren vermochten. Heute, 29 Jahre nach Blochs Antrittsvorlesung und 75 Jahre schon nach der ersten von Rosa Luxemburg geäußerten Kritik, scheint es unvermeidlich, daß eine erneuerte Arbeiterbewegung diese Probleme wiederum auf die Tagesordnung setzt, und sich dabei die Erfahrungen von einem Dreivierteljahrhundert zunutze macht. Es wird eine gründliche, offene Diskussion sein, bei der Gramscis Theorien über die Partei eine verbindende, aufschlußreiche Rolle spielen können.

Gramsci konnte sich genausowenig eine emanzipatorische Gesellschaftsveränderung vorstellen, ohne an eine organisierte Partei zu denken. Anders als Luxemburg, und in diesem Sinne näher zu Blochs

Auffassung, polemisierte er nicht direkt gegen Lenins Modell der Partei, sondern hob zwei ihrer wesentlichen Aspekte hervor: für ihn war die Partei das »Gedächtnis« der Arbeiterbewegung, das die Tradition des langen Ringens um die Emanzipation der Klasse zu bewahren, zu erklären und zu entwickeln hat, und zugleich der »Erzieher« der Bewegung, der die Hegemonie der Arbeiterklasse vorbereiten muß. Innerhalb der Partei sollten die »organischen Intellektuellen« erzogen werden, die den Übergang zu einer sozialistischen Gesellschaft ermöglichen würden. Zwischen den einfachen Mitgliedern und der zentralisierten, kollektiven Führung wies er den Kadern einen breiten Raum als permanente Erzieher zu, die eine ständige, organische wechselseitige Beziehung zwischen Basis und Führung sichern würden. Die Bedeutung, die Gramsci diesen Kadern beimißt, ergibt sich aus seiner Absage an den ökonomischen Determinismus, der nur allzuoft von der Überzeugung ausging, daß die Vertiefung der Krise eine revolutionäre Situation erzeugen würde. Eine Krise kann, natürlich, ein Klima erzeugen, das zu einer bestimmten Denkweise anregt. Somit war revolutionäres Denken und Handeln ebensosehr eine Frage der Erziehung wie der sozio-politischen Macht. Und Erziehung, Emanzipation, kann niemals Objekt des Zwangs sein.
Diese Auffassungen von Gramsci, Luxemburg und Bloch, und sie sind nicht die Einzigen, bieten uns keine konkreten Lösungen an, es werden keine detaillierten Modelle für die revolutionäre Partei aufgestellt. Doch sie werfen Fragen auf, die in jüngster Zeit erst in breiteren Kreisen diskutiert werden und auf das Problem der Praxis hinweisen: inwieweit wird das Ziel durch die Mittel gestaltet und wie erlangt eine Partei als ein Instrument jenen Grad an Aufgeschlossenheit und Flexibilität, der es ihr gestattet, gleichzeitig eine wirksame militante Kraft zu bleiben und in zunehmendem Maße die theoretische und praktische Heimat des echten, das heißt demokratischen Marxismus zu werden? Eine engere Berührung mit den Blochschen Gedanken hilft, in den vor sich gehenden Umwandlungsprozeß Klarheit zu bringen.

IV. *Das Antlitz der neuen Gesellschaft*

> Nicht aber ist konkrete Ordnung der konkreten Freiheit entgegengesetzt[16]

Im »Gleichnis des Buddha vom brennenden Haus«[17] will Brecht die Tatsache illustrieren, daß man kein klares Bild von der neuen Situation haben muß, um sich von der alten, schlechten Situation freizumachen. Das stimmt nur zum Teil. Besonders in einer Welt, in der jahrelang alternative, soziale und politische Systeme als Modell dienten, an denen die eigene kapitalistische Gesellschaft gemessen werden konnte. Gewiß, kein vernünftiger marxistischer Theoretiker wird der Versuchung nachgeben, ein rosarotes Bild von der kommenden sozialistischen Gesellschaft zu malen. Es ist ein Prozeß, der ständig Veränderungen verzeichnet und Anpassungen vornimmt. Doch auch das ist nur eine Halbwahrheit. In der gründlichen Analyse der Gesellschaft von heute, und sie betrifft den Überbau genauso wie die Basis, und im Umdenken und in der Anpassung der Partei als Faktor der Veränderung, werden die ersten entscheidenden Umrisse der potentiellen neuen Gesellschaft sichtbar. Rosa Luxemburg liefert in ihrer scharfen, bemerkenswert prophetischen Kritik der ersten Monate der siegreichen Oktoberrevolution den besten Ausgangspunkt. Ich erinnere an einige Hauptpunkte in ihrem »offenen Brief« an Lenin und Trotzki:

a) Die Alternative zur falschen Bourgeois-Demokratie, die faktisch die Diktatur des Proletariats verschleiert, ist nicht die Beseitigung dieser Demokratie, sondern ihre Erweiterung.

b) Die neue sozialistische Gesellschaft muß sich nicht unbedingt nach dem Vorbild der liberalen bürgerlichen Demokratie richten. Viele Formen der Demokratie sind möglich. Aber eine sozialistische revolutionäre Führung kann es sich nicht leisten, beides zu verbinden: entweder befolgt sie die formellen Regeln der traditionellen Demokratie oder sie sieht sich nach einer anderen Form um, aber letztere muß in ständiger wechselseitiger Verbindung mit der Bevölkerung gesucht werden, ohne die eine Erneuerung des sozialen und politischen Lebens nicht möglich ist.

c) Zur Einbeziehung des Volkes in diesen Erneuerungsprozeß ist der freie und uneingeschränkte Zugang zu Informations- und Diskussionsforen unentbehrlich. Konkret heißt das Pressefreiheit und Organisationsfreiheit.

»Freiheit nur für die Anhänger der Regierung, nur für Mitglieder einer Partei – mögen sie noch so zahlreich sein – ist keine Freiheit. Freiheit ist immer nur die Freiheit der anders Denkenden. Nicht wegen des Fanatismus der ›Gerechtigkeit‹, sondern weil all das Belehrende, Heilsame und Reinigende der politischen Freiheit an diesem Wesen hängt und seine Wirkung versagt, wenn die ›Freiheit‹ zum Privilegium wird.«[18]

d) Weil das sozialistische System der Gesellschaft, als historisches Produkt, organisch wachsen muß, kann der Sozialismus niemals erzwungen werden. Aufgrund der Klassenstruktur im Kapitalismus wird eine Reihe von Maßnahmen ergriffen werden müssen, um den Weg für den Sozialismus freizumachen, wie zum Beispiel die Beseitigung des Privateigentums an den Produktionsmitteln gegen den Willen der gegenwärtigen Besitzer. »Das Negative, den Abbau, kann man dekretieren, den Aufbau, das Positive, nicht.«[19] Wer immer eine sozialistische Gesellschaft mit Mitteln des Zwangs errichten will, wird unbedingt scheitern müssen.

e) Und das bringt uns wieder zurück zur Diskussion über den Charakter der revolutionären Partei: in einem zentralisierten, disziplinierten Führungssystem entwickelt sich sehr leicht ein falsches Bewußtsein, in dem bestimmte Beschränkungen sich aus notwendigen Übergangsmaßnahmen in permanente positive Werte verwandeln, wodurch die Kluft zwischen Führung und Bevölkerung größer wird.

In enger Verknüpfung mit seinen Vorstellungen von »Staat und bürgerlicher Gesellschaft« und dem Kampf um die neue »Hegemonie der Arbeiterklasse«, in der die Partei die wichtigste Rolle als Erzieher der organischen Intellektuellen spielt, entwickelte Gramsci das Konzept vom »demokratischen Zentralismus«. Während Lenin vor allem von einer funktionsfähigen Parteistruktur sprach, dehnte Gramsci das Konzept auf eine Dynamik des Entscheidungsprozesses innerhalb des Staates aus. 1932 schrieb er in seinen Notizen: »Organizität zeichnet nur den demokratischen Zentralismus aus, der sozusagen ein ›Zentralismus‹ in Bewegung ist, eine fortdauernde Anpassung der Organisation an die reale Bewegung, ein Ausgleich der von unten kommenden Antriebe mit dem von oben kommenden Befehl (...). Der demokratische Zentralismus ist ›organisch‹, weil er der Bewegung Rechnung trägt, in der sich die geschichtliche Wirklichkeit organisch enthüllt, weil er nicht mechanisch in Bürokratie erstarrt, zugleich aber dem Rechnung trägt, was relativ beständig und permanent ist.«[20] Während der bürokratische Zentralismus eine Saturierung der Führung zur Folge hat, ein Festhalten an den Privilegien durch Unterdrückung jeglicher Opposition, ist der demokratische Zentralismus das einzige System, das die dynamische Hegemonie der fortschrittlichen Elemente garantiert.

Die Eroberung des bürgerlichen Staatsapparats – Rosa Luxemburg nennt es die »Vernichtung« des alten – ist ein notwendiger erster Schritt, enthält aber an sich noch nicht die Garantie, daß die Errichtung der sozialistischen Gesellschaft erfolgen kann oder muß. Denn es gehört zum Wesen der Hegemonie, daß sie nur durch Überzeugung, nicht durch Zwang errungen werden kann. Luxemburgs Positionen waren Ausdruck einer unmittelbaren Reaktion auf die Erfahrung der Russischen Revolution, in einer Periode, in der die Chancen für die sozialistische Umwandlung in Deutschland und Westeuropa noch real waren. Gramsci entwickelte seine Theorie auf der Basis seines Studiums der Geschichte Italiens seit Beginn des 19. Jahrhunderts, der Praxis der Fabriksbesetzungen von 1919–1920, des Sieges des Faschismus im Westen und des stalinistischen Degenerationsprozesses in der Sowjetunion. Als Kulturhistoriker und Philosoph bezieht Bloch die aktuelle Situation in Ost und West in seine Analysen ein, setzt aber irgendwo im siebenten Jahrhundert v. Chr. an: bei den jüdischen Propheten, bei Buddha, den Griechen, wobei er ebensoviel Aufmerksamkeit den halbbewußten und unbewußten Phänomenen widmet wie den harten ökonomischen und politischen Tatsachen. Aus dem Gegensatz zwischen den utopischen Modellen von Thomas Morus und von Tommaso Campanella, den er im historisch-materialistischen Kontext diskutiert, entwickelt Bloch die Dialektik von »Freiheit und Ordnung«. Der liberalen, libertären Freiheit von Thomas Morus' »Utopia« steht der strenge, disziplinierte Wohlfahrtsstaat von Campanellas »Civitas Solis« gegenüber. Bloch entdeckt Beziehungen zwischen dem ersteren und Robert Owens »New Harmony«, zwischen dem letzteren und der organisierten Utopie Saint Simons, und sieht im Marxismus die Möglichkeit, diesen Gegensatz dialektisch aufzulösen: die neue sozialistische Gesellschaft ist gleichzeitig Befreiung von den alten Strukturen der Lohnsklaverei und des Profitsystems, und Befreiung auf eine realistische, realisierbare, konkrete Utopie zu. Wo Freiheit bisher in Wirklichkeit das Recht der Allmächtigsten bedeutete, und Ordnung auch wieder von ihnen diktiert wurde, wird die neue konkrete Freiheit nur in dialektischer Einheit mit konkreter Ordnung möglich sein: ». . . konkrete Freiheit ist ebenso der gemeinschaftlich offenbar gewordene und sozial gelingende Wille wie konkrete Ordnung, die gelungene Figur der Gemeinschaft selber ist . . . Diese Verbindung ist keine stille Identität (wie in der Kantschen Ethik . . .). Wohl aber ist die Verbindung dialektisch . . .«[21] Der wirkliche Inhalt von Ordnung ist Freiheit, der wirkliche Raum für diese Freiheit ist Ordnung. So kommt Bloch beim Studium der Gesellschaftsutopien zu einer politischen Auffassung, die ihn den Auffassungen von Luxemburg und Gramsci sehr nahebringt. Es ist eine wohlfundierte Auffassung, die im westlichen Marxismus, in den Arbeiterparteien und Gewerkschaften sowie in deren Umkreis an Einfluß gewinnt, wenn wir auch wissen, daß Rom und Paris, und ganz gewiß Washington oder Berlin, sich nicht an einem Tag wandeln werden. Aber in der Diskussion und den Aktionen der letzten Jahre, und ich möchte das Jahr 1968 als Wendepunkt bezeichnen (»trotzdem«, wie Bloch sagt), gewinnen diese abstrakt, oft esoterisch anmutenden Sätze eine sehr präzise, konkrete Bedeutung, und es hätte niemanden erstaunen dürfen, daß Blochs Einfluß in Konfliktsituationen als subversiv und explosiv angesehen wurde, denn genau das ist er.

V. *Von der Philosophie der Praxis zur Praxis der Philosophie*

Mit der Verwendung des Ausdrucks »Philosophie der Praxis« hat Gramsci dem Wort »Marxismus« eine Dimension gegeben, die semantisch in der üblichen Definition als »dialektischer und historischer Materialismus« gefehlt hat. In dem vorliegenden Artikel geht es uns um das Verhältnis zwischen dieser Theorie und ihrer Praxis: nicht so sehr um die Frage, ob und wie weitgehend Blochs Denken in der materiellen Realität fundiert war, vielmehr: Welche Rolle vermag die Philosophie von Bloch und anderen in der Entwicklung des Emanzipationskampfes zu spielen? Folgende Punkte wären da vorzuschlagen:

1. Das erneuerte Interesse an dem Werk von beispielsweise Gramsci, Luxemburg und Bloch ist für jene Marxisten in Ost und West wichtig, die die falsche Dichotomie zwischen dem systembewahrenden sozialdemokratischen Reformismus einerseits und dem systembewahrenden stalinistischen Bürokratismus andrerseits durchbrechen möchten. Wo zwei Wege nur im Kreis herumführen, kann man nicht gut von einem »dritten Weg« sprechen. Was hier vorliegt, ist ein erster Weg zur Beseitigung des bestehenden Systems, ohne in irgendwelche vorkapitalistische Situationen zurückzufallen. Sollte schließlich dieser Weg in den industriell fortgeschrittenen Ländern der neokapitalistischen Welt seinen Anfang nehmen, so dürfte dies keinen Marxisten in Erstaunen versetzen.
2. Diese Entwicklung ist weitaus mehr als ein »Zurückgehen zu den Quellen«, zur Reinheit der Ideen, seien es nun die Leninschen in »Staat und Revolution«, die Marxschen »Grundrisse« oder, noch besser, die »Pariser Manuskripte«. In einer der »Geschichten von Herrn Keuner« beschreibt Brecht eine Begegnung zwischen Keuner und einem Mann, der ihn lange nicht gesehen hatte und mit den Worten begrüßt: »Sie haben sich gar nicht verändert.« – »Oh!« sagte Herr K. und erbleichte.[22] Gramscis Gefängnisschriften und Blochs »Das Prinzip Hoffnung« bauen auf den Grundlagen dieser ersten Theorien auf, und sie fügen Dimensionen hinzu, die bei Marx, Engels, Lenin oder

Trotzki nur impliziert oder ungenügend herausgearbeitet sind. Die Arbeiterbewegung und ihre Verbündeten werden diese Gebiete konkret in ihr Erziehungsprogramm einbauen müssen, etwas, was nur sporadisch geschieht und viel zu sehr auf Zufällen beruht. Ohne diese Wechselwirkung würden die theoretischen Erkenntnisse Generationen lang in den Schränken der Universitätsbibliotheken vergraben bleiben.

3. Blochs Philosophie könnte der Boden für die Begegnung von traditionellen Sozialisten, Kommunisten und christlich-demokratischer Arbeiterbewegung mit der eher zwanglosen Revolte sein, die wir als »Neue Linke« bezeichnet haben. In den sechziger Jahren hatte die Neue Linke den Fehler gemacht, sich der organisierten Arbeiterklasse sehr bald zu entfremden, und heute tun viele Anhänger des klassischen Marxismus so, als sei der Mai 68 tot, begraben oder hätte sich einfach verflüchtigt. Das ist eine verständliche Reaktion auf den lärmenden, hyperrevolutionären Voluntarismus jener Jahre, doch gleichzeitig ist es auch ein gefährlicher Irrtum.

Zwischen den abstrakten Utopien der Neuen Linken und dem Ökonomismus, der Hauptströmung in der »Alten Linken«, existiert Blochs konkrete marxistische Utopie als potentieller Verbindungsbereich.

4. In Belgien fehlt es der sozialistischen Bewegung seit ihrer Entstehung an der Verbindung mit den Massen der christlichen Arbeiter und, speziell in Flandern, mit der nationalen flämischen Emanzipationsbewegung. In beiden Fällen führte das zu einer Schwächung der Strategie und Theorie, für die zum Teil der ungenügend entwickelte Stand der marxistischen Ideologie verantwortlich zu machen ist. Gramscis Beitrag zur nationalen Frage und Blochs schöpferische Analyse des religiösen Phänomens bilden einen ersten, notwendigen Ausgangspunkt zur Überwindung dieser sterilen, objektiv reaktionären Spaltung.

VI. *Zusammenfassung*

In Abwandlung von Blochs berühmter Erklärung über die Haltung der deutschen KP gegenüber dem Faschismus könnten wir sagen: was der Marxismus als *Kältestrom*, als rücksichtslose Analyse des ökonomischen und politischen Systems und des daraus sich ergebenden Klassenkampfes getan hat, war vollkommen richtig, nur was er nicht oder zu wenig getan hat, war falsch. Das ist der *Wärmestrom*, die Kenntnis und die Einbeziehung der kulturellen, nationalen und religiösen Kräfte, die ebenso konkret wie die sozioökonomische Basis den Lauf der Geschichte beeinflussen. Ohne diesen Wärmestrom wird der Marxismus als Emanzipationsbewegung niemals imstande sein, die neue Hegemonie herzustellen, die Bedingung und zugleich Form der sozialistischen Gesellschaft ist. Ganz offenkundig wird das nicht automatisch eintreten. Doch ein anderer Faktor ist weniger offenkundig, etwas, das häufig in revolutionärer Ungeduld in Verlust gerät. Mephistopheles' Worten in Goethes »Faust«: »Grau, teurer Freund, ist alle Theorie, und grün des Lebens goldner Baum« möchten wir, als vorläufige Konklusion, entgegensetzen: die meisten linksgerichteten Theorien besitzen leuchtende, vorzugsweise rot leuchtende Farben, doch die alltägliche, notwendige, befreiende Praxis ist meistens von nüchternem Grau. Quod erat indicandum.

Anmerkungen

1. Ernst Bloch, *Erbschaft dieser Zeit*, Suhrkamp Verlag, 1973, S. 146
2. Ingmar Bergmann, *Four Screenplays*, Simon und Schuster, New York, 1960, S. 152
3. Antonio Gramsci, *Philosophie der Praxis*, S. Fischer Verlag, 1967, S. 255
4. Antonio Gramsci, ebd.
5. Ernst Bloch, *Erbschaft dieser Zeit*, S. 164
6. Ernst Bloch, ebd., S. 240–241
7. Ernst Bloch, *Das Prinzip Hoffnung*, Suhrkamp Verlag, 1967, S. 11
8. Ernst Bloch, *Über Karl Marx*, Suhrkamp Verlag, 1968, S. 164
9. Ernst Bloch, *Erbschaft dieser Zeit,* S. 21
10. Ernst Bloch, *Über Karl Marx*, S. 121–144
11. Ernst Bloch ebd., S. 124
12. Ernst Bloch, ebd. S. 126
13. Ernst Bloch, ebd., S. 135
14. Rosa Luxemburg, *Politische Schriften III*, Europäische Verlagsanstalt, 1968, S. 23–82
15. Rosa Luxemburg, ebd., S. 83–105
16. Ernst Bloch, *Das Prinzip Hoffnung*, S. 620
17. Bertolt Brecht, *Gesammelte Werke 9*, Suhrkamp Verlag, 1967, S. 664–665
18. Rosa Luxemburg, *Politische Schriften III*, S. 134
19. Rosa Luxemburg ebd., S. 135
20. Antonio Gramsci, ebd., S. 352
21. Ernst Bloch, *Das Prinzip Hoffnung*, S. 620
22. Bertolt Brecht, *Gesammelte Werke 12*, S. 383

Maurice de Gandillac (Frankreich)

Ein Philosoph der militanten Utopie

1911 stellt Simmel dem jungen Lukács den damals sechsundzwanzigjährigen »Dr. Bloch« vor. Am 11. Februar schreibt Lukács an Popper, daß »dieser geborene Philosoph aus der Rasse der Hegel« für ihn der Träger eines unvergleichlichen »intellektuellen Anreizes« ist (unveröffentlichte Briefe, die demnächst in der Zeitschrift »l'Homme et la société«, Nr. 40-4 erscheinen werden). Zwischen den beiden Männern kommt es zu einer lebhaften freundschaftlichen Beziehung und beide begrüßen begeistert die russische Revolution. Während der Entstehungszeit von »Geschichte und Klassenbewußtsein« tauschen sie über hundert Briefe aus, in denen sich wiederholt ein gemeinsames Streben dokumentiert. Der Ungar ist jedoch zu einem radikaleren Bruch bereit (er hat 1918 in Budapest aktiv mit Béla Kun zusammengearbeitet), steht den großen Blochschen Themen mißtrauisch gegenüber, da sie die Gefahr beinhalten, zu viele idealistische Rückfälle zu rechtfertigen: die Utopie und die Hoffnung.

1921, in seinem »Thomas Münzer« (dreiundvierzig Jahre später ins Französische übersetzt!) prophezeit er im Ton der Apokalypse das baldige Heraufkommen einer »neuen Welt der Leidenschaft und des Umbruchs«, die Aufwärtsentwicklung der Menschheit »bis zu dem geheimnisvollen Sinnbild, zu dem vom Anbeginn aller Zeiten an die dunkle, unruhige, schwere Welt hinstrebt«, und wagt es, den glücklosen Helden der »Bauernkriege« als »Theologen der Revolution« zu definieren. Und vom Jahre 1918 an weist dieser »merkwürdige Marxist«, der nie das Hegelsche Vokabular seiner Jugend verleugnen wird, jedesmal, wenn er den »Geist der Utopie« erwähnt, auf die deutlichen Gegensätze ihres »Materialismus« hin – beinahe genau so oft wie Walter Benjamin, der ebenfalls sein Freund ist. (Es besteht kein Zweifel über die geistige Verwandtschaft mit der Schule von Frankfurt, wie mit Brecht, aber bis zum Schluß wird Bloch, trotz zahlreicher Enttäuschungen, immer weniger pessimistisch bleiben als Horkheimer, und, trotz gewisser Maniriertheiten, weniger unfaßbar als Adorno.)

Vor allem, noch mehr als bei Benjamin – aber hier ohne jegliche zionistische Neigung, ganz im Gegenteil – durchziehen große religiöse Motive, hebräischer Prophetismus, christliche Bedeutung der Fleischwerdung, »tausendjährige« Erwartung des »Königreichs« innerlich das gesamte Werk dieses »Atheisten«.
Von Hegel, dem er eine lange, sehr pädagogische Einleitung gewidmet hat (»Subjekt-Objekt«, 1949, französische Übersetzung derzeit im Druck), übernimmt Bloch vor allem die Themen der Bewegung, des Überschreitens, das, was er als den Ruf des »Noch-nicht-Seienden« und des »Dort unten« darstellt. Aber er lehnt jedes Verhärten der »Synthese« ab. Wenn auch für ihn die Vision einer vollkommenen Aufhebung der Entfremdung, einer wechselseitigen Transparenz von Mensch und Natur die einzige Motivierung für das Leben darstellt, die die Menschheit je besaß, bleibt sie dennoch ein Horizont, der der Zukunft, die stufenweise durch antizipierende Serien von Ablehnung und Auflehnung erobert wird. Bloch hat der klaren und kalten Konstruktion einer utopischen Insel durch den großen Bürger Thomas More immer das waghalsige Abenteuer des deutschen Reformators Thomas Münzer vorgezogen, des mystischen Anführers der Bauern und der im Elend lebenden Handwerker des sechzehnten Jahrhunderts. Wenn Luther sein schwarzes Schaf ist, so deshalb, weil er sich von Anfang an mit den Fürsten geeinigt hat, weil er als theologisches Prinzip aufgestellt hat, daß der durch und durch verderbte menschliche Wille von sich aus niemals etwas an dem Zustand der Menschheit ändern kann. In einem Aphorismus, der auf den ersten Blick ganz in der Nähe des Nietzscheschen »Werde, was du bist« steht (aber das Werk der Menschlichkeit kann für ihn nur kollektiv sein), faßt Bloch am Anfang der »Spuren« (1930, französische Übersetzung 1968) die erste Forderung seiner Utopie zusammen, die das genaue Gegenteil eines kompensierenden Traums, einer tröstenden Illusion ist: »Ich bin, aber ich bin nicht im Besitz meiner selbst.« In seinen Ausführungen vom Juli 1959 beim Kolloquium von Cerisy » Genesis und Struktur«, in denen er sich mit einer lauteren Spontaneität, die später Mode wurde, distanzierte, erklärte er sehr entschieden: »Es gibt keine Genesis, die nicht auf einem ›Thelos‹ (Ziel), auf die Bildung einer Struktur ausgerichtet ist. Und nur von diesem Bezugspunkt aus kann man das Werden als Fortschritt betrachten. Aber jede Form der Ordnung erzeugt auch eine Form der Spannung.«
Eine manchmal fröhliche Spannung, wenn der Autor der »Spuren« beschreibt, wie die brave Bevölkerung von Paris am 14. Juli 1928 das »arrogante« Auto eines »Bourgeois mit Strohhut« anhält, zunächst

durch die »unverschämte Grazie« eines Mädchens, das »mit einer Blume in der Hand und dann im Mund« tanzt, und dann nur durch die unverschämtere Geste eines Burschen, der den schönen Strohhut des unerwünschten Autofahrers auf den Boden wirft und mit Füßen tritt. Dieses Streben des Menschen nach einem menschlichen Jenseits, das jenseits seiner selbst liegt, das immer zurückgedämmt wird und schließlich nicht mehr unterdrückt werden kann, steht zweifellos in Verbindung mit den Bedürfnissen des Körpers, der Entkräftung der Hungrigen, die das Wort der Propheten allein nie ernährt hat; aber Bloch, der in München nicht nur Philosophie, sondern zuerst Physik und Musik studiert hatte, weist auch auf alles hin, was er den verschiedenen neuen Ideen in der Kunst verdankt, und vor allem derjenigen, die seit Beginn des Jahrhunderts ihre durchschlagende Modernität anmeldete.

Obwohl 1975 in Cerisy Daniel Charles anläßlich des Kolloquiums über die Utopie John Cage neben Bloch stellte, konnten Gabriel Marcel und Ernst Bloch im klassischeren Zeichen Bachs und Beethovens, als sie vor etwa zehn Jahren im deutschen Rundfunk bezüglich ihrer Auffassung des Themas der Hoffnung einander gegenübergestellt wurden, jenseits ihrer grundsätzlichen Uneinigkeit den Weg zu einer sehr prekären Übereinstimmung finden.

Denn man muß zugeben, daß Bloch, so sehr er bereit war, das aus den großen Traditionen Übernommene (mehr aus den griechischen und jüdisch-christlichen als aus den orientalischen oder afrikanischen) zu integrieren, in bezug auf das Wesentliche immer unnachgiebig blieb. Er war entschlossener Pazifist in einer Zeit, in der beiderseits der Grenze die »heilige Union« die Versprechungen der Internationale ins Lächerliche zog, und hatte bereits 1917 in die Schweiz gehen müssen. Zwanzig Jahre später trieb ihn der Nationalsozialismus wieder ins Exil, zunächst in die Schweiz, dann nach Böhmen und schließlich in ein Amerika, in dem er sich nie wohlfühlte.

Nach 1949, als er beschloß, sich in Leipzig loyal dem Experiment der »Volksdemokratie« zu unterziehen, mußte er bald feststellen, daß schon die Veröffentlichung seines Werks »Das Prinzip Hoffnung« (drei Bände von 1954 bis 1959) ihn zunächst verdächtig und bald auch untragbar machte. Weniger wendig als Lukács (dessen Auffassung der Beziehungen zwischen Politik und Ästhetik er 1972 bestritt), zog er es vor, sich 1961 in die Bundesrepublik zu begeben, wo er frei lehren konnte, aber gewiß nicht, um zum Prediger der christlichen Demokratie oder der Sozialdemokratie zu werden. Bloch war Professor in Tübingen und verlöschte in dieser Universitätsstadt plötzlich, nachdem er, wie ein Testament, ein Werk mit dem bedeutungsvollen Titel »Experimentum mundi« veröffentlicht hatte.

Als wir ihn während einer »Dekade« in Cerisy persönlich kennenlernten, bei der er beinahe zehn Jahre vor der Explosion von 1968 Herbert Marcuse vertrat, der durch einen Herzanfall an seinem Erscheinen verhindert war, war Bloch ein rüstiger Siebzigjähriger voll köstlichen Mutwillens.

Er hatte einige Tage lang gemeinsam mit Jacques Derrida, Serge Mallet, Jean Piaget, J.-T. Desanti und vielen anderen freien Geistern eine kräftigende Luft eingeatmet, die ihn täglich verjüngte. Als ihm die Universität von Paris-I vor zwei Jahren mit beträchtlicher Verspätung ein bescheidenes Doktorat »honoris causa« anbot, für das er sich artig dankbar zeigte, konnte unser alter Freund kaum mehr sehen und nur noch mit Mühe gehen. Im Alter von neunzig Jahren hatte er sich jedoch noch die ganze Lebhaftigkeit des Geistes bewahrt und unterzog sich, geleitet von seiner teuren Gefährtin Karola, tapfer der Mühe des Rituals und der Reden; während des offiziellen Diners an der Place du Panthéon fand er sogar Vergnügen daran, sich zwanglos mit dem leidenschaftlichen Idealisten Dom Helder Camara zu unterhalten. Sie hatten zumindest die Gewißheit gemeinsam, daß ohne die Anstrengungen des Menschen, der immerfort in seinen Kampf gegen die Knechtschaft eingespannt ist, die höchste Hoffnung, die leidenschaftlichste Liebe nichts als hohles Gerede wären.

Gérard Raulet (Frankreich)

Die Banalität ist die Gegenrevolution
Ernst Bloch, der Tod und die Bundesrepublik

»Ihn kann man nicht abfeiern wie ein Denkmal, das Verehrung selbstgefällig und schweigend hinnimmt; durch ihn klang manches falsche Lobeswort vielleicht durchsichtiger als erwartet.«

Schwäbisches Tagblatt vom 30. Juni 1975

Am 4. August 1977 ist Ernst Bloch sanft entschlafen, einen knappen Monat nach seinem 92. Geburtstag und kurz nach Erscheinen des 12. Bandes, mit dem die Gesamtausgabe seiner Werke jetzt beinahe vollständig ist. Dabei liegt aber der Akzent gerade auf diesem »beinahe«. Denn im Sinne des offenen Systems, das Bloch dem Hegelschen gegenüberstellt, wäre ja dieses Werk nie abgeschlossen worden, ohne den Tod, der ihn überrascht hat, wie das Unerwartete, dem er seit den frühen »Spuren« stets lauschte: »Was uns aber störte, in dem geht schon Sterben um.«

Am Vortag soll Bloch an einem geplanten Buch »Über das Wesen der Rahmenerzählung« weitergearbeitet haben. Und zu den ungelösten Aufgaben gehörten auch in Leipzig gehaltene Vorlesungen, die nur schwer, sollten sie jetzt als Nachlaß erscheinen, den Ton, die Diktion, den Blochschen Atem wiedergeben werden: Eine langatmige, weit ausholende Bewegung des Denkens, die bei absichtlich trivialen, existentiell einfachen und unmittelbaren Begebenheiten ansetzt, um sich dann zur Prophezeiung zu erheben, und sich nicht einmal durch die Syntax unterbrechen läßt, solange der kritische Vorgang, Thesen und Exegesen sprengend und überholend, den Zirkel seiner Hermeneutik nicht geschlossen hat. Ein Zirkel, der übrigens nur metaphorisch seinen Namen verdient: mündet er ja immer in einen nächsten Kreis (wie etwa die fünf Teile des Hauptwerks »Prinzip Hoffnung«), um schließlich in das »Experiment Welt« hinauszuströmen, wo das Denken dieses Experimentum mundi kraft des genitivum subjectivum und objectivum sowohl von der Welt zu lernen als auch diese zu bilden hat. In dieser wechselseitigen Probe besteht die sogenannte dialektische »konkrete Utopie«. Versteht man es als dieses ungeschlossene Gerundetsein, so hebt das Blochsche Werk mit dem nie gestillten Prinzip der Hoffnung den Fehdehandschuh des Hegelschen Begriffs auf – im eigentlichsten philosophischen Sinne des Zeitworts »aufheben« – und läuft sowohl dem Hegel, der sich ja schließlich mit der Welt versöhnte, als auch denen, die nur durch Abschied von jeglichem System diesen konformen Ausgang zu vermeiden meinten, den Rang ab. »Die Richtung ordnet« faßt Bloch seine Konzeption zusammen; oder noch: »Gibt es Zucht nur in der Kaserne, nicht auch auf dem Marsch?» (vergl. »Subjekt-Objekt«, S. 472). Die Gestalt Blochs ragt so der Hegelschen entgegen, mit eben jener Kühnheit, die ihn Hegel mit Faust vergleichen läßt – wobei Bloch noch die zusätzliche Kühnheit besitzt, die »formale Anbetung des Kreises« und die »Gewalt des Systems« zu bewältigen. Kühnheit, an der Front zu leben, da, wo das Mögliche in der Welt den Möglichkeiten des Gedankens begegnet und kataklystisch – wenn auch im Unscheinbaren – zu Neuem hindrängt.

In dem letzten längeren Brief, den er mir Ende Juli schrieb, forderte mich Ernst Bloch zur Kühnheit auf in der Verwirklichung einer Kritik der zeitgenössischen utopischen Mode in der Philosophie, Theologie, in Musik und Architektur, und brach mit den Worten Isaak Babels, des von Stalin ermordeten Schriftstellers, ab, die er so oft zitierte: »Die Banalität ist die Gegenrevolution.« Wir sollen, betonte er immer wieder (so anläßlich seines 90. Geburtstages), den Träumen unserer Jugend treu bleiben. Wobei er auch, diese Träume ironisch durchleuchtend, im »Prinzip Hoffnung« schrieb: »Haß gegen den Durchschnitt erfüllt in dieser Zeit fast alle, auch wenn sie selber nicht weit vom Stamm gefallen sind.« Mit 16 oder 18 Jahren las er selber zum ersten Mal Hegel, und mit 17 schrieb er in einem noch naiven Kontext den immerhin entscheidenden Satz nieder: »Das Ding an sich ist die objektive Phantasie« (vgl. »Spuren«).

Dieser kaum skizzierte Entwurf zu einem Porträt, das andere besser als ich meißeln könnten, führt wenigstens drei Protagonisten ins Feld: Ernst Bloch, den Tod, der auch in seiner üblichsten Form so viel Lebensmut verlangt (vgl. »Atheismus im Christentum«, S. 329), und . . . die Banalität, jene gefährlichste Gegenrevolution, wo auch immer sie ihr Unwesen treibt, im Westen oder im Osten, und sich auf den Realismus beruft, auf Sachlichkeit, positive Sachanalyse, und Wissenschaftlichkeit gegen Utopie beschwört. So wie sein Thomas Münzer ein »Theologe der Revolution« ist, der die Dynamik seiner revolutionären Tätigkeit aus seiner Theologie schöpft, ist Bloch – mit Betonung der zwei Komponenten dieser Bezeichnung – ein *Philosoph der Revolution*. Den Marxismus erhält er am Leben, indem er die Gegenbanalität inkarniert, mit dem Risiko, sich einen marxistischen Philosophen zu nennen.

Wie hat man sich also getäuscht, als man 1961 zu schnell den Emigranten und den Flüchtling feierte! In der damaligen Presse findet sich

Hellsichtigkeit nur im Organ des Zentralverbandes politischer Emigranten aus der UdSSR: »Ernst Blochs Philosophie bleibt Apologie des Ostens« schreibt Chr. Michael in der »Freien Rundschau« (Heft 1/1962). »Nein, kein Renegat, der verachten wird, was er gestern beschwor, wird nun in Tübingen seine Stimme erheben«. Der Titel des Artikels, »Hoffnung, Illusion und Bloch«, ließe sich vieldeutig interpretieren, bis wir beim Variieren wieder auf drei Protagonisten stoßen: Ernst Bloch, die Hoffnung und die sich illusionierende Banalität. Denn die Selbsttäuschung letzterer verrät eine Logik, die überall Blochs Rezeption beherrscht hat und bis zu Blochs Ableben weitergewirkt hat: daß es in Tübingen das Vorbild eines nicht banalen Marxismus gab, blieb den meisten unverständlich. In Frankreich, wo wir uns spät um Blochs Rezeption bemüht haben, läßt sich zum Beispiel vermuten, daß die Vermittlung von Marxismus und Philosophie (in anderen Worten die nämliche Dialektik, aus welcher Marx' Denken selbst entstanden ist) ein absichtliches Schweigen auf ihrem Weg fand – oder mindestens die selbstgefällige Blindheit eines geistigen Lebens, das seit Jahren unter dem Druck dreier Kräfte steht: einer starken Kommunistischen Partei, die lange für »solide« marxistische Literatur bürgte, mehr oder weniger langlebiger Modeerscheinungen, und, mit diesen ersten zwei Kräften verbunden, der moribunden Beharrlichkeit alter aporetischer Debatten (Existenzialismus und Marxismus, Marxismus und Christentum). Endlich fiel vom Katheder der Schiedsspruch: Althusser sorgte für die epistemologische Grundlegung der Exkommunikationen; endlich wußte man Bescheid über den Unterschied zwischen »Ideologie« und »Wissenschaft«.
Nun aber: was für ein Sieg der marxistischen Philosophie über diese verbündeten Kräfte ist bereits 1956 der Zusammenstoß zwischen Bloch und den ostdeutschen Behörden gewesen! Sah man nicht die Vertreter der Orthodoxie dazu gezwungen, Bloch-Schüler zum Vatermord verleiten zu müssen, um den Meister zu bekämpfen und dem geistigen Ermittlungsverfahren, das man »Ernst Blochs Revision des Marxismus« betitelte, einige Substanz geben zu können. Diejenigen, die sich nicht überreden ließen, steckte man einfach ins Gefängnis. Wolfang Harich (10 Jahre Zuchthaus) gratulierte Bloch zum 90. Geburtstag mit folgendem Telegramm: »In der Hölle, Abteilung für Kommunisten, warten Brecht, Eisler und Lukács vorwurfsvoll auf Dich. Ihnen unter die Augen zu treten, möge Gott, milder gestimmt dank Thomas Münzers Fürsprache, Dir noch lange ersparen. Für mich bleibt die Trennung von Dir ein chronisches Leiden, verschlimmert durch häufiges Lesen Deiner Bücher, gemildert durch den Zorn über

Dein Weggehen aus Gegenden, die ohne Dich ärmer sind als sie sein müßten ...« Wie Lukács trat Bloch in die Bresche des XX. Parteitages. Die Art und Weise wie er aber, als philosophischer Zeitgenosse der Gegenwart, den sozialistischen Aufbau miterlebte, d. h. die in ihm verkörperte und anscheinend doch nicht geheuere dialektische Spannung zwischen Denken und Wirklichkeit, verursachte einen Bruch, der Marxens Bruch mit den deutschen Zuständen nicht unähnlich ist. Nach Blochs Tod hat sich wieder Wolfgang Harich, als einziger Intellektueller aus der DDR geäußert, und wieder hat er die zentrale Konfliktstelle, die dem Blochschen Schaffen innewohnte, im »inkarnierten Kulturerbe, als unbezwinglicher Bastion gegen Banalität und Provinzialismus« gesehen.

Und wieder: was für ein Sieg über die Banalität, als Bloch 1975, während der Zeremonien zu seinem 90. Geburtstag, seine magere Faust erheben konnte, als Antwort auf den Applaus aller einmalig versammelten, verschiedensten Tendenzen der studentischen Linken. Auf dem Podium wurde ein Spruchband entrollt: »Wann ist ER dran?« – unzweideutiger Hinweis auf die Berufsverbote und auf die verdächtige Aufrichtigkeit solcher großartiger Ehrerweisungen. Vom Standpunkt notwendiger Illusion aus war es zweifelsohne gescheiter, Ernst Bloch zu feiern und als ausgesprochenen Einzelgänger zu heiligen. So klangen nämlich die Worte des Tübinger Universitätspräsidenten und Mitglieds der CDU, Adolf Theis, nicht allzu irrelevant, als er die freie Gesellschaft dafür lobte, Bloch als Gastprofessor in Tübingen akzeptiert zu haben. Dies sei ein sprechender Beweis der herrschenden »Freiheit des Geistes« und »Pluralität der Meinungen«. Wobei das veränderte politische Klima, auf welches das Spruchband anspielte, als *Versuchung, Zweifel zu verbieten* – banalisiert wurde. Banalität und Illusionierung ziehen gemeinsam ins Feld. Was die gut versteckte Aggressivität des Banalen angeht, so wirkt dennoch sehr desillusionierend die Tatsache, daß Bloch seinen Ruf nach Tübingen – gegen die Meinung eines beträchtlichen Teils des Lehrkörpers – einzig Theodor Eschenburg verdankt; daß er 1975 die so feierlich überreichte Ehrendoktorwürde mit *einer* Stimme Mehrheit erhielt (wobei er doch nicht für sich gestimmt hatte); daß Helmut Fahrenbach am Tage der Beisetzung, nach einem peinlichen Vorspiel, das die Lokalzeitung »Schwäbisches Tagblatt« mit Mut und Recht denunzierte, sich gezwungen sah, »für einen Teil des Fachbereichs« zu sprechen. Hätten doch ein gewisser Ökumenismus des Trauerns zur Einigung hinter dem Sarg beitragen sollen, zu einer Kohabitation voller Anstand zweier sonst unverwechselbarer Logiken der eines Denkens ohne Misere, das dennoch aus

Bloch den »Genossen und Vorkämpfer« (wie es die AStA-Sprecherin formulierte) mehrerer Studentengenerationen gemacht hatte, und der Logik einer defensiven Zweideutigkeit, welche Ehrentitel für weniger gefährlich und öffentlich wirksamer hält als Exkommunikationen. Was Bloch so kommentiert haben soll: »Habe ich denn etwas Falsches gemacht?«, und was Studenten so kommentierten: »Die diskrete Scham der Bourgeoisie« (vgl. Tübinger Studentenzeitung »Widerspruch«, Nr. 3, Juli 1975). Ein »peinliches Vorspiel« (vgl. »Schwäbisches Tagblatt« vom 30. Juli 1975) gab in der Tat jenes Spruchband ab, das so sehr die Würde der Feier trüben konnte.
Wieso erinnerte man sich denn nicht an die Gefahr, der man sich schon aussetzte, als man Bloch in die Falle der Ehrungen locken wollte? Im Mai 1968 hatte die deutsche UNESCO-Kommission unter ihren Ehrengästen Willy Brandt, damals Bundesaußenminister, den sowjetischen Botschafter Zarapkin und Ernst Bloch zum Karl-Marx-Jubiläum in Trier eingeladen. Botschafter Zarapkin zog aber eine Kundgebung der Außerparlamentarischen Opposition vor, welche von der um Wiederzulassung der verbotenen KPD bemühten Gruppe um den Marburger Politologen Professor Wolfgang Abendroth veranstaltet worden war. Die Demonstranten erklärten die Marx-Feier für eine »pure Heuchelei«. Als Hauptredner wandte sich Bloch auf andere Weise gegen die Heuchelei. Und seine Antwort galt sowohl den westlichen Sozialdemokraten als auch den östlichen Sozialisten. Er berief sich auf die Ereignisse, welche die CSSR eben erschüttert hatten. In ihnen erkannte er ein Modell, das er nicht nur entschieden dem entgegenhielt, was »die DDR unter Mißbrauch des Namens Marx'« praktiziere, sondern auch jener kompromißbereiten westlichen Banalisierung des Gedankenguts Marxens, die in seinen Augen die SPD vertrat. Indem er so gegen angebliche Marxismen einfach an Marx erinnerte, warnte bereits Bloch vor der Gefahr, die denjenigen drohte, die sich einmal seiner unbestraft anzueignen versuchen würden.
Die Wiederholung der doch vorbeugend entlarvten Situation fand in den Tagen nach dem Tod Ernst Blochs tragikomisch statt. Eine eifrige Schar von Schriftstellern, Theologen, Philosophen, u.a.m., eilte dem Schreibpult entgegen und erklärte sich bereit, eine Trauerrede von sich zu geben. Wenn wir den Berichten des »Schwäbischen Tagblatts« glauben, soll bald der Eifer bei den Philosophen in Eifersüchteleien und Querelen umgeschlagen sein . . . bis Studenten die alte Eberhard-Karl-Universität in »Ernst-Bloch-Universität« umtauften und durch ihre Initiative des Freiherrn von Freytag Löringhoff Fluch und Zorn entzündeten. »Wenn es sein muß«, wäre er doch bereit, am

Grab ein paar Worte zu sagen; dem Werk der »Schmierer« konfrontiert, konnte er aber vor allem nicht umhin, darauf hinzuweisen, daß er die verhängnisvollen Folgen Blochs und »seiner ganzen Brut ausspukke«. Obwohl diese Version der Ereignisse im »Tagblatt« vom 10. August 1977 vom Dekan bestritten wurde, verriet die Affäre, die in den folgenden Tagen laut debattiert wurde und die Reputation eines ganzen Fachbereichs betraf, den untergründigen Zusammenprall der zwei erwähnten Logiken, deren wohl nicht zu bezweifelnder Kampf in jenen Tagen, die wir miterlebt haben, in dieser besonderen Angelegenheit sich nun bis zur Übertriebenheit und Lächerlichkeit auswuchs. Und sie verriet diesen Konflikt heilsam. Denn auf ihrer schwarzen Folie klafft grell die Unvereinbarkeit der sonst vorgetäuschten Einstimmigkeit. Zu schön klang etwa das Telegramm von Bundeskanzler Schmidt, der eben geplant hatte, Bloch im Herbst zu besuchen, um von den Zielen des Sozialismus zu sprechen.

Ästhetisch schmackhafter klingt im »Schwäbischen Tagblatt« vom 9. August der sauersüße Kommentar der Redaktion zur Inschrift »Ernst-Bloch-Universität« (ein Kommentar, den Prof. Dr. von Freytag Löringhoff als »hämische Zustimmung« deutete): »Daß es sich dabei nicht um das Werk üblicher universitärer Fassaden-Betexter handelt, wird schon an der ausgewogenen Schrift und daran deutlich, daß die Buchstaben einzeln ausgeschnitten und aufgeheftet wurden. Sollten die Pedelle heute von der zentralen Verwaltung den Auftrag erhalten, die Aufschrift wieder zu entfernen, dürfte es sie wohl wenig Mühe und den Steuerzahler gar nichts kosten«. Prof. Dr. von Freytag Löringhoff berichtigte am 10. August, daß die Aufschrift »aus aufgespritzter Lackfarbe« bestand; desto schwieriger soll also das Entfernen gewesen sein und, wie wir mit dem Herrn Dekan gegen das verständnisvolle Verhalten des »Tagblatts« feststellen müssen, desto unvereinbarer auch die Fronten. Keusch wird am 10. August der »Gäubote« diesen Konflikt einen »Streit um die Interpretation des Philosophen der Hoffnung« nennen und sehr objektiv berichten, daß er »offenbar bis zur Trauerfeier anhielt«. Diese Zeitung fügt noch hinzu: »Die eigentlichen Akteure – sie wären es auch in Blochs Augen gewesen – saßen draußen vor der Kapelle in einem Amphitheater ähnlichen Rondell: über 2000 Studenten und ältere Verehrer des Denkers machten kein Hehl daraus, daß sie ›gegen jene, die ihn zu Tode reden wollen‹ – wie es die Sprecherin der Studentenschaften formulierte – in Bloch ihren ›Genossen und Vorkämpfer gegen die Herrschenden‹ sehen«. Da war also die Brut.

Der journalistische Sinn für Hervorhebung prägnanter Einzelheiten traf hier wesentlich Gegensätzliches. Wie in der DDR in den Jahren 1956/1957 stört Bloch durch das Echo seiner Stimme, durch die Schüler, die sie amplifizieren. Wird nicht der Universitätspräsident Theis geschickt andeuten, daß die Treue gegenüber dem Meister die Schüler nicht zur Verwechslung kritischer Wissenschaft mit falsch verstandener akademischer Freiheit verführen soll? Blochs Figur wäre ja als Zeugnis des akademischen Pluralismus passender. Als wir dies hörten, fragten wir uns, ob das nicht die genaue, wie immer verspätete Antwort auf das 1975er Spruchband war. Wie soll denn Blochs Werk (laut der an diesem Tag reichlich wiederholten Formel) »weiterwirken«, wenn nicht durch seine ständige Präsenz auf der politischen Bühne (so in den »Gespräche mit Ernst Bloch«, die Rainer Traub und Harald Wieser 1975 in der Edition Suhrkamp veröffentlicht haben, über Chile, Prag und die Studentenbewegung der sechziger Jahre)? Nicht anders haben mindestens die Vertreter des AStA, des Sozialistischen Büros (Oskar Negt) und – leider sehr ungeschickt – Rudi Dutschke diese Formel gemeint.* Nicht anders wollte es der Fackelzug durch Tübingen beteuern, als Sinnbild studentischer Solidarität; eine »Spielform – leider« der Revolution nennt Bloch die Fackelzüge in seinen »Spuren«: »Man ging an diesem Abend durchaus nicht wie sonst. Rettete sich nicht vor der Straße, ihrer Mitte, auf der die Wagen sausten, links herauf, rechts herab, scharf und gegen uns. Sondern endlich lebte diese Mitte, ja es wuchs etwas auf ihr . . .« Auf revolutionäres carpe diem deutet dies etwa hin, wenn Bloch die »kleine, wartende Geschichte« erzählt, die sich am Licht farbiger Papierlampen eines Pariser 14. Juli ereignete und in welcher der Strohhut eines überheblichen Autofahrers von der tanzenden Menge zertreten wird – »ein sehr geringer, sehr allegorisch zerstampfter Stellvertreter der Bastille«. Auf der Seite *dieser* Logik herrschte wie 1975 in Deutschland nun auch im Ausland Einstimmigkeit im Pluralismus; in der französischen Zeitung »Rouge« konnte man den Ausruf lesen: »*Wir sind alle deutsche Idealisten*«. Ein Bekenntnis guten Willens zur Überwindung der Banalität. Es ziemt sich also, als letzte Ehre das Bauernkriegslied zu singen: »Geschlagen ziehen wir nach Haus, unsere Enkel fechten's besser aus.« Vivant sequentes im Experiment Welt, wo es zwar keine Garantie des Erfolgs gibt. Aber gerade deshalb lassen sich verlorene Kämpfe besser ausfechten. Gerade deshalb lauert auch immer die Gefahr des Todes. Aber selbst als die stärkste Anti-Utopie ist der Tod nie dasselbe wie Banalität: nie ist er dieselbe dumpfe Gefahr. Und im Falle Blochs hat

* Vgl. S. 279–286 dieses Buches.

der Tod folgerichtig der Banalisierung Widerstand geleistet. Der Versuch einer banalen Einstimmigkeit, die sich ausschließlich auf die äußeren Umstände des Todes und der Beisetzung bezogen hätte, scheiterte an der Person Blochs. Die wahre Einstimmigkeit ist eine noch im Prozeß befindliche »Wirhaftigkeit«, die der Tod ganz im Gegenteil offenhält. In diesem *Wir* faßt sich die Dialektik des Todes zusammen, der Sieg des Todes und der Sieg des Menschen über den Tod – im Tod. Daher hatte Bloch seit langem den Tod als »Grauen und glückliche Ahnung«, wie es in den »Spuren« heißt, erwartet, gehörte sie doch seit dem »Geist der Utopie« unverwindbar zur dialektischen Welt, zum dialektischen Experiment der Welt. Seinen letzten Brief lese ich deshalb mit der festen Überzeugung wieder, daß er kein einziges Wort an dessen Schlußsatz geändert hätte: »Wir werden auch in Zukunft gemeinsam sein.« Wer ihn in den letzten Jahren besuchte, dem fiel der Kontrast der körperlichen Schwäche und der geistigen Beweglichkeit, ja Lebhaftigkeit auf. Wer hat dann nicht flüchtig gedacht, er sehe ihn vielleicht zum letzten Mal, und wer dachte nicht zugleich: Ihn Monate später und sich selbst gleich nicht wiederzusehen, sei durchaus unmöglich? Dieser Eindruck der Unsterblichkeit gab uns deutlich genug zu verstehen, daß seine irdische Existenz gleichsam nur noch eine Frist war, damit wir endlich begreifen, daß das Prinzip Hoffnung, das aus seinem Munde sprach, zu uns redete, nach uns fragte.

DOKUMENTARISCHER ANHANG

I. Tübingen, 9. August 1977
Die Trauerfeier für Ernst Bloch

Walter Jens

Ein Segel in eine andere Welt

Ernst Bloch ist tot: wir trauern um ihn. Ein großer Mann hat, 92jährig, sein Werk vollendet. Wir haben Grund, dankbar zu sein.
Wäre er früher gestorben, in Hegels und nicht in Abrahams Alter, dann hätte das »Prinzip Hoffnung«, als *opus postumum* ediert werden müssen. Hätte er nicht alle überlebt, an Jahren, die Großen im Reich der Philosophie, Schopenhauer und Fichte, Descartes und – um zwölf Jahre! – sogar Platon, sein Lebenswerk wäre fragmentarisch geblieben. Nur der Nachlaß zu Lebzeiten war noch zu ergänzen, tagtäglich, bis zum Abend vor dem Tod; das Hauptgeschäft aber lag hinter ihm. In der Tat, wir haben Grund, dankbar zu sein: wie sehr, das wird deutlich, wenn wir uns einen Augenblick lang überlegen, Ernst Bloch wäre früher gestorben, hätte das Schicksal Ossietzkys und Mühsams geteilt oder das Exil nicht überlebt – dann stünde er heute als sprachgewaltiger Essayist, als Meister der kleinen Form, als expressionistischer Literat und politischer Schriftsteller in den Lexika, ein Weggenosse Walter Benjamins, dem die Wissenschaft noch nicht einmal das Prädikat »früh verstorben« zuerkannt hätte. 56 Jahre war dieser Mann alt, als nach siebzehnjährigem Intervall sein fünftes Hauptwerk, »Subjekt-Objekt. Erläuterungen zu Hegel« erschien, 56 Jahre – und zwei Drittel des Oeuvres waren noch nicht publiziert, nicht das »Prinzip Hoffnung«, nicht »Naturrecht und menschliche Würde«, nicht die »Tübinger Einleitung in die Philosophie«.
»Ich werde alt, und ich lerne dazu«: Wenn dieser Satz Solons für einen Menschen gilt, dann für Ernst Bloch. Es ist nicht wahr, daß der Achtzigjährige, wie oft behauptet wird, nur ausgeführt, variiert und mit einer Fülle von Arabesken umrankt habe, was der Vierzigjährige in Formel und Modell veranschaulicht hat. Mochten die zentralen Chiffren längst fixiert sein, »Kategorie des noch nicht» und »Aufrechter Gang«, »Gelebter Augenblick«, »Konkrete Utopie«, »Latenz und Tendenz« – der Kontext war niemals der gleiche. Die Zeit sorgte dafür, daß die Begriffe von Jahrzehnt zu Jahrzehnt an Transparenz und Vieldeutigkeit gewannen, daß »Hoffnung« mit »Enttäuschung« zu

korrelieren begann, daß die Möglichkeit hinter der Möglichkeit ins Blickfeld geriet: die Genesis am Ende könnte scheitern; und daß die – nie aufgegebene! – Dialektik von Fernziel und Nahziel an Konkretion zu verlieren begann, weil die Dialektik zwischen dem Optativ (jetzt irgendwann einmal sollte es geschehen) und dem Indikativ (hier und heute geschieht es bereits) immer schwerer herzustellen war.
Und dennoch keine Spur von Resignation; kein Genugseinlassen und Sichbescheiden: wie oft hat er die Kenner seines Werks und seine nächsten Freunde in Erstaunen versetzt, Ernst Bloch, weil er von einem Augenblick zum anderen Einsichten zu formulieren begann, als Neunzigjähriger, die den Charakter der *verba inaudita* besaßen; und dies vor allem dann, wenn er, zur Überraschung der Partner und manchmal auch zu seiner eigenen, der Lieblingsbeschäftigung nachging – Bekanntes in Frage zu stellen, Vertrautes fremd sein zu lassen, Unbekanntes einzugemeinden.
Ja, was bedeutet denn das? Welchen Sinn soll das haben? Wo andere Antworten wußten, stellte er Fragen – »Wer sind wir, wo kommen wir her? Wohin gehen wir? Was erwartet uns?«; wo Geringere als er, ihrer Sache gewiß, mit einer These beginnen, dort setzte er mit einem Fragezeichen ein – und wenn es, wie am Anfang seines zweiten, dem »Prinzip Hoffnung« ranggleichen Hauptwerks »Experimentum mundi« . . . und wenn es nur zwei Worte sind, *wie also?* Der sokratische Dialog der Blochschen Philsophie ist offenkundig – das Fragwürdigmachen; die Aporie am Anfang, der dann die große mythische Belehrung folgt, der höchst bescheidene Beginn – »mehr sein als scheinen, das ist doch recht einfach«, »die meisten haben sich selber gern«, »sie hören rundum gar viel« – und danach die ekstatische Rede, das Pathos der Poesie, die Sprache an der Grenze von Gedanken und Bild.
»Von Lasteseln spricht er und von Schmieden und Schustern und Gerbern, und über denselben Gegenstand scheint er immer dasselbe zu wiederholen; doch wenn man sie erschlossen hat, seine Reden, und in ihr Inneres hineindringt, dann wird man finden, daß sie die göttlichsten von allen sind, und die mannigfaltigsten Gestalten gleich Götterbildern umfassen, und daß sie sich über das reichhaltigste Gebiet erstrekken, ja, daß sie alles in sich schließen«: Läßt sich eine exaktere Beschreibung des Blochschen Philosophierens denken als jene Analyse, mit deren Hilfe Alkibiades, am Schluß des Gastmahls, Sokrates charakterisiert: Was mit Schmieden und Gerbern beginnt, umschließt am Ende den Kosmos, die Erde und alle Himmel?
Welch ein Mann, dieser Ernst Bloch: wie unverwechselbar, so eigen, ganz und gar er selbst, daß er nur annäherungsweise, mit Hilfe des

Vergleichs zu vergegenwärtigen ist – und doch wie rätselhaft. Ein sehr alter Mann, der die Grazie und den Zauber der Jugend besaß – die Anmut mit der Würde vereint. Kein Moses, das Bild ist falsch, sondern eher Joseph, der ein Greis geworden ist, aber sich den Charme und Schalksinn aus den Tagen der Kindheit bewahrt hat: »Wir jungen Studenten hier in Tübingen«, sagte der Neunzigjährige, als ihm die Eberhard-Karls-Universität die Ehrendoktorwürde verlieh, und beschwor die »Verliebtheit ins Neue«, derer die Nachfahren der drei jakobinisch gesonnenen Stifter, Hegel, Hölderlin und Schelling, eingedenk zu sein hätten: er selbst, Ernst Bloch, so gut wie die anderen Studenten vor ihm auf den Bänken.

Ein rätselhafter Mann, in der Tat. Ein Polyhistor, der in verwegenen Assoziationen Fakultätsgrenzen sprengte, Marx, den Tod und die Apokalypse in einem Atemzug nannte und sich dennoch nie im »Arabeskenhaft-Ornamentalen« verlor: Jedes Detail steht hier an seinem Ort – nicht beliebig, sondern unverwechselbar; die Phantasie ist gezügelt; die entzückte Rede wird durch Realismus und umgangssprachliche Wendung verfremdet. Metaphorik und Kombinationskunst, die Bloch eigene Technik, über Zeiten und Räume hinweg ein Bezugsspiel zu inszenieren, wird eingebunden in ein strenges, auf eine mathematische Formel reduzierbares System.

Widersprüche, offene Fragen, Unauflösbarkeiten, wohin man blickt: der Philosoph des »Noch nicht« als raunender Beschwörer des Imperfekts – wie wird Geschichte lebendig in diesem Werk, mit ihren Antagonismen und ihrer Ungleichzeitigkeit; der Marxist als Metaphysiker: die Materie spiritualisierend, dem Geist auf die Füße verhelfend. Ein Mann zwischen allen Fronten und Lagern – und eben deshalb die letzte große Integrationsfigur unserer Zeit: ergreifend zu sehen, wie selbstverständlich das jesuanische »Mühselig und beladen« mit dem Marxschen »Erniedrigt und geknechtet, verlassen und verächtlich« korrespondiert.

Zum letztenmal: ein rätselhafter Mensch. Wie ein Scholastiker konnte er, wenn es ihm Spaß machte, argumentieren; keine *entitas* und *quidditas* war sicher vor seinem Zugriff – und zu gleicher Zeit hat er dem Einfachsten und Schlichtesten seine Würde wiedergegeben und das Gestohlene, Verkitschte und Geschändete ins Haus zurückgebracht, in das es gehört. Heimat, Innigkeit, Segen – Ernst Bloch allein ist es zu danken, daß wir die Worte wieder sprechen können. Nicht weil er sie umfunktionierte, sondern weil er ihnen den ursprünglichen, von der Räuber-Ideologie befreiten Sinn zurückgab: er, ein Midas, der alles, was er berührte, in seiner Essenz sichtbar machte, seiner Eigenart, seiner Ambivalenz, seiner echten und seiner ihm oktroyierten Intention, seinen »langen Wurzeln« wie er das nannte und seinem geheimen Wohin, Wohin.

Wir trauern um Ernst Bloch – der für uns, seine Freunde und Schüler, zu gleicher Zeit ein König und ein Vater war; ein König, weil in seiner Nähe jeder Rangstreit endete – er lehrte, und wir wurden gelehrt; er gab, und wir taten, wenn's hoch kam, noch ein wenig dazu. Ein Vater, weil er uns Anteil nehmen ließ an dem, was ihn bewegte – ihn, den so viele zähmen wollten, und das ganz vergeblich; Den Dogmatikern sprach er vom Liebeskommunismus und vom Wärmestrom der Marxschen Tradition, den Konservativen hielt er ein Kolleg über die Tautologie der Begriffe Demokratie und Sozialismus, der realen Demokratie und dem wahren, dem Blochschen Sozialismus . . . ein Vater, sage ich, ist er für uns gewesen, weil er sich gab, wie er war.

Er hatte Schmerzen, er war blind, er konnte nicht gehen, er wußte, daß er sterben mußte, aber er klagte nie; wenn er weinte, dann nicht über sich; er sprach viel vom Tod: was die Auferstehung des Fleisches angehe, hatte er vor Jahren gesagt, da hielte er es mit einem kleinen *peut-être*, nun, da er näher kam, der Tod, erzählte er uns von seiner Neugier; das wollte er denn doch auch noch sehen, wie das Licht oder das ganz andere sich ausnehme, verliebt ins Neue, wie er nun einmal sei; er sprach ruhig – eher heiter als besorgt; da war nichts mehr, wie vor Jahren, von Dämonenangst und tödlichem Schrecken: so grauenvoll, hatte er damals gesagt, sei es gewesen, wie keine Literatur es je darstellen könnte; jetzt aber schien es, als sei er ganz am Ende, da alles getan war, an einem Punkt angelangt, von dem aus er sich selber zuschauen konnte: Wir irrten uns, meinte er an seinem letzten Geburtstag, dem 8. Juli, wenn wir glaubten, daß er nur die Innenseite der Außenseite und wir die Außenseite der Innenseite wahrnehmen könnten: er sähe beides – wie er sei und wie er seinen Freunden erschiene.

Wir trauern um Ernst Bloch. Nach dem 4. August ist in dieser Stadt, und nicht nur in dieser Stadt Tübingen, nichts mehr, wie es vorher war. Der eine fehlt, der das Recht hatte zu sagen: »Verzagt nicht, ich bin noch da.«

Aber wir haben Grund, dankbar zu sein: Das Leben Ernst Blochs ist vollendet, sein Werk getan, das Zeichen, das er gesetzt hat, weithin erkennbar; seine Stimme, bewahrt im Rhythmus seiner Prosa, einer Schrift, die gehört werden will, spricht uns an. Genug vom Präteritum; dieser Ernst Bloch, um den wir in Dankbarkeit trauern, ist präsent; sein Werk weist in die Zukunft: »ein Segel in eine andere Welt«.

Siegfried Unseld, Verleger

Warum sucht Ihr den, der da lebt, unter den Toten?

Liebe Karola, liebe Familie Ernst Bloch,
Wir, die Freunde, sind heute hierhergekommen, um das, was sterblich war an Ernst Bloch, zu Grabe zu tragen. Wir empfinden Deinen Schmerz, Karola, daß Ernst nicht mehr mit seiner Person um Dich ist. Und wir alle empfinden Trauer, daß wir ihn, seine Stimme, seinen Rat, seine Güte nicht mehr persönlich erfahren dürfen. Schmerz und Trauer sind die Kategorien dieser Stunde.

Ernst Bloch hatte sich auf diese Stunde und auf den Prozeß, der zu ihr führt, wohl eingedacht. Zweimal durfte ich es miterleben. Am Tage, als wir die Nachricht vom Tode Adornos hörten, führte Bloch mit mir in Königstein ein Gespräch über den Tod, über den Vorgang zu ihm und über das, was über ihn hinausführe. Vor 10 Tagen sagte er mir am Telefon, daß er die Niederschrift dieses Gespräches geprüft und nun zum Druck vorbereitet habe. Und dann, das Zweite, nach Silvester in der ersten Stunde des Jahres 1974. Angeregt von jenem eingangs zitierten Spruch setzte er an zu einem großen Monolog über Sterben und Tod. Mit der Neugierde eines Forschers schaue er diesem Augenblick entgegen. Der Weg, den er vor sich habe dorthin, sei eine kleine Entdeckungsreise. Er begrüße dieses Ereignis, da er dann von allem Körperlichen befreit und erlöst sei. Wohin er gehen werde, er wisse es nicht. Er wisse nur, er werde nicht ins Nichts gehen. Der Todesruf, ein Liebesruf. Eintritt in ein Kollektives, Verwandlung in reinere Form; so in die eines Kristalls.

Wir lesen im Prinzip Hoffnung: »Wo immer Existieren seinem Kern nahekommt, beginnt Dauer. Tod als Verwandlung ist Form des Lebens.« Welch eine Sicherheit ging von ihm aus. Das Vergnügen seines Denkens machte ihn vergnüglich und seine Heiterkeit uns heiter. Sein Vordenken war Wissen und Erfahrung, war wissende Phantasie. Es war eine Quarzader; unterirdisch, unerschöpflich, prächtig, immer wieder neu gespeist, immer fließend, immer gegenwärtig. Manchmal leuchtete es hart wie ein schwarzes Mineral, manchmal sprühend,

leicht, wie der Gischt über dem Wasserfall. Dies Denken war freischwebend und doch von Grund auf verbunden mit der Wahrheit gelebten Lebens.
Uns bleibt zweierlei. Dank zu sagen. Dank zu sagen diesem unserem großen einfühlsamen Lehrer des liebenden Wissens und der wissenden Liebe. Diesem Mann, der wie kein anderer *Würde und Geist* in unserer Zeit verkörperte. Diesem Freunde, dessen Lebenssicherheit noch im Tode uns lebenssicher macht.
Dank gebührt auch Dir, Karola. Ohne Dich hätte so dieses Denken sich nicht entfalten können. Bei einer Geburtstagsrede sprach Ernst einmal von den zwei Archetypen, die er in zwei Bildbegriffe faßte, die glückliche Hand und der gute Weg, das thao. Dieses thao, dies chinesische meinte er, sollten wir auch in Deutschland haben, und sofort erzählte er eine, wie er sagte, bayerische Geschichte, die im letzten Satz in einem thao-Sinn mündete: Hören Sie, wie gut das Haus in Gang ist. Das Haus, das Du, Karola, mit glücklicher Hand für Ernst gehütet hast, war gut in Gang.
Das Zweite, liebe Freunde, was uns zu tun bleibt, ist aus Schmerz und Trauer heraus den Versuch zu unternehmen, die Erbschaft seines Werkes weiterzutragen. Den aufrechten Gang vom Ich zum Wir gehen, das Ziel im Auge haben, das er in seinem Königsteiner Gespräch so gesehen hat: Das ganze Haus der Menschheit muß erleuchtet stehen mit allen seinen Fenstern. Mit allen seinen Fenstern und erleuchtet. Auch auf ein uns dahin Leitendes hat er uns hingewiesen vor zwei Jahren, hier in Tübingen im Festsaal der Universität, als er das Ehrendoktorat mit dem Zuruf an uns alle beantwortete: Wir sollen ins Gelingen verliebt sein und in die Mittel des Gelingens.
Wir nehmen Abschied von ihm und eben nicht Abschied. Ernst Bloch lebt. Ernst Bloch ist wirklich. Und wir lernten von ihm, daß wirklich das ist, was Zukunft hat. Ernst Bloch wird weiterleben. Wir brauchen ihn.

Adolf Theis, Universitätspräsident

Dem Dunkel des gelebten Augenblicks verhaftet

Verehrte Frau Bloch, verehrte Angehörige,
meine Damen und Herren.

Als 1961 Ernst Bloch, wie er sagte, nach Tübingen übersiedelte, haben das viele mit Sorgen, manche aber auch mit Schadenfreude zur Kenntnis genommen. Der marxistische Philosoph, Ordinarius an der Universität Leipzig, kehrte der Deutschen Demokratischen Republik, in die er nach Verfolgung und Emigration kam, hoffend, dort eine Heimat und damit Freiheit zu finden, den Rücken. Obwohl damals schon 76 Jahre alt, hat Ernst Bloch sechzehn Jahre hier in Tübingen als Mitglied der Universität gewirkt und für viele Studenten neue Ansatzpunkte zum Denken entwickelt. Er war auch für Nichtmarxisten einer der großen Lehrer unserer Zeit, eine unüberhörbare kritische Stimme im Leben dieser kleinen Universitätsstadt. In der Universität war er für viele eine ständige Herausforderung, die nicht alle mit dem notwendigen Maß an Ruhe, der Selbstgewißheit und der menschlichen Toleranz bestanden haben, ob sie nun von einem anderen Selbstverständnis herkommend oder ob sie eilfertig Ernst Bloch in ihren Reihen eingereiht sehen konnten.

Theodor Eschenburg hat sich als Rektor mit viel Energie und Geschick dafür eingesetzt, daß Ernst Bloch eine Gastprofessur an der Eberhard-Karls-Universität erhielt. Die Spannungen der damaligen Zeit werden deutlich, wenn man in den Briefen feststellt, daß Eschenburg an einen der Hochschullehrer schrieb, es wäre mit der akademischen Freiheit schlecht bestellt, wenn wir die Auseinandersetzung mit einer Persönlichkeit dieses Formats an unserer Universität scheuen würden. Die Universität Tübingen hat diese Auseinandersetzung nicht gescheut. Und ich glaube, mit der weit überwiegenden Mehrheit ihrer Mitglieder, auch nicht bereut. Mögen nun jene, die sich seine Schüler nennen beziehungsweise nennen würden, das Werk von Ernst Bloch so verwalten, daß sie nicht Epigonen und Apologeten sind, sondern in seinem Sinne dem Humanen und damit auch der Toleranz ver-

pflichtet bleiben. Maßstab für sie darf nicht falsch verstandene akademische Freiheit, sondern vor allem die wissenschaftliche Suche nach der Wahrheit sein. Sie sollten es ebenso wie ihr großer Lehrer halten, sie sollten wissen, daß das Suchen nach Wahrheit individuell, und damit subjektiv ist. Wesentlich objektiv auf der Suche nach der Wahrheit, nach dem Wissen, ist das Irren, wesentlich akademisch ist es, einen Irrtum einzugestehen, eben weil jeder Mensch zunächst dem Dunkel des gelebten Augenblicks verhaftet bleibt.
Es war für Ernst Bloch, dessen Leben viel von der Geschichte, vom Leid und von den Verwirrungen des deutschen Volkes in den letzten hundert Jahren widerspiegelt, gewiß nicht leicht, Leipzig zu verlassen und nach Tübingen zu gehen. Ob Tübingen ihm Heimat, ein Wort, das er selbst in seinem Werk immer wieder nannte, geworden ist, können wir alle nur hoffen. Sein Haus und sein Werk waren jedenfalls Heimat für viele, die ihn, auch wenn sie im Denkansatz anderer Meinung waren, sehr vermissen werden. Die Eberhard-Karls-Universität wird Ernst Bloch als engagiertem Hochschullehrer ein ehrendes Angedenken bewahren. Dankeschön.

Helmut Fahrenbach
für einen Teil des Fachbereichs Philosophie
der Universität Tübingen

Ein Denker des »Nach-vorn«

Sehr verehrte, liebe Frau Bloch,
verehrte Familie Bloch,
meine Damen und Herren, die Sie hierhergekommen sind,
Ernst Blochs zu gedenken.
Ich spreche im Namen all derer vom Fachbereich Philosophie, für die Ernst Blochs Denken und Wirken in Tübingen nunmehr von unwiederbringlicher und doch unverlierbar bleibender Bedeutung ist.
Unwiederbringlich ist die lebendige Gegenwart dieses großen Mannes und Philosophen, die nirgends so präsent war, wie in der Rede und im Gespräch. Das haben alle die erfahren, die Ernst Bloch in Vorlesungen und Seminaren erlebten und von seinem umfassenden und doch so gezielten Wissen beeindruckt, aber nicht geblendet wurden, weil es nicht abschloß, sondern zum Weiterdenken und Handeln aufrief; – die seine politischen Stellungnahmen gegen Unrecht und Unterdrückung in der Welt hörten, die stets und kompromißlos zur Stelle waren, wenn es not tat und es tat oft not; – und diejenigen, die ihn jederzeit zum Gespräch und zur Hilfe bereit fanden. Dies alles haben viele erfahren. Es gab Zuversicht, Ernst Bloch in Tübingen zu wissen, denn sein Denken blieb immer nach vorn gerichtet, es ist nie alt, müde oder resignativ geworden, sondern war bis zuletzt in aller Sachlichkeit von einer leidenschaftlichen Bewegung ins Offene und Neue durchzogen, die auch die Hörer mitzog. So unwiederbringlich diese lebendige Gegenwart Ernst Blochs durch seinen Tod auch geworden ist, sie bleibt in der Erinnerung und wirkt noch in ihr beflügelnd und Zuversicht gebend.
Unverlierbar für alle aber ist das Denken und Wollen Ernst Blochs, das aus seinem Werk spricht. Ernst Bloch hat zum Verdruß mancher Philosophen und Marxisten auf seine umfassende Weise gezeigt, daß Marxismus und Philosophie keine sich aufhebenden Gegensätze sind, sondern sich gegenseitig fordern und prägen. Erst in gegenseitiger Durchdringung machen sie eine Theorie und Praxis möglich, die im weitesten theoretischen und historischen Horizont die zukunftsbezo-

gene Praxis einer Veränderung der Welt anzielen, in der Glück und Würde des Menschen nicht mehr allzu ferne und hohe Worte wären, sondern die Lebensverhältnisse der Menschen konkret erfüllen würden. Eine solche Theorie-Praxis bedarf utopischer Phantasie und eines Denkens der zukunftsoffenen Prozeßwirklichkeit von Mensch und Welt ebensosehr, wie der nüchternen Analyse der realen gesellschaftlichen Möglichkeiten verändernder Praxis und d. h. der Einheit von utopischer Philosophie und marxistischer Theorie.

Ernst Bloch hat die mögliche Einheit von Marxismus und Philosophie im Sinne einer thematisch unverkürzten und zugleich in praktischer Absicht der Zukunft zugewandten »marxistischen Philosophie« vorgedacht und vorgelebt. Das bedeutet für uns am Fachbereich Philosophie der Universität Tübingen, die wir in einer besonderen Weise in dem freilich weit umfassenderen Wirkungsfeld Ernst Blochs standen und stehen, die überzeugend gewordene *Verpflichtung,* in dem durch ihn eröffneten Horizont der möglichen Einheit von Philosophie und Marxismus weiter zu denken und zu arbeiten. Eingedenk der mahnenden Worte Ernst Blochs: »*Philosophie wird Gewissen des Morgen, Parteilichkeit für die Zukunft, Wissen der Hoffnung haben, oder sie wird kein Wissen mehr haben.*«

Gundi Reck
AStA-Referentin für die verfaßte Studentenschaft

Die Furcht der Lobredner vor der Praxis des »Noch-nicht«

Ernst Bloch. Neunzigjährig stand er mit geballter Faust vor uns und forderte das politische Asyl für chilenische Flüchtlinge. Seine Worte drückten Alltag aus, einen Alltag von Existenzproblemen, Bedürfnissen, gesellschaftlicher Realität und Hoffnung, diese in gemeinsamem Handeln und gemeinsamer Anstrengung wenigstens teilweise zu lösen. Das war er, wie er sich im feierlichen Rahmen universitärer Festlichkeit gab, als er dafür Sorge trug, daß diese, seine Ehrendoktorwürde, vor allen, die dabeisein wollten, im größten Saal dieser Universität zum Akt einer politischen Zukunft wurde.
Wir, die Studenten, hatten in ihm den Mitstreiter, aber auch das Vorbild, den mitleidenden Genossen, aber auch den Zeitgenossen der Rat wußte, aber auch Erfahrung gesammelt hatte, der gegen Unrecht und Unterdrückung unablässig protestierte. Er war es, der in seinem Werk der Geschichte, aber vor allem den kleinen Ereignissen die Differenziertheit abverlangte, den Kern hervorhob, die Dinge beim Namen nannte, um ihrer Widersprüchlichkeit Ausdruck zu verleihen, um die voranschreitenden Tendenzen herauszuarbeiten, um die Hoffnung nach Veränderung zu nähren. Er ließ sich nicht auf Lüge, Feigheit und Verflachung ein, was Unrecht war, blieb Unrecht, wo Friede sein sollte wurde der Widerstand benannt, wo Kriege geführt wurden, wurde die Rebellion geehrt. Ernst Bloch wird in uns weiterleben. Um ihn zu trauern ist das eine, aber sich über ihn freuen, seiner Produktivität und seinem Erbe zu danken, das wichtigere Moment. Unsere Trauer gilt unserer Schwäche, der Aufrichtigkeit so oft aus dem Weg zu gehen, feige zu sein anstelle des Muts, den er von uns forderte, betrübt zu sein, wenn andere von uns es aufgeben, an eine bessere Zukunft zu glauben. Und unsere Trauer muß besonders denjenigen gelten, die versehen waren mit einem Stück Hoffnung, mit einem Akt Aufrichtigkeit, als sie zu Opfern wurden, als sie von unterdrückten Menschen dieses Systems zu Toten eines Gewaltapparats wurden, der seine Funktion in Unterdrückung und Tötung hat.

Wir trauern um Benno Ohnesorg, bei dessen Tod man unseren AStA bestrafte, weil er seiner Witwe Beileid aussprach. Wir trauern um die unzähligen kleinen Leute, die in Kriegen verheizt, durch Polizeikugeln liquidiert, durch die industrielle Maschinerie verstümmelt, durch Meinungsmanipulation bewußtlos gehalten, durch das System der Profitmaximierung und die Herrschaft von Wenigen vergewaltigt werden. Wir trauern um Elisabeth Käsemann, die sich aufgerichtet hatte und deren Ermordung zugunsten von Fußball und Staatsraison im Lügengewirr und der schamlosen Passivität der Herrschenden unterging.
Ernst Bloch war ein Mann, der uns ein wahrer, das heißt wirklicher Genosse war. Er trauerte mit uns um Holger Meins und war doch so redlich, nicht in blinder Parteilichkeit einer Politik des Unmöglichen nachzuhängen, ebenso wie er nicht bereit war, eine Art Sozialismus zu akzeptieren, die sich dem Kern revolutionären Denkens, die Permanenz kollektiver Selbstverwirklichung, dem Ziel Demokratie, Gleichheit, Freiheit, Brüderlichkeit und Freundlichkeit zunehmend verschloß. Er kam in diesen Teil Deutschlands nicht deswegen, wie es die Apologeten der Herrschenden heute ummünzen wollen, weil er aktiv für diesen Staat eintreten wollte, sondern deshalb, weil er ein Getriebener der Mächtigen war, wie es seine gesamte Geschichte beweist.
Wir freuen uns, daß wir sein Vermächtnis erhalten können. Wir freuen uns um so mehr, als wir uns nicht der prestigeträchtigen Heuchelei anschließen müssen, die zwar die Größe und Bedeutung seiner Tätigkeit zu rühmen vorgibt, gleichzeitig aber versucht, sich vom politischen Gehalt derselben zu distanzieren.
Wir wissen, daß seine Position nicht nur Theorie blieb, sondern haben erfahren dürfen, daß er den Kampf gegen die Reaktion immer unterstützt hat. Diese Unterstützung war und ist für uns um so wichtiger, als gerade in dieser Zeit sich Verhältnisse durchsetzten, getragen von einem Staat von Bürgern, die ihre eigenen demokratischen Normen und Ansprüche zweckdienlichst vergessen.
Ernst Bloch hat immer betont, daß der Kapitalismus als Grundübel unerträgliche Zustände schafft, die nur durch den praktischen Kampf für eine freie Gesellschaft umgestürzt werden können. Wir werden es uns nicht nehmen lassen, sein Erbe an dieser Universität, die gerade wieder einmal von den Herrschenden weitgehender entrechtet und einer effektiveren Kapitalverwertung zugeführt werden soll, kämpferisch aufzunehmen und weiter zu entfalten.
Gerade in einer Situation, in der es solche Professoren immer weniger gibt, bei denen Aufrichtigkeit, Wissen, politisches Denken und Handeln vereint sind wie in der Person Ernst Bloch. Er war einer der letz-

ten Marxisten, die noch lehren durften. Befremdend ist nun, wenn wir sehen, wie diejenigen, die fast verhindert hätten, daß ihm zu seinem neunzigsten Geburtstag die Ehrendoktorwürde zuerkannt wurde, sich nun anschicken, sein Erbe zu verwalten.

Ernst Bloch lebt weiter, nicht in den Bilanzen der Bewußtseinsindustrie, nicht in der Heuchelei der Herrschenden und Manipulateure, nicht in privater sondern in revolutionärer Hoffnung. Diese Universität trägt bereits von und für uns seinen Namen. Seine Inhalte werden wir verstärkt durchsetzen. Wir werden einen Anfang machen, wenn wir anläßlich der Feierlichkeiten der Bourgeoisie zur fünfhundertjährigen Unterdrückung von Geist, freier Meinung, radikalen Veränderungsmöglichkeiten und praktischer Hoffnung auf eine neue Gesellschaftsordnung eine Ernst-Bloch-Gedächtnis-Veranstaltungsreihe realisieren werden, die unsere Auseinandersetzung mit Kapital und Staat durch sein Wissen vorantreibt.

Schon heute abend wird der AStA ab 20.30 Uhr vom Holzmarkt aus einen Fackelzug zum Gedenken an unseren Lehrer und Genossen organisieren.

Wir tun dies auch, um Ernst Bloch in Schutz zu nehmen, gegen jene Lobredner, die ihn zu Tode feiern wollen. Nicht nur ihn, sondern auch seine Philosophie. Denn sie haben Angst, daß das Noch-Nicht zur Praxis werden könnte, daß die Zukunft unsere Heimat wird.

Wie nah sind uns manche, die tot sind,
wie fern sind uns manche, die leben.

Oskar Negt
Sozialistisches Büro

Der produktivste Ketzer des Marxismus

Liebe Karola, lieber Jan, liebe Angehörige!
Wer den Toten Ernst Bloch ehrt, muß wissen, wofür der Lebende mit seiner Person und seinem Werk einstand, wofür dieser militanteste der modernen Philosophen gekämpft hat. Der aufrechte Gang, dieses sichtbarste Zeichen menschlicher Würde, ist das A und O der Philosophie Blochs. Er ist die Substanz seiner durch und durch politischen Philosophie.
Als ich ihn vor einem Jahr zuletzt sprach, beunruhigte ihn eine Vorstellung, und er fragte: »Habe ich etwas falsch gemacht, daß ich so viele Ehrungen erfahre, von Freunden aber auch von zahlreichen Feinden?«
Ein epochales Werk, wie seines, läßt viele Deutungen zu, aber manche widersprechen zu offensichtlich seiner ganzen Lebensgeschichte und sind Anschläge auf die Integrität seiner Person. Wie kein anderer hat er die verdrängten revolutionären Traditionen der deutschen Geschichte ans Licht gebracht, und nicht nur deren Misere, sondern ihr Unvollendetes, Unabgegoltenes. Nicht nur die Wahrheit, auch Hoffnung und Utopie sind konkret, ja das Konkreteste.
Ein roter Faden zieht sich durch Blochs Denken. Immer wieder kam er auf jenes Lied zurück, das vom geschlagenen Bauernheer gesungen wurde, als es von Frankenhausen abzog: Geschlagen ziehen wir nach Haus, unsere Enkel fechten's besser aus. Bloch setzte auf die junge Generation, aber er hat sich zu keiner Zeit blenden und den Begriff des revolutionären Prozesses technisch und pragmatisch verkürzen lassen, als könne man eine Revolution in ähnlicher Weise machen, wie man eine Eisenbahnbrücke baut oder einen konterrevolutionären Putsch inszeniert. Dieser objektive und allgemeine revolutionäre Prozeß, auf dessen Maulwurfsarbeit Bloch nicht weniger vertraute als Hegel, bezieht seinen humanen Gehalt jedoch aus der Besonderheit, aus der Befreiung des einzelnen Menschen.
Das Trompetensignal in »Fidelio« ist kein ästhetisierbares Symbol, es

ist Ausdruck der Hoffnung eines bestimmten Menschen auf Befreiung aus dem Gefängnis, aus unmittelbarer Gewalt und Unterdrückung; und es ist gleichzeitig kategorischer Imperativ des einzig möglichen menschenwürdigen politischen Verhaltens, nämlich alle Verhältnisse umzuwerfen, in denen der Mensch ein erniedrigtes, ein geknechtetes, ein verlassenes, ein verächtliches Wesen ist.
Politische Moral ist unteilbar. Der marxistische Philosoph Bloch, der seine politische Wahlheimat DDR verlassen mußte, hat den Antikommunismus als niederträchtige Dummheit verurteilt. Niemand hat sich deshalb mit größerem Recht für jene Arbeiter und Intellektuelle einsetzen können, die im Kampf gegen die niederträchtige Dummheit von Parteibürokraten ihren Kopf hinhalten. Bloch hat keinen Augenblick gezögert, politisch eindeutig Stellung zu beziehen, er reihte sich ein in die Front der Gegner der Notstandsgesetze, solidarisierte sich offen mit dem SDS und den rebellierenden Studenten, protestierte unmißverständlich gegen den verbrecherischen Krieg der Amerikaner in Vietnam, kämpfte gegen Berufsverbote und gegen den Paragraphen 218 und vor allem nicht zu vergessen, der »Verein Hilfe zur Selbsthilfe«, Ernst und Karola Blochs gemeinsamer Beitrag zur materiellen und moralischen Aufrichtung von Strafgefangenen, denen lange Gefängnishaft das Rückgrat gebrochen hat. Wenn Blochs politische Sympathie und tätige Solidarität dem SB galt, so nicht, um sich seiner Philosophie die äußerliche Dekoration einer Organisation anzuheften, die der philosophierende Intellektuelle im allgemeinen zur Identität benötigt. Er verstand vielmehr radikale Politik als einen nüchternen Arbeitsprozeß, der die Klassenerfahrungen der Menschen erweitert, und er fand hier ein Stück davon verwirklicht.
Blochs materialistische Philosophie ist Geburtshelfer und verläßliches Orientierungsmittel im Kampf für eine neue klassenlose, sozialistische Gesellschaft, dem organisierendem Zentrum und dem Zielinhalt aller Tagträume, der Utopien und Hoffnungen, wohl mit einem unvermeidlichen metaphysischen Bildrest in der Verwirklichung. Das Erbe Rosa Luxemburgs ist lebendig im Denken von Ernst Bloch. Er ist der produktivste Ketzer im Marxismus. Wenige haben so gründlich und ausdauernd wie er die Erbschaft dieser Zeit wahrgenommen und beschrieben. Er ist verpflichtende Erbschaft zum Weiterarbeiten.
Wie sollte es anders sein.

Rudi Dutschke

Der subversive Philosoph

Wenn in der BRD ein hoher Bankspekulant, eine gesellschaftlich *austauschbare* Charaktermaske des Kapitals von Desperados ermordet wird, so gibt es ein mit ungeheuren Kosten und hochtechnologisiertem Polizeischutz versehenes Staatsbegräbnis.
Um die verdinglichte Demokratie weiter von der demokratisch-antikapitalistischen Ausgangslage des Grundgesetzes nach dem 2. Weltkrieg zu entfernen.
Wenn in der DDR eine gesellschaftlich austauschbare Funktionärsmaske durch Selbstmord, Unfall bzw. Tod aus der herrschenden bürokratischen Herrschaftsmaschine ausscheidet, so wird die Staatsflagge auf Halbmast gesenkt.
Um den Schein der Existenz eines sogenannten Arbeiter- und Bauernstaates in Erscheinung treten zu lassen. Eines Staates, wo alles real ist, bloß nicht der Sozialismus.
Wenn dagegen ein persönlich und gesellschaftlich unaustauschbarer subversiv-treibender Philosoph wie Ernst Bloch, einer der großen philosophischen Söhne unseres Volkes, verstorben ist, so verleugnet die herrschende Klasse in der DDR sein Werk und die Geschichte seines Wirkens in der DDR, in der ganzen deutschen Kultur- und Klassenkampfgeschichte.
Parteiphilosophen ohne Klassenparteilichkeit, die der Herrschaftsstruktur des asiatischen Despotismus näher stehen als dem befreienden sozialistischen Denken, werden nach dem Tode von Ernst Bloch, wo er sich nun nicht mehr persönlich wehren kann, um die konkrete Wahrheit zu ihrem Recht kommen zu lassen, sich gegen ihn ausschütten. Ihr Weg in den Mülleimer der Geschichte ist schon vorherbestimmt. E. Bloch war und ist Ausdruck der Negation der Resignation, gelebtes Prinzip Hoffnung, gelebter sozialistischer Standpunkt der Selbstveränderung und der Kontinuität des aufrechten Gangs. Geschichte der Produktion und des Wirkens von E. Bloch, die Aufarbeitung des ungeheuren Werkes ist noch nicht geschrieben. Eines ist al-

lerdings sicher: die Sozialisten, die ganz Neue Linke, alle Demokraten und Christen sind in ihrer kurzen Geschichte von der großen Lebens- und Denkgeschichte von Ernst Bloch nicht zu trennen. Zeichnet sich die offizielle DDR in diesen Tagen der Trauer durch Geschichtslosigkeit aus, so entdecken viele der herrschenden Figuren in den Parteien der BRD die »Größe« von Ernst Bloch.
Der amerikanisierte Bundeskanzler entdeckte plötzlich, daß er Ernst Bloch im Herbst besuchen wollte, um mit ihm über die »konkrete Utopie« zu sprechen.
Aber nicht einmal am Tage der Beerdigung ist er persönlich anwesend. Der CDU-Vorsitzende lobte das »eschatologische Denken« des Philosophen, um sich auf diese Art und Weise von dessen in der Philosophie fundamental integrierten Gesellschaftskonzeption der Demokratisierung und Sozialisierung davonstehlen zu können.
Was für ein gespaltenes, geschichtsloses, von heute auf morgen dahinvegetierendes, finanziell reiches, geistig immer ärmer werdendes Volk der Gekrümmten. Aber das letzte Wort ist da noch nicht gesprochen. Gerade weil Ernst Bloch eine riesige Erbschaft und Aufgabe hinterläßt. Einheit, Geschichtlichkeit, produktiv-subversiven Widerspruch und aufrechten Gang lebendig und in der Produktion ausdrückte. Darum ist sein Tod das schwerste Loch in der deutschen Philosophie-Geschichte dieses Jahrhunderts.
Analytischer Kältestrom der Schärfe und dazugehöriger Wärmestrom der Menschlichkeit des sozialistischen Standpunktes, Nahziel und Fernziel, Reform und Revolution, Konkretes und Utopisches, Demokratie und Sozialismus, all diese Verknotungen, dialektischen Spannungsverhältnisse konstituierten das philosophisch-politische Selbstverständnis.
Ernst Bloch. Die Geschichte der subversiven Philosophie der konkreten Utopie ist nicht zu trennen von der Geschichte der Arbeiterklasse, ist aber gleichermaßen die über die Niederlagen der Klasse hinausragende philosophische Triebkraft des Prinzip Hoffnung für Werktätige der verschiedensten sozialen Schichten.
»Die Internationale erkämpft das Menschenrecht.« Diese Forderung und Hoffnung der Unterdrückten und Beleidigten des 19. Jahrhunderts hat für Bloch nie an Aktualität verloren. Die Erbschaft der bürgerlichen Revolution konnte, und kann nicht durch das Bündnis von Bourgeois und Kapital, sondern allein durch das Bündnis von Citoyen und je historisch sich verändernder Arbeiterschaft erreicht werden. Ein Präsident Carter kann die Parole der Menschenrechte als außenpolitische Waffe des Bourgeois handhaben, die Menschenrechte und

die Menschenwürde der Beleidigten, Unterdrückten und Ausgebeuteten stehen dabei nicht zur Debatte. Ersterer möge Glauben haben, mit Sicherheit drückt eine solche gesellschaftliche Charaktermaske Macht aus. Ernst Bloch, der revolutionäre Denker und Sozialist, drückte und strahlte jahrzehntelang immer tiefer werdende Glaubwürdigkeit aus. Aus diesem Grunde lebt Ernst Bloch über sein großes unaufgearbeitetes Werk weiter.

Peter Huchel

Widmung
für Ernst Bloch

Herbst und die dämmernden Sonnen im Nebel
Und nachts am Himmel ein Feuerbild.
Es stürzt und weht. Du mußt es bewahren.
Am Hohlweg wechselt schneller das Wild.
Und wie ein Hall aus fernen Jahren
Dröhnt über Wälder weit ein Schuß.
Es schweifen wieder die Unsichtbaren
Und Laub und Wolken treibt der Fluß.

Der Jäger schleppt nun heim die Beute,
Das kiefernästig starrende Geweih,
Der Sinnende sucht andre Spur.
Er geht am Hohlweg still vorbei,
Wo goldner Rauch vom Baume fuhr.
Und Stunden wehn, vom Herbstwind weise,
Gedanken wie der Vögel Reise,
Und manches Wort wird Brot und Salz.
Er ahnt, was noch die Nacht verschweigt,
Wenn in der großen Drift des Alls
Des Winters Sternbild langsam steigt.

II. Ludwigshafen, 21. September 1977
Gedenkveranstaltung der Stadt Ludwigshafen für ihren Ehrenbürger Ernst Bloch

Werner Ludwig
Oberbürgermeister der Stadt Ludwigshafen

Ein Sohn dieser Stadt

Sehr verehrte Frau Bloch,
sehr verehrte Familie Bloch,
meine Damen und Herren!
Der Rat der Stadt Ludwigshafen gedenkt in seiner heutigen Sitzung des verstorbenen Ehrenbürgers Professor Ernst Bloch.
Ernst Bloch ist nicht nur in dieser Stadt geboren; er fühlte sich mit den Menschen dieser Stadt bis an sein Lebensende verbunden. Sein Denken war entscheidend geprägt durch seine Jugenderlebnisse und den Einblick, den er in die Lebensbedingungen der arbeitenden Menschen um die Jahrhundertwende erhielt. Er hat diese Stadt erlebt, in sich aufgenommen, sich mit ihr identifiziert. Die Echtheit, das Unkonventionelle hatte ihn beeindruckt. Lassen Sie ihn selbst sprechen:
»Weshalb aber schreiben wir darüber mit so langem Anlauf? Eben weil hier etwas umschlug, weil hervorkommt, wohin die Zeit marschiert. Weil Ludwigshafen, das für mehrere steht, plötzlich wichtiger geworden ist, in der neuen Luft, als Mannheim. Da liegt, nein, da fährt nun die häßliche Stadt, aber sie spektakelt so roh, Geld kreist und die I.G.-Farben dampfen. Da ist etwas zur Front geworden, die alles an den Tag legt und sich nicht mehr gebildet geniert.«
Und etwas weiter heißt es:
»Die Knaben Ludwigshafens haben Krane vor Augen, Jahrmarkt und Karl May, der Mittelstand liest zwar auch hier seinen Rudolf Herzog, doch ohne Glauben daran, die meisten lesen überhaupt nicht, doch ihre Welt sieht aus wie Sinclair, manchmal auch wie Jack London. Darin haben Wassermann und Thomas Mann, soignierte Bürgerprobleme älterer Schicht, keinen Platz. Hier ist nur die Rampe für Fabriken und was damit zusammenhängt, ist Rohheit und Gestank, *doch ohne Stickluft.* I.G.-Farben haben die Stadt von Anfang an begründet, geben ihr jetzt erst recht das reine, roh-kalte, phantastische Gesicht des Spätkapitalismus.
Städte dieser Art sollte man deshalb besonders wiegen . . .

In 50 Jahren könnte auf dem kruden Boden eine Stadt stehen, die sich gewaschen, die sich nicht einmal gewaschen hat, sondern direktester Wuchs ist aus Schiffsbau, Silos, Elevatoren, Fabriksaal. Die kommende Zeit hat hier mehr umzustoßen, aber weniger anzuzünden als in der alten Kultur, die dafür mehr zu plündern gibt.«

Schließlich lautet sein entscheidender Satz:

»Orte wie Ludwigshafen sind die ersten Seestädte auf dem Land, fluktuierend, aufgelockert, am Meer einer unstatischen Zukunft.«

Und 40 Jahre danach meint er:

»Orte wie Ludwigshafen, ehrlicher Hohlraum von Anfang an, ohne möglichen »Wiederaufbau« nach Art der besseren Herrschaften überall – dies Angebot bleibt offen.«

Dies beweist: Er war mit dieser Stadt stets verbunden, hat ihre Entwicklung kritisch und fragend verfolgt. »Wo andere Antworten wußten, stellte er Fragen – ›Wer sind wir? Wo kommen wir her? Wohin gehen wir? Was erwartet uns?‹ wo Geringere als er, ihrer Sache gewiß, mit einer These beginnen, dort setzte er mit einem Fragezeichen ein – . . .« (Walter Jens)

Noch viel deutlicher wurde seine Beziehung zu dieser Stadt im persönlichen Gespräch.

An seinem 90. Geburtstag wurden in allen Einzelheiten die Probleme dieser Stadt besprochen; Ernst Bloch nahm noch in der Ferne Anteil an dem Schicksal der Menschen seiner Vaterstadt. Und wenn sie ihn riefen, dann kam er auch – solange seine Kräfte es erlaubten. Bei der Eröffnung des *Pfalzbaues* sprach er zu den vielen Ludwigshafener Bürgern in ihrer Sprache, die Jugend wußte er zu begeistern. Als wir durch Mundenheim fuhren, erinnerte er sich an seine Jugendstreiche, aber auch an nicht mehr vorhandene Gebäude, deren Standort er noch ausmachen konnte.

Und als er zu den Schülern des *Heuss-Gymnasiums* sprach, hätte man annehmen können, er selbst sei erst kurz vorher aus der Schule entlassen worden, so plastisch und frisch waren seine Schilderungen.

»Welch ein Mann, dieser Ernst Bloch: wie unverwechselbar – so eigen, ganz und gar er selbst, daß er nur annäherungsweise, mit Hilfe des Vergleichs, zu vergegenwärtigen ist – und doch wie rätselhaft. Ein sehr alter Mann, der die Grazie und den Zauber der Jugend besaß: Die Anmut mit der Würde vereint – kein Moses, das Bild ist falsch, sondern eher Joseph, der ein Greis geworden ist, aber den Charme und Schalksinn aus den Tagen der Kindheit bewahrt hat.« (Walter Jens)

So haben wir ihn erlebt. Und doch gab es eine Eigenschaft, bei der es keine Rätsel gab: Er war ein Humanist, und eben deshalb die letzte

große Integrationsfigur unserer Zeit«, so Walter Jens. Zwischen alle Fronten begab er sich, weil er den Menschen helfen wollte. Seine Utopie war keine zerstörerische, vom Menschen abstrahierende Utopie, sondern auf seine freie Entfaltung gerichtete Sehnsucht. Wie bei allen großen Philosophen wird es wohl einen Streit um die geistige Erbschaft geben. Nur der darf nach meiner Meinung Ernst Bloch für sich in Anspruch nehmen, der sich selbst zum einzelnen Menschen bekennt, ihn respektiert und nicht versucht, ihm seine eigene Lebensauffassung und Lebensart aufzuzwingen. Er hat stets für die Freiheit – für die eigene und für die der anderen Menschen – gekämpft und dafür große Opfer gebracht. Nur wer diesen Wesenszug erkennt, wird dem Menschen Ernst Bloch gerecht. Und das Werk Ernst Blochs ist vom Menschen Ernst Bloch nicht zu trennen. Sein engagiertes Eintreten für die Grundrechte der Menschen hat es auch denen ermöglicht, für die Verleihung der Ehrenbürgerrechte – die höchste Auszeichnung, die eine Stadt zu vergeben hat – zu stimmen, die in einem Gegensatz zu seinen politischen Auffassungen standen.
Wir werden auch bemüht sein, alles, was mit Ernst Bloch zu tun hat, in Ludwigshafen zu sammeln, ein Archiv einzurichten, das Zugang verschaffen soll zu dem Werk, aber auch zu dem, was mit seiner Jugend und seinem gesamten Leben zu tun hat, eine Stelle, die einen umfassenden Überblick über sein Leben und sein Werk geben soll.
Daß Ernst Bloch alle Wirren der Zeit überstehen konnte, dafür haben wir seiner Frau Karola Bloch zu danken. Sie hat ihm das Leben gerettet, sie hat ihm soweit als möglich die Sorgen genommen, sie trug dazu bei, daß er noch im 92. Lebensjahr sein Werk vollenden konnte. Sie war auch immer ein hilfsbereiter Mittler zwischen der Stadt und Ernst Bloch, wenn seine Kräfte nicht mehr ausreichten, um die Verbindung aufrechtzuerhalten. Deshalb möchten wir Ihnen, liebe Frau Bloch, herzlich danken für all das, was sie für Ernst Bloch getan haben. Die freundschaftliche Verbindung wird auch für die Zukunft bestehen bleiben.
Das Leben und das Werk Ernst Blochs werden sein engster Freund Professor Hans Mayer und sein engster Mitarbeiter Burghart Schmidt würdigen, denen ich an dieser Stelle dafür herzlich danken möchte.
Die Bürgerschaft dieser Stadt dankt dem großen Philosophen, der in seinem Herzen Ludwigshafener geblieben war und von dem Walter Jens abschließend sagte:
»Sein Werk weist in die Zukunft: Ein Segel in eine andere Welt.«

Hans Mayer

Ernst Bloch und die Heimat

Über »Ernst Bloch und die Heimat« möchte ich in seiner Geburtsstadt sprechen. Das darf nicht als Anbiederung mißverstanden werden an eine fragwürdige Mythologie, die uns Mitlebende jener Epoche, und seither auch die Nachlebenden, mißtrauisch machte gegen Ausdrücke wie Scholle und Boden, vom Blut und von der Rasse gar nicht zu reden. Ernst Bloch wurde nicht müde, solche politischen Trivialmythen zu bekämpfen und *gleichzeitig* die Bedeutung des Herkommens und der sprachlich-landschaftlichen Herkunft zu betonen. Man braucht ihn bloß zu zitieren. Da heißt es in einem wichtigen Text bereits aus dem Jahre 1926, noch vor Ausbruch also Tausendjähriger Zeiten: »Bodenständigkeit ist unmittelbar sehr bald Stickluft, wo nicht blasphemische Brutstätte von durchaus Teuflischem, doch mittelbar, stellvertretend, nimmt sie, mit der Schwere ihres Flugs, am Besten teil, das es noch nicht gibt, nämlich an wirklicher Heimat.«

Bei einem Denker wie Ernst Bloch, worin er sowohl den großen Denkern wie auch den bedeutenden Vertretern einer denkerischen Dichtung gleicht, kann man meistens von einem einzigen Satz her das gesamte Gedankengefüge entwickeln. So auch in unserem scheinbar harmlosen Text über den Unterschied zwischen der unmittelbaren Bodenständigkeit, die stickig, am Ende gar teuflisch sei, und einer vermittelten Bodenständigkeit, die zum Besten gehöre: »das es noch nicht gibt«. Unmittelbar und vermittelt: hier spricht der Schüler Hegels, der Hegel bereits als Schüler las: statt des gebotenen und abverlangten Lehrstoffes.

Dann aber, und vor allem, die Doppelbedeutung des Begriffs »Heimat«, die uns Bloch verstehen lehrte, und die aus dem Denken der Menschheit nicht mehr verschwinden sollte. Einmal das Noch-Nicht. Das Beste, was allein zur Sinngebung werden könnte für Wesen des aufrechten Gangs: das bleibt ein zu Erringendes. Woher jedoch können wir wissen, daß es das »Beste« sein wird? Antwort darauf wird in umfassender Weise bereits im »Geist der Utopie«, dem ersten Buch,

das Bloch sogleich bekannt machte, gegeben. Dann auf den mehr als 1600 Seiten des »Prinzip Hoffnung«.
Dessen berühmter Schlußsatz drückt es genau aus: soweit das noch nicht Seiende überhaupt in Gedanken vorweggenommen werden kann. Da heißt es über den »arbeitenden, schaffenden, die Gegebenheiten umbildenden und überholenden Menschen« weiter: »Hat er sich erfaßt und das Seine ohne Entäußerung und Entfremdung in realer Demokratie begründet, so entsteht in der Welt etwas, das allen in die Kindheit scheint und worin noch niemand war: Heimat.«
Wie sonderbar ist das auf den ersten, unmittelbaren Blick. Es gab bisher noch nicht Heimat, *und doch* besitzen wir einen »Vorschein« von ihr, um Blochs treffenden Ausdruck zu verwenden. Vorschein, der »allen in die Kindheit scheint«. Was beides meint: jeden einzelnen Menschen, und die Menschheit. Es gibt unser aller Kindheitsträume von einem Besseren als dem Gegenwärtigen; und es gibt die unendlich verschiedenartigen, doch insgeheim miteinander verbundenen Kinderträume eines jeden einzelnen.
Aus seinen eigenen Kinder- und Kindheitsträumen hat Ernst Bloch aus Ludwigshafen am Rhein, geboren am 8. Juli 1885, ein Weltbild geformt, das heute der Welt gehört. Ich habe mich oft gefragt, wie er selbst sich das genauer vorstellen mochte: jene Heimat, worin noch niemand war. Diese »wirkliche Heimat«, um abermals den Text von 1926 anzurufen, als ein »Bestes, das es noch nicht gibt«.
Kein Zweifel, er trug ein Traumbild künftiger Heimat in sich sein Leben lang, dieser Pfälzer und Sohn eines königlich-bayerischen Beamten. Was ihm die Kindheit schien, weiterleuchtete in dies sehr lange Leben hinein: das war ein Traumbild mit den realen Konturen der eigenen Herkunft und Landschaft. Für jeden, der Bloch kannte, ist es unverkennbar, daß »Heimat« imaginiert wird als ein von Entfremdung und Selbstentfremdung befreites schönes Bauernland. Mit Weinbau natürlich.
Eine glückliche Kindheit also? Das ist so leicht nicht auszumachen. Die Kindheit eines Träumers, weg vom Gegenwärtigen, war es wohl auch. Seine Konflikte mit der älteren Generation, dem Vater vor allem, hat Bloch nie geleugnet. Noch der uralte Mann sprach vom eigenem Vater meist als von »Dem Alten«. Ein schlechter Schüler: das bestätigen die entmutigenden Schulzeugnisse. Allein bis ins hohe Alter hinein kannte Ernst Bloch sich mühelos aus mit den griechischen und lateinischen Texten der Dichter und Philosophen, den Evangelien und Kirchenvätern. Da müssen Kenntnisse und Lernmethoden weitergewirkt haben, die sich der widerspenstige Pennäler hier in dieser Stadt

erwarb. Verstanden hat man ihn damals gewiß nicht. Strahlend kehrte der alte und nach wie vor pennälerhaft gebliebene Professor von der Reise hierher an den Neckar zurück. Jahrzehnte waren vergangen – und welche! – seit seiner Schülerzeit. Nun aber mußte er im Neubau seines alten Gymnasiums zu den heutigen Oberschülern sprechen. Welche Freude, ihnen berichten zu können vom Abschiedswort eines einstigen Oberlehrers nach dem Abitur, als der Abiturient Bloch, Ernst, gönnerhaft gefragt wurde, was er zu studieren gedenke. Philosophie? »Für Philosophie sind Sie viel zu dumm!«

Eine klassische Anekdote. Viele schlechte Schüler werden sie ins Herz schließen; allein da ist noch mehr als der Irrtum eines Alltagslehrers über einen genialischen Schüler. Es hatte doch wohl bereits *mit der besonderen Art des Philosophierens* zu tun, die früh schon zu den Kindheitsträumen des Gymnasiasten gehört haben muß. In einer wunderbaren Replik hat Bloch in einem Text des Buches »Spuren« den Gegensatz zwischen seinen eigenen Ansätzen eines vorwärtsbeschreibenden Denkens, und der herkömmlichen Art des Philosophierens, als Dialog aufgeschrieben. Nur wählte er sich als Partner nicht irgendeinen der ehemaligen Schulmeister, sondern gleichsam deren höchste geistige Inkarnation: den Freund aus Heidelberger Jugendtagen: Georg Lukács.

In dem Text »Das Niemandsland« verweist der Dialogpartner, der für Bloch einsteht, auf den Kontrast zwischen aller menschlichen Spekulation, und der Immensität des Weltalls. Und fährt fort: »Was müßte erst die Erde selber zu sagen haben, wenn sie einen Mund von Lissabon bis Moskau öffnete und nur wenige Urworte donnerten, orphisch . . .« Der gelernte Philosoph jedoch, der Freund Lukács, antwortete kühl: »Und die Erde? sie würde vermutlich lauter Unsinn reden, denn sie hat weder Kant noch Platon gelesen.«

Von *seiner* Erde her, seinem erlebten und auch durchlittenen Hier und Jetzt, hat Bloch philosophiert. Das war vermutlich die Ursache, warum der Weltruhm so langsam erst und so spät zu ihm kam. Das große Glück dieses Lebens, seine geheime Entelechie, bestand darin, daß er es erwarten konnte (was eine subjektive Gleichgültigkeit gegenüber den kleinen Eitelkeiten voraussetzte), und auch erwarten durfte.

Diese Philosophie, die nachzuweisen gedachte, daß Landschaft und Erde durchaus nicht Unsinn reden für den, der zuzuhören weiß, läßt sich zwar nicht reduzieren auf die erlebte Jugend und Umwelt, doch auch nicht davon trennen. Bloch sprach stets wie ein Pfälzer, was seinem Amerikanisch in der Zeit des Exils wohl nicht förderlich war. Den

»Datterich« von Niebergall kannte er auswendig; verklärte Erinnerungen an Schwetzingen, an den Dom von Speyer. Allein Bloch, dieser Vorwärtsdenker der uneingelösten Heimat, war das *Gegenteil eines Romantikers*. Das Modewort »Nostalgie« gehört nicht zu diesem Mann und seinem Werk. Hier liegen wohl die tiefsten Ursachen der Fremdheit zwischen Bloch und Heidegger.

Ein Text aus dem Jahre 1928 kann das bezeugen. Er findet sich in dem Band »Erbschaft dieser Zeit«, den der Verfasser seiner »lieben Karola« widmete. Die Überschrift lautete: »Ludwigshafen-Mannheim.« Da wird zuerst aufgezählt, wie schön und überlieferungsreich es zugeht auf dem rechten Rheinufer, wie häßlich dagegen auf dem linken. Dann aber heißt es: »Weshalb schreiben wir darüber mit so langem Anlauf? Eben weil hier etwas umschlug, weil hervorkommt, wohin die Zeit marschiert. Weil Ludwigshafen, das für mehreres steht, plötzlich wichtiger geworden ist als Mannheim.«

Kein Romantiker mithin, wohl aber, bis in die letzten Tage hinein, ein Schillerianer und ein Beethovenianer. Am Abend vor dem Ende hat er sich abermals die große dritte Ouvertüre zu »Leonore« mit dem Trompetensignal des Prinzips Hoffnung vorspielen lassen, und wurde abermals der Bewegung dann kaum Herr. Empfand er sich als Deutscher? Auch das ist schwer auszumachen. Bei der Frage, ob er sich als Pfälzer empfinde, hätte es kein Zögern gegeben. Sogar nicht bei einem Bekenntnis zur einstigen wittelsbachischen Union aus Bayern und Pfalz. Das war seine Heimat.

Empfand sich dieser jüdische Pfälzer als Jude? Wohl kaum. Er wurde unwillig, wenn man sein Interesse für Geheimlehren der Kabbala als jüdisches Prophetentum mißverstand. In seiner Dankrede am 90. Geburtstag murrte er darüber mit dem Satz: »Ich bin nicht Martin Buber!« Es gibt ein wunderbares Jugendbild von Ernst Bloch: gemalt von seinem Freund, dem expressionistischen Maler Willi Geiger. Schaut man es an, so wird der Blick, unmittelbar, durch einen jüdischen Intellektuellen erwidert. Dennoch wird es mir, und wohl allen, die mit Bloch seit seiner Rückkehr aus dem Exil zusammentrafen, damals war er 63 Jahre alt, geradezu unmöglich, diesen immensen Geist überhaupt als »Intellektuellen« einzuordnen.

Das macht: Der Intellektuelle ist stets eine Beute des jeweiligen gelebten Augenblicks, der ihm klar vorkommt und hilft, einer Gegenwart sich zu integrieren. Bloch lehrte uns, das »Dunkel des gelebten Augenblicks«, wohl auch den erlebten »unerträglichen Augenblick«, zu meditieren. Das bewirkte, trotz allbekannter tätiger Anteilnahme Ernst Blochs an den politischen und geistigen Forderungen des Tages, daß ihm die Jugendträume wichtiger waren, und die Spuren einer zukünftigen Heimat erst recht. So besaß er zweierlei: die Heimat als Herkunft, und die Heimat als Aufgabe. Damit ließ es sich leben und denken.

Burghart Schmidt

Zum Werk Ernst Blochs

Ernst Blochs Bedeutung ist vor allem auch die seines Werks. Er lehnte die Autobiographie ab und berichtete dazu gern von dem Besuch eines Photographen bei dem Maler Monet. Der Photograph wollte erfahren von der Person des Malers und erhielt zur Antwort, er solle in den Garten gehen, dort die Blumen sähen dem Maler ähnlicher als der sich selbst. Lebensgeschichte zerbrach Bloch zur Schlüsselgeschichte zentraler Erfahrung, die sich nicht durch einen rationalisierten Schicksalsverlauf eingemeinden ließ, vielmehr gegen glatte Lebensläufe Einspruch erhob. Jene notwendige, unterbrechende Zufälligkeit in der Bedingtheit unseres Lebens, die auch Freiheit einräumt, führte er an mit dem Bild von der Wasserscheide, deren Lage durch die letzten Millimeter an Höhe, das letzte Steinchen bestimmt wird und nun über den Gang großer Ströme entscheidet.
Und doch hat dieser, der der Autobiographie so abhold war, aufs stärkste durch die Gegenwart seiner persönlichen Äußerung gewirkt. Ja, daß man fast sagen müßte, ganz hätte man die Geschichten seiner »Spuren« nicht verstanden, hat man nicht einmal dabeigesessen, wie er Geschichten erzählte, zupackend heftig, ganz hätte man die beschreibend ausbreitenden und konstruktiv zusammenreißenden Darlegungen seiner großen theoretischen Werke über den »Geist der Utopie« in der Kulturgeschichte nicht verstanden, wäre man nicht einmal gesessen in der Menge seiner Zuhörer bei Vorlesungen und Vorträgen, die weit, geduldig und intensiv ins Detail sich versenkten, doch dann, man möchte sagen, mit der Faust, zusammenballten. Ernst Blochs Prosa lebt literarisch und wissenschaftlich in ihrer Endfassung vom Zusammenhang des gesprochenen Worts mit dem gedruckten, zu lesenden also. Allerdings in welchen Übersetzungen? Der machtvolle Redner hatte im Schreiben eine Notenschrift gegenwärtig, die den Nachdruck seiner Rede in den Text übertrug, ohne im mindestens den Wortlaut des Gesprochenen nachzuvollziehen. Es gibt wohl kein philosophisches Werk, das so sehr die Züge der persönlichen Erfahrung

und des persönlichen Worts in sich aufgenommen hat, wie das Ernst Blochs, er bleibt darin lebendig, gegenwärtig.

Sein Denken war ja beherrscht von dem Bewußtsein, daß der Gedanke betroffen machen müsse, daß er unmittelbar den doch vor allem auch bildhaften Strom unserer alltäglichen Weltbegegnung und Selbstbegegnung zu ergreifen hätte, wolle er der bloßen Schrankordnung, Katalogisierung, Funktionalisierung und Vertrocknung sich entziehen. Darum die breit beschreibenden Passagen, darum der phänomenologisch-erscheinungsgeschichtliche Blick auch noch in der Behandlung hoch allgemeiner Probleme einer möglichen *philosophia prima et ultima usque ad finem.* Rettung des Individuellen, Rettung des bloß scheinbar Beiläufigen einzelner, flüchtiger Eindrücke, der mikrologische Blick einte ihn mit Kracauer und Benjamin. Darin sah er seine Aufgabe, die ihn Ästhetik, künstlerische Darstellung, qualitative Erscheinungskunde mit wissenschaftlicher Verallgemeinerung verbinden ließ und die Metapher, das Bild selber zum Argument machte. Allerdings meinte Bloch die Rettung des Individuellen im Hegelschen Sinn, nicht ausfahrende Beschreibung alles Individuellen schlechthin, nicht Zerstreuung ins Einzelne schlechthin. Sondern zentrale, zentrierende Erfahrung mußte in einer Geschichte oder einem einzelnen Eindruck den Schlüsselcharakter hervorheben, ja den Schlüssel erst montieren zu weiterdeutendem Fragen und seiner Lösung, bevor sie sich einer »Spur« vergewissern konnte. Aber zentrale Erfahrung brach darum auch für Bloch mit den Verallgemeinerungsweisen des statistischen Durchschnittswerts, empirisch durchaus, voll von Erfahrungswesen, unterwanderte sie den Empirismus. Hermann Bahr schrieb über die sprengende Lust Blochs am Einzelnen, mit der er sogleich im »Geist der Utopie« 1918 angetreten war: »Bloch hat einen gesicherten Besitz von Details, Einzelheiten, Tatsachen, über den er mit Ruhe gebietet . . . und er hat dazu die Kraft, den übers Ganze in allen Fernen schweifenden, allumfassenden, welttragenden Adlerblick dann nun aber auch noch niederfahren und sich auf der Erscheinung ausruhen zu lassen«.

Aus dem von Bahr hervorgehobenen Ineinander des Gesamtblicks mit dem Detail heraus entwickelte Bloch in seinem ersten versuchten Hauptwerk den grundlegenden Gedanken eines ganz neuen Philosophierens zu jener Gestalt, die er die »Gestalt der unkonstruierbaren Frage« nannte. Gegen den Neukantianismus und seine Begrenzung der philosophischen Erkenntnis auf die Erkenntnis selber, mit Bergson und Husserl zurück zu den Sachen, gegen die Relativierung der Wahrheit durch den Historismus und die Soziologie, mit Lukács für einen neuen Realismus. Das impressionistische Philosophieren Simmels, es bot ihm Anstöße zu seinem mikrologischen Blick, aber zutiefst litt er an dessen beliebig herumspielender Haltlosigkeit, an der hochgespannten Aufmerksamkeit allein um ihrer selbst willen. Wie so oft und ihm wesentlich führte Bloch in die Tiefe eines philosophischen Zentralgedankens ein mit Hilfe eines scheinbar banalen Bildes. Mit der Maßgabe: »In solchem Wasser fängt man solche Fische.« Unser menschliches Fragewesen verglich er mit dem Wünschen, das wir alltäglich mit uns herumtragen und dem sich das mannigfaltige Angebot der Lebensgüter entgegenhält, es zu stillen. Kaufhäuser, Ladenstraßen, Auslagen, sie verhalten sich so, als ob sie über unser geheimstes Wünschen Bescheid wüßten. Und wir beginnen zu glauben, daß genau hier auch zu finden sei, worauf unser Wunsch gerichtet war. Aber es bleibt schließlich ein Rest, der unberuhigt weiter sich bewegt und regt. Wir haben etwas ganz anderes gewollt, nur unser Nichtwissen über den Wunschinhalt verführte uns. Es bleibt jenes Zweifeln in der Märchenmahnung: »Vergiß das Beste nicht!« – Und nun erfolgt der Umschlag in die Philosophie unseres Erkennens; alle bisherige Philosophie und Wissenschaft haben den Fragen an uns selbst und an die Welt Bahnen gelegt, die Methodik der Fragestellung macht die möglichen Lösungen von vornherein fest, wie das Angebot der Lebensgüter unser Wünschen zu bestimmen sucht. Das neue Philosophieren und das neue Wünschen aber müssen aufbrechen zu den Quellen des Fragens und Bedürfens. Das ursprüngliche Staunen, das alles Erkennen wie Wollen in Gang gebracht hat, kennt noch keine fertige Richtung, es fragt erst nach der sinnvollen Frageweise. Selber unkonstruierbar liegt es aller Konstruktion des Fragens zugrunde und darf darin nicht vergessen werden. Nur durch Eingedenken des noch unkonstruierten Fragegrunds behalten wir den kritischen Abstand zu allen Festlegungen des Fragens in der Erkenntnisarbeit. Wenn es aber schiene, als wäre solche »Frage nach der Frage« selber noch ganz ohne Formulierung, die wäre ja schon Konstruktion, so bleibt die Formulierung der Anlässe unseres Staunens möglich, die unkonstruierbare Frage gewinnt darin ihre Gestaltungen und ihren vorläufigen philosophischen Begriff in jener Nähe, die Bloch umriß mit der Grenzbestimmung eines »Dunkels im gerade gelebten Augenblick«. Das Jetzt unserer stets ganz gegenwärtigen Existenz bleibt unserem Bewußtsein entzogen, es wird uns erst deutlich im Abstand des vergangenen »Jetzt nicht mehr« und es begegnet uns in der Vorwegnahme des Jetzt als kommendem. Bloch kehrte darum die Zeitfolge um, unsere Existenz geht aus dem Dunkel ihrer nächsten Gegenwärtigkeit in die Entwürfe des Zukünfti-

gen und ergreift daraus das Vergangene, soweit es an die Zukunft Anschluß gewinnen kann. Vorentwerfen und darin Ergreifen des Gewesenen aber umkreisen die uns größte Nähe, das Auge, das sich noch nicht selber sieht, den Gedanken, der sich noch nicht selber denkt, das Handeln, das sich noch nicht selber wissend handelt, Kierkegaards »Sich in Existenz verstehen« wurde im »Geist der Utopie« zur zentralen Aufgabe des Menschseins in der Welt. Denn das Existere des Menschen bleibt keine Angelegenheit des bloß Inwendigen, sondern wird Schlüssel zum Was des Weltprozesses, zu dessen Woher und Wohin. Es geht eben um die »Weltwege, vermittelst derer das Inwendige auswendig und das Auswendige *wie* das Inwendige werden kann«. Und Blochs große Forderung hierfür lautet: »Denn die Welt ist nicht wahr, sondern sie will durch den Menschen zur Heimkehr gelangen.« Was allem Seienden zugrunde liegt, ist zugänglich nur für ein Fragen, das sich immer wieder seinen Konstruktionen entwindet, ob es sich auch immer wieder in ihnen versuchen muß, das sich offen hält für das staunende Einbekenntnis, bisher wurden vielleicht alle Fragen falsch gestellt, falsch ausgerichtet. Die Gestaltung des Fragens selbst wird das Problem überhaupt, nicht das von einem mißverstandenen Kant hergekommene Ausklammern von Fragen, die wir nicht stellen dürften, weil keine Antworten möglich. Und diese Gestaltung zieht nun als hochbedeutsam die Kunst in den philosophischen Gedanken herein. Die Bildungen der Malerei, der Plastik, der Architektur, der Literatur und zuhöchst der Musik als »der utopischsten der Künste« versuchen ein Ausgestalten der unkonstruierbaren Frage, auf die die Philosophie sich zentral richtet, ein Umkreisen des noch Unbestimmten geht darin um und drängt weiter zu allegorisch-symbolischer Erhellung des »Nähedunkels«, die unsere Nichtidentität mit unserem Existieren aufheben will und darin die Nichtidentität der Welt mit ihrem Existieren. Man hat Bloch wegen seiner Lehre vom »Dunkel des gerade gelebten, darum nicht erlebten Augenblicks« Irrationalismus nachgesagt.
Es verhält sich umgekehrt, Bloch deckte die Irrationalität eines Verwissenschaftlichens auf, das Irrationales bewältigt glaubt durch dessen Ausklammern. Bloch trat für eine »Rationalisierung des Irrationalen« in der Welt ein. Man sprach weiter davon, daß eine zukünftige Identität des Menschen mit seiner Welt gerade Geschichte zum Schluß beenden würde, Sinn der Geschichte wäre also ihre eigene Abschaffung. Aber Bloch intendierte eine Prozeßidentität, eine Identität im Horizont, die nicht Bewegungs- und Unterschiedslosigkeit herstellt. Am ehesten wird das einleuchtend durch den Hinweis auf Benjamins geschichtsphilosophische Thesen, die darin Bloch tief begriffen hatten.

Gemeint ist Benjamins mystische Geschichtsphilosophie, nach der erst das erreichte ferne Ziel des historischen Prozesses die Vergangenheit im Sinn der Wahrheit zitierbar macht, also aufbewahrt, nicht abschafft.
In solcher Richtung entwickelte Bloch schon 1918 der Sache nach den »Vor-Schein« als die große *interdisziplinäre* Kategorie, die das ganze menschliche Kulturwerk seinem Sinn nach durchzieht und sammelt, mit der Kunst als der »Erzeugung des Ornaments«, die »unsere innerste Gestalt ins Auswendige heraus- und hineinbilden will« und durch die Musik dem Kern der menschlichen Existenz, damit der Existenz der Welt, am nächsten kommt – mit der Philosophie als dem Begreifen dieser Erzeugung, aber aufs Werkzeug der Kunst angewiesen. Doch die Horizonte solcher neuen Philosophie des Vor-Scheins waren sich von Anfang an der Widerstände des Weltprozesses und der vom Menschen gemachten Geschichte bewußt, der geschichtlichen Krisen und der technischen Katastrophen. Die in der Klassengesellschaft herrschenden materiellen Interessen verbogen, verdarben, verbargen den Wahrheitsgehalt menschlicher Sinnbildungen. Der »sozialistische Gedanke« erst sprach von einer Bewegung, die Zeit schaffen und Freiheit bringen würde für die an menschlicher Ungleichheit uninteressierte Erzeugung des Ornaments und für die Erhellung des »Nähedunkels«. Das möchte auch der *utopische* Sinn »interesselosen Wohlgefallens« in einer kantischen Ästhetik sein. Darum stiftete Bloch den bedeutend paradoxen Bogen von der Humanität eines Karl Marx über die Durchkreuzung des Todes zur Apokalypse.
Gemeint ist mit ihm die Vorbereitung auf eine revolutionäre Kulturbildung in klassenloser Gesellschaft, die ein »Bilderverbot« fürs Zukünftige nicht anerkennt, hierin liegt der grundsätzliche Unterschied zur »Kritischen Theorie« Horkheimers und Adornos. Das Bildverbot wird aber als Warnung bewußt gehalten im Versuchscharakter der Antizipationen. Der Titel »Geist der Utopie« schon als Programm befreite den utopischen Begriff vom fertigen Zukunftsbild einer geschichtslos gemachten Idealgesellschaft, das wurde ohne Verlust seiner Emphase ernüchtert zu der späteren Fassung einer »utopischen Funktion«.
Man hat von Bloch gesagt, und er selbst hat es betont, daß er seinem Grundgedanken, im »Geist der Utopie« 1918 entworfen, stets treu geblieben sei. Aber in der späteren Wiederauflage seines Thomas-Münzer-Buchs hielt er fest, daß die »revolutionäre Romantik« seiner Frühwerke »Maß und Bestimmung« erhalten hätte im »Prinzip Hoffnung«. Das »Prinzip Hoffnung«, gerichtet auf die Zukunft des Men-

schen, auf den zukünftigen Menschen, gewidmet seinem Sohn Jan Robert, der ihn damals als Junge aufs neue mit den lebhaft-queren, scheinbar skurrilen, aber skurril-tiefen Kinderauskünften auf unmittelbar angehende Fragen wieder begegnen ließ, die ihm so wichtigen: – »Zeit? sie ist eine Uhr ohne Ziffern«; – das »Prinzip Hoffnung« nun? Hier führte Bloch die große Theorie des »antizipierenden Bewußtseins« aus, mit der Darstellung des »Noch-Nicht-Bewußten« Freuds Lehre vom Unbewußten als bloß »Nicht-Mehr-Bewußten« der vergangenen, abgesunkenen Lebensgeschichte entschieden überschreitend und konterkarierend. Hier kämpfte er gegen die »stiefmütterliche Behandlung« der »objektiv-realen Möglichkeit« in der gesamten Philosophiegeschichte unterm »Bann der Platonischen Anamnesis«, der Wiedererinnerung mit Wahrheit als Wissen bloß von Gewesenem, Gewordenem bis zu Hegel und über ihn hinaus. Bloch hingegen brachte die neue »Seinsthematik« eines Realisierens statt des Realgebots der Gewordenheit, gar der Tatsachenrealität eines späteren Positivismus.

Im »Prinzip Hoffnung« entwarf er die sokratische Frage nach dem Verhältnis von Freiheit und Ordnung, die das gesamte Werk bestimmt. Mit dem Ansatz, es gäbe eine Ordnung der Freiheit, den realen Freiheitsanspruch zu diffamieren als Verlangen nach Chaos, widerspräche seinem Begriff, Ordnung müsse nicht Herrschaft sein. Aber weil ihre bisherige Wirklichkeit den Gewaltcharakter, den Willkürcharakter in sich trage, habe vorerst die Freiheit das Recht der Wahrheit gegen sie. *Das Prinzip Hoffnung* insgesamt gestaltete Bloch zu einer »Enzyklopädie der Hoffnungsinhalte« in »Wunschlandschaften« mit den »Hoffnungsbildern gegen den Tod« samt religiösen Utopien, die die nachdrückliche Diskussion um eine »revolutionäre Theologie der Hoffnung« auslösten und die Diskussion über den »sozialistischen Gedanken« im Christentum. Gegen den Nihilismus einer Existenzphilosophie, der die menschliche Situation, die *Conditio humana* auf Angst und Sorge festlegte, man könnte auch heute sagen Leistungszwang statt Schaffenwollen oder bloßes Überleben statt Gestaltung des Lebens, wozu Überleben allerdings die selbstverständliche Voraussetzung ist. Das antizipierende Bewußtsein, es setzt auf den Menschen als den Gestalter seiner Welt, nicht auf den Menschen als bloßes *Suum esse conservare* in der Lebensnot. Das möchte einem Materialismus, der den Menschen zur Naturabhängigkeit verdammt oder auch schließlich zur Abhängigkeit von seiner selbstgeschaffenen zweiten Natur, idealistisch erscheinen; überfliegend, überschwenglich auch für eine eingekehrte Skepsis. Aber Bloch hat den »Geist der

Utopie« an seine Verwirklichungsbedingungen gebunden, ohne ihn darauf zu beschränken. Er schlug den anderen bedeutend paradoxen »Bogen von der Utopie zur Materie« und führte damit das antizipierende Bewußtsein in einen *dialektischen* Materialismus ein, der zwar als Materialismus schon allemal nicht den Menschen als freischwebendes Geistwesen sah, dem Materiellen hoch überlegen, sondern durchaus in Bedingtheit durch seine materielle Lebensgrundlage, seinen »unorganischen Leib«, die Welt, sowie durch seine Arbeitsorganisation in der Aneignung ihrer. Aber diese Bedingtheit ist keine geschlossene, sie wurde von Bloch beschrieben als ein »Schwebezustand«, der durch seine Offenheit für Veränderungsprozesse dem menschlichen Subjekt die Möglichkeit einräumt, durch *gesellschaftliche* Arbeit und Aktion Gestaltungsziele des Neuen, gebunden an Zunahme der Freiheit, durchzusetzen, gerade auf Grund der materiellen Bedingungen, mit ihrer Hilfe. Der *Schwebezustand* der Bedingtheit ist das, was Bloch »objektiv-reale Möglichkeit« oder *Potentialität* nannte, der eingreifende Mensch ist die *Potenz*, die aktive Kraft des möglichen Werdens; »Front, Novum, finales Ultimum« sind die Grundbestimmungen seiner Situation in der Welt. Seine Träume, sollen sie konkret werden, beziehen sich als die vorwegnehmende Gestaltung des Neuen auf die reale Front, an der das Handeln steht, in der »Gegenwart als dem Ort der Entscheidungen«, und sie tendieren auf das Ultimum letztmöglicher Sinnformung in der menschlichen Existenz. Insofern die Träume menschlicher Selbstbestimmung, Sinnerfüllung realisiert werden, sind sie der Materie von Welt und Geschichte immanent, ihr Transzendieren der gegebenen Welt enthält sich der Transzendenz einer jenseitigen. Das aber fordert jenen Bogen der Utopie zur Materie, mit dessen Formulierung Bloch seine Behandlung des »Materialismusproblems« eröffnete, ein Motto aus dem »Prinzip Hoffnung« zum Eingang nehmend. »Übergang aus dem Reich der Notwendigkeit in das der Freiheit«, so erklärte er darin, »hat nur an unabgeschlossener Prozeßmaterie Land«. Bloch hat aber derart einen Beitrag in den dialektischen Materialismus eingeliefert, der den Faktor des menschlichen Subjekts und auch den seiner individuellen Wunschvorstellungen vom menschenwürdigen Glück enorm stärkte, Spontaneität und reale Freiheit werden ernstgenommen und ganz und gar nicht zu einer bloßen »Einsicht in die Notwendigkeit« verflüchtigt. Daß er den Marxismus nicht als Doktrin anerkannte, sondern ihn mit Lukács und Korsch aufs neue unter den Anspruch seiner kritischen Funktion, also der Wahrheit stellte, machte ihn für die ganze westliche Intelligenz wichtig, von seiner großen Wissenschaftsprosa einmal abgesehen, die Max

Bense eine *Kunst*sprache der *Dialektik* nannte. Die Bestimmungsgründe der Geschichte wurden von Bloch nicht mehr als unabänderliche Gesetze deklariert, sondern begriffen als offene Tendenzen, die ihre Verwirklichungsrichtung nur nehmen durch die *solidarische* Arbeit der Menschen an der Herstellung ihrer Freiheit. Zweck, Ziel, Sinn vermitteln sich darin dem Bedingungszusammenhang einer ersten wie zweiten Natur, damit deren Determinismus, deren Gewalt nicht unwidersprochen hingenommen werden müssen. Die Verschränkung von Grund und Ziel durch die Arbeit wurde zum Hauptthema in Blochs spätem Systemwerk »Experimentum Mundi«, das gerade darauf besteht, Ordnung gebe es auch auf eine befreiende Weise, nämlich als Ordnung von unten her, Selbstorganisation, und Wahrheit gliedere sich zwar unabdingbar systematisch, aber offen in den quer hindurchführenden, die Wissens-, wie Kunst-, wie Praxisdisziplinen verschränkenden, unterbrechenden, montierenden Versuchsverhältnissen ihrer Inhalte. Nicht umsonst wurde dieses Werk Rosa Luxemburg gewidmet, der Theoretikerin gesellschaftlich-politischer Spontaneität in der Arbeiterbewegung. Blochs Eintreten für das menschliche Subjekt bracht ihn in den Kampf mit der Bürokratisierung des Sozialismus und mit der strikten Parteiorganisation, die keine Auseinandersetzung, keine Demokratie mehr zuließ. 1957 wurde in der DDR das Scherbengericht über ihn gehalten. Gerade das im »Geist der Utopie« Gemeinte ging dort in solchen Entwicklungen verloren. Bloch hatte ja die Utopie wieder herausgeholt aus ihrer Verdächtigung als »Wolkenkuckucksheim« und konkret gemacht, um den Sozialismus zu warnen vor einem »allzu großen Fortschritt von der Utopie zur Wissenschaft«, der den Menschen verapparatlichen und funktionalisieren kann zum Rädchen im Getriebe. Darum kämpfte er mit Hinblick auf die zwanziger Jahre in »Erbschaft dieser Zeit« 1935 geduldig gegen den bloßen Ökonomismus, gegen den Geschichtsautomatismus, für eine revolutionäre Phantasie, die Wunschlandschaften der Menschheit vom möglichen Glück breit in die Zukunftsperspektive einbezieht, gegen Verkürzung des Menschen auf seine *bloße* Lebensreproduktion. Aus dem Mangel an revolutionärer Phantasie unter den Antifaschisten erklärte Bloch den Sieg des Faschismus. All diese Untersuchungen und der Kampf für die Freiheit des Subjekts wurden schließlich in der neuen Linken Europas, auch Amerikas und der Dritten Welt begeistert aufgenommen.

Das Werk Ernst Blochs auch nur ein wenig sich nähernd in Kürze zu behandeln von außen, ist gegenüber seiner riesigen Anlage und vor allem wegen seiner intimen, intensiven, beharrlichen Vermittlungen des

Mannigfaltigen der erscheinenden Welt mit seinem philosophischen Grundgedanken ausgeschlossen. Er selber aber hat es von innen zusammengefaßt in die logische Formel *»S ist noch nicht P, das Subjekt ist noch nicht sein Prädikat«*, das heißt anthropologisch: der Mensch ist noch nicht, was er sein könnte und aus sich machen muß. Wollte man ein Grundmotiv von Blochs Denken besonders herausheben, so wäre es zu finden im »Inkognito«. Das noch bestehende Inkognito im Menschen und seiner Welt als Hauptbild für Blochs Problemsicht schlägt durch von seinen Erzählungen in den »Spuren« bis zu den Abhandlungen seines Systemwerks »Experimentum Mundi«. Wir, die wir uns dazu bekennen, den Menschen erst finden zu müssen, in aller möglichen Frage, in aller möglichen Freiheit, wir danken Ernst Bloch, daß er uns – wie keiner heute – dazu verhilft.

III. Zeugnisse der Anteilnahme am Tod Ernst Blochs

Heinar Kipphardt

Angelsbrucker Notizen 16

*Für Ernst Bloch**

Im sommerlichen Fluß suche ich unter den Steinen
den unscheinbarsten.
Der runde verwechselbare Kiesel
(nicht ganz rund und nicht zu klein)
der glanzlose graue
wenn ihn die Sonne getrocknet hat
ist der das nicht Nennenswerte
die kleine Größe
in der es sich leben läßt
im Gleichsein
im Fluß?

August 1977

* Das Gedicht bezieht sich auf eine Stelle im *Prinzip Hoffnung*, 3. Band, wo Ernst Bloch die Philosophie des Lao-tse interpretiert.

Helmut Schmidt Bonn, 5. August 1977

Sehr verehrte Frau Bloch!
Zum Tode Ihres Mannes spreche ich Ihnen mein tiefempfundenes Beileid aus. Deutschland hat mit ihm viel verloren. Der Verlust erfüllt auch mich mit großem Schmerz. Ernst Bloch war ein kämpferischer, aufgeklärter Philosoph. Sein Denken blieb nie im elfenbeinernen Turm gefangen. Im Gegenteil, er stritt unbeirrbar für Menschenwürde und Gedankenfreiheit. Sein Lebenswerk ist Zeugnis dieser konsequenten Haltung. Ernst Bloch war einer der herausragenden Beweger im europäischen Geistesleben. Er öffnete mit seinem Denken die Augen vieler für eine humanere Welt. Für das, was noch nicht ist, war er ein Philosoph des Aufbruchs in die Zukunft. Mich hat beeindruckt, wie leidenschaftlich und tief er auch darüber nachdachte, die Grundwerte des Sozialismus, der Demokratie und der Lebensbereitschaft des Christentums zusammenzuführen und für eine menschliche Welt fruchtbar zu machen. Darüber wollte ich gern im Herbst mit ihm sprechen und dabei von seiner großen Erfahrung lernen. Ich bedauere sehr, daß es zu dieser Begegnung nicht mehr gekommen ist. In einer Welt, die noch immer mehr Unterdrückung kennt als Freiheit, behält Ernst Blochs Mahnung an jedermann ihre Aktualität. Er wird durch seine Arbeit und durch seine Person fortwirken. Ich werde seiner stets in Hochachtung und Dankbarkeit gedenken.

Ihr Helmut Schmidt
Bundeskanzler

Werner Maihofer Bonn, 8. August 1977

Verehrte, liebe Frau Bloch!
Mit großer Betrübnis habe ich vom plötzlichen Tode Ihres Mannes erfahren. Meine Gedanken sind bei Ihnen in diesen schweren Stunden. Ich gedenke in Dankbarkeit der Jahre fruchtbarer Zwiegespräche mit einem humanen Sozialisten. Was Ernst Bloch für die Humanisierung des Materialismus, aber auch die Materialisierung des Humanismus über Marx und Feuerbach hinaus geleistet hat, werden wohl erst künftige Zeiten voll ermessen. Er hat uns gegen alle Hoffnung wieder hoffen gelehrt, daß der Mensch, ein krummes Holz, am Ende doch mit aufrechtem Gang einhergehen könnte.
In persönlicher Verbundenheit

Ihr Werner Maihofer
Bundesminister des Innern

Willy Brandt Bonn, 4. August 1977

Sehr verehrte, gnädige Frau!
Mit großer Bestürzung habe ich vom Tode Ihres Mannes Kenntnis nehmen müssen. Bitte nehmen Sie mein und meiner politischen Freunde tiefempfundenes Beileid zu diesem schweren Verlust entgegen.
Ernst Blochs Lebensweg und Wirkung hat mich – trotz mancher unterschiedlicher Standpunkte – immer berührt, nicht zuletzt deshalb, weil Philosophie und Politik für ihn nicht Gegensätze waren, sondern einander bedingten. Seine grundsätzliche Orientierung auf die Verwirklichung der Würde des Menschen in Freiheit, sein unbeugsamer Bekennermut haben ihn mehrfach in Konflikte mit Regimen getrieben, denen seine Prinzipientreue unbequem war. Seiner geistesgeschichtlichen Bedeutung hat dies nichts anhaben können. Ernst Bloch wird als einer der großen deutschen Philosophen durch sein Denken, bestimmt durch Ehrlichkeit und Radikalität im besten Wortsinn, weiterwirken.

Willy Brandt

Helmut Kohl Bonn, 5. August 1977

Sehr verehrte, gnädige Frau!
Zum Tode Ihres Gatten spreche ich Ihnen die herzliche Anteilnahme der Christlich Demokratischen Union Deutschlands aus. Durch sein großes philosophisches Werk und sein mutiges und furchtloses Eintreten für seine Überzeugung hat sich Ihr Gatte die Achtung und den Respekt der Menschen verdient, auch derer, die seine Ansichten nicht teilen konnten. Mit seiner Arbeit hat Ernst Bloch die philosophische und politische Diskussion in unserem Land entschieden beeinflußt. Dafür gebührt ihm unsere bleibende Anerkennung.
In Trauer und Anteilnahme

Helmut Kohl
Vorsitzender der CDU Deutschland

Heinz O. Vetter Düsseldorf, 9. August 1977

Sehr geehrte Frau Bloch!
Der Tod von Ernst Bloch hat mich tief betroffen. Ich glaube, seine Größe bestand vor allem darin, daß Philosophie durchaus nicht aus komplizierten Systemen und kaum verständlicher Sprache besteht, sondern daß eine Philosophie, die auf den Menschen wirken will, zutiefst der Menschlichkeit verpflichtet ist. Diese tiefe Menschlichkeit der Philosophie Ernst Blochs hat seine unwiderrufliche Größe begründet. Aber auch die Meisterschaft, mit der Ernst Bloch die Sprache beherrschte und dank derer er eine einmalige Einheit von Sprache und Gedanken herstellte, wird vorbildlich bleiben. Die Welt ist durch diesen Tod ärmer geworden.
In stiller Verbundenheit

Ihr Heinz O. Vetter
Vorsitzender des DGB

Erhard Eppler Stuttgart, 4. August 1977

Sehr verehrte Frau Bloch!
Zusammen mit allen Sozialdemokraten in Baden-Württemberg trauere ich um Ernst Bloch. Ein Leben, das dem Abenteuer des Denkens gewidmet war, ist zu Ende gegangen.
Politik spielt sich ab im Bedingten, oft im Taktischen. Gerade deshalb muß sie immer wieder gefordert und in Frage gestellt werden durch radikales Denken. Wir haben uns von Ernst Bloch immer wieder fordern lassen, auch wenn wir ihm nicht Genüge tun konnten. Ihr Mann wird als einer der großen Denker unserer Zeit in die Geschichte eingehen.

Dr. Erhard Eppler

Eberhard-Karls-Universität Tübingen
Der Präsident Tübingen, den 8. August 1977

Sehr verehrte Frau Bloch!
Die Universität Tübingen hat mit Trauer und Betroffenheit vom Tode Ihres Gatten Kenntnis genommen.
Darf ich Ihnen sowie Ihren Angehörigen im Namen der Eberhard-Karls-Universität sowie in meinem eigenen Namen meine aufrichtige Anteilnahme aussprechen.
Die Universität Tübingen verliert in Ernst Bloch einen bedeutenden Philosophen, dessen Denken auf viele Studenten großen Einfluß ausübte.
Wir werden ihm ein ehrendes Andenken bewahren.
Mit stillem Gruß

Ihr A. Theis

Herbert Marcuse La Jolla, California, 5. August 1977

Liebe, verehrte Karola:
daß es den Bloch nicht mehr gibt, ist nicht vorstellbar. Solange er da war, wußte man: wenn der Bloch sich für etwas einsetzt, kannst du es auch tun. Er hat bis zuletzt die Wahrheit gesagt.
Ich weiß, daß dies kein Trost ist – vielleicht eher das Gegenteil. Aber ich möchte Ihnen sagen, daß ich nicht nur an den Bloch denke, sondern auch an Sie.
Sehr herzlich

Ihr Herbert Marcuse

Jürgen Habermas Starnberg/Obb., 12. August 1977

Sehr verehrte, liebe Frau Bloch,
wie ich zum Schreiben ansetze, bemerke ich die zwiespältigen Gefühle, die mir die Feder führen: Dankbarkeit auf der einen Seite und Verlassenheit auf der anderen.
Dankbar müssen wir wohl sein, daß Ernst Bloch ein Alter erreicht hat, das das biblische weit übersteigt; daß er sein Werk, ein erratisches Gedankenmassiv, genug für Generationen zum Abarbeiten, vollendet hat. Aber je älter er wurde, um so mehr schien es zur Selbstverständlichkeit zu werden, daß wir in den intellektuellen, erst recht den politischen Auseinandersetzungen auf Blochs von weitem leuchtende Figur, auf seine Unbeirrbarkeit und Standhaftigkeit zählen konnten.
Wir vermissen ihn jetzt, wir werden ihn noch sehr viel mehr vermissen – und wenn ich das von uns sage, den jüngeren Zeit- und Weggenossen, um wie vieles mehr wird das für Sie, liebe Frau Bloch, gelten, die Sie alles das nicht aus der Distanz empfinden, sondern unmittelbar betroffen sind.
Meine Frau und ich wünschen Gutes für die nächste Zeit, Gelassenheit, Gesundheit; in der Hoffnung, daß wir uns bald einmal sehen, sei es in Tübingen oder in Starnberg, bin ich

Ihr Jürgen Habermas

Erich Fromm Locarno-Muralto, ohne Datum

Sehr verehrte, liebe Frau Bloch,
Empfangen Sie bitte den Ausdruck meiner tiefen Trauer über den Tod von Ernst Bloch, eine Trauer, die ich mit denen teile, für die das Wesen seiner Person die Hoffnung darstellte.
Ich habe ihn nur einmal gesehen; das ist schon lange her; er war an einem Sabbatmorgen im Hause meiner Eltern (etwa 1920) in Frankfurt; er erzählte wundervoll jüdische Geschichten und aß mit großem Gusto Brot mit Gänsefett und Pökelfleisch. Seine Intensität, seine Lebendigkeit, seine Hingabe beeindruckten mich so tief, daß ich mich an jede Einzelheit erinnere, als sei es gestern gewesen. Von jenem Tag an liebte und bewunderte ich ihn – vielleicht wie einen älteren und begabteren Bruder.
Wir haben uns seitdem nicht wieder gesehen und auch sonst kaum einen direkten Kontakt gehabt. Das war aber auch nicht nötig. Seine Ausstrahlung war so stark, daß er immer ganz lebendig vor meinen Augen stand ... Worte wären eigentlich überflüssig gewesen; wir standen beide in der revolutionär-mystischen Tradition und *er* war »die Stimme in der Wildnis«, ein echter »Wahr-sager«, d. h. ein echter Revolutionär.
Vielleicht verstehen Sie, daß sein Tod für mich ein ganz persönlicher Verlust ist.
Ich drücke Ihnen in tiefer Trauer und Verbundenheit die Hand.

Erich Fromm

Carlo Schmid Bad Honnef, 17. August 1977

Liebe Karola Bloch,
nun ist auch Ernst dahin gegangen, wo vielleicht sich die Hoffnungen erfüllen, die auf Erden Hoffnungen bleiben müssen. Er wird dort in einem Kreise erlauchter Seelen ganz bei sich sein. Hier unten aber werden die Denkbilder, die der rastlose Künstler des Denkens uns hinterlassen hat, uns eine neue Genialität des Hoffenkönnens erschließen und in die Welt der Tätigkeiten einführen, damit Erhofftes aus dem Noch-nicht-Sein dem Sein-Können zugeführt wird. So wird seine Hinterlassenschaft zum fortzeugenden Erbe werden und an jeder Tür der Sehenden, die sie vor falscher Adoration bewahren, wird der Meister stehen und mit drohendem Finger die Allzuhurtigen schrecken. Ernst Bloch gehört nicht zu den vielen, die unsterblich scheinen, so lange sie leben; sein Fleisch konnte der Tod auflösen, seine Gestalt steht wie die des Sokrates im Prytanaion der Menschheit.
Doch dies mindert nicht die Trauer der Sterblichen.
In tiefem Mit-leiden

Ihr Carlo Schmid

Hilda Heinemann Essen, 15. August 1977

Verehrte liebe Frau Bloch!
Zu der Fülle der mittrauernden Anteilnahme zum Heimgang Ihres Mannes gebe ich Ihnen still die Hand: Nur wer *den geliebten Menschen* verliert, weiß um den schmerzlichen Abschied.
Ich grüße Sie.

Ihre Hilda Heinemann

Hartmut von Hentig Enger, 17. August 1977

Sehr verehrte gnädige Frau!
Der Tod von Ernst Bloch mahnt an alles, was er uns, was er mir, gegeben hat. Das macht die Nachricht ohne schwarzen Rand zu einem Anlaß für Dankbarkeit mehr als für Trauer.
Eigentümlich, daß just das letzte Druckwerk, das ich hervorgebracht habe, von EB handelt. Ich hätte es gern ihm gewidmet. Nun widme ich es Ihnen. Das mag überhaupt richtiger sein.
Es grüßt Sie in Verbundenheit

Ihr H. Hentig

Norbert Greinacher Tübingen, 26. August 1977

Sehr verehrte Frau Bloch,
erst jetzt, nach der Rückkehr aus meinem Urlaub, komme ich dazu, Ihnen meine Mittrauer am Tode Ihres verehrten Mannes zum Ausdruck zu bringen. Es ist Ihnen wohl nichts Neues, wenn ich hinzufüge, wie viel gerade die christliche Theologie dem Werke Ihres Mannes schuldet, wie sehr er uns als Fremdprophet, wenn Sie mir diesen Ausdruck gestatten, wieder die Perspektive der Zukunft eröffnet und Mut zur Utopie gemacht hat. Meine Erinnerung an Ihren Mann stützt sich vor allem auf ein Gespräch zwischen Walter Dirks und Ernst Bloch, dessen Zeuge ich sein durfte. Was mich damals so sehr beeindruckt hat, war das Vertrautsein mit der biblischen Tradition, und es kam mir damals so vor, wie wenn Ihr Mann manchmal aus der Bibel zitieren würde, ohne es selbst genau zu wissen. Mag sein, daß ich mich getäuscht habe. Jedenfalls habe ich diesen Eindruck noch lebhaft in Erinnerung.
Diese wenigen Zeilen sollen nur ein Zeichen meiner tiefen Mittrauer mit Ihnen sein.

Norbert Greinacher

Ingeborg Drewitz Berlin, 4. August 1977

Liebe, verehrte Frau Bloch,
die Nachricht vom Tode Ihres Mannes, des hochverehrten Ernst Bloch, berührt und erregt uns alle, weil er noch im hohen Alter zu uns gehört, mit uns gehandelt hat, die wir an eine, an die immer notwendige Korrektur der Wirklichkeit glauben und sie dem Denken anvertrauen.
Von Berlin aus sind die Jahre, die Monate vor dem August 1961 in Erinnerung, als das *Prinzip Hoffnung* das Geheimsignal unserer Verständigung über die später geschlossenen Grenzen bedeutet hat, als die damals jungen Autoren im Osten der Stadt und wir im Westen der Stadt uns über seine (unsere immer denkbare, immer zu entwerfende) Utopie austauschten. Blochs Werk ist ein Geschenk an uns. Sein Leben war es.
Ihnen großen Dank für die treue Begleitung und Liebe!
Und Stärke in der Trauer!

Ihre Ingeborg Drewitz

Alfred Kantorowicz Hamburg, 4. August 1977

Mit tiefer Erschütterung erfahren Ingrid und ich vom Tode unseres bewunderten Freundes, der für mich mehr als ein halbes Jahrhundert geistiges Vorbild und Weggefährte war. Was für ein erfülltes Leben hatte er und welche unermeßlichen geistigen Schätze hinterläßt er. Das wird auch für Dich, Karolchen, eine Stärkung sein. Ich umarme Dich mit der Innigkeit unserer halbhundertjährigen Verbundenheit. Gib unsere Anteilnahme an Jan weiter.

Alfred

Bertolt-Brecht-Erben Berlin, 17. August 1977

Sehr geehrte Frau Bloch!
Tief betroffen erhielten wir die Nachricht vom Ableben Ihres Gatten. Erlauben Sie uns, Ihnen auf diesem Wege unsere aufrichtige Anteilnahme zu übermitteln. Sein Tod reißt eine tiefe Lücke, aber in seinen Werken wird er weiter wirken und wir werden ihm stets ein ehrendes Gedenken bewahren.

Barbara Brecht-Schall
Ekkehart Schall

Bruno Frei Wien, 4. August 1977

Liebe Frau Karola,
Ernst Bloch war ein Kämpfer für einen menschlichen Sozialismus, für einen geläuterten, lebendigen Marxismus. Die Schriften von Ernst Bloch verschlang ich wie ein Hungriger Brot ißt; sie waren (und sind) für mich Belehrung und Vergnügen zugleich, vergnügliche Belehrung. Ich fand in ihnen die Bestätigung meiner eigenen Gedanken, Wünsche und Hoffnungen, ausgedrückt mit einer Sprachkraft, die für das Dichterische in Ernst Bloch zeugt. Einen solchen Mann gibt es nur einmal in hundert Jahren.
In den frühen dreißiger Jahren hatte ich in Prag das Privileg, mit Ernst Bloch persönlich zu verkehren. Mich, einen trockenen Parteifunktionär, bezauberte die Kraft seiner Gedanken. Ich kann diese Prager Tage im verrauchten Vortragssaal nicht vergessen, und es ist fast ein halbes Jahrhundert seither verflossen.
Ich drücke Ihnen die Hand, liebe Frau Karola.

Ihr Bruno Frei

Universität Zagreb Zagreb, 5. August 1977

Bedrückt durch die Nachricht vom Tode Ernst Blochs, des großen Philosophen der Gegenwart und Ehrendoktors der Universität Zagreb, bitten wir Sie, Ihre Trauer teilen zu können.

Die Universität Zagreb

Rudi Supek Orebic, 5. August 1977

Mit tiefer Erschütterung erfahren wir vom Verlust des großen Mannes, dessen Werk so viel zum humanistischen Sozialismus beigetragen hat. Sein Geist wird weiterleben.

Rudi Supek
Präsident der Sommerschule Korcula

Freunde der Sommerschule Korcula Zagreb, 5. August 1977

Erschüttert durch den Verlust des Großmeisters des philosophischen Denkens und des Wegweisers der kommunistischen Zukunft bitten wir Sie uns zu erlauben, Ihre Trauer zu teilen.

Freunde aus der Sommerschule Korcula

Vereinigung Sozialistischer Kulturschaffender (VSK)

Köln, 5. August 1977

Sehr verehrte gnädige Frau,
die Nachricht vom Tode Ihres Gatten hat alle Mitglieder unserer Vereinigung mit Schmerz und Trauer erfüllt. In dieser schweren Stunde fühlen wir vor allem mit Ihnen, gnädige Frau, und empfinden den schweren Verlust, der Sie betroffen hat.

Vollkommen unersetzlich aber ist auch der Verlust, den alle fortschrittlichen Menschen in ganz Deutschland, alle Demokraten und wirklichen Kämpfer für den Frieden, alle engagierten Linken in unserem Land zu beklagen haben – nun, da das beispiellose Leben von Ernst Bloch erloschen ist. Die Mitglieder und Freunde unserer Vereinigung werden nie vergessen, daß Ihr Gatte in den letzten Jahren bei manchen Gelegenheiten auch durch sein praktisches Engagement ihren Kampf gegen die Feinde der Demokratie in beiden Teilen Deutschlands unterstützt hat. Sie, sehr verehrte gnädige Frau, haben in all diesen Fällen freundlich und solidarisch vermittelt – und auch das werden wir nie vergessen.

Ernst Bloch hat nicht nur durch sein bedeutendes theoretisches Werk dem Kampf für Demokratie und gesellschaftlichen Fortschritt, für eine bessere Welt ohne Ausbeutung des Menschen durch den Menschen den Weg gewiesen – er ist auch bis in die letzten Tage seines Lebens mit großer Überzeugungskraft für die gerechte Sache eingetreten. Die Trauer, die wir heute darüber empfinden, daß er nicht mehr unter uns weilt, ist nicht von der Zuversicht zu trennen, daß immer mehr Menschen die Botschaft Ernst Blochs begreifen und den Kampf in seinem Geiste fortsetzen werden – bis zum Sieg über die Unterdrükker!

In tiefem Mitgefühl und ehrerbietiger Hochachtung

Vereinigung Sozialistischer Kulturschaffender (VSK)
(Dr. Klaus Kreimeier)

Bund demokratischer Wissenschaftler e. V.

Marburg, 10. August 1977

Sehr geehrte Frau Bloch,
erlauben Sie mir bitte, Ihnen im Namen des Bundesvorstandes des Bundes demokratischer Wissenschaftler mein herzlichstes Beileid auszusprechen.
Ernst Bloch gehörte unserem Verband von der ersten Stunde an. Dies zeugt einmal mehr davon, daß er, der große Wissenschaftler und Humanist, auch ein Realist war – wußte er doch, daß die von ihm angestrebte Demokratisierung der Wissenschaft nur im engen und stetigen Zusammenwirken mit Gleichgesinnten zu erreichen ist.
Ihr Mann, sehr geehrte Frau Bloch, wird uns allen auch als kämpferischer Demokrat stets ein Vorbild sein.
In aufrichtiger Anteilnahme.
f. d. Bundesvorstand

Helga Koppel
– Geschäftsführerin –

Wolf Biermann
Ernst Bloch ist ja tot

kurz vor dem Ende
als ich ihn endlich traf
ja, da ging es zu Ende
mit mir

zuletzt hatten die Jahre ihn
doch ein Stück runter: krumm
wie ein Fidelbogen, so
sah ich ihn gehen
den aufrechten Gang

kurz vor dem Ende
sah ich den Erblindeten
ja, der war blind
– sah aber durch!

Bloch, seines biblischen Alters
lästige Gebrechen – er
ertrug sie
mit Lässigkeit

aber immer noch staunte der Alte
über das stein-alte Übliche
die alltägliche Gemeinheit
die gesetzestreuen Verbrechen
ihn entsetzten sie, das normale
Unrecht hinzunehmen
bis an sein Ende, Bloch
hat es nicht gelernt

hilfloser Alter, aber
so wußte er sich zu helfen
kurz vor dem Ende
mir
half er auf

Quellennachweis

Wolfgang Abendroth: Kein Nekrolog für Ernst Bloch
Frontal, Marburg, Nr. 81/82, Oktober 1977.

Ludo Abicht: Die Praxis der Philosophie
Deutsche Erstveröffentlichung. Aus dem Englischen von Hilde Nürenberger.

Wolf Biermann: Ernst Bloch ist ja tot
Die Zeit, Hamburg, Nr. 36 vom 1. September 1978.

Ernst Bloch: »Das Zeitalter des Systems ist abgelaufen«
Ein Gespräch mit Adelbert Reif
Aufgenommen in Tübingen am 20. Februar 1977. Auszugsweise Veröffentlichungen in verschiedenen Zeitungen und Zeitschriften.

Walter Boehlich: Die Farbe der Hoffnung ist rot
Vorwärts, Bonn, 11. August 1977.

Wolfram Burisch: »Bin Philosoph ohne Stelle. Können Sie mich brauchen?«
Ein Denker unterwegs – Ernst Bloch und die Schweiz
Tages-Anzeiger, Zürich, 19. August 1977.

Carlo Cardia: Ernst Bloch – einer der bedeutendsten marxistischen Philosophen ist gestorben
l'Unita, Rom, 5. August 1977. Aus dem Italienischen von Hilde Linnert.

Furio Cerutti: Ernst Blochs Philosophie der Revolution
Manifesto, Rom, 5. August 1977. Aus dem Italienischen von Hilde Linnert.

Anna Czajka: Ernst Blochs Interpretation des Menschen
Studia Filozoficzne, Nr. 3 (148), Warschau 1978. Aus dem Polnischen von Edda Werfel.

Rolf Denker: Hoffen aufs Reich der Freiheit
Schwäbisches Tagblatt, Tübingen, 5. August 1977. Für diese Buchausgabe erweiterte Fassung.

Beat Dietschy: Marxismus als konkrete Utopie
Vortrag zum Gedenken an Ernst Bloch, gehalten vor der Studentenschaft von Basel und Bern am 17. und 24. November 1977. Erstveröffentlichung.

Rudi Dutschke: Der subversive Philosoph
Rede bei der Beerdigung von Ernst Bloch am 9. August 1977 in Tübingen.

Helmut Fahrenbach: Ein Denker des »nach vorn«
Rede bei der Beerdigung von Ernst Bloch am 9. August 1977 in Tübingen.

Maurice de Gandilliac: Ein Philosoph der militanten Utopie
Le Monde, Paris. Aus dem Französischen von Hilde Linnert.

Wolfgang Harich: Ernst Bloch – nie ist ein Linker weniger borniert gewesen
konkret, Hamburg, Heft 9, 1977.

Hans Heinz Holz: Unterwegs zum möglichen Menschen
Basler Zeitung, Basel, 9. August 1977.

Detlev Horster: Phänomenologie der sozialistischen Zukunft
linkssozialistische Zeitung, Offenbach am Main, Nr. 91, September 1977.

Peter Huchel: Widmung für Ernst Bloch
Aus: Peter Huchel, Chausseen Chausseen. Gedichte
S. Fischer Verlag, Frankfurt am Main 1963.

Walter Jens: Ein Segel in eine andere Welt
Rede bei der Beerdigung von Ernst Bloch am 9. August 1977 in Tübingen.
Erstveröffentlichung in: Die Zeit, Hamburg, 12. August 1977.

Heinar Kipphardt: Angelsbrucker Notizen 16. Für Ernst Bloch
Aus: Heinar Kipphardt, Angelsbrucker Notizen. C. Bertelsmann Verlag, München 1977.

Michael Landmann: Ernst Bloch als Mensch
Aus einer Vortragsfolge: Ernst Blochs metaphysischer Messianismus.
Erstveröffentlichung.

Adolph Lowe: Über das Dunkel des gelebten Augenblicks
Originalbeitrag für diesen Band.

Werner Ludwig: Ein Sohn dieser Stadt
Rede, gehalten am 21. September 1977 in Ludwigshafen auf einer Gedenkveranstaltung der Stadt für ihren Ehrenbürger Ernst Bloch.
Erstveröffentlichung.

Ernest Mandel: Antizipation und Hoffnung als Kategorien des historischen Materialismus
Deutsche Erstveröffentlichung.

Hans Mayer: Ernst Bloch und die Heimat
Rede, gehalten am 21. September 1977 in Ludwigshafen auf einer Gedenkveranstaltung der Stadt für ihren Ehrenbürger Ernst Bloch. Erstdruck in: Die Rheinpfalz, Ludwigshafen, 1. Oktober 1977. Entnommen dem Band: Hans Mayer, Nach Jahr und Tag. Reden 1945–1977, Suhrkamp Verlag, Frankfurt am Main 1978.

Franz Mayrhofer: Wo ist der Nachfolger des Philosophen Bloch?
Salzburger Nachrichten, Salzburg, 27. August 1977.

Johann Baptist Metz: »Neugierde, Jagdtrieb und Flügelschlag«. Ernst Bloch im Spiegel eines theologisch-philosophischen Tagebuchs
Originalbeitrag für diesen Band.

Jürgen Moltmann: Plötzlich, in einem Augenblick, beim Ton der letzten Posaune.
Deutsches Allgemeines Sonntagsblatt, Hamburg, 14. August 1977.

Arno Münster: Mitteilung an die internationale Presse zum Tode von Ernst Bloch
Erstmals ungekürzte Veröffentlichung.

Oskar Negt: Der produktivste Ketzer des Marxismus
Rede bei der Beerdigung von Ernst Bloch am 9. August 1977 in Tübingen.

Günther Nenning: Bloch, Terrorist
Neues Forum, Wien, Heft 286, Oktober 1977.

Žarko Puhovski: Revolutionärer Optimismus
– Ernst Blochs Philosophie der Hoffnung
Pitanja, Nr. 8, 1977. Aus dem Serbokroatischen von Renate Lunzer.

Gérard Raulet: Die Banalität ist die Gegenrevolution –
Ernst Bloch, der Tod und die Bundesrepublik
Deutsche Erstveröffentlichung.

Gundi Reck: Die Furcht der Lobredner vor der Praxis des Noch-Nicht
Rede bei der Beerdigung von Ernst Bloch am 9. August 1977 in Tübingen.

Alfred Schmidt: Der letzte Metaphysiker des Marxismus
Frankfurter Allgemeine Zeitung, Frankfurt am Main, 6. August 1977.

Burghart Schmidt: Zum Tod des Philosophen Ernst Bloch
Vortrag auf dem Europäischen Forum in Alpbach, Tirol, am 29. August 1977. Für dieses Buch überarbeitete Fassung.

Burghart Schmidt: Vom Werk Ernst Blochs
Vortrag, gehalten am 21. September 1977 in Ludwigshafen auf einer Gedenkveranstaltung der Stadt für ihren Ehrenbürger Ernst Bloch.
Erstveröffentlichung.

Wolfram Schütte: Dr. Spes auf der Suche in der unreinen Mischung
Frankfurter Rundschau, Frankfurt am Main, 5. August 1977.

Walter Schulz: Der Tod, die stärkste Nicht-Utopie
Stuttgarter Zeitung, Stuttgart, 13. August 1977.

Joachim Schumacher: Angedenken und Weiterwirken
Originalbeitrag für diesen Band.

Gordana Škorić: Die Philosophie des möglich Neuen
Erweiterte Fassung eines in der »Borba«, Belgrad, erschienenen Artikels zum Tode von Ernst Bloch. Aus dem Serbokroatischen von Renate Lunzer.

Karl Heinz Stahl: Philosophie als Gewissen des Morgen –
In memoriam Ernst Bloch
Tribüne, Frankfurt am Main, Heft 63, 1977.

Kurt Lothar Tank: »Da es nicht für alle reicht, springen die Armen ein«
Deutsches Allgemeines Sonntagsblatt, Hamburg, 14. August 1977.

Adolf Theis: Dem Dunkel des gelebten Augenblicks verhaftet
Rede bei der Beerdigung von Ernst Bloch am 9. August 1977 in Tübingen.

Siegfried Unseld: Warum sucht Ihr den, der da lebt, unter den Toten?
Rede bei der Beerdigung von Ernst Bloch am 9. August 1977 in Tübingen.

Martin Walser: Ernst Bloch – nie ist ein Linker weniger borniert gewesen
konkret, Hamburg, Heft 9, 1977.

Charles Widmer: Ernst Blochs Sozialismus der konkreten Möglichkeit
Gazette de Lausanne, Lausanne, 14. August 1977. Aus dem Französischen von Hilde Linnert.

Namenregister

III. *Die Partei als Prozeß und dynamisches Konzept*

J

K

L

M

N

O

P

R

S